处变观通

郭嵩焘与近代文明竞争思路的开端

Against All Heterogeneities
Guo Songtao and the View of Culture Competition

李欣然 著

图书在版编目(CIP)数据

处变观通:郭嵩焘与近代文明竞争思路的开端/李欣然著. —北京:北京大学出版社,2020.9
国家社科基金后期资助项目
ISBN 978-7-301-31598-9

Ⅰ.①处… Ⅱ.①李… Ⅲ.①郭嵩焘(1818-1891)—思想评论 Ⅳ.①K827=52

中国版本图书馆 CIP 数据核字(2020)第 165627 号

书　　　名	处变观通:郭嵩焘与近代文明竞争思路的开端 CHUBIAN GUANTONG:GUO SONGTAO YU JINDAI WENMING JINGZHENG SILU DE KAIDUAN
著作责任者	李欣然　著
责 任 编 辑	延城城
标 准 书 号	ISBN 978-7-301-31598-9
出 版 发 行	北京大学出版社
地　　　址	北京市海淀区成府路 205 号　100871
网　　　址	http://www.pup.cn　新浪微博:@北京大学出版社
电 子 信 箱	pkuwsz@126.com
电　　　话	邮购部 010-62752015　发行部 010-62750672 编辑部 010-62756467
印 刷 者	北京溢漾印刷有限公司
经 销 者	新华书店
	965 毫米×1300 毫米　16 开本　18.75 印张　333 千字 2020 年 9 月第 1 版　2020 年 9 月第 1 次印刷
定　　　价	58.00 元

未经许可,不得以任何方式复制或抄袭本书之部分或全部内容。
版权所有,侵权必究
举报电话:010-62752024　　电子信箱:fd@pup.pku.edu.cn
图书如有印装质量问题,请与出版部联系,电话:010-62756370

国家社科基金后期资助项目
出版说明

后期资助项目是国家社科基金设立的一类重要项目,旨在鼓励广大社科研究者潜心治学,支持基础研究多出优秀成果。它是经过严格评审,从接近完成的科研成果中遴选立项的。为扩大后期资助项目的影响,更好地推动学术发展,促进成果转化,全国哲学社会科学工作办公室按照"统一设计、统一标识、统一版式、形成系列"的总体要求,组织出版国家社科基金后期资助项目成果。

全国哲学社会科学工作办公室

目 录

序　言 ·· 罗志田/1

前　言 ··· 1
  一　郭嵩焘与"道"的问题 ················· 1
  二　中西、道器之间 ··························· 5
  三　有道攻无道？ ···························· 13
  四　拟西国于三代 ···························· 19

第一章　读书应试 ······························· 24
  一　性格：无几微让人 ······················ 24
  二　词章：博学文 ···························· 30
  三　鸦片战争影响：反说约 ················ 35
  四　理学：摧残增道力 ······················ 40

第二章　书生即戎 ······························· 50
  一　从军：此生戎马真非分 ················ 50
  二　万物违常理 ······························· 60
  三　江浙的观察：折入于夷 ················ 65

第三章　另类翰林 ······························· 71
  一　回京：朝廷当以通下情为急 ·········· 71
  二　翼赞君德 ·································· 78
  三　筹防天津：理势俱穷 ··················· 88
  四　反思庚申之变：是非曲直之理乱 ····· 99

第四章　乱时疆吏 ······························ 111
  一　巡抚：以挽回风俗为己任 ··········· 111
  二　洋务：开谕洋人易，开谕百姓难 ···· 121
  三　与左宗棠反目：将相之别 ··········· 123

第五章	**明道经世**	130
一	调和汉宋	130
二	礼贵礼意	137
三	经世:今日一沿周季之敝	146
第六章	**洋务孤识**	152
一	西洋立国,其本在朝廷政教	152
二	马嘉理案:势不足,尤恃理	162
第七章	**观国觇风**	173
一	《使西纪程》	173
二	观察西方:拟西国于三代	185
三	观察西方:有道攻无道?	199
四	使绝国与将相并重	205
五	与刘锡鸿龃龉:同室操戈	217
第八章	**怀忧老臣**	227
一	不可不谈洋务	227
二	闻富强之说而益滋惧	233
结 论		239
一	富强本于政教	239
二	从道贯中西到道出于二	244

参考文献	249
后　记	256

序　言

罗志田

李欣然的书《处变观通——郭嵩焘与近代文明竞争思路的开端》要出版了，我很高兴能有写序的荣幸。欣然本科和硕士读的是国际关系，2009年旁听了我的课，课后时有进一步的探讨，感觉他是个好学深思的年轻人。后来他正式提出要跟我念博士，惟自2008年汶川地震后，我已确定要回川大服务，那时已停止在北大招收学生了。欣然表示学校不是问题，他很愿意随我去川大读书。我知道在一般人的观念中，北大和川大还是有差别的。欣然可以没有"俗念"，我却不能不为他的前途计。那时川大有些事情总未落实，一时不能动身，北大也在挽留。于是隔年他以跨院系硕博连读的方式转入了北大历史学系，不觉也有十年了。

从国际关系跨行到历史学并不是一件容易的事。盖任何学门都有一个熟悉化的过程，如章学诚所说"初见立乎其外，故神全；再三则入乎其中，而身已从其旋折"了。① 外来者的长处，就是束缚更少，思想解放而"神全"，因不知如何"从其旋折"，反可能见行内人所未见。② 但要把这样的新见说得言之成理，并不容易。毕竟每一门学问都自有一套"行话"系统，掌握了才能表述自己，与人交流。来自其他学科的人，常因积累不够，与人交流时说不出本门行话，遂被视为"门外汉"。

欣然接受了两个学科的专业训练，得到了两方面的优点。就像武侠小说所说的"带艺投师"者，因为先有本门武功之外的"艺"在，入门虽或比"白丁"稍难，善用之则胜于身无兼艺之人。与仅受史学训练的学生相比，欣然的思维显得更活跃，看待史事和提出问题的角度时有差异，且因刻苦的史学训练进一步提高了思考和表述的逻辑性，常能精确概括出他想要表述的意思。

我在和他讨论学位论文的选题时，就希望能发挥他特有的长处。当时欣然告诉我他感兴趣的是晚清史，特别是甲午以前士大夫的思想世界。这是一

---

① 章学诚著、叶瑛校注：《文史通义校注·辨似》，上册，北京：中华书局1985年版，第339页。
② 如晚清颇活跃的以立德夫人（Mrs. Archibald Little）写过一本 *The Land of the Blue Gown*（此书有中译本：《穿蓝色长袍的国度》），就以外来者的眼光看见了国人习见而视若不见的衣着特色。

个大有可为的方向,因为此前的中外研究,胸中几乎都带着某种先入的"正确"意识——如西方先进中国落后、以改革为名的所有改变都是好的,等等。这些看法不无所见,然更多是后设的,与史事本身有些距离。①

根据欣然的兴趣和意愿,我给了他两方面的建议:如果研究群体,可倒回去做道光时期的读书人,那可以说是晚清史研究各阶段最薄弱的环节;其次则太平天国之后读书人心目中那种天崩地裂又充满张力的感觉,还有非常大的研究余地。如果研究个人,则不妨考虑郭嵩焘,那是一位被时代和后人都误解的人。尤其他何以被时代误解,最能体现一种正在发生发展之中的、带根本性的转变。而现存与郭嵩焘相关的史料和那个时代的文献都很丰富,方便进入时人的"思想世界"。比较而言,研究个人较易入手,但做好更难;群体不易把握,惟材料聚拢、思路理顺后,反易于陈述。欣然考虑了很久,与我反复沟通,最后选择了一个更难做好的题目。这样一个"被时代误解"的选题,不仅需要新的视野,更需要随顺历史逻辑以对抗误解。从今天的书稿看,他没有被难倒,而是做出了足以修改教科书的贡献。②

一、郭嵩焘其人

在中国近代史上,郭嵩焘(1818—1891)是一位既重要又特殊的人物。他成长于道光(1821—1850)年间,咸丰(1851—1861)年间多在曾国藩幕(咸丰八年曾入值南书房),于同治(1862—1875)初年开始显赫,一度署理广东巡抚,分享了"中兴"的朝运;然而在同治五年(1866)即去官回籍,光绪元年(1875)复起,旋入总理衙门,不久出任驻英公使(光绪二年出行),光绪四年又罢归,到光绪十七年病逝。

这样一位出身翰林的士人,却以书生统领湘勇,随曾国藩作战,也曾在皇帝身边侍从,既出任过方面大员,又代表国家出使,然大多任职不长,郁郁而归。以旧标准言,郭嵩焘是一位立功兼立言的人物,而立言胜于立功,所以他的历史地位更多在思想史上。尽管在其时代就饱受诋毁,他却被后人视为先知。或可以说,郭嵩焘改变历史似少③,提醒后人实多,是理解近代史上思想

---

① 如从对自然的尊重看,以前的中国或许就比西方更"先进"。
② 我对学生博士论文的要求,就是希望能够修改教科书的特定表述。改得越多越好,哪怕仅改一句,也是贡献。当然,如果选一个无法进入教科书的题目,又当别论。
③ 其实郭嵩焘与中兴将帅的关系密切,曾国藩、左宗棠和李鸿章三位"中兴元辅"的"出任将相,一由嵩焘为之枢纽(郭嵩焘:《玉池老人自叙》,《郭嵩焘全集·文集》,长沙:岳麓书社2012年版,第759页。以下引《郭嵩焘全集》,标点时有更易,不一一注明),实间接影响到清朝的国运。

转变的一位关键人物。

学界对这位历史人物其实关注较多,既存研究不少,但也存在一些误解。过去基本以近代需要学习西方而郭嵩焘走在时代前面为基调,论述其历史作用及其不足,多少带有答案先于论述的倾向。其实郭嵩焘所处的究竟是个什么样的时代,当时的"时代问题"究竟是什么,郭嵩焘与其时代的关系究竟如何,对于这些问题我们的认识仍较模糊。因此,这是一个具有相当难度也很有意义、非常需要研究而实际研究不足的选题。

所谓人能弘道,道亦弘人。一个时代可能因为某个杰出人物而得到表述,某一个人也可能因为时代的重要而引人注目,并在时代被弘扬的过程中表述自己。① 前人常说的"孤怀宏识"四字,对郭嵩焘而言真乃名副其实。孤怀是他自己常有的感觉,不仅当世知音难觅,甚至"前不见古人";而他思想上的宏识则的确"后常见来者",尤其容易被具有后见之明的旁观者看到。要把郭嵩焘这样思想活跃、经历曲折的历史人物展开于变幻难测的近代历史之中,特别需要遵循孟子所说的"论世知人"取向——必"论世"然后能"知人",而"知人"也有助于"论世"。

郭嵩焘生在一个由经商转耕读的家中,父辈时家道已有些中落。他的伯父郭家陶说他少小"遇事恂恂,独其读书为文,若猛兽鸷鸟之发"。而"观其志意,无几微让人,岂徒欲为诸生之雄哉?"在欣然看来,这个评断勾勒出了在"遇事恂恂"的表面下潜藏的那个"无几微让人"的郭嵩焘。这样的两面性格持续终身,后来则不肯让人的一面更重。连郭嵩焘自己也说"少时质性最厚,后乃益薄"(咸丰八年七月初八日记)。

然而这"遇事恂恂"究竟是禀性还是教养使然,也还可考究。作为衰落家庭中的长子,或不得不早早表现出"懂事"的一面,也容易看到世道人生中的各种"脸色",更在意自己的不顺(鲁迅就是一个显例),故不排除"后乃益薄"是因失意而生的反弹。而郭嵩焘不仅性格是两面的,命运也是反复的,时好时不好。他十七岁补生员,十九岁中举人,却三十岁才中进士。这一进程似乎预示了他的后来,往往是甫春风得意,旋即跌宕。在此前的得意映照之下,后面的失意感就更强,再厚的质性也可能转薄。②

据说左宗棠评价郭嵩焘、崑焘、崙焘三兄弟,"谓德则公兄弟自一而二而

---

① 参见罗志田《再造文明之梦:胡适传·新序》,北京:社科文献出版社2015年版,第 viii—ix 页。

② 郭嵩焘在广东巡抚任上说,"天下糜烂,岂能安坐而事礼让,当以吾一身任天下之谤"(郭嵩焘为《荔湾话别图》所作之序,见黄濬《花随人圣庵摭忆》,上海:上海古籍出版社1983年版,第102页)。但谤真来了,而且来势汹汹,怕也很不好受。

三,以天定之序为定;谓才则公兄弟自三而二而一,以人事自下而上"。此"才"是指具体的"人事",郭嵩焘在这方面确有所欠缺。他几乎每次有较重要的任命,都因与人不合而生龃龉,自觉该独当一面时尤其如此。在天津随僧格林沁军营和广东署理巡抚,两次皆因此吃了大亏,在仕途正顺之时忽遭逆转。郭嵩焘后来意识到,自己"生平与人共事,动辄抵牾;而为属员,必蒙优注"。这里当然有性格的缺点,却也并非能力不足。① 而性情的由厚转薄,处事的与人不合,或许都只是表象。他与上司和同僚"动辄抵牾",也和他生平"抱道自重",遇事不肯妥协相关。②

郭嵩焘的个性或有不善与人共事的一面,但更重要的是,他正处在一个"万物违常理"的时代。如欣然所说,郭嵩焘领悟到,要践行政治理念,"'时'的限制远大于'心'的自程"。这个认知适用于理解郭嵩焘本身。那时中国的局势类似于"满载痴顽共一船",已经不容"一枕独安眠",所以只能进亦忧,退亦忧;亲也说,疏也说,甚至冒天下之大不韪而抗言发声。是天下士,就要以澄清天下为己任。所以他"上以对越朝廷,下以监示中外",都坦然坚守诚实之一念,说出自己以为当说的话。

进而言之,晚清有清流、浊流之分,他们与时政的关联,迄今的梳理都不算太成功。③ 一个具有诡论意味的现象是,在对外遭遇几乎屡战屡败的同时,"以战为嘉名,以主战为伟论"的这一趋势却能长期存在④,且渐为清流所独据,终因"会说不会练"而招致甲申大败,陷中国于难以自拔之境。郭嵩焘虽是翰林出身,却更多靠做事能力进身,在晚清的清浊之分中,或偏于浊流一边。但他又似乎是浊流中的一汪清水,不仅因待人处事的弱点而难称"干才",反带有清流那种"会说不会练"的味道;更因遇事总要从根本处"讲理",示人以迂远之风。

然而能从根本处着眼,恰是郭嵩焘超迈于同时代人之处。盖不仅"时"

---

① 郭嵩焘明于识人,长于思考,常能从根本处看到全局的关键(如很早就建议湘勇当建水师)。只是这类表现常在暗不在明,未必为人所知,也少为研究者所关注。
② 郭嵩焘:《玉池老人自叙》,《郭嵩焘全集·文集》,第757—759、769 页。
③ 按陈寅恪对此极为重视,以为是认识晚清历史不能不知的要素。参见陈寅恪《寒柳堂记梦未定稿》《寒柳堂记梦未定稿(补)》,《寒柳堂集》,北京:生活·读书·新知三联书店 2001 年版,第 190—193、215—229 页。
④ 从很早开始,中国的"对外政策"就常处于政治内争的影响之下,而具体政策之争也往往被道德化。由于道德判断引入政争,政争双方为在"道义"上压倒对方,必不断提高价码,遂使接受化外的"夷狄"为平等或与其妥协,都难上加难,成为几乎"不可能的任务"。重实效的主和,就常因被贬为道义上的背叛甚或出卖而失去立足点。这样的趋势至少从宋代开始就很有影响力,到明代更显著,而在清代则铸成大祸。参见 Arthur Waldron, *The Great Wall of China: From History to Myth*, Cambridge University Press, 1990。

大于"心",很多时候"时"也大于个体的"人"。傅斯年以为,历史上的人与事和周围的联系,超过其与既往的联系。① 这种关联互动不必是相似,也可能是相反。由于其经历形成的敏感心性,郭嵩焘常与周围之人事格格不入,又因身历世变,多参机要,且博闻多思,最能从根本处体察时代的脉搏,呼应最重要的时代议题。知人与论世本是相辅相成的,为了理解郭嵩焘,我们需要了解他的时代。

二、郭嵩焘的时代②

郭嵩焘的主要事功是在咸同年间到光绪初年的二十多年里,这段时间究竟是个什么样的时代呢?以今天的后见之明看,西方冲击带来的"数千年未有之变局",那时已经开始显著。借用前些年的术语,甚至可以说是中外矛盾大于内部矛盾。然而在时人眼里,或许更直接也更严峻的危机,是几乎灭了清朝的太平天国。当时清朝大体是一个物已自腐而后虫生的局面,恰又面临着前所未有的外来冲击。从长远看,西潮冲击带来的中西竞争显然是更大更深的问题。但我们不能太依靠后见之明看历史,还要重视当时当事人自己的想法,认清他们心目中最大的威胁究竟何在。

清朝的盛世刚过,嘉庆元年(1796)就爆发了规模不小的"川楚教乱"(白莲教起义),历时九年。半个世纪后,终发生了太平天国的大"乱",沉重摇撼了大清的江山(且余波久远)。过去较多注意太平天国建立了政权,提出了一整套纲领、制度和政策,然而它也揭示了一些清朝久已存在的基本矛盾。其中一个重要问题,即很多在地的绅士未能化民成俗,而这是一个政策性的后果。

在传承既有的小政府模式方面,明清无大差异。而明清的一个共同问题是人口激增,尤其清代版图大增,进一步凸显了广土众民与小政府之间的体制性紧张(tension)。如果不依靠在地的士绅,连维持常规的治安秩序都感困难。然而绅非铁板一块,劣绅乃常见而不稀见。在晚明的一些地方,士绅确有"跋扈"的现象。清与明的一大不同,便在于持续制约士绅在地方的影响力。

从康熙朝晚期到雍正年间,对士绅的打压不遗余力。监生出身的田文镜

---

① 傅斯年致胡适,1926年8月18日,耿云志编:《胡适遗稿及秘藏书信》,第37册,合肥:黄山书社1994年版,357页。

② 中国社科院近代史所的薛刚老师对本节的修改提出了建设性的建议,谨此致谢!

和捐资出身的李卫,不仅官至总督,还受雍正帝委托编纂了著名的官箴书《州县事宜》,由朝廷"钦颁"。在重视"正途"(即通过科举考试)出身的时代,这是相当特异的现象。清代又特别注重保甲,也是想制约士绅在地方的"势力"。① 从今天的眼光看,清廷非常想强化"国家"对地方的控制。然而保甲既不能代表朝廷,也不够争气,朝廷的掌控很难到达基层。在这样的背景下,原本承担着化民成俗责任的绅士若不得不消极,地方自然容易不靖。

至咸丰年间,地方的不靖已到相当严重的程度,曾国藩在咸丰三年描述的现状是,"二三十年来,应办不办之案、应杀不杀之人,充塞于郡县山谷之间"。而"粤匪之横行、土匪之屡发"使顽悍者更加"嚣然不靖,痞棍四出"。② 所谓"充塞于郡县山谷之间"更多是形容纷扰的广泛,这样的问题在某些地方尤其严重,并从失序发展到大乱。前述"川楚教乱"与太平天国有些相似性,一是都有"教"的凝聚,二是揭示出一个朝廷在一个相当广阔的区域都难以履行维护治安的职责。两者都提示出士绅缺位的负面影响。

与京师及其辐射区域和江南这类中心区的风尚不同,从四川、两湖到两广及其接壤的他省边境这一广阔区域,是治理相对薄弱的"边缘"地区,常以民风彪悍、刁顽、顽悍等著称。这当然只是宽泛之论,在那广阔的区域中也不乏人文荟萃之地,然整体民风偏强悍,则是比较显著的。这样的地方更容易出现"民变",却也可能经严刑峻法的治理和移风易俗的改造,造就能战之军。太平天国的造反者和镇压太平天国的主力,多出自这些地方。

然而清人入关统治已二百年,治下尚有那么广泛的区域都民风彪悍,提示出打压士绅的严重后果。官绅民之间的关系从来带有某种紧张,在一个因承上启下的士绅受到压抑而缺乏教化和楷模的地方,顽悍者的"嚣然"可以针对官方,也可能针对士绅。据郭嵩焘的观察,咸丰年间已出现"武夫悍卒,乘势罔利,以凌藉搢绅"的现象。③ 解决之道,固不得不施以严刑峻法,然仍须落实在移风易俗之上。

在郭嵩焘看来,当时根本问题有三,即"吏治之敝坏、人心之偷薄、风教之陵夷"。部分官员对此已有所因应,如道光时朱孙诒在湘乡县"诛戮近千人,而后湘乡强悍之气一变而为忠义";魁联在宝庆府"诛戮数千人,而后宝

---

① 萧公权:《中国乡村:论19世纪的帝国控制》,张皓、张升译,台北:联经出版公司2014年版,第84—89页。
② 曾国藩:《与徐玉山》(咸丰三年二月),《曾国藩全集·书信》,长沙:岳麓书社1990年版,第128页。
③ 郭嵩焘咸丰十一年致陈孚恩书,《郭嵩焘全集·书信》,第61—62页。

庆强悍之气一变而为忠义"。惟仅凭"诛戮"并不能使人变为"忠义",更重要的是两人身当"吏道否塞、上下蒙蔽之时,独能力引绅士,求通官民之气,遂使奸民无所容",而"通上下之情"。① 故这一取向的重点并非不得已而为之的"诛戮",而在于"力引绅士"以化民成俗。

后湖南巡抚骆秉章沿用此取向,得以"转移吏治、振兴士气,以赞成中兴之业"。然而"一二贪污之吏"乃"创为绅士跋扈之说",并上达朝廷,使"湖南士绅侧足而立"。于是"州县恣为睢盱,绅士一切退听,而盗贼始横行"。这就点出代表国家(state)的地方官、绅士和"盗贼"之间的关联互动。其间的关键,正是官民之间的士绅。由于地方官并不都像朱孙诒和魁联那样愿意"力引绅士",有些反而看不惯"绅士跋扈",遂造成"盗贼横行"的后果。

重要的是,郭嵩焘所说的骆秉章已到太平天国时期,因官军在"靖乱"方面的无力,朝廷不得不大量用绅办团练。最初起用的基本是缙绅(即在籍官员),后来就逐步扩大到一般的绅衿。就朝廷的既定政策言,这不能不说是一大退步,等于承认过去打压士绅的举措出了大问题。② 然而湖南情形的反复表明,"力引绅士"的取向并非一帆风顺,而是在阻力中逐步推进。

清廷因事急而回头重用士绅,也产生了一些副作用。许多士绅因军功而以保举的方式超擢上位,实际挑战了科举任官的常规途径,减损了"正途"出身的正当性。绅办的团练一度形成一个常规官僚体系之外的系统,其权力有时甚至超过正式官员。郭嵩焘曾表彰"湘淮各军所以能战",皆出曾国藩"整齐约束"之功。③ 但曾国藩以团练大臣的身份操生杀大权,不遵朝廷"司法"程序,以严酷杀人著称,致民间有"曾剃头"之谓。改造"顽悍"的工作因战事太急而实际偏重严刑峻法,放缓了根本性的移风易俗,为事后的"复员"留下了隐患。④

结果是绅士缺位则盗贼横行,绅士上位又不得不靠杀人来解决问题。如此张弛皆失,尤凸显出郭嵩焘所见重要,即上下之"通"须自下而上,以"下"为基础。若人心、风教良善,地方治安便不成问题;绅民关系融洽,官民之气自通,吏治也非难事。这一睿见在太平天国的大乱面前似乎显得缓不济急,其实表出了清廷打压士绅的积重难返。

---

① 本段与下段,参见郭嵩焘《致郭柏荫书》(同治七年四月廿五日),《郭嵩焘全集·书信》,第218—219页。

② 此后士绅的作用越来越大,到清末新政期间甚至发展到"官不如绅"的地步。参见冯友兰《三松堂自序》,北京:生活·读书·新知三联书店1984年版,第34页。

③ 郭嵩焘同治四年奏:《缕陈粤东大局情形片》,《郭嵩焘全集·奏稿》,第516页。

④ 郭嵩焘就已在担心"荷戈从军者无虑数十万人,骄横毒狠,习与性成,其势不复能终安田亩"。郭嵩焘:《致郭柏荫书》(同治七年四月廿五日),《郭嵩焘全集·书信》,第217页。

惟太平天国所揭示的清朝既存基本矛盾并不止此,它更明确提出满人是夷狄,汉人当共逐之,点醒了满汉差别的存在。中国向有食毛践土的传统(如明末一些大儒自己不仕清,却不反对后代参加科考),倘若清取代明只是所谓"易姓",本不是问题。但若是夷狄入主,情形就不同了。且满人享有一系列的特权,包括单独的"司法",也禁止满汉通婚,①可知满人并不想掩盖其外来者的身份(在乾隆朝特显的"文字狱",更是惩处一次就提醒一次)。所以满汉矛盾一直存在,不过久处隐伏而已。

太平天国之后,满汉问题已经是人人心中所有、笔下所无的问题,附着在其他宏大的话语结构中,时隐时现。② 而太平天国最大的思想冲击,即在提醒满汉区别存在这一现实的同时,更揭示所谓"列强"对中国的深远威胁。对中国以及大清来说,能不能继续存在,如何存并继续,都成了问题。在某种程度上,中国的存亡更多是中外问题,而大清的存亡则同时牵涉到满汉问题。两个相关却又不同的问题纠缠在一起③,增强了解决的困难。

太平天国是第一次利用西教造反却遭到中西共同镇压的变乱。让清廷非常头痛的外国使团得以驻京,一个直接后果就是各国愿意协助清廷镇压太平天国(实际是清廷和太平军双方都利用了洋兵参战)。清廷或也知道洋夷并非疥癣之疾,然而太平天国似乎更是眼前的心腹之患④,不得已而行两害相权取其轻的权宜之计(汉族士大夫选择支持朝廷镇压太平天国,或也是一种类似的权宜之计)。当然,从文化看,既然太平天国尊奉西教,则利用西洋力量镇压,也可以算是一种"以夷制夷"的方略。

如何思考和因应满汉和中外两大矛盾相互缠结的大变局,就是当时最大的时代问题。在满汉问题被正式揭出后,朝廷不论是对内对外,都不能不直面这个问题并拿出解决方案。而正如西学的冲击导致了"中学"的产生,日渐显著的外来威胁提示着还有一个大于满汉的"中国"在,在某种程度上也

---

① 参见 Mark C. Elliot, *The Manchu Way: The Eight Banners and Ethnic Identity in Late Imperial China*, Stanford, Calif.: Stanford University Press, 2001。

② 太平天国的提醒对时人的影响是明显的,尽管郭嵩焘很少直接表达这方面的看法,不代表他没有相应的思虑。曾国藩在灭太平天国后于同治四年(1865)在南京设局刻印强调夷夏之辨的《船山遗书》,就是一个不动声色的显例。

③ "满汉"和"中西"都与"夷夏"若即若离,夷夏话语对满汉和中西都"适用",前者更长远而不敢说,后者更切近而逐渐不宜说。两者皆从这一敏感的词语"脱身"而去的微妙进程,其实还有待发之覆。

④ 奕䜣等的奏折说:"就今日之势论之,发、捻交乘,心腹之害也;俄国壤地相接,有蚕食上国之志,肘腋之忧也;英国志在通商,暴虐无人理,不为限制,则无以自立,肢体之患也。"奕䜣等:《统计全局酌拟章程六条》(咸丰十年十二月奏),贾桢等编:《筹办夷务始末》(咸丰朝),第8册,北京:中华书局1979年版,第2675页。

提供了一个认识和解决满汉问题的思路。① 进而言之,中国是否不得不与西方竞争,如何竞争?是否能与西方共处,如何共处?都是必须要认识到并回答的问题。

据说胡林翼在打太平天国时观西洋轮船而呕血,可知并非没有人认识到西洋乃心腹大患。不过那时朝野都不可能有后出的"中华民族"整体观念,在尚未引进西人的民族主义思想时,也不会有后来的"黄白种争"一类宏观想法。故尽管从长远看西洋的威胁显然更大,当时朝野的共同认知是先全力对付直接危及江山的太平天国。然而在急务解决后,被遮盖的那些具根本性的问题也逐渐浮出水面。

晚清朝野做出的是一种安内然后攘外的选择,其重点在内不在外。而我们看待这一时代的视野,却多受费正清(John K. Fairbank)影响,更偏重由外而内的角度。按费正清最初是用所谓"朝贡体制"来解释中国的"世界秩序",而那秩序主要是对外而非对内的。他的很多追随者后来慢慢放大,发展而成一种据本在虚实之间的"朝贡体制"来认识和解释整个中国的由外及内取向。② 然而对一个长期不特别重视"外"的文化来说,不论夷夏之辨的眼光还是所谓"朝贡制度",其诠释整体的重要性都要大打折扣。由于近代外侮的刺激以及西潮冲击造成中国的巨变,后之研究者却很容易受此影响,放大中外关系在历史中的地位,并据此后见之明来审视前人。

对郭嵩焘而言,外是内的延伸,攘外应先安内。同治二年(1863)他署理广东巡抚,这一经历对他后来的思虑颇有影响。因为两广为太平天国起源地,郭嵩焘抚粤期间仍在疲于应付太平军余部。他对广东的整体判断,是"风俗强犷,趋利背公,习为固然"。这在很大程度上是因商业的影响,"商贾巧诈居奇,动赢巨万。无艺之民,眼热心忮,聚而为盗贼"。且因"地方殷富,官吏之诛求,皆足遂其所欲",于是"相与利其顽梗,以各餍其贪婪之私"。以至于"凡在官之办事行为,无一非酿乱者"。③

一言以蔽之,"以天下大势而论,惟广东足以致富强。而其实末富而本

---

① 戊戌维新时康有为他们就试图共同思考并同时处理两个问题,而朝廷却两皆跨踬,有时或许把大清的存亡看得更重,所以把某些解决问题的举措(如满汉通婚等)视作潜在的威胁,一次可能解决问题的机遇就此错过。

② 曼考尔(Mark Mancall)已指出,汉语中原本没有"朝贡制度"的对应词,中国士大夫看重的是文野可以互易的夷夏之辨;且他们并不认为朝贡制度是"自成一体或者有别于儒家社会其他制度的一种综合性制度",因此不宜据此观察"中国或中华文明"。曼考尔:《清代朝贡制度新解》,费正清主编:《中国的世界秩序——传统中国的对外关系》,杜继东译,北京:中国社会科学出版社2010年版,第58页。这是一个非常重要的提醒。

③ 郭嵩焘:《缕陈广东大概情形折》(同治二年七月二十四日),《郭嵩焘全集·奏稿》,第18页。

不足,人情但骛于虚浮;民强而盗贼先横,正气反为之消沮"。郭嵩焘向来低视商贾,他期望的富强是"本富",庶人情不虚浮,能以正气防阻"民强"。但"推原本根受患之地,则吏治之坏乱实深";若"较论目前切要之功,则军务之整饬为急"。最后一语颇能体现他的无奈,即太平天国在广东仍在"进行"之中,不得不治标而延续杀戮的非常手段,防止类似事件再发生的治本措施只能延缓。但对其他地方的人而言,太平天国已渐成"过去",非常手段也失去了正当性。如欣然所指出的,郭嵩焘这方面的举措并不为时人所理解。

这种远虑与近忧的紧张可能是导致郭嵩焘去职的一个因素,也影响了他此后的思考。同治五年(1866)郭嵩焘从广东巡抚落职,赋闲八年,讲学著述。在此期间,他更多是回向经典去寻找长治久安的思想资源。就个人言,他可能是在为下一任方面大员做准备,而未必想要去应付洋务。① 以内外言,此时他的眼光似更侧重于内。不过在郭嵩焘眼中,内外从来是相连的,尤其太平天国和西方冲击此时已纠缠在一起,或不如说他更侧重于远虑。所谓"君子务本,本立而道生"(《论语·学而篇》)。郭嵩焘或许就是循此思路开始了他返本溯源的上下求索。

三、君子务本:返本溯源的求索

经过太平天国时期名副其实的天下大乱,任何以天下为己任的士大夫如果不觉得从朝局到世道人心都出了严重问题,还把当世看作承平,那真可以说是"无心"之人了。郭嵩焘上下求索的,就是这个乱世何以出现,以及如何由乱世返治世。而其取向,则是返本溯源。如他家居期间诗中所说,"读书已憾今生晚,学道宁能故技捐"。虽然此前的作为更多在经世一面,读书学道的"故技"仍在。那几年中他先后完成了《礼记质疑》以及单独成篇的《大学章句质疑》《中庸章句质疑》等重要作品。这是既存郭嵩焘研究所言不多的面相,而欣然则进行了深入的梳理。

陈澧曾说,郭嵩焘"以封疆大吏退归田里而精治经学",为"昔之经师所未有"。而"儒者读书,出则办天下之事,处则兴天下之学"。② 后一语虽意在弘扬,或许误解了郭嵩焘,他未必以"兴天下之学"为己任。不如从顾炎武所说

---

① 故郭嵩焘那段时间的治学取向,全不同于王国维所谓道咸以降之"新学"那种"考史者兼辽金元,治地理者逮四裔"的倾向。王国维:《沈乙庵先生七十寿序》(1919年),《观堂集林(外二种)》,石家庄:河北教育出版社2003年版,第574页。
② 陈澧:《礼记质疑序》,《郭嵩焘全集·礼记质疑》,第4页。

"自一身以至于天下国家,皆学之事"①,来理解他何以返回治经之"故技"。

郭嵩焘未必预料到要家居八年之久,所以他具体研治经典的多少,不必是谋定而后动,却也有一以贯之的宗旨在。现已不全的《毛诗余义》,是郭嵩焘免署粤抚后归湘途中所作,可算是这次治学历程的开始。其基本取向是"即其词以求其义,因其时以测其变",后者就是他此后一系列作品的著述宗旨。郭嵩焘特别侧重礼经,正表现出其目的所在。如他自己所说,"《礼》者征实之书,天下万世人事之所从出也。得其意,而万事可以理"。② 他校订朱子《家礼》,也是要"反而求之《礼》意,以推知古今因革之宜,而达其变"。期"合乎人心之安,而通乎事变之会"。③一言以蔽之,既身逢变动时代,期以为经世之所资也。

《大学》《中庸》两篇质疑的是朱子的"章句",《礼记质疑》原拟名"礼记郑注质疑",所质疑的主要是郑玄注。体例的相同,表明三者是"一以贯之"的著述,而其选择也有特别的考虑。如嵩焘所言,"《礼经》之亡,至秦而极。时所尚独法令,蔑视先王之礼,若弁髦然"。幸有汉儒整理,并汇次其仪文度数,以"稍推行于后世"。而"二千余年,天下相为法守,独康成郑氏及朱子之书"。④ 两千多年来,经典从来是要指引天下万事的,也存在于世道人生之中。所以,重温并整理《礼记》这部可以理万事的经典,需要通过两千年"天下相为法守"的郑、朱之注疏,以推求礼意,而"达其变"。

梁启超曾说,郭嵩焘的《礼记质疑》是清儒关于《礼记》注疏中唯一"可述"的两本书之一⑤,赞誉或稍过。郭嵩焘关于《礼记》的思路和见解的确新颖,也因此而有时不免离谱,但他选择把四书放在五经中处理,实际更侧重五经,倾向是明确的。他不一定喜欢乾嘉盛行的"汉学",或也不特别擅长此途,但治经主要走的仍是乾嘉之路(前引"即其词以求其义"就是明证)。从这个角度言,郭嵩焘的学术取向与晚清道咸新学已经开始回向宋学的趋势,有些不一样。他研治经典本非今日所谓"为学术而学术",则他思想的独特性,也需要从这个角度去思考,以辨析他与同时代人的异同。

侧重五经还是四书,是中国思想史、学术史上一个重大的问题,也是清代所谓汉宋之争的关键。就像汉代曾有读《孝经》以退黄巾的"腐儒",后人也

---

① 顾亭林:《与友人论学书》,《顾亭林诗文集》,华忱之点校,北京:中华书局1983年版,第41页。
② 郭嵩焘:《自序》,《郭嵩焘全集·礼记质疑》,第2页。
③ 郭嵩焘:《本序》,《郭嵩焘全集·校订朱子家礼》,第624页。
④ 同上书,第623页。
⑤ 梁启超:《中国近三百年学术史》(1923—1924年),《饮冰室合集·专集之七十五》,北京:中华书局1989年版,第188页。

有把黄巾之乱归狱读经者。与此相类,反对汉学的湘人孙鼎臣,就曾"以粤寇之乱归狱汉学"。尽管明知曾国藩反对此说,郭嵩焘仍予以支持。在他看来,清代汉学的风行导致"尽宋元以来所守程朱之藩篱而务抉去之",终"积成贪戾暴慢之习",而"其习中于人心,相为披靡,无复廉耻礼义之存"。从这个角度言,确可说"汉学流弊足以乱天下"。①

正所谓"吾虽不杀伯仁,伯仁因我以死"。对想要"通乎事变"的郭嵩焘来说,从人心到风习的实际效果,才是他最为关注的。这不是汉学本身有问题,而是汉学带来的问题。换言之,问题并不在今日所谓"纯学术"的一面,毋宁是在其"致用"的一面。晚清湖南学风重理学而亲近辞章②,郭嵩焘亦在其中,所以他不时有亲近宋学的言说。然上引观念却不必是在论学,而关乎经世。③

用今天的话说,我们对乾嘉以来学界的"独立"程度,要有足够的认识。那些形诸笔墨的汉宋之辨,立言者基本是在学言学,其言说的对手方亦然。然而清代科举考试的标准,自始至终都是"四子书"。故在今所谓"学术界"以外,原是"宋学"的天下。④ 只要是由科举考试出身者,就算后来成了汉学家(不论在职还是辞官),也是从宋学走出来的。⑤汉学一方在汉宋争辩中的说辞常要显得"在理"一些,即因他们更为知己知彼。然而说到读书人化民成俗的责任,主要靠的是在地士绅,而非那些以学问为首选的"专家学者"。

据王国维的总结,道咸新学的主要特征是"务为前人所不为"。由于对世道人心的忧虑太深,郭嵩焘虽不像新学中人那样向四裔倾斜,"务为前人所不为"的倾向仍较显著。不过他主要不是在考据上下功夫,而更多是在经典中寻找他心中问题的答案。且他可能有求仁得仁的倾向,即找到的答案已先在心中预存——他一向认为天下之治靠的是人心风俗(包括对付外侮,也要先能自强),而晚清之问题所在,就是礼义廉耻趋于淡薄。

---

① 郭嵩焘致阎镇珩书,转引自钱基博《近百年湖南学风》,长沙:岳麓书社1985年版,第47页。
② 观曾国藩《圣哲画像记》自古以来36人中文人的比重,可见一斑。
③ 按清代湘学本不预学术主流,严格说与汉学和宋学都有些距离。咸同时湖南士人以能经世而显,湘学之名亦借事功而立,故经世致用实为湘学"正统"。参见罗志田《近代湖南区域文化与戊戌新旧之争》,《近代史研究》1998年第5期。
④ 从乾隆中破格拔擢戴震开始,清廷逐渐采取一种汉宋兼容并包的方式,即科举尊宋学而学问推奖汉学。我们不必用阴谋论说清廷这种区分汉宋方式是有意为之,恐怕清廷也没有那么高瞻远瞩,但多少可以感觉出有因势利导的味道。
⑤ 治学偏向汉学的包世臣就曾说:"吾人占毕,必始宋学。洎肄业,益违雅驯。迨至反而从事其本,则少小之所温寻者,如油入面,去之卒不能尽。"包世臣:《春秋异文考证题词》,《包世臣全集·艺舟双楫》,李星点校,合肥:黄山书社1993年版,第278页。

还在咸丰八年，郭嵩焘就在反省：近时朝局，"每岁必有二三人骤跻显位，乃无一足副民望者"。本来"国家所以驾驭天下，惟名惟利二者"。前明尚能使"人务为名"，诤谏者"舍生蹈死而不悔"。而今之"朝廷总不务考求是非"，用人不看贤与不肖，"进退取舍，惟我之意。大抵以利罗致之，使从吾役而已"。由于善不加礼，不善亦不加责，造成"人务为利"的官风，"百司执事，群怀商贾之情"。此乃"自古未有之朝局"。① 说本朝不如前明，已触犯大忌；而最后一语，那时恐怕足以杀头。

人惟忧虑深，所以出言重。如果说这是日记中的私言，到同治元年他致友人之函，又说"天下之才有矣，而学难；学矣，而识难。天下之乱，由大臣之无识酿成之"。② 作为一个"体制中人"，大臣是可以指责的最高层了。因大臣无识而使天下之乱，其意思已表露无遗。

若自认身处乱世，澄清天下之道就不与承平时代同，郭嵩焘也曾一度徘徊于儒法之间。如欣然注意到的，郭嵩焘在同治元年曾说："生平之志不在申韩，而出言行事，终不越是。以今仕宦，欲求多于申韩，而亦不可得。"③ 他甚至放弃了人臣当致君尧舜的理念，以为当时宁讲霸道，而不必讲王道。然而在粤抚任上，郭嵩焘也感觉到刑戮难施，"仍须以礼义治之"。此后他对于经世的思考，渐呈由法返儒的倾向，而日尊更具根本性的教化，想要重新回到"致君尧舜上，再使风俗淳"（杜甫诗）的取向。

前面说过，郭嵩焘认为民风与吏治息息相关，当以在地的绅民关系融洽为基础，使人心、风教良善，于是地方安宁，然后自下而上改善吏治。这应当就是三代圣人所追求的"安民以安天下"的取向。④ 故郭嵩焘特别强调，在张亮基、骆秉章任湖南巡抚期间，以"一省之力，肃清东南各省，以赞成中兴之业"，所恃不过一法，即"通绅民之气而已"。后湖南绅士以跋扈闻名而遭嫉，"当事者至置吏治民风于不问，而专以裁抑绅士为能"，遂使"民气阻遏，盗贼肆行"。然而"自古亦岂有以阻塞绅士之气为能知政体者哉？"⑤

"通绅民之气"正是湘人、湘学和湘军借以挽回天下的基础，郭嵩焘赋闲期间对此反复申说，常有人亡政息之感。后来他看到英国的制度，立刻意识到或可延续湖南的取向。他有一段重要的观察，欣然已全引在书里：

---

① 郭嵩焘：《郭嵩焘全集·日记》咸丰八年八月初六，第123页。
② 郭嵩焘同治元年致严正基书，《郭嵩焘全集·书信》，第103页。
③ 郭嵩焘同治元年致李鸿裔书，《郭嵩焘全集·书信》，第86页。
④ 郭嵩焘：《郭嵩焘全集·日记》光绪六年七月初八，第283页。
⑤ 郭嵩焘：《郭嵩焘全集·日记》同治九年十一月十五日，第452—453页。此条材料承薛刚提示。

推原其立国本末,所以持久而国势益张者,则在巴力门议政院有维持国是之义;设买阿尔治民,有顺从民愿之情。二者相持,是以君与民交相维系,迭盛迭衰,而立国千余年,终以不敝;人才学问,相承以起,而皆有以自效。此其立国之本也。而巴力门君民争政,互相残杀,数百年久而后定;买阿尔独相安无事。亦可知为君者之欲易逞而难戢,而小民之情难拂而易安也。中国秦汉以来二千余年,适得其反,能辨此者鲜矣。①

这段话的前半截常为人所引用,惟一般多看重音译为"巴力门"的议会,而相对忽视了对应的"买阿尔"(mayor)。后者不能仅理解为直译的市长,而是指一个独立于国政的体制。英国的"立国之本"是一个上下相维的整体,上有议会制度以"维持国是之义",下设市政体制以"顺从民愿之情"。故"君与民交相维系,迭盛迭衰,而立国千余年,终以不敝"。对"适得其反"的中国来说,"迭盛迭衰"具有深意,意味着国势可以衰而复盛。

郭嵩焘注意到,为了上面的议会制度,英国"君民争政,互相残杀,数百年久而后定",付出了沉重的代价。但下面的市政体制却能"相安无事"。这里的上下是与君民对应的,但也不仅是字面义,而带有今日所谓中央与地方的意思。他眼中顺从民情的"买阿尔",代表一个具有独立性的"地方",庶可免受全国性政争的干扰。君之欲难戢而民之情须安,是中国二千余年不辨的难题,故"知政体者"不阻塞绅士之气。尤其在一个"互相残杀"的乱世,士人只能立足于长远,以"通绅民之气"来顺从民情,最后达到地方安则上下相安的局面,使国家衰而复盛。

以我外行的猜想,郭嵩焘在赋闲期间的返本溯源,更多是在为重任方面大员做准备。如果他不是因为通洋务被保奏,而是以真正独当一面的方面大员起身,他在历史上的地位会很不一样。我不敢说他再次出任方面就一定会成功(以他的性格和思路,不成功的可能性甚大),但若真能有所成,开一个立章法以变风俗的治理模式,那历史影响真不可小觑。

同治十三年(1874)六月郭嵩焘复出,光绪元年(1875)初授福建按察使(时福建多涉外事),级别虽有些吃亏,却还是走向疆臣之路。然而他刚到福建两个月,又奉诏回京,署兵部左侍郎,在总理各国事务衙门行走,开始了他并不顺利却也因此青史留名的洋务生涯。郭嵩焘自己或许为出任疆臣做了更多准备,朝廷更需要的却是他另一方面的才能。与同时代人相比,他的孤怀宏识,也确实更多体现在对中西关系的认识上。

---

① 郭嵩焘:《郭嵩焘全集·日记》光绪三年十一月十八日,第357页。

四、孤怀：成也洋务，败也洋务

郭嵩焘当初就是以"通达洋务，晓畅戎机，足备谋士之选"而被兵部尚书陈孚恩荐入南书房的，后来又因在洋务上的言说举措而受谤去职，郁郁归乡，落寞终老。就身世言，似可以说是成也洋务，败也洋务。晚清的对外事务，本经历了一个从"夷务"到"洋务"的进程①，郭嵩焘恰身当其时，他对此的认识也有个过程。

道光二十年(1840)郭嵩焘上京考进士落第，入浙江学政罗文俊幕府，"亲见浙江海防之失，相与愤然言战守机宜"，对鸦片战争有了亲身感触。他后来说"年二十而烟禁兴，天下纷然议海防"。这话或稍有点倒放电影的味道，那些不到"前沿"耳闻目睹之人，鸦片战争恐怕未必带来多大的"震动"，很多人不过持一种"忽而远之"的态度，尚远不到"天下纷然"的程度。然而如欣然所说，在人生失意之时遭遇到了鸦片战争，"个人的命运和国家的命运在历史的机缘中联系了起来"，也"正是这样的大时代背景和社会思想氛围，刺激了郭嵩焘思想的定型"。浙江的前沿观察，大约只是留下印象，使郭嵩焘比一般士大夫更直接地感受到"夷氛"的压力。

古人一向重视区分所见所闻所传闻。一方面，过去的天下士从来多是靠读书而知天下；另一方面，我们也不要忽视近距离观察和接触给人的影响。徐志摩很多年后说，"你一出国游历去，不论你走到哪一个方向"，都会"觉得耳目一新，精神焕发"。② 一个有心"觇国"的旅外士人，以眼目所见对比中国事物，自会形成多方面的鲜明对照。每一次类似的所见所闻，都会有观感不一的触动。

对郭嵩焘而言，真正的"震动"始于咸丰六年他去上海为曾国藩筹饷，直接接触了西人，使曾国藩注意到上海之行对郭嵩焘的"震诧"。类似的"震动"后来还在发生，如此后在广州、到香港(郭嵩焘视之为西洋的"藩部")以及出国途中，再后来进入英国和欧洲其他地方，都不断有新的"震动"。在欣然看来，上海的震诧"不仅在房屋轮船之属，而更在交接礼仪之间"。对一个以为礼乃"天下万世人事之所从出"的人来说，这种亲身经历积蓄于心，也为

---

① 郭嵩焘晚年说，"吾于洋务，考求其本末与历来办理得失，证之史传，以辨知其异同，自谓有得于心。不独汉唐以来边防夷狄之患，能知其要节，即三代以上规模，亦稍能窥测及之"（郭嵩焘：《玉池老人自叙》，《郭嵩焘全集·文集》，第760页）。此语最能见洋务本从夷务转变而来。

② 徐志摩：《一个态度及按语》，《晨报副刊》1926年9月11日，第17页。

他后来认为可与西人讲理埋下了伏笔。

不过郭嵩焘洋务观念的形成,也不仅靠这类身临其境的接触。他自认虽见闻不多,然"衡之以理,审之以天下之大势,而其情亦莫能遁"。① 道光二十三年(1843)他在辰州知府幕中"见张晓峰太守,语禁烟事本末,恍然悟自古边患之兴,皆由措理失宜,无可易者"。②换言之,是中国内先不安而后外患至。前引国家惟以名利二者"驾驭天下",就不仅造成"人务为利"的官风,更导致"岛夷通市,逞其商贾之势,以贻中国之忧"。③这样一种从中国的失误理解洋务的思路,在当时是一个了不得的异见,也必然是曲高和寡的"孤怀"。此后他关于洋务的"宏识",大体也是沿着同一方向的深入论证,既有更多的体验,也不时上升到学理层面。

还在咸丰九年(1859),郭嵩焘就认识到洋务非短期可了之事,故建议"当筹数十年守御之计,非务防堵一时"。④ 但这样一种"经世致远"的眼光,仍然赞同者寡。不久他就慨叹"夷务曲折,举京师无人能知其要领,独鄙人能见及一二而已"。不仅上官"不能省悟",朋友间也缺乏共鸣,结果是"鄙人于夷务不甚谈论,为知此者实无人也"。⑤次年庚申之变后,郭嵩焘开始写一部名为《绥边征实》的书,"取秦汉以来中外相制之宜,辨证其得失",而发明其"经世致远之略"。⑥他自以为"今天下能辨此者,舍我而谁哉"?⑦豪情之外,也透出深深的孤独。

所谓"征实",是"砭南宋后虚文无实之弊"。盖自南宋以来,"士大夫习为虚词,而数千年是非得失、利病治乱之实迹",遂湮没无人知。而"控御夷狄之道",也因此"绝于天下者五百余年",甚或"绝于天下者七百余年"。言语间两百年之伸缩,已超过一般所谓"南宋"了,或许他想要囊括的时段,尚在斟酌之中。郭嵩焘期待"此书出后,世必有信吾之说以求利济于天下者"。而他著述之意,更"直欲目空古人,非直当世之不足与议而已"。⑧ 这种不仅当世无知音、更欲目空古人的壮志背后,仍隐藏着"独怆然

---

① 郭嵩焘《复方子听书》(咸丰十一年),《郭嵩焘全集·书信》,第63页。
② 郭嵩焘:《罪言存略小引》,《郭嵩焘全集·文集》,第298页。
③ 郭嵩焘:《郭嵩焘全集·日记》咸丰八年八月初六,第123页。
④ 郭嵩焘:《请于天津添设战船并请责成杨载福派员经理片》(咸丰九年正月廿四日),《郭嵩焘全集·奏稿》,第5—6页。
⑤ 郭嵩焘:《致叶云岩书》(咸丰十一年正月廿一日),《郭嵩焘全集·书信》,第50页。
⑥ 郭嵩焘:《致陈懿叔书》(同治元年),《郭嵩焘全集·书信》,第96页。
⑦ 郭嵩焘《复方子听书》(咸丰十一年),《郭嵩焘全集》,第13册,长沙:岳麓书社2012年版,第65页。
⑧ 郭嵩焘:《致陈懿叔书》(同治元年)、《复方子听书》(咸丰十一年)、《致龙汝霖书》(同治元年),《郭嵩焘全集·书信》,第96、64、88页。

而涕下"的心绪。

这种孤独感是持续的,后来郭嵩焘出使英国途中,嘱人翻译节录西文报纸中论及马嘉理事件的内容,希望"即此可以推知洋务情形,而求得其办理之法"。同时喟然叹曰:"环顾京师,知者掩饰,不知者狂迷,竟无可以告语者。中国之无人久矣,此可为太息流涕者也。"① 再后来遭受谤议时,他甚至说西方传教士是要"化异己而使之同",而"中国士大夫议论,则拒求同于己者而激之使异"。双方出发点"殊绝",而后者"足以病国"。② 此虽日记中言,但一则说中国无人,再则说中国士大夫不如西方传教士,尤可见激愤之深。隐伏于后的,还是那种一以贯之的孤独感。

郭嵩焘奉旨在总理衙门行走不久,即被任命为出使英国钦差大臣(光绪二年成行),其间他上呈了《条议海防事宜》,提出了"西洋立国有本有末,其本在朝廷政教,其末在商贾。造船、制器,相辅以益其强,又末中之一节也"的重要主张。那时"西洋"已不是什么夷狄,至少也与中华同类,"华夷"的表述也普遍改为"中外",但强调西洋立国有本有末,且以政教为本,仍属石破天惊之论。

后来郭嵩焘进一步提出,办理洋务不过就是"讲求应付之方"。具体则不越理、势二者。"自古中外交兵,先审曲直。势足而理固不能违,势不足而别无所恃,尤恃理以折之。"③ 今人常说弱国无外交,其实弱国最需外交,盖势不足则不能战,别无所恃,不靠外交靠什么?所谓"恃理以折之",最是弱国办外交所特别需要讲究的。然而一方面那时不少中国人或不愿承认(至少不能公开承认)中国是弱国,另一方面则不少人被西方改变了思想方式,也倾向于尝试"恃富强以折之"的取向。因此,郭嵩焘这些见解,仍然难寻共鸣。

如欣然所指出的,上述观点的产生是在他出使英国之前,即并非目睹西方情形的结果。郭嵩焘初在总理衙门行走时,曾因马嘉理事件上奏,参劾当事人云南巡抚岑毓英,引起舆论大哗。为此他一度请辞不果,最后还是出使。而尚未出行,已有湖南士人视为异类,做出种种"抵制"他的行为。用郭嵩焘自己的话说,"自京师士大夫,下及乡里父老,相与痛诋之"。④ 按近代湖南人素有"闻风而动"的特长,昔年湖南以反教著称,而彼时湖南人或尚未见过外

---

① 郭嵩焘:《郭嵩焘全集·日记》光绪二年十一月十八日,第116页。
② 郭嵩焘:《郭嵩焘全集·日记》光绪五年二月十二日,第41页。
③ 郭嵩焘:《条议海防事宜》(光绪元年三月廿一日)、《拟销假论洋务折》(光绪二年闰五月廿六日草),《郭嵩焘全集·奏稿》,第783、791—796页。
④ 郭嵩焘:《致沈葆桢书》(光绪二年十月初五),《郭嵩焘全集·书信》,第266页。

国传教士。①此或又是一例,故这种"敌视"不一定具有代表性,然可知对郭嵩焘的谤议所起甚早,不待后来传回《使西纪程》也。

故不论是郭嵩焘关于洋务的突破性见解和从京师到乡里对他的谤议,其实都起于使英之前。这是一个过去注意较少却不可忽视的重要现象,反映出正在过渡的时代风貌。② 那是一个入总理衙门就人人骂的时代③,而他是中国第一位驻外公使,且出使目的首先是为马嘉理事件向英国道歉。当年出使本身就被视为一种对外"降服",去道歉则"降服"意味尤重。士人不能怨君,则只能咎使,此谤议之所以起也。后来《使西纪程》引起士林大哗,乃至遭人弹劾,奉旨毁版,亦不过证明郭嵩焘在思想上就是"非我"的异类,即人们所疑不虚而已。

就郭嵩焘自己而言,西行的经验证实并强化了他原有的认识。且郭嵩焘在英实际约两年(1877年1月抵达,1879年1月离开),交游皆是有选择(未必是主动选择)的,故身在英国者也未必就深知英国。他关于英国以及西方的公私言说中,都有一些想象的表述。就他个人而言,至少在公开的层面,突破者更多在言说而不在实质。而士人的不满,恰在言说一面(《使西纪程》中也确有得罪人的话);或亦借其所言以"说事",以抒对洋务之"积愤"。惟对像郭嵩焘这样留心"觇国"的天下士来说,国内的一些现象已足以使他警醒。

先是郭嵩焘在广东也曾处理洋务,发现"凡洋人所要求,皆可以理格之;其所抗阻,又皆可以礼通之"。④ 洋人其实讲理,使他"稍以自信"。⑤他甚至感觉"开谕洋人易,开谕百姓难。以洋人能循理路,士民之狂逞者,无理路之可循"。⑥后来在英国时,中国丁戊奇荒的消息传至英国,得到英人鼎力救助。这更让郭嵩焘感觉到,英国人"方谋急起布惠施济,以收中国之人心";而中国人"一以虚骄之气当之,通官民上下相与为愦愦。虽有圣者,亦无如之何"。⑦这些感触与上引传教士和中国士大夫的对比相近,其"激进"的言说

---

① 湖南排外最著名的是1892年周汉反洋教案。然而要到1897年底,才第一次有外国人获准正式在湖南居住。参见罗志田《近代湖南区域文化与戊戌新旧之争》,《近代史研究》1998年第5期。
② 郭嵩焘对京师士夫"所求知者,诋毁洋人之词,非求知洋情"很不满,但也注意到他们"每议之署之过秘,亦未尝不欲求知洋情也"。《郭嵩焘全集·日记》光绪二年二月初一,第10页。
③ 慈禧太后曾亲对郭嵩焘说:"总理衙门哪一个不挨骂。一进总理衙门,便招惹许多言语。"郭嵩焘:《郭嵩焘全集·日记》光绪二年七月十九日,第46页。
④ 郭嵩焘:《罪言存略小引》,《郭嵩焘全集·文集》,第299页。
⑤ 郭嵩焘曾用洋人的方法,成功使香港领事交出逃到香港的太平天国森王侯玉田。这是香港第一次向广东解送人犯,皆"由鄙人稍知夷情,钩而致之"。郭嵩焘:《拿获盘踞香港招伙济贼逆首审明正法疏》后自记,《郭嵩焘全集·奏稿》,第368页。
⑥ 郭嵩焘:《玉池老人自叙》,《郭嵩焘全集·文集》,第766—767页。
⑦ 郭嵩焘:《郭嵩焘全集·日记》光绪四年三月二十日,第464页。

中,实透出万般的无奈。

而且他在广东看到了某种相当可怕的"权势转移"——当地"民人有所呈诉,不于地方官,而于英领事"。因为"地方官之屈抑吾民"已久,百姓要伸冤,通过外人反而"易于上达"。① 一个在职巡抚说出这样的话,必是别有一番滋味在心头吧! 而在华洋杂处之地,中国地方官的作为实际把老百姓推向洋人,从长远看,更是一个不可等闲视之的危险动向。

在郭嵩焘眼中,内外从来是相连的。他的观察常由外及内,而处置则由内及外。在他看来,当时"天下之患,在吏治不修,纪纲废弛,民气郁塞,盗贼横行",而不在"海上强敌莫之能支"。故"方今之急,无时无地不宜自强"。②这又是与众不同的眼光。那时其他人也主张中国当自强,然而需强的方面,却是物质方面的船坚炮利。这种"恃富强以折之"的取向,是被西方改变了思想方式;用电影上的话说,那算盘珠子是被别人拨动的。而郭嵩焘一开始就着眼于文质一面的"经世致远之略",既承认西洋也可以讲理并"以理折之"③,更强调以自身的风俗人心为根本。那思想资源,却多来自传统。④后人对于晚清同一时段的努力,有称"洋务运动"者,也有称"自强运动"者,其差别或亦在此乎?

这一取向,简言之就是安内自能攘外。或许这也是郭嵩焘此前赋闲期间思考的结论,所以他特别强调要"先明本末之序"——"政教之及人,本也;防边,末也"。历代盛世虽有边患,尚可晏然无事;"及衰且乱,则必纪纲法度先弛于上,然后贤人隐伏,民俗日偷,而边患乘之"。⑤ 稍后他的观念进了一步,以为外交有道,是内政修明的自然延伸,故"未有能自理其民而不能理洋务者"。⑥反而推之,若处理洋务不能以礼通之,以理格之,然后以理折之,恐怕也很难自理其民,其言就很重了。

实则今之所谓外交,从来与内政密切相关。一旦不"讲理"成为中外交往中的常态,则最终结果,可能是祸国殃民。如郭嵩焘所说,"所谓'不辱君命'者,正以君子之道自处,使敌人心服。若第以口语凌铄,斗捷取赢,互相诋辱,何益之有?"盖"国之强弱,固不在此"。若交涉中"必以无礼之词激之",其实是自己"不学无术之征"。⑦ 这是他1860年说的话,后人读此,能无

---

① 郭嵩焘:《郭嵩焘全集·日记》同治四年正月廿五,第64页。
② 郭嵩焘:《条议海防事宜》,《郭嵩焘全集·奏稿》(光绪元年三月廿一日),第777—778页。
③ 郭嵩焘:《论俄事疏》(光绪六年四月廿三日奏),《郭嵩焘全集·奏稿》,第853页。
④ 如《论语·子路》所说,"其身正,不令而行";若"不能正其身,如正人何?"
⑤ 郭嵩焘:《条议海防事宜》,《郭嵩焘全集·奏稿》(光绪元年三月廿一日),第781—782页。
⑥ 郭嵩焘:《致姚体备书》(光绪五年四月),《郭嵩焘全集·书信》,第367页。
⑦ 郭嵩焘:《郭嵩焘全集·日记》咸丰十年三月初八,第271页。

感触乎!

抱有这样一种难与时人共的孤怀,却不得不"为国家任此一番艰难"(慈禧太后语),走上不合时宜的洋务之路,确有些知其不可而为之的味道。而认为洋人可以讲理,也应当以理折之的背后,是一种"心同理同"的认知。正是在此"同感"的基础上,郭嵩焘一步步发展出他关于中西交往的"宏识",为后人留下珍贵的思想遗产。

五、宏识:道重于器

近代中国的许多重大变化都和西方的到来有关,以往对近代史的讨论,往往把"向西方学习"视为一种"应然"。其实西方被树立为可以学习甚至必须学习的典范,本身就有一个历史过程。而郭嵩焘所处的时代,恰在从"夷务"到"洋务"的过渡时期,是一个西方的正当性还没有完全建立的时候。在很多人还纠结于是否当用并非异类的"平等"眼光来看待西方时,郭嵩焘已清楚意识到正视西方的重要性。

正视西方是后人能将西方树为典范的前提,也是郭嵩焘和同时代人对话的关键。用本书的话说,"为论证正视西方的必要性",郭嵩焘做出了巨大的努力。这个"论证"的过程过去常被忽略,实则他如何理解和阐述这一必要性,及其实际的努力,是其洋务思想的重要基础,值得仔细考察。而西方如何被树立为中国学习的典范,也是需要进一步深入探索的关键问题。欣然对此进行了缜密而深入的探讨,试梳理勾勒如下。

西方引起中国人的最初反思,是"夷人"器械精良、武力强大。因此当时人一般认为中西间是力量的对抗,"中外倚伏,全视乎势。中国得势则中国强,外夷得势则外夷强"。①故中国的失败是军事技术、船炮器艺等方面的不足,即形而下的"器"出了问题。而郭嵩焘则认为,中国要"以理自处"②,然后可以(也应当)与西人讲"理",并"以理折之"。对夷人之来,当先求"折冲樽俎之方",即使"势穷力战",也"要使理足于己,庶胜与败两无所悔"。③班固曾总结古"圣王制御蛮夷之常道",即"羁縻不绝,使曲在彼"(《汉书·匈奴传赞》)。"理足于己",不啻"使曲在彼"的现代表述。

---

① 御史陈庆松奏折中言,平步青:《霞外攟屑》,中国史学会主编:《中国近代史资料丛刊·第二次鸦片战争》(二),上海:上海人民出版社1978年版,第315、317页。
② 郭嵩焘:《郭嵩焘全集·日记》咸丰十一年七月二十日,第419页。
③ 郭嵩焘:《郭嵩焘全集·日记》咸丰十年十月初十,第362页。

换言之，中外交往，从来就不仅在形而下的"器"之层面，而在形而上的"道"之层面。无论竞争胜负，只要是中国不能"以理自处"所致，都意味着形而上层面的"失道"。这看起来有些迂腐，毕竟国家间竞争的胜负可能是致命的，有时一败就连后悔的余地都没有了。但从古今中外的视野看，"失道"的取胜仅是一时的而非久远的，而且那时的中外竞争也还离"最后关头"尚远，似乎还有"坐而论道"的余地。

故中西间的胜负不仅关乎器的良窳，更基于道的得失；亦即中西对抗不仅是力量的抗衡，更是文化的竞争。郭嵩焘一生不恤清议，在洋务上大声疾呼，内心萦绕的正是对中国在处理中外关系时"失道"的忧虑。这是中国人开始从文化层面认识西方的时代思潮转捩点，郭嵩焘思想的特殊性，他在其时代的独特性，皆凸显在于此。既存研究对此很少触及，而本书对此进行了深入探讨。

如欣然所说，在郭嵩焘所处的时代，主张攘夷的清议以为西人仍是无"道"的夷狄，反对学习西方；而主张学习西方者（以总理衙门为代表）则认为应当效仿西人走物质富强之路。两种看法虽然立场相反，却或以为西人无"道"，或以为西人在圣人之道之外别有治道（如凭借商贾之"利"、坚船利炮之"器"即可富强），共同秉持着夷夏、中西之间"道"不相同的成见。而郭嵩焘的眼光不同，他认为政教乃立国之本，无论中西皆同。西方立国靠的不是坚船利炮之"器"，而是朝廷政教之"道"。

因此，郭嵩焘强调中西相通而非相异的一面，进而在与上述两种见解的对话中开辟出一条新的思路。相对于那些还怀持着"用夷变夏"疑虑的人，郭嵩焘和倡导洋务者一样，都认可了西方能够成为中国效仿的某种典范；而相对于认为西方富强的秘密在于坚船利炮的观点，他却又和批评洋务者一样，强调富强之根本在于政教，仅靠器物不一定能达成富强。换言之，西方立国本于政教这种后世看来"超前"的观点，在当时语境中却是两种对立观点的折中。

郭嵩焘关于中西交往的"宏识"有一个与众不同的特点，就是从根本处认识和思考问题。这与他返本溯源的经世思路相类，尽管他在返乡治经之时思考的可能更多是内政，却也不排除同时虑及外事。前引他关于"西洋立国有本有末"以及对西洋当"以理折之"的主张，都是返本溯源之后的新知。尤其以教化和纪纲作为根本，强调先"能自理其民"然后"能理洋务"，更表明他的洋务"宏识"是内外相通的。

在学习西方的方向上，郭嵩焘认识到西方所长的器物是以其政教为本，从而将对西方的认识引入到了中国人更加关注的"道"的层面；而在国家治理的问题上,他又摆脱了西方冲击带来的治国"以器械为重轻"的"异端"思路,力图回归政教人心这样的"正道"。两者的交汇意味着向西方学习和儒生心目中的"正道"是可以并存的。这就改变了中国人对西方的认知态度——

如何应对西方的冲击,是同光时期中国人面临的时代问题。"师夷长技"日益成为具有影响的声音,但一方面,中国传统在政、教等方面丰富的思想资源,是否能为解决清朝当时各种问题(包括应对西方冲击)提供有效的方案,仍是当时人的重要思考;另一方面,在时人的认知里,西方所精于坚船利炮之"器",而不在政教之"道",所以其富强和中国的"圣道"是不谐合的。由于"夷""技"缺乏正当性,人们对学习"夷人"的"器物"会不会损害"中华"的"道",颇有疑虑。

郭嵩焘致力于解决的就是这个矛盾。如果西洋立国自有本末,意味着西方富强具有和"圣道"一致之处。既然"道"不为中西之别所隔阂,则"西方"与"圣道"就有和谐的可能。在其他人面对西方而"拒求同于己"时,郭嵩焘强调可以"化异己而使之同"。这样一种眼光,为同光时期应否"师夷"的难题提供了一种解答的可能性:当西方之强不过在"器"时,中国人对西方的学习更多只是一种权宜之计和应对之方,即使"师夷",内心并未改变对"夷"的轻视。而当西方之强是因有其"道"在,情况便大不同了。西方因此而获得了正当性,中国人向西方学习也可以成为对"道"追寻的一部分。①

在思想史上,这样的观点是划时代的。可以说郭嵩焘开启了后来以文化竞争看待中西对抗的思路。与既存研究着力于描述郭嵩焘在出使时如何看到一个"先进"的西方不同,本书聚焦于郭嵩焘为什么能以一种新的视角去观察西方。通过对其生平与思想的梳理,欣然提出,郭嵩焘的独特眼光更多来源于中国人自己内在思路的转变。正是这种眼光的转变,使他看到了同时代人没看到的西方(尽管不无想象),并形成一个和同时代人不同的西方形象。

中西竞争是近代中国面临的重大主题之一,在中西文明异同关系上的不同认知,是郭嵩焘相与同时代人最大的差别之处。而其历史意义,在于他改变了时代问题的提问方式。在郭嵩焘身后不久的甲午、戊戌时期,他所思虑的问题开始为人所分享,中国人对西方的态度发生了根本性的转变。一方面,中西之分逐渐为新旧之别所取代,有意无意间隐去了让人敏感的认同问题;另一方面,越来越多的人意识到中西之间不仅是物质力量的抗衡,更是文

---

① 当然,这个思路具有相当的开放性,郭嵩焘后来便沿此思路发展出西洋有"道"而中国无"道"的极端结论,详后。

化/文明的竞争(时人的用语是"学战")。

换言之,郭嵩焘很早就虑及中西对抗的文明层面,可以说开启并影响了后来众多思想论争。他这种新认知并不为同时代人所分享,使他在当世受尽诋毁。那些分享他观点的后人逐渐认识到是他开启了后世理解中西对抗的思路,所以视他为"进步"的"先驱";而那些对"师夷"尚存疑议的同时代人,则常被后人指为"保守"乃至"顽固落后"。实则后来很多对郭嵩焘的"肯定",多是基于西方正当性已经确立的时代观念去回看,从而对其历史意义做出了具有后见之明的解读,毋宁是一种情境错置。若就他所面临的历史语境言,各种"进步"与"保守"的取向,都在应对西方的冲击,也都是发展中的时代思想之共同组成部分。

然而新的问题出来了。当西方被认为只是"以器胜"的时代,中西学存在着明显的道器之别,二者之间的关系其实是被清晰界定的——理论上"道"是普适于全人类社会的,但它的载体(主要是经典)只在中国,几乎等于唯中国有道。现在西方也"有道",就打开了与中国所尊的"圣道"相合的一扇门。盖若"圣道"是天下唯一之道,则西方政教背后的"道"也应是其中的一部分。但另一扇门也同时打开,即那个可以安定国家并致富强的"道",其实是不一样的。于是中、西之道是"一"还是"二",就成为一个不得了的大问题。①

中西学的关系,也因此需要重新界定。甲午以降关于中西新旧问题的争论,实聚焦于此。康有为、梁启超、谭嗣同等人,努力想要说明西方的新学新知与中国的古圣之道同条共贯。张之洞所提倡的中体西用之说,在名义上还是单一的"学"统摄着体和用,然中、西的对立又固化了"学"在体、用上的分裂。到严复中西各有体用之说出,中学与西学彻底分道扬镳。从那以后,思想界逐渐接受了一种中西相对、道出于二的格局。而这一切的演化,都要从郭嵩焘提出西方有道开始。

郭嵩焘似乎相信"道"是天下共遵而同一的,不为中西差别所局限,具有超越中西的普世意义。然而在他那心同理同的预设中,已隐含了一种承认中西之分的比较眼光。后来者接受了他关于中西竞争关乎文明的看法,却多认为中西竞争是两种不同文明的度长絜大。实际的情形是,不仅中西差别的确存在,且处于一种竞争的态势。更重要的是,在竞争中处于挑战地位的西方似乎无意接受"圣道"对其开放的美意。在那时很多西人眼里,虽然上帝已经受到"科学"的强烈挑战,但在面对中国时,在欧洲激烈冲突的基督教与科

---

① 后来的实际情形是,很多人从忧虑"道出于二"逐渐过渡到以西方之"道"为基准的"道通于一"。参阅罗志田《近代中国"道"的转化》,《近代史研究》2014 年 6 期。

学常常成为一条战壕里的战友。①

而饱受外国打击又有夷夏之辨思想武装的中国人,在区分"敌我"方面有时甚至超过西方。前引英国人"布惠施济"救中国灾荒,就特别具有提示性——英国官民(特别是民)似并不视中国为敌(那时中国力量也不足为敌),至少官民分野清晰,民间援助中国,无人视为卖国。而作为侵略受害者的中国,朝野皆隐视西方为"敌国"(不论是因文化自大还是实力不够),这方面士论比朝廷更排外,那时若有人因灾荒而援助英国,恐怕会受重谤。

刘咸炘说过,凡有选择性立场的人,都不免"未通",也可以说是缺乏主体意识。真正"我自有我的眼光",则"看中这样,看西也这样";任"随他五光十色",我自"等量齐观,所以见怪不怪"。然若"不曾看通,自然忘不了新旧中西的界限"。② 具主体意识者便能看通,自然忘了中西界限;若不曾看通,则我与非我的界限便会不时闪现。惟胸存人我之分是当时中外普遍的心态,非少数通达之思所能转移,这才是问题难解之所在。在某种程度上,郭嵩焘提出了一个超前的问题,直到今天都还需要反思——

如果"道"真具有所谓普世性而且是单一的(迄今这样想的人还未必是多数),则实处竞争中的中国与西方是一种你死我活的零和关系吗?有没有另一种选项——不必说什么双赢,而是平心接受竞争这一常态,并在互有胜负中继续"比赛"。进而言之,竞争是中西(以及各国各文化)之间的常态甚至是固态吗?有没有另一种可能——承认"有道"和"无道"都带有相当程度的虚拟性,则彼此之间或可以不一定相攻,而是尽可能在相互理解中和平共处?毕竟只有大家都相信并共遵同一的道,全人类才可能出现真正普适的"道通为一"。

六、天下、世界与民族三种论述

郭嵩焘的思考引出一个更具根本性的问题:从文化、思想和价值观的视角看,当时以至于现在的人类,真是生活在同一个"社会"中吗?晚清时的中国人或不一定思虑及此,却面临着一种或有或无、虚实之间的转换:对今日所谓"人类社会"的指称,原有的是"天下",而新来的是"世界",两者背后隐伏的"道"(基本价值观)或尚接近,但社会运行的规则、秩序则大不相同,且呈

---

① 说详罗志田《传教士与近代中西文化竞争》,《历史研究》1996 年 6 期。
② 刘咸炘:《看云》(1925 年),《推十书·增补全本》(庚辛合辑),上海:上海科学技术文献出版社 2009 年版,第 239—240 页。

互不相让的态势——"天下"要求的是向化,而"世界"则常常主动化人,甚至使用强力。①

故晚清时期实际存在着天下、世界与民族三种论述。过去一般以为"天下"就是皇帝的治下,在实际应用中固然常有此意(如"天下大乱"),但在思想层面,古人素有"王者无外"之说,对皇帝治理以外的区域,大体是"存而不论",而不是排除在外,则天下更多还是指天之所覆地之所载的自然范围,也就是人类社会。"世界"是近代引入的新概念,它和"现代"相近,背后都有西方的影子在。尤其当世界被理解为一个"体系"的时候,就清楚地表现出西方的控制地位——对于非西方的国家和社会,既不轻易准入,又不允许居于化外。

从纵向时间看,天下或象征着正在衰亡的过去,而世界和民族则代表着新兴的现代。若从横向空间言,天下和世界至少在精神上是相同的,即都是今人所谓普世的,又皆有重视区别分隔的一面。在那时很多西人眼里,普世恐怕是世界意义的而非天下意义的。反过来,中国人大概也一样。民族主义观念的渗入,尽管此时尚不系统,却使问题进一步复杂化。重视区隔的民族主义本质是来自"世界"的观念,但"天下"的夷夏思维又特别能支持民族主义的思绪,两者的结合产生出一种并不普世的竞争心态,使任何让步都相当困难。

随着西方正当性在中国的确立,"世界"认知逐渐得到广泛的分享。后来许多人做出的中西对比,大多是在有了"世界"观念之后的产物,与天下思路为主时以及两种认知互竞时的中西对比,其实有很大的不同,需要有所辨析。另外,同是华夷不两立的立场,也有从夷夏之辨思路出发和从民族主义思路出发的差别,还可能是两种思路的混合产物,同样需要辨析。

民族主义很容易感染熟悉夷夏之辨的中国读书人,郭嵩焘的许多同时代人便在不知不觉中染上了民族论述的新风而不自觉。他们以为洋人不过"凭非道之器,以非德之力,谋非义之利",这种非夏之夷与禽兽无大差别,不必以人道待之。尤其当中外成为对峙局面时,似乎只能有一种华夷不两立的选择。相当一些看似"保守"的人,恰在此显出不那么传统的"现代"意味。

而郭嵩焘并非如此,他还维系着较多的天下思绪,主张本孔子"言忠信,行笃敬,虽蛮貊之邦行矣"(《论语·卫灵公》)的思路,对洋人以礼通之,以理格之,进而以理折之,总要使"理足于我"。这种讲理方式的背后,正是那种心同理同的预设。也因此,他常能秉持"道大无外"的精神,有"王者无外"的

---

① 本段与下段,参见罗志田《天下与世界:清末士人关于人类社会认知的转变》,《中国社会科学》2007年第5期。

气概。

郭嵩焘所处的时代,大体是天下和世界认知互竞之时,又渗入了朦胧的民族主义思绪。三种相异相关的思路,在每一个体人身上未必截然分开,可能混杂存在,却也常可辨析。借用佛家的"世界"来说,晚清中国士大夫其实挣扎在几个思想世界中,时而自觉时而不自觉,亦即时常感受到其间的差异,却又不一定明确认识到真正的差异何在;他们有时也想因应时变而转换规则,却又难以把握转变的尺度。这样一种多层面的为难,不仅表曝于言说,而且往往见之于行事。

欣然已指出,"郭嵩焘相信国际关系中存在着道德和秩序",承认国际关系是"势与力的较量",但其中"仍然存在着理与礼"。然而他所说的"理与礼",以及背后的"道",究竟是"天下的"(即全人类共享的)还是"世界的"(即西方实际操控的),其实大不一样。即使不计天下和世界的差别,"理"或可以是普世的,而"礼"却常常是民族的(文化的)。

如郭嵩焘和他的副使刘锡鸿都主张对西方应该讲理,甚至以礼相待,在这方面他们是相同的;但具体讲什么理和礼、以及怎样讲,他们就有非常大的不同。郭嵩焘比较愿意接受一个天下共遵的道理和可以相互分享的礼节。而刘锡鸿言说和行事中的"理与礼",更多是一种民族论述。对他而言,讲理和以礼相待,就是要坚持中国道理和中国礼节,同时以英国方式抗争。①

这类见之于行事的现象,最能体现当年多种认知互竞时的难局。那时的郭嵩焘未必在意识层面虑及天下与世界的相通和抵触,如果他确信中西之间心同理同,则人类社会应当是个天下道一风同的景象。然而在使西旅途中,郭嵩焘就感知到了西方统治全球的意欲及其实际的努力。当"世界"取向已然存在,而且咄咄逼人,"天下"取向是否还可以延续,就成了问题。

郭嵩焘敏锐地认识到,西方文明在政和教中都具有某种主动的进取精神甚至侵略性,而中华文明恰与之相反,其政、教都保持一种专己自守的取向,与尚攻的西洋大不相同:

> (中国)圣人之治民以德。德有盛衰,天下随之以治乱。德者,专于己者也,故其责天下常宽。西洋治民以法。法者,人己兼治者也。故推其法以绳之诸国,其责望常迫。②

这大体还是一个"中立"的判断,然而德治不仅宽,而且不输出;法治不

---

① 据欣然勾勒,刘锡鸿自"奉使以后,日与嵩焘争礼数";且"动与洋人相持,以自明使臣之气骨"。他认为既然英使威妥玛可以到总理衙门抗议,中国使节也应到英国外部辩争,"以图一报"。这些显然都不是以夷治夷之旧法,而是仿效西方的新风。

② 本段与下段,参见郭嵩焘《郭嵩焘全集·日记》光绪四年五月二十日,第523—524页。

仅严,更要"推其法以绳之诸国",这就引出大问题了。在被迫竞争的时代,尚宽的德治不如责望迫的法治。故西洋"其法日修,即中国之受患亦日棘,殆将有穷于自立之势"。在英国亲见其政教之优、风俗之美后,郭嵩焘更进一步意识到"西洋君民上下并力一心,以求进取,非中国所能及也,计惟有以礼自处之一法"。①

在郭嵩焘那里,内政和外交上的有道是不分的。此前他已认识到"势不足而别无所恃,尤恃理以折之";现在眼见西洋君民一心,则以礼自处之法,益成几乎是唯一可能的选择。换言之,正因为中国是弱国,所以需要外交,依靠在外交上"恃理以折之"。然而这里的言外之意似乎是,中国尚未能"以礼自处",故君民未必一心,还需努力于自立。可知郭嵩焘也在与时俱进,逐渐从天下向世界倾斜,走向了"现代",甚至发展到扬西抑中而不自觉。②

那是一个"万物违常理"的时代,郭嵩焘想要理解那个非常态的时代,似又对怎样理解感到困惑。从欣然书中可以看到,郭嵩焘不时提到诸葛亮,深表同情,不无自况之意。然而这等于暗示大清已是一个偏安之局,在当时也是一个危险到可以杀头的比拟。且有偏安就有正统,进一步的问题是,那时天下之正统何在?是西方么?郭嵩焘在为使用繁刑峻法治民而自解时,无意中触及了中国在世界大局中的地位,真是一个可以深长思的现象。

郭嵩焘走向扬西抑中的一个重要原因,可能还是因洋务而受谤。《使西纪程》引起的士林大哗,强化了他那种举国无人可以对话的孤独感,无意中便向心中可以对话的一边倾斜。以前他努力要看到中外之同,后来则更多看到了不同,而且是逆向的不同,即中不如西。郭嵩焘对道的认知,也逐步从中西两各有道发展到西洋有道而中国无道,甚至认可西洋对中国是有道攻无道。用欣然的话说,已"有了反传统的雏形"。一位从道的高度思考天下的人得出中不如西的结论,意味着西方在中国人思想世界中的位置发生了根本性的转变。

不过,任何以天下为己任的"觇国"者,走出国门所要观察的,不就是彼之所长我之所短,然后取他人所长以补我所不足吗?如前所述,在郭嵩焘心同理同的预设中,已隐含了一种承认中西之分的比较眼光。而他也是因为对西方主导下的国际秩序有一种新的认识,进而在比较眼光下更新了对中国的认识。因为有了西方这个参照系的对比,他更容易看出中国的问题,对天下的认知也焕然一新。看看郭嵩焘如何在不知不觉中走向反传统,以及他怎样因比较而得新知,非常有助于我们了解那个时代。

---

① 郭嵩焘:《致总署》(光绪三年十二月初八),《郭嵩焘全集·书信》,第304—305页。
② 郭嵩焘自己或许没有明确地认识到这一点,但在日记中的表现还是比较充分的。

七、因比较而得新知

　　郭嵩焘的官方身份是驻外使节,但他同时也是一位目的明确、带着问题远行的觇国者。他所向往的天下秩序是"整齐",他表扬曾国藩的是"整齐",在英国看到的也处处是"整齐"。反观中国自身,使他最痛心的就是中国"适得其反"。从这个角度言,他对西方的观察,多少带有求仁得仁的意味。使西途中以及西方本土带来的震诧,包括一些附带想象的经验性观察,有意无意间与郭嵩焘原有的本务本思考结合起来了。①

　　在国内引起大哗的《使西纪程》所记还都是西洋的"藩部"(含香港),不及本土。到英国后,郭嵩焘进一步对西方的"文明"感到震动,也强化了对中国的担忧。前引他看见英国上有议政院,下设市政体制,使君民交相维系,故能"持久而国势益张",就给他深刻的印象。郭嵩焘并注意到,西洋朝廷"一公其政于臣民,直言极论,无所忌讳;庶人上书,皆与酬答。其风俗之成,酝酿固已深矣。世安有无政治教化而能成风俗者哉?"②

　　所谓"庶人上书,皆与酬答"显然稍带想象,但重要的是要有"政治教化"才能成风俗。前引他说清廷对士人惟"以利罗致之",造成整个社会风气"群怀商贾之情",岛夷遂"逞其商贾之势"前来通市。在郭嵩焘那里,"商贾"本是西洋立国之末,并非正面之词。而中国能形成"人务为利"的世风,成为岛夷得逞其势的先声,其政治教化之差,也就不言而喻了。

　　那还是郭嵩焘咸丰年间的想法,其不满针对的主要是时势。后因受谤而心绪不宁,时出激愤之言,不满也延伸到历史。如英国上能维持国是,下则顺从民情;而作为对比的中国,自"秦汉以来二千余年",可谓"适得其反"。③他分析说:

> 天降下民,作之君,作之师。三代圣人所以不可及,兼君、师任之。周之衰,而后孔、孟兴焉,师道与君道固并立也。自六国争雄,以讫于秦,而君道废;自汉武帝广厉学官,而师道亦废。程、朱崛起一时,几近之矣。承风而起者,自宋至明数十人,而其教未能溉之天下,则以君道既废,师道亦无独立之势也。西洋创始由于教士,至今尤分主朝权;不足为师道

---

① 如前所述,英国制度便为郭嵩焘通绅民的既存思路提供了印证,或也提示出可选择的方向。
② 郭嵩焘:《郭嵩焘全集·日记》光绪三年十二月十八日,第376—377页。
③ 郭嵩焘:《郭嵩焘全集·日记》光绪三年十一月十八日,第357页。

也,而较之中国,固差胜矣。①

此"中国"应指战国以后,此前则"三代圣人所汲汲者,安民以安天下而已。自战国游士创为尊君卑臣之说,而君之势日尊。至秦乃竭天下之力以奉一人而不足,又为之刑赏劝惩以整齐天下之人心。历千余年而人心所同拱戴者,一君而已"。② 因"秦汉之世,竭天下以奉一人",故"三代所以治天下之道于是乎穷"。③ 总而言之:

王者导民情使无不达——秦汉以后之天下,一以法整齐之,民之情达与不达弗计也;王者顺民欲使无不遂——秦汉以后之天下,一以法禁遏之,民之欲遂与不遂弗问也。④

后来谭嗣同以"二千年来之政,秦政也,皆大盗也;二千年来之学,荀学也,皆乡愿也"⑤一语闻名,与此颇类。但谭嗣同不过攻秦,对汉尚留有余地。而郭嵩焘则对汉也并不留情:不仅汉武帝对废弃三代传统有责任,汉高祖"以匹夫有天下,一变三代相承立国之局。其心惴惴焉惟惧人之效其所为而思所以诛戮之,而遂以开后世有天下者猜忌功臣之风。于是圣人以道经营天下、奠定生民之盛轨,不复可见于世"。中国自"高帝以天下自私而不闻道",贻祸甚烈。⑥

更因有了西洋的对照,三代似也相形见绌——中国是"圣人以其一身为天下任劳,而西洋以公之臣庶"。问题是"一身之圣德不能常",故"文、武、成、康四圣,相承不及百年";而"臣庶之推衍无穷,愈久而人文愈盛"。他因此"颇疑三代圣人之公天下,于此犹有歉者"。⑦ 这是郭嵩焘少有的激烈,对传统的质疑已达三代。

郭嵩焘看到中国不如西方,主要是通过洋务的眼光。西洋这一参照系的存在,使他注意到中西皆有文野之分,西洋以欧洲诸国为"政教修明之国",而中国等为半教化之国,非洲诸回教国则无教化之国。而"自汉以来,中国教化日益微灭,而政教风俗,欧洲各国乃独擅其胜。其视中国,亦犹三代盛时之视夷狄也"。⑧ 换言之,

---

① 郭嵩焘:《郭嵩焘全集·日记》光绪四年五月二十日,第523—524页。
② 郭嵩焘:《郭嵩焘全集·日记》光绪六年七月初八,第283页。
③ 郭嵩焘:《郭嵩焘全集·日记》光绪四年五月二十日,第524页。
④ 郭嵩焘:《郭嵩焘全集·日记》光绪五年六月廿三日,第146—147页。
⑤ 谭嗣同:《仁学》,《谭嗣同全集(增订本)》,下册,蔡尚思、方行编,北京:中华书局1981年版,第337页。
⑥ 郭嵩焘:《郭嵩焘全集·史记札记》,第153页。此《史记札记》系在英国时所作。
⑦ 郭嵩焘:《郭嵩焘全集·日记》光绪四年五月二十日,第523—524页。
⑧ 郭嵩焘:《郭嵩焘全集·日记》光绪四年二月初二,第419—420页。

三代以前,皆以中国之有道制夷狄之无道。秦汉而后,专以强弱相制,中国强则兼并夷狄,夷狄强则侵陵中国,相与为无道而已。自西洋通商三十余年,乃似以其有道攻中国之无道,故可危矣。①

基于文野之分的夷夏之辨本是开放的也可以是平等的②,即为夷为夏要依据文野程度调整,"夷狄进于中国则中国之",反之亦然。然而判断文野的标准却是与时俱变的。晚清一般人逐渐接受了西方的标准,以战之能胜为文明。而郭嵩焘则是从道的高度思考问题,却也暗受物质化的近代风气影响。西方对中国的优胜,很难说不是靠物力之强,视为"有道攻无道",不过是把物力说成政教的一种"诠释"。

既然接受了西洋的文野标准,郭嵩焘实际承认了以"万国公法"为表征的西方体系,也就否认了夷夏之辨的中国体系。不过,尽管郭嵩焘已经向"世界"倾斜,他思想的立足点仍在"天下"一边,所以在确立西洋有道的认知后,他仍从夷夏视角考察中国的无道,忧思更广及西洋。

《史记·秦本纪》记戎人由余说华夏自黄帝以后其实多是"上下交争",而"戎夷不然。上含淳德以遇其下,下怀忠信以事其上。一国之政犹一身之治,不知所以治,此真圣人之治也"。郭嵩焘对此有了设身处地的共鸣,以为"史公当武帝时,法令烦苛,心有所郁结,而藉由余以发之"。重要的是司马迁此说可立:"自汉以来,夷狄侵陵中国,其势常胜,中国常不足以自给,其原实由于此,莫能易其说。"③

这段话很值得注意。郭嵩焘说司马迁之语,颇有几分夫子自道的意味。由此去理解,他所说的很多类似的话,其实多是借历史说现实,以抒发其郁结之心。然而即使是借题发挥,也已移步到"戎人"角度来看中国。他原本说夷夏强弱相制,"相与为无道",现在则夷狄"其势常胜"也变成以"有道攻无道"了。

郭嵩焘更进而"发现",金、辽之俗本是"习骑射,简省文书,朝令夕行;自入居中土,渐习华靡,以衣冠文字相涂饰,是以风俗日偷,国势日以衰弱"。不仅如此,秦、汉以后的夷狄,"一与中国为缘而遂不复能自振",亦因"礼义之教日衰,人心风俗偷敝滋甚"。他因而担心中华之敝风也会污染西人——"西洋开辟各土,并能以整齐之法,革其顽悍之俗。而吾正恐中土之风传入

---

① 郭嵩焘:《郭嵩焘全集·日记》光绪四年五月二十日,第523页。
② 清雍正帝在其颁下的《大义觉迷录》中便据此夷夏之辨的古义明言:满人所以被认为是夷狄实因"语言文字不与中土通",是文化不同而非价值高下,则"夷狄之名,本朝所不讳"。参见《大义觉迷录》,台北:文海出版社影印1730年版,108—109、85页。
③ 郭嵩焘:《郭嵩焘全集·史记札记》,第25页。

西洋,浸淫渐积,必非西人之幸也。"①

这样看来,夷狄有道而中国无道既是广泛的也是持续的——不仅西人有值得羡慕的政教,从黄帝时代的戎夷到"程朱"前后的金、辽,皆先有"礼义之教"在。同时,中国文化的感染力也是持续的,不论外来者多么有道,一沾染华风便"不复能自振"。昔何炳棣与罗友枝(Evelyn Rawski)辩论,似也曾言及中华"同化"之力的强弱。他们好像都没注意到郭嵩焘此番言论。倘能读此,宁不悟风气之开,其由来渐矣!

如欣然所说,在郭嵩焘的言说中,"西方被树立为像三代那样的全面典范,而三代以下的中国却被视为造成现实问题的根源"。这些言论多在日记之中,似乎仅是郭嵩焘自己的"私言"。然而他的日记又不全是只写给自己看的那种,里面的话,或也半是"公言"。如果这样,包括"三代"在内的一些词语,都要从"何以说"来斟酌他所说的是否本义。且"三代"从来就是一个充满想象的名相,而郭嵩焘所说的"三代"似带有更多的虚拟性,也充满了开放性,甚至就像一个有待填充的"空白"——它可以装入秦汉以下任何非中国的内容,填充者可以是西方,也可以是别的(如果碰巧出现的话)。

在郭嵩焘眼里,中国历史有两个负面的关键时段,一是秦汉,一是南宋。他的批评仅偶尔触及三代,而对秦汉及以后的否定,则趋于全盘;唯"程朱"例外,那是他心目中"三代"以外最具正面意义的表征,意味着有约束身心、化民成俗的"藩篱"在。郭嵩焘回国后和王闿运等讨论,仍坚持"英吉利有程朱之意,能追三代之治"。② 这个"能追三代"的时代似为三代以后中国最好的时段(则汉以后也有好时光),但程朱之时恰是郭嵩焘最常指斥的南宋,不容忍夷狄的言说及不善处理夷务皆自南宋而显,影响后来几百年。

如果郭嵩焘有更多时间治史,或许南宋才是他最需要关注的时代。这个历代最不能制夷的时段,却又是对外交往中把"和"作为基本选项也经常选择这一取向的时代。当他真正进入外交领域,确认中国在力量对比上已是弱国而有意无意为"和"的取向申辩时,或应记取南宋就是一个弱国重外交的时代。③ 但根据郭嵩焘关于内先不安而后外患至的基本观念,南宋和"程朱"这两个表征之间难以调和的紧张在于,当时内部教化的成功似乎并未起到自强的效果,实际也不能攘外。

---

① 郭嵩焘:《郭嵩焘全集·日记》光绪五年二月廿二日,第60页。
② 王闿运:《湘绮楼日记》光绪六年二月初二,长沙:岳麓书社1997年版,第881页。
③ 郭嵩焘曾说,"中外之相制,强则拓地千里,可以战,可以守,而未始不可以和,汉之于匈奴,唐之于回纥、吐蕃是也。弱则一以和为主,南宋之犹赖以存是也"。郭嵩焘:《郭嵩焘全集·日记》咸丰十年八月初五,第350页。

我们不必苛责郭嵩焘的逻辑能力,一方面,在他那借历史说现实的取向里,"程朱"和"南宋"亦如"三代",都是充满了开放性而可以填充的"空白",不过大小不同而已;另一方面,对"南宋"和"程朱"不自觉的时代割裂,最能表现晚清这一过渡时代的复杂,以及郭嵩焘满怀忧思彷徨于天下和世界两种思路之间那种未必察觉却又"不得不如是之苦心孤诣"(陈寅恪语)。

主张政教为内外之本的郭嵩焘,因西洋有政教而发展为西洋有道,又进而据有道的西方反观中国,结果发现中国竟然可能无道,至少也失道。在那个时代,这可是个不小的"发现"甚或"发明",则郭嵩焘乃因"发明"传统而走向反传统。我们试为他设身处地,一位以读经求经世方略的人,不几年间竟然发展到如此的认识,其心中之郁结,又焉知有多厚多深! 同时我们也不要忘了,所有传统的批判者,都是传统的继承人。① 后来者对这些深在传统中的反传统人,必须具有陈寅恪所说的"了解之同情",始能批评其是非得失。

八、郭嵩焘的历史定位

研究人物者都想还原其本相,但那个需要还原的本相常常难以把握。且对人物本相的捕捉,还有一个"形似"或"神似"的问题,而"传神"永远是第一位的。史学要求的"传神",又不仅是传一人之"神"而已。毕竟一个人在历史长河中的神韵,离不开其前后左右史事的辉映。要理解并表出一个兢兢业业却也饱含喜怒哀乐的郭嵩焘,及其所在时代的意义,是一件非常不容易的工作。欣然对此的处理,我以为是成功的。他重视历史的多样性和人物思想的复杂性,且不仅注意到史料的文字本身,更能注意到文字背后所透露出来言说者的意向与姿态,辞亦足达其意,把郭嵩焘的思想个性展现得相当丰满。

因其境遇造成的敏感心性,郭嵩焘一生少有可以深谈之人,故常寄心曲于诗作。本书的一个显著特点,是频频以诗述史,甚至史从诗出。这是一个颇具挑战的取向,历来尝试者多而成功者少。因为诗与文有别,写诗讲究比兴,不必皆为述实。其言用以证史,不能不特别谨慎。不能仅看字面义,而要多从诗人之所言看到其所欲言。同时这也是一个可以收获甚丰的取向,毕竟心绪多在诗中显,故也当从诗中得。可惜郭嵩焘后来"罢诗",一扇了解他心绪的窗扉,就此半掩。幸而他罢诗并不彻底,仍为读其心者留有余地,也成就了为他作传的后人。

---

① 参见张乙帆:《评巴人著〈论鲁迅的杂文〉》,《大公报》(香港),1941 年 1 月 26 日,第 2 张第 8 版。

同时，人的感情可能古今无异，"感觉却无处不映照时代，时代变则感觉随着变"。感觉既变，表现感觉的诗也跟着变。① 故以诗述史的另一个好处，就是可以随时代的脉搏而动。《处变观通》的贡献，一是在近代思想史给郭嵩焘定位，二是告诉我们一个不仅关涉中西，而且学有本源的郭嵩焘。对近代史而言前者更重要，对了解郭嵩焘则后者同样重要。二者又是相辅相成的，没有后者，就难真知郭嵩焘的所言所行、所思所想，则其历史位置怕也难定。欣然的郭嵩焘研究，建立在他对近代史的整体把握之上，这使得他对郭嵩焘思想地位有更加精确的认识。

过去的近代思想史研究多侧重甲午以后，对于甲午前思想变迁的探讨相对较少。正如甲骨文是一套相对成熟的文字系统，但其究竟怎样发展到那个程度，却少为人所知。我们不能"以不知为不有"（傅斯年语）而视其为从石头中跳出的孙悟空，而当尽力探索其可能的发展进程。通过对郭嵩焘的研究，欣然既指出了甲午前的思想发展具有不可忽视的重要性，也揭示出郭嵩焘与后世的思想关联。

郭嵩焘在甲午以前就从文化的力量而不仅是物质的力量思考三千年未有的变局，为时代问题提供了一种解答的可能。在同时代人更注意于"夷""器"等观念所折射的中西差异性面相时，郭嵩焘则坚持中西相通的理念，力图从"道"的层面认知西方，开启了后世从文明角度认识西方的可能。甲午以后，越来越多的人开始分享了郭嵩焘的思虑。尽管各方对中西学关系有不同的理解，但其所应对的基本问题，恰是郭嵩焘所开之先河。

以往多把近代史视为一种直线性的发展，如梁启超提出的从器物到制度再到文化的进程，便多为学界所沿袭。而这样一种模仿西方的直线进化叙事②，也是郭嵩焘被视为先于时代又不及后世的"内在理路"。但若从道器的角度进行观察，如欣然所讨论的，今人习称的"自强运动"或"洋务运动"时期（两说侧重实有不同），其实是一个和此前此后都不相同的特殊时期，提示了近代史不必是单一线性的历史样貌。身处过渡之时的郭嵩焘，"恰可成为我们理解其特殊性的一把钥匙"。

郭嵩焘思考中西竞争，是在西方正当性尚未确立之时，与甲午后西方已被树立为典范的情形大不相同。若以后来的时代境况错置于他所面临的历史语境，对其历史意义的解读就会不同。以往对郭嵩焘的理解与误解，或多

---

① 傅斯年：《〈诗经〉讲义稿》（1928—1929 年），《傅斯年全集》，第 1 册，台北：联经出版公司 1980 年版，第 298 页。

② 参见王东杰《"价值"优先下的"事实"重建：清季民初新史家寻找中国历史"进化"的努力》，《近代史研究》2012 年第 3 期。

或少都与此有关。欣然重视郭嵩焘与后世思想的关联,同时也展现出他的观点在时代激变中由不被理解到为人分享的转折。

或可以说,本书为郭嵩焘在近代思想史中的定位提供了一个新的坐标。欣然把知人置于论世之中,论证了郭嵩焘的独特观念如何从当时的语境中生发出来。全书扣住郭嵩焘对"道"的开放性认知,给予郭嵩焘在近代史上一个特别的定位。它和既存的"先知先觉"定位不全然抵触,却又结合郭氏所处的时代语境而拓展了更丰富的意涵。

如欣然所说,"郭嵩焘在其时代显得'孤独',却被后世视为'前驱',这恰恰说明了世风在其身前身后发生剧烈转变,而他自己就是这种转变的风向标"。在阿伦特(Hannah Arendt)看来,"那些冒险站在时代最前线、尝尽孤独滋味的少数人",未必就是"新时代的先行者",可能更多是站在末日审判的门槛上,成为时代交替的见证者。① 作为世风转变的风向标,郭嵩焘是走在时代前面,还是更多接续着前一时代,其实还可以斟酌。② 即使走在时代前面,他的心绪也未必彰显出光明,而常常带有深沉的悲怆。③

本书一开头就提出,"为什么近代中国人在思考本应是终极的'道'的问题时,却常常需要回应像中西之别、东方文明与西方文明这样带有区隔性、空间性的问题?"如果"道"真如郭嵩焘所想是"天下"共享而非中国特有的,则中国人似不必为中西竞争的表面胜负所担忧。然而被西方实际操控的"世界"并不这样认为,渐入晚清人眼帘的"万国"之间实际进行着可能危及生存的残酷竞争。文明究竟是人类共有的还是族群的(因而也冲突的),早已不仅是个学理的问题,而印证着与现代伴生的民族论述。

一般都以为日本在借鉴西洋方面远比中国成功,然而日本人也在很大程度上坚守着"和魂洋才"的底线。看似不成功的中国则逐渐一边倒,甚至提出全盘西化,几乎就要"洋魂洋才",连自己的"魂"也准备舍弃。其间天下"道一风同"的理想观念是否起过作用,起了多大作用,恐怕是后来读书人需要反思的问题。

---

① Hannah Arendt, "Introduction: Walter Benjamin, 1892-1940," in Walter Benjamin, *Illuminations: Essays and Reflections*, ed. by Hannah Arendt, New York: Schocken, 1969, p.37. 此书有中译本,阿伦特编:《启迪:本雅明文选》,张旭东、王斑译,北京:生活·读书·新知三联书店2008年版,相关文字在55—56页。

② 若从前述天下与世界的两种思路看,与他一些更接近世界论述的同时代人相比,偏向天下论述一边的郭嵩焘,可能是见解超前而思绪"落后"。

③ 例如"同治中兴"是很早就出现的说法。一个中兴的时代或许不必颂声大作,多少也要有些比较满意的感觉吧。然而我们若设身处地去看那些中兴的塑造者,他们似乎连躬逢盛世的幸运感都没有,而是充满了对既往、当下和未来的忧思。曾国藩著名的"苦撑"一说,就是一个显著的代表。

如卡尔(Edward H. Carr)所说,历史是现在与过去之间永无休止的对话。① 我们今天理解郭嵩焘,一定程度上也是在理解我们自己。"东西文化孰得孰失,孰优孰劣"的问题,曾"围困住近一百年来之全中国人"。②至少如余英时师所言,"中学和西学的异同及其相互关系",一直是中国读书人"最感困惑"的问题。③郭嵩焘在历史转折的重要时刻,提出了关键问题,给出了根本层面的深刻回答。他对中西虽相异而相通的坚执,不仅启迪了晚清的后来者,对今天面临世界新变局的我们,仍具借鉴意义。

---

① E. H. 卡尔:《历史是什么?》,陈恒译,北京:商务印书馆2007年版,第146、227页。
② 钱穆:《八十忆双亲·师友杂忆》,北京:生活·读书·新知三联书店2005年版,第46页。
③ 余英时:《中国近代思想史上的胡适——〈胡适之先生年谱长编初稿〉序》,《现代学人与学术》(沈志佳编《余英时文集》第5卷),桂林:广西师范大学出版社2006年版,第242—245页。

前　言

一　郭嵩焘与"道"的问题

在美国电视剧《生活大爆炸》(*The Big Bang Theory*)中,几位科学家在讨论如何给外星人传递讯息,其中谢尔登(Sheldon)说:

> 任何智能生物最少都需要有知晓物体在空间中所在位置的能力,所以最理想的星际沟通方式应该是触觉。①

此说是否确实,非本书所能判断,但剧中人所讨论的问题却和本书主题可相参照。正如科学家们需要设想可能和人类(甚至地球生物)面目悬殊的外星智能生物,近代中国人所遭遇的也是在许多方面和自身千差万别的"夷人"。在差异的程度无法估量时,如何与"异类"沟通?谢尔登提供了一种可能的回答:从基本问题开始寻找相通之处。人类和外星智能生物都需要空间定位物体的能力,因此在人类各种感觉中,触觉最可能是与外星人共享的;而面对着样貌、语言、习俗、文化各方面都有不同的夷人,中西之间有没有共通之处?能不能、应不应该寻求共通之处?

在近代史上,不是所有人都会从这个基本的层面思考中西遭遇的种种问题;在近代史的研究上,也不是所有研究者都会从如此基本的层面进行探讨。郭嵩焘是近代史上较早开始对这个问题进行深入思考的少数人之一;对郭嵩焘的既有研究,则似尚没有深度分享他的这些思考。这也是为什么郭嵩焘研究已有很多,却还有重新研究的必要。

至少从谭嗣同开始,郭嵩焘的形象就具有了某种历史的象征意义。谭氏以郭嵩焘、曾纪泽之精解洋务反衬湖南人之"以疾恶洋务名于地球";又言郭

---

① 见第八季第 21 集。

嵩焘由于"拟西国于唐虞三代之盛"而"几为士论所不容"。① 自此以降,谈及郭嵩焘者多亦将其当作一个例子,以反衬同时代人对洋务之懵懂。梁启超在《中国近三百年学术史》中说得更加直白:"一般士大夫对于这种'洋货'(按指西学西书),依然极端的轻蔑排斥。当时最能了解西学的郭筠仙(嵩焘),竟被所谓'清流舆论'者万般排挤,侘傺以死。这类事实,最足为时代心理写照了。"②

蒋廷黻在《中国近代史》里沿袭了梁启超的"心理写照"说,也认为"同治光绪年间的社会,如何反对新人新政,我们从郭嵩焘的命运中可以更加看得清楚"。他进一步把郭嵩焘的思想定位为"超时代",指出:"他觉得不但西洋的轮船枪炮值得我们学习,就是西洋的政治制度和一般文化都值得学习。……他的这些超时代的议论,引起了全国士大夫的谩骂。"③这是一个非常有代表性的看法。

谭、梁、蒋共同指出了郭嵩焘在历史上不能不谈的特点,就是他对于洋务、对于西方的观点。较早对郭嵩焘的研究也是由此开始。④ 即使是《近百年湖南学风》这样主要关注学术面向的著作,钱基博也将相当篇幅放在节钞郭嵩焘关于洋务和西方的观点上。⑤ 郭嵩焘研究最重要的著作,是1971年出版郭廷以的《郭嵩焘先生年谱》。它以详尽的资料勾勒了郭嵩焘的生平,成为后来者必备的参考书。如其在序言所说,郭嵩焘一生的两件大事是他与洋务的关系("御侮")以及与湘军的因缘("平乱")。⑥ 这使得对郭嵩焘的研究从其洋务部分扩展到了整个生平。

此后的研究逐渐增多,其各自背靠的学术语境也不尽相同,但在观点乃

---

① 谭嗣同:《浏阳兴算学记》,《报贝元征》,蔡尚思等编:《谭嗣同全集》,北京:中华书局1981年版,第173、228页
② 梁启超:《中国近三百年学术史》,《饮冰室全集·专集75》,北京:中华书局1988年版,第27页。
③ 蒋廷黻:《中国近代史》,上海:上海古籍出版社1999年版,第49—50页。
④ 如柳定生《郭嵩焘传》,国立浙江大学史地学系编辑:《史地杂志》创刊号,国立浙江大学史地系1937年版;彭泽益《郭嵩焘之出使欧西及其贡献》,包遵彭等编:《中国近代史论丛第一辑第七册——维新与保守》,台北:正中书局1977年版;沧海《郭嵩焘先生》,《雄风》1946年第5期。
⑤ 钱基博:《近百年湖南学风》,钱基博、李肖聃:《近百年湖南学风·湘学略》,长沙:岳麓书社1985年版。
⑥ 郭廷以:《郭嵩焘先生年谱》,台北:"中研院"近代史研究所1971年版,第2—4页。

至叙述方式上,却有着相当高的一致性。① 如果综观百余年人们对郭嵩焘的评述和研究,可以发现,不管是梁启超所谓的"心理写照"、蒋廷黻的"超时代",还是汪荣祖的"走向世界的挫折"、范继忠的"孤独前驱",都特别强调郭嵩焘和其时代对立的一面。"先知""超前"等词汇,尤为研究者所乐用,反映了学界对郭嵩焘较为普遍之认识。②

然而,要理解郭嵩焘对于后世的影响,与其注意他观察到的西方和后人所看到的有多一致,或更需要考察他从什么样的角度来认识西方。他的这种眼光不为同时代人所理解,因此饱受诋毁;但后来人却分享了他的这种视角,所以称其为先知先觉。

郭嵩焘在其时代显得"孤独",却被后世视为"前驱",这恰恰说明了世风在其身前身后发生剧烈转变,而他自己就是这种转变的风向标。郭嵩焘的历史意义在于,他是中国人开始从"道"的层面正视西方、对待西方的时代思潮

---

① 对郭嵩焘洋务观点的兴趣从未减退。陆宝千《清代思想史》(上海:华东师范大学出版社2009年版,初版于1983年)的"郭嵩焘"一节中,将郭嵩焘的洋务观点与其理学思想结合起来。1970—1980年代两部关于郭嵩焘的英文著作,也注重于其海外经历,参见 J. D. Frodsham, *The First Chinese Embassy to the West: the Journals of Kuo Sung-T'ao, Liu His-Hung and Chang Te-Yi*, Oxford: Clarendon Press, 1974; Owen. H. H. Wong, *A New Profile in Sino-Western Diplomacy: the First Chinese Minister to Great Britain*, Kowloon: Chung Hwa Book Co. Ltd., 1987。

1984年钟叔河在主编的"走向世界丛书"中节录了《郭嵩焘日记》中出使英法的部分,取名"伦敦与巴黎日记"(岳麓书社1984年版),对郭嵩焘研究有很大影响,使其海外见闻更为研究者所重视。同时的文章尚可参见熊月之《郭嵩焘出使述略》,《求索》1983年第4期。随着1980年代郭嵩焘日记、奏稿的相继出版,人物研究也逐渐兴起。中国大陆的第一部郭嵩焘传记是曾永玲1989年出版的《中国清代第一位驻外大使——郭嵩焘大传》(沈阳:辽宁人民出版社1989年版),作者把郭嵩焘当作"洋务派重要代表人物"。1993年,海外作者汪荣祖出版了其郭嵩焘的传记《走向世界的挫折——郭嵩焘与道咸同光时代》(长沙:岳麓书社2000年版)。如标题所展现的,作者意在用郭嵩焘一人的挫折来"说明那个挫折的时代"。两书多只是事迹上的叙述,对郭嵩焘心理、思想的发展变化较少描写。特别是由于有心将郭嵩焘树为时代的"先进"者,两部传记有意无意间都将郭嵩焘一生的挫折视为整个时代的错误、腐化所致。

在这两部传记出版之后,尚有王兴国的《郭嵩焘评传》(南京:南京大学出版社2000年版)、张静的《郭嵩焘思想文化研究》(天津:南开大学出版社2001年版)两部著作。两书皆侧重郭嵩焘的思想。前一书由作者自己分出郭嵩焘的"政治思想""外交思想""军事思想"等,分章铺陈。后一书的作者努力寻求郭嵩焘的"湘军事业"和他的"涉外思想"间的关系,特别是努力分析郭嵩焘在"湘军集团"中的特殊性,这是其他的研究者较少重点关注的。此外传记尚范继忠带有文学色彩的《孤独前驱——郭嵩焘别传》(北京:人民文学出版社2002年版)、孟泽的《洋务先知》(南京:凤凰出版社2009年版)以及王俊桥的《晚年郭嵩焘研究》(南开大学马克思主义教育学院2014年博士论文),基本也依循着此前著作的研究思路。又,关于2008年以前郭嵩焘研究的情况,可参见王兴国《郭嵩焘研究提要》(长沙:湖南大学出版社2009年版)。

② 一个反例,可参见徐立望《郭嵩焘的晚年思想》,《学术研究》2003年第8期。

转捩点。相比于注重西方器械层面的同时代人，他强调可以从"道"的层面看待西方，所以能形成和同时代人不同的西方形象；但他之所以能够从"道"的层面看待西方，又是因为他相信"道"在中西之间是共通的，不会、也不应为中西之别所隔阂，后来许多人感受到西学在引进过程中对中学的挑战，则是郭嵩焘尚未视为问题的。将其看作重视西方器械的"洋务派"的一员，固属误解；但将其观点理解为号召引进西方的制度文化，又过于简单。郭嵩焘在近代史上的转折意义，更在于他看到中西在"道"上的相通性，进而将西方带入中国人认知中更加核心的"道"上。他甚至认为："自西洋通商三十余年，乃似以其有道攻中国之无道。"① 正是伴随着郭嵩焘发现西方有"道"的过程，他观念中的中西权势也开始产生了变异。这种观点可以说是具有划时代的意义的，而既有研究尚未予以足够的重视。

读者可能提出的疑问是，什么是道？葛兆光先生以今人较易理解的"终极依据"来释衍中国人的"道"，值得我们参考。② 一种"终极依据"往往暗含着它应该是普适的，但近代中国思想的一大变化，是中西差异越来越大地影响了对"道"的认知，使"道"逐渐被空间化，最终呈现出"道出于二"的景象。③ 近代中国人在思考本应是终极的"道"的问题时，却常常需要回应像中西之别、东方文明与西方文明这样带有区隔性、空间性的问题。观念上的中西为二与"什么是道"的问题缠绕在了一起，这是近代思想的一大特色。

如果梳理近代史的进展，在西"夷"以坚船利炮之"器"震撼中国之后，华夷之别、道器之别就将中西差异性的一面鲜明地展现在中国人眼前。近代相当长一段时间里，中国人抱持着"形而上者中国也，以道胜；形而下者西人也，以器胜"④的中西差别印象。然而，中西的差别并非一开始便为所有人接受，包括郭嵩焘在内的一些中国人秉持着对"道"的普适性的坚执，力图超越中西的隔阂去理解"道"、理解西方，进而看到了西方并非仅"以器胜"，而是同样有"道"。吊诡的是，又恰是在这个过程中，中国人开始将中西异同和"什么是道"的问题结合起来思考，反而使后来的"道出于二"的答案成为可能。"道出于一"的思考如何反而成为"道出于二"的先导，这是本书试图解答的问题。

---

① 郭嵩焘：《郭嵩焘全集·日记》光绪四年五月二十，长沙：岳麓书社2012年版，第523页。
② 参见葛兆光《中国思想史·导论》第三节，上海：复旦大学出版社2001年版。
③ 参见罗志田《近代中国"道"的转化》，《近代史研究》2014年第6期。
④ 王韬：《与周弢甫征君》，《弢园尺牍》，台北：文海出版社1983年版，第156页。

二 中西、道器之间

蒋廷黻认为,郭嵩焘思想的"超时代"性表现在"他觉得不但西洋的轮船枪炮值得我们学习,就是西洋的政治制度和一般文化都值得学习"。这样的看法已经成为后人的常识,但在郭嵩焘的时代却是特别的。言郭嵩焘"超时代",实亦以一种特别之方式,连接郭氏与其时代。其特点在于将郭嵩焘和其所处之时代拉开了一定的距离,以一种照面相对的方式勾连二者。郭嵩焘研究在近代史研究中也因此具有一种特殊的重要性:他的形象直接关系到如何理解他所处时代的面貌。一个人物和其时代被建构起这么特殊的对照关系,这在史学研究上也是不多见的。因此,对郭嵩焘的再思考,与对他所处时代的重新审视,可能需要齐头并进。

至今仍然流行的一种看待近代史的视角,是梁启超的器物—制度—文化三阶段说。在1922年的《五十年中国进化概论》中,梁氏将近五十年的中国思想进步描述为线性进化的三期。第一期是从鸦片战争后到同治年间"先从器物上感觉不足",主要是"很觉得外国的船坚炮利,确是我们所不及"。第二期从甲午失败到民国六七年间,开始"从制度上感觉不足","恨不得把人家的组织形式,一件件搬进来"。至于第三期,则大概从五四开始,"从文化根本上感觉不足","渐渐要求全人格的觉悟"。从其思想背景来看,这是一种带有浓重"进化"意味的论述;而说"最近两三年间,算是划出一个新时期",又明显有新文化运动影响的痕迹。①

梁启超之说对近代史研究影响极大。诸如历史分期上洋务运动(自强运动)、维新变法的划分,人物上洋务派、维新派的归类,许多都以这三阶段区分作为基本标准。既有研究对郭嵩焘的定位,根本上其实依赖于这种叙事脉络:正是由于他在器物时期已经觉得"西洋的政治制度和一般文化都值得学习",所以才说他是"超时代"。

然而这种叙事也受到一些学者的质疑。罗志田老师指出,从器物到制度到文化的递进关系其实不符合中国传统的认识方式,它与西方人的说服密切相关。②杨念群先生也指出此说过分专注于向西方学习的方向,而未能仔细

---

① 梁启超:《五十年中国进化概论》,《饮冰室合集·文集39》,北京:中华书局1988年版,第43—45页。
② 罗志田:《再造文明之梦——胡适传》,成都:四川人民出版社1995年版,第14—15页。

梳理和揭示出目标背后中国自主性因素的作用。① 但迄今为止，类似的反思仍未形成较大的反响。

具体而言，梁启超此说暗含的两个前提假设值得讨论。首先，从"器物"到"制度"到"文化"，三阶段的"不足"皆以西方为参照，进步也以学习西方为转移——比如在叙述器物时期和制度时期的"学术进步"时，梁启超单拈出的就是江南制造总局以及严复的译书。② 这样的叙事脉络暗设的第一种价值判断，或可称为一种目的论的预设，就是"趋西"在其中具有天然的优越性。

梁说是在民国时期"趋西"风潮已形成乃至不言自明的时候做出的概括。但在同光时期，"趋西"还是一个充满争议的选项，后来人反而是需要通过了解郭嵩焘及其时代，去理解这种风潮本身是怎么形成的。因此，恐怕需要暂时搁置后见之明，而去反思"趋西"的预设是否也遮蔽了一些历史的复杂性。

这种遮蔽至少可能体现在两个方面。其一，一些和"趋西"不同的选择在"趋西"的强烈光芒下，易被建构成"其他"（other），而丧失其中原本具有的丰富内涵。比如后世称的"顽固派"，其实是非常复杂多样的构成，彼此之间有许多异同，但在"趋西"的映照下，他们被笼统地说成"顽固"。其二，还有一些原本意义复杂的人与事，由于其与"趋西"的关联性，被整合到"趋西"框架之中，同样可能失去本身内涵的丰富性。比如中国人对议会制度的欣赏，也不单纯是对"先进"西方制度的趋鹜，还源于看到了解决清朝"上下之情不通"的现实问题的方案③——它不只与"西方"有关。或许可以说，"趋西"的眼光在指明一种历史走向的同时，却也遮蔽了一些研究对象的主体性，就像聚光灯照亮了历史舞台中心部分的地板，黯淡了光圈外的其余；而舞台地板上原本多种多样的花纹，无论在光圈里还是光圈外，却都被那耀眼的强光隐没了。

因此，与其把"趋西"预设为近代史必然趋向的方向，不如将其视为在历史进程的众多可能中最终形成的一条途径，这有助于我们发现当时其他多种处理中西关系的方式。而"趋西"路径为何最终能脱颖而出，也正是在这种众声喧哗中才能得到更贴切的理解。郭嵩焘不恤清议、大声疾呼重视西方的

---

① 杨念群：《儒学地域化的近代形态：三大知识群体互动的比较研究》，北京：生活·读书·新知三联书店1997年版，第1—2页。
② 梁启超：《五十年中国进化概论》，《饮冰室合集·文集39》，第43—45页。
③ 杨国强先生曾指出这一点，参见《国耻激生的思想丕变——甲午战争120年再思》，《上海学术报告》(2014)，上海：上海人民出版社2015年版，第477页。

"先知先觉",同样需要被放在当时不同的声音中去理解,而不能简单突出为"超时代"。

梁启超三阶段论中第二种预设的价值判断,或可称为一种本质主义的倾向。它预设着西方有某种实在的"本质"——制度比器物更接近于这个"本质"内涵,而文化又比制度更接近。仿佛西方是某种地心模型式的存在,中国人只是不断地从地表开始向深处挖掘。然而,器物—制度—文化的文明层次是完全不言自明、免于反思的吗?还是其中实际上暗寓了认识者自己的立场和眼光?

余英时先生已经指出,近代中国人常常"通过中国传统的思想格局去接受西方文化",甚至主张西化者"拼命想摆脱传统、拥抱西方,但始终未能跳出传统的思维模式"。① 从器物到制度到文化的认知视角,就有类似的情况。杜亚泉便曾指出:"政重于艺,亦我国向来传述不刊之论也。"②这提示了认为制度比器物更深一层的看法,背后其实有传统的思维在起作用。而林毓生先生则曾言,先秦以后儒家强调的"心的理知与道德功能"及思想力量与优先性的思想模式影响了五四一代全面反对传统。③ 梁启超将文化设定为西方的深层内涵,实际上也不脱"从文化层次来探讨中国出路问题"的套路,仍是"中国传统文化的思想模式在起作用"。④ 换言之,在从器物到制度,再到文化的认知次序中,是否蕴含着中国人自己的认知倾向,这一点应该纳入考察的视野中。

对郭嵩焘的定位,需要注意到上述两个问题。既有的看法由于预设"向西方学习"的"天然"正确,郭嵩焘在这个方向上的勇往被当成理所当然,而忽视了他为论证正视西方的必要性需要做出巨大努力;由于忽略了"政重于艺,亦我国向来传述不刊之论",以及"心的理知与道德功能"优先的传统思维,郭嵩焘由"器"到"道"的认知突破被归结为西方文明本质如此(郭嵩焘只是"正确地"认识了它),却忘记考察它和中国人认知倾向上的关联。其共同的问题都在于忽略了"超时代"背后的时代语境。通过考察近代道器观念的互动,可以重新思考"趋西"如何逐渐成为近代中国人接受的选项,他们又是

---

① 余英时:《论文化超越》,《文史传统与文化重建》,北京:生活·新知·读书三联书店2004年版,第504页。
② 杜亚泉:《〈亚泉杂志〉序》(1900年11月),许纪霖、田建业编:《杜亚泉文存》,上海:上海教育出版社2003年版,第229页。
③ 林毓生:《五四时代的激烈反传统思想与中国自由主义的前途》,收于《中国传统的创造性转化》,北京:生活·读书·新知三联书店1994年版,第179页。
④ 参见罗荣渠《中国近百年来现代化思潮演变的反思(代序)》,收于罗荣渠编《从"西化"到现代化:五四以来有关中国的文化趋向和发展道路论争文选》,北京:北京大学出版社1990年版,第29页。

以怎样的思维方式逐渐"深入"地认知西方。

首先,"趋西"风潮如何形成? 对于这个问题,罗志田老师指出西方(广义的)权力展示对中国人的思维有深远的影响,引导了中国人"向西方学习",乃至塑成"新的崇拜"。① 而丁伟志、陈崧的《中西体用之间》一书在阐释中西和体用(后者包括道器、本末)这两组观念的交织上值得借鉴。如在分析同治年间的天文算学馆争时,他们注意到了纠纷不仅源于"守旧派"对西方的顽固拒斥,其实也因为"洋务派"对西方"只限于对技艺及有限的自然科学科目的肤浅的了解",而"守旧派"则坚持自强需要从"政教修明"的"本"下手,光靠技艺利器的"末"不足以使中国自强。② 天文算学馆争向被视为"洋务运动"时期经典的中西争论,该书却提示了道器的问题也是影响中国人接受西学与否的重要思想因素。

丁、陈此说值得推广到甲午以后中国人对西方态度的整体转变上。恰如梁启超所言:"自甲午以前,我国士大夫言西法者,以为西人之长,不过在船坚炮利、机器精奇,故学之者,不过炮械船舰而已。此实我国致败之由也。乙未和议成后,士大夫渐知泰西之强,由于学术,颇有上书言之者。"③言语之间,抑扬甚明。对认为西方之强在于"坚船利炮"的那一代中国人而言,学习西方"不过"炮械船舰"而已",背后其实是重"道"贱"器"的传统思维;而当梁启超一代看到西方之强在于"学术",西方乃具备文化吸引力,学习西方是向"道"而不是骛"器",于是"颇有上书言之者"。近代中国人对西方由"器"到"道"的认知转变,其实是逐渐将西方纳入士人所习惯的认知轨道中。道器问题直接影响到中国人对西方的接受姿态。

其次,诸如道器、本末、体用这样的框架,又关联到了中国人在面对西方冲击时的固有思想倾向。丁伟志、陈崧指出,它们既可以被表述为"崇'本'以抑'末'",以用来反对西学,反对洋务;又可以被表述为"重'末'以辅'本'",以提倡西学,推行洋务。换言之,道器等框架"可以用于表达不同的甚至相反的文化倾向",是一种"当时舆论界所可以普遍接受的理论形态或理论构架"。④ 这种说法非常有提示性,因为两方都可以使用道器本末之说,意味着道(本、体)与器(末、用)的关系并不可以完全化约为中与西的关系,它和是否应该学习西方是两个层面的问题。提倡西学者和反对西学者尽管

---

① 罗志田:《新的崇拜:西潮冲击下近代中国思想权势的转移》,收于《权势转移——近代中国的思想、社会与学术》,武汉:湖北人民出版社1999年版,第18—61页。
② 丁伟志、陈崧:《中西体用之间——晚清中西文化观述论》,北京:中国社会科学出版社1995年版,第83—84页。
③ 梁启超:《戊戌政变记》,《饮冰室合集·专集1》,第27页。
④ 丁伟志、陈崧:《中西体用之间——晚清中西文化观述论》,第103页。

在中西的问题上意见分歧,但在道器关系上可以有共同的核心假设,那就是在这一框架中道高于器、本重于末、体先于用。进而言之,或许应将中西和道器视为两种相互影响但彼此不同的概念关系,把道、器看作中、西之外的另一组变量,讨论其在近代史中发生的影响。

如果把中西和道器看作两组不同的变量,可注意到它们是相互影响的。前面提到,道器问题影响着中国人对西方的接受姿态。而反过来,中西相判的眼光也影响着中国人对器、道的内涵和外延的认知。

首先,在"器"的方面,西方器物的冲击引起了近代"物质的兴起",器艺、技术等中国人原本相对轻视的学问在近代受到了前所未有的关注。① 在这个过程中,"西方"与"器械"的连接变得日益紧密。正如马格里所观察到的,一方面中国人"对于我们(按西人)的武器的敬畏,有一些也转移到了我们自己身上",另一方面"任何中间有个洞的东西,如果镶上了一个皇冠和外国的字母,就会变得十分抢手"。② 西人凭借"器"提升了他们的重要性;而"器"又凭借西人提升了它们的重要性。这使得西人长于器成为一种刻板印象,在梁启超所谓的"器物"时期,它是中国人的感知里西方权势的关键面相。

其次,当"器"的重要性逐步上升时,"道"的内涵也在发生改变。丁伟志、陈崧在分析郑观应的"中体西用"观点时指出,郑氏在希望吸收西学的意向下,实际上是把"中学为体"的内容大大缩小、抽象化了,"中体"中的政教法度被划归到了"西用"中,剩下的只是传统的学理原则和伦理信念。③ 罗志田老师也提到,近代中国人在以中体西用为叙述策略引进西学的过程中,却逐步发生了从"西学为用"到"中学不能为体"的现象。④ 换言之,不仅原本对"器"的认知受到了西方冲击的影响,"道"同样在西学的引进中出现了变异的情况。

然而,尽管西方冲击产生了巨大的影响,从长时间上看,道器的这种相对变动仍未冲破一个根本的限度:中国人原本视"道"高于"器"的认知结构并没有被颠覆。梁启超所说的近代三阶段进化过程,就逐渐偏离了"器物"的轨道;后来进至"文化"阶段,更如林毓生所说,仍是深受强调"思想变迁之优

---

① 罗志田:《物质的兴起:20世纪中国文化的一个倾向》,收于《裂变中的传承:20世纪前期的中国文化与学术》,北京:中华书局2003年版,第322—353页。
② Demetrius C. Boulger, *The Life of Sir Halliday Macartney*, K. C. M. G., New York: Cambridge University Press, 2010, p.184.
③ 丁伟志、陈崧:《中西体用之间——晚清中西文化观述论》,第168—169页。
④ 罗志田:《新的崇拜》,收于《权势转移——近代中国的思想、社会与学术》,第48—62页。

先性"的传统"儒家思想模式"的影响。① 或许可以说,近代中国人在大变局中,尽管眼光逐步趋西,道高于器的思路却相对稳定。② 器物—制度—文化之所以会被当作中国人不断"深入"认识西方的三个阶段,其根本原因也在于人们仍然相信文化的面相要比制度、器物更能界定一个文明的核心内涵,它和"道高于器"的观念有着相关联的逻辑。因此,在注意到中西层面上"中国人对西方的认识不断深入"这个动态变化的同时,我们还需要意识到道器层面相对稳定的"道高于器"观念同样在这个认识过程中发挥着重要作用。

总之,梁启超的三阶段说仍是关于近代史进展的一个精湛描述。但此说之成立是有条件的,它关注的是特定的向西方学习的面相;而三阶段之所以被视为由浅至深,离不开中国人自己的眼光。如果要在梁说的基础上推进对近代史的认识,则需要将其预设前提也加入考察之中。一方面,趋西并非天然而成,西方的权力展示,和中国人由器到道对西方的认知改变,是影响趋西风潮形成的重要原因(当然不是全部原因,比如还有日本的影响)。另一方面,近代中国人在认识西方时频繁运用的道器框架,特别是框架中蕴含的"道高于器"的传统认知倾向,也持续影响着对西方的认知。意识到这两点的话,在同时人聚焦于西方之"器"时,郭嵩焘看到可从"道"的层面去认识西方,这种眼光便具有不可小视的意义。

如果从道器的角度去看待近代史,或许可以看到和梁启超不同的情景。梁氏从"向西方学习"的角度,看到了近代史从器物到制度、到文化的线性发展。但如果从道器的角度进行观察的话,近代史的发展或可说呈现一种U形的样态。U形中间的特殊阶段,是今人习称的"洋务运动"时期。这是中国历史上少有的朝廷将"器"放在那么重要地位的时期,既前所罕见,后来又被制度、文化等所代谢。从政治文化的层面看,对于西器的诸多道器、本末、体用的争论,关系到当时朝廷在引进一种被视为异质的治国思路时对国家的文化正当性形成的冲击。而后来的历史研究,不管是革命话语,还是现代化理论,对"洋务运动"时期的上述特殊性及其对历史发展的复杂影响,还没有充分的揭示。

如果意识到"洋务运动"时期的上述特殊性,那么身处这个时期又向被

---

① 林毓生:《五四时代的激烈反传统思想与中国自由主义的前途》,收于《中国传统的创造性转化》,第165—180页。
② 参见李欣然《争于庙堂的"道器"与"中西":同治五、六年间的天文算学馆争》,《社会科学研究》2015年第4期,第187页。

视为"超前"于这个时期的郭嵩焘,恰可成为我们理解其特殊性的一把钥匙。① 但在将讨论转向郭嵩焘之前还需要考察,中西和道器这两组关系的背后,是否还蕴含着更深层次的问题。

"洋务运动"时期对"器"的特殊关注,使中西之间体现出显著的差异性。正由于最初冲击中国的是坚船利炮这样的用、器、末,才引起体用、道器、本末等概念被近代中国人频繁用于中西之间,这本身也是西方影响的产物。潜藏在中西和道器两组矛盾之下的,其实有文明异同这个基本的问题。

中国人在开始认知西方时强烈的异己感,是近代史的一个重要特性。中国人传统的夷夏之辨原本就突出了二者差别的一面。西方坚船利炮的冲击则在此基础上复增加了道器之别,从另一方面加强了中西的差别感。"形而下者为器,此外夷之所擅长也;形而上者为道,此中华郅治之隆也。"② "洋务运动"时期的特殊性在于,在此时逐渐走向历史舞台中心的"外夷",展现在中国人眼中的却是一个擅长"器"的形象,其与"中华"的异质性不是逐渐消弭,反而是进一步凸显。无怪乎甲午之前的中国人对学习西方多有抵触。甲午之后中国的读书人转换了对西方的接受态度,"趋西"风潮形成,但看待中西的差异化眼光被一直沿承下去,乃至最终形成了"道出于二"的景象,"道"从普适于"天下"的大方向,被缩小为中西学区分下的区域成分。③ 道器之别和道出于二,这两种眼光对待西方的态度不同,但都假设中西文明本质上是相别的。

然而,从道器有别到道出于二,其间有一个关键环节尚待补充:从只认为西方有"器",到意识到他们也有"道"(所以中西"道出于二"),这是一种认知的突破。这种突破是如何产生的?

---

① 由于郭嵩焘的经历,研究者一般把他归类为"洋务派"(钟叔河、熊月之皆如此);但郭嵩焘的思想观点又不仅聚焦于学习西方器械,而特别重视西方的制度文化。这使得郭嵩焘在"洋务派"和"早期维新派"之间的定性显得模糊。于是有学者主张超越器物和制度的分野,而以"是否要求改变半殖民地半封建的社会地位和统治秩序"作为为郭嵩焘定性的根本标准,据此他将郭嵩焘定为"洋务派"(马春庆:《郭嵩焘思想评价》,《文史哲》1987年第 4 期)。也有学者指出郭嵩焘既不是洋务派,亦不是早期改良派,而认为更应该将他视为 19 世纪中后期在维新派以前关于自由资本主义的唯一的理论家(吴义雄:《洋务运动的批判者——郭嵩焘》,《学术研究》1990 年第 2 期)。直到 2000 年的一部论文集中,仍既有人认为郭嵩焘属于"洋务派",又有人认为郭嵩焘是"改良派"(前者如田海林、宋淑玉《郭嵩焘的历史定位》,后者如岑生平《郭嵩焘是什么派》,皆收入王晓天等编《郭嵩焘与近代中国对外开放》,长沙:岳麓书社 2000 年版)。这种定位的模糊性,其实恰恰反映了目前对"洋务运动"时期和郭嵩焘这个人物的复杂性了解得还不充分。
② 曾国荃光绪十年七月二十奏:《遵旨筹议防务疏》,《曾国荃全集》(二),长沙:岳麓书社 2006 年版,第 249 页。
③ 罗志田:《近代中国"道"的转化》,《近代史研究》2014 年第 6 期。

当认为中西是道器之别时,中西文明显然是有差异的,但并非所有人都安于中西异质的认知。西方震慑中国人的"器"引起一些人的深思:"夫吞刀吐火之幻,大秦不以之为国;刻镂鬼工之巧,身毒不以之建邦。彼其政行法立,约坚条明,必有卓然能于治道者存焉。"①"道"本应是放之四海而皆准的,西方的船坚炮利、国富兵强,背后难道没有"卓然能于治道者存焉"?当一些人开始超越中西对立的遮蔽去思考西方时,西方有"器"无"道"就显得不可思议。对"道"的普适性的坚执,推动着一些人从中西共通之处去认识西方。

郭嵩焘认识到了"西洋立国有本有末,其本在朝廷政教"②,实意味着西方的富强并非基于和中国不同的道理,中西本质上是相同的。一旦超越了中西的对立,意识到西方可以有"道",则中西那种异己感其实可以消释,随之而来的是一种"道出于一"的可能。意识到这一点的中国人,会降低原本对西方的抗拒感,而更加强调中西的共性。

然而,这种对西方的接受,又没有到后来"尽弃其学而学焉"的地步。张星烺曾指出,近代中国人在面对西方时,"初则中国人妄自尊大,蔑视外国,以蛮夷待遇欧美各国,继则平等相视。义和团后,物质与精神,中国皆承认不如西洋人而自动欧化,事事模仿欧美"③。在"以蛮夷待遇欧美各国"和"事事模仿欧美"之间,其实尚有一个时期。张氏用"平等相视"概括它,或许稍嫌简单,但至少可以说,在排斥西方和趋鹜西方中间还有一个特殊的时期,它的思想特点如何,今天的关注仍不足。对郭嵩焘的研究,或许正可有助于了解这一点。

总之,从认为中西是道器之别,到认为中西道出于二,都强调了中西之间的差异,但二者的中间却以一种相信中西文明本质上道一理同的理念作为衔接。④ 和郭嵩焘观点类似而影响更大的,是甲午戊戌时期康有为、梁启超等人曾经尝试证成的"不中不西,即中即西"之学⑤,它也是一种强调中西相通

---

① 赵烈文:《能静居日记》第五册光绪二年十月初七,台北:学生书局1964年版,第3008—3010页。
② 郭嵩焘光绪元年:《条议海防事宜》,《郭嵩焘全集·奏稿》,第783页。
③ 张星烺:《欧化东渐史》,北京:中华书局2000年版,第15页。
④ 手代木有儿梳理了1870年代后期至1990年代初期中国人和来华外国人对中西文明的看法,与本书探讨的主题相近。他指出近代文明观的转变是从"视古来的中国文明为唯一文明,视中国为'中华'(文明)、视西方为'夷狄'(非文明)",转变为"认识到西方也存在着文明,并且开始将其文明看作与中国文明是异质文明"(《晚清中西文明观的形成——以1870年代后期至90年代初期为中心》,李鹏运译,《史林》2007年第4期,第23页),并把郭嵩焘的文明观视作这种转变的一个中间环节。本书则不把"异质文明"视为文明认知的必然归宿,而认为近代还存在着一种既承认西方有文明、又认为中西文明同质的观念,郭嵩焘即其代表人物之一。这种观念在历史上与"异质文明"的观念有对话和竞争,更有助于今人反思文明是否本质相异的观点。
⑤ 梁启超:《清代学术概论》,《饮冰室合集》专集之34,第71页。

的观点。相比于同时期以区别中西为本的其他认知——如视中西为道器之别的观点,或视中西各有体用的观点——这种观点在承认西方有道的同时,仍认为中西文明本质相通,"惟能贯古今,化新旧,浑然于中西,是之谓通学"。① 这种想法后来逐渐黯淡,甚至梁启超自己都把它视为"支绌灭裂",没有将这条道路彻底走下去。然而,它作为一条历史潜流依然发挥着影响。正是这种道一理同的理念残留的影响,使得最终接受道出于二图景的中国人,暗中仍存留着中西相通的认知,以致出现葛兆光所说的"在近代中国的民族主义背后,偏偏又可以看到非常奇特的世界主义背景"的景象。② 这样一种历史吊诡最初是如何发生与演变的,这也是本书关注郭嵩焘的旨趣所在。

三 有道攻无道?

把郭嵩焘视为"超时代",容易忽略他的观点和同时代其他观点的对话。尤为重要的,是对话过程中郭嵩焘表述出的在"道"的层面上对中西对抗的焦虑。这种焦虑源自于他中西相通的理念,与当时大多数人中西相别的观点形成对比而又互动竞争。这正是郭嵩焘的思想特色所在,而既有研究对其关注尚不足。

近代西人之到来,作为非夏之夷,凭非道之器,借非德之力,嚣嚣以战为名,攘攘以利为事,十分符合中国人对"夷狄"的一般想象。因此,当时人惯言西人是"犬羊之性",认为"可以威箝,不可以理喻"。③ 这种眼光中包含着对西方的强烈异己感,中西交涉被当成难以讲理的纯粹势力对抗。陈庆松将中西对抗拟为两人忿斗,"全恃乎气。彼既寻殴,我即扑打。此期间着不得思议。一着思议,便是逡巡退让",其原因正是"中外倚伏,全视乎势。中国得势,则中国强;外夷得势,则外夷强"。④ 中国人一开始是从力的较量上来认知中西对抗,并未意识到对抗会上升到"有道攻无道"或文明竞争的层面。

---

① 孙宝瑄:《忘山庐日记》光绪廿三年二月十五,上海:上海古籍出版社1989年版,第80页。
② 葛兆光:《中国思想史·第二卷》,上海:复旦大学出版社2001年版,第690页。另可参见萧公权《近代中国与新世界:康有为变法与大同思想研究》,汪荣祖译,南京:江苏人民出版社1997年版;罗志田《近代中国民族主义的特殊表现形式:以胡适的世界主义与反传统思想为个案》,收于《乱世潜流:民族主义与民国政治》,上海:上海古籍出版社2001年版,第18—59页。
③ 尹耕云咸丰十一年奏:《筹夷疏一》,中国史学会主编:《中国近代史资料丛刊·第二次鸦片战争》(二),上海:上海人民出版社1978年版,第70页。
④ 平步青:《霞外攟屑》,中国史学会主编:《中国近代史资料丛刊·第二次鸦片战争》(二),第315、317页。

这种简单的思想逻辑是近代许多现象的心理基础。正因将中西交涉视为比势量力的较量，所以明知"该夷远隔重洋，万无剿灭之理"，明知"方今粤逆未平，中原疲敝，亦万无出全力以剿夷之理"，然而"战胜而抚，则夷之气馁，自可杜厥要求；战败而抚，则夷之气盈，必致受其挟制"。① 其内在的心理是西人不可理喻，所以即使明知力量可能不如，仍不敢轻易言和。

也正因为将中西交涉视为势力的较量，当中国人相信自己的胜利能够使西人帖服时，他们也容易不自觉地相信中国的失败会使自己承认西人的强势。于是有如丁日昌所说的那样："自来中外交涉，不恃理而恃力，我力强于彼，则理以有力而伸，我力弱于彼，则理以无力而诎。然则今日之计，舍安民察吏，无以为自强之体，舍富国强兵，无以为自强之用。"②自强从体到用，归根到底皆在"力"上。乃至为了"制夷"而"师夷长技"，同样源于对西人的力的注重。③

从觉得是力量不敌而失败，到后来觉得是文明不如而失败，其间差别不可以道里计。力量不敌的失败，还只是动摇"华夏"面对"夷狄"的自我优越感的第一步，那种更深层次的反思需要见微知著式的更敏锐的意识。郭嵩焘的敏感，恰是在面临夷狄时从更深层的反思中国开始。

在同时人大多以为"中外倚伏，全视乎势"时，郭嵩焘则强调可以与夷人讲"理"："夷人之来有辞，当求折冲樽俎之方，不足与用兵。即势穷力战，要使理足于己，庶胜与败两无所悔。"所以他经常引用班固的话说道："班固言：制御夷彝之道，当使曲在彼。程子亦曰：与夷狄相接，常使理足于我。此道今人不讲久矣，所以终无自全之道也。"④他之所以在第二次鸦片战争期间大力游说僧格林沁，坚持不可开战，在马嘉理事件时不惜力犯众议，参劾岑毓英，都源于对循理以自处的坚持。⑤

郭嵩焘的说法暗示了一种心同理同的假设，认为西人亦可循理服之。对今人而言，此已为常识，但当时则未足以信人。王闿运即曾驳斥郭嵩焘曰："《匈奴传》论和战二端，既谓夷狄兽心，不可以理义法度论，而又欲使曲在彼。譬如与犬羊斗，而使犬羊负曲名，欲其不我觝噬，不可得也。郭筠仙最好

---

① 陆秉枢咸丰十年七月十六奏：《抚夷恐贻后患沥陈管见由》，中国史学会主编：《中国近代史资料丛刊·第二次鸦片战争》（二），第 209 页。
② 丁日昌同治八年奏：《酌改苏抚标兵制疏》，《丁中丞政书》，台北：文海出版社 1980 年版，第 230—231 页。
③ 可参见罗志田《新的崇拜：西潮冲击下近代中国思想权势的转移》，收于《权势转移——近代中国的思想、社会与学术》，第 51 页。
④ 郭嵩焘：《郭嵩焘全集·日记》咸丰十年十月初十、咸丰九年二月初一，第 362、186 页。参见第三章第三节。
⑤ 分别参见第三章第三节、第六章第二节。

班氏此论,以为得制夷之要,谬矣。"①以理自处本是儒生待人接物的基本态度,在处理中西交涉时,却需要郭嵩焘反复强调,而且还会引起其他人的反对。或可以说,由于受到夷夏观念的扭曲,当时一般人在理解中西关系时,其思维方式反而偏离了儒生常道。

儒生的"理"被夷夏这个特殊的关系所间隔,导致的是视夷狄如犬羊的不理解。然而如果意识到"理"和"道"本不应因夷夏之别而有异同,则主流的攘夷之论恰是执德不弘,信道不笃。一旦看到这个问题,很容易就将批评的锋头转向中国自身:"中国之于夷人,可以明目张胆与之划定章程,而中国一味怕。夷人断不可欺,而中国一味诈。中国尽多事,彝人尽强,一切以理自处,杜其横逆之萌,而不可稍撄其怒,而中国一味蛮。彼有情可以揣度,有理可以制伏,而中国一味蠢。真乃无可如何。"②西方的到来让郭嵩焘意识到了在心同理同和夷夏之辨之间的固有矛盾,随之而来就需要对传统观念进行调整。

"循理"的外交理念是研究郭嵩焘者基本都要涉及的问题。但研究者又经常对这种理念提出质疑。或以其"虽不可厚非,惟有时不切实际";或认为"容易对侵略者产生不切实际的幻想",是其"对外思想中的重大歧误";最具体的,有人指出:"郭氏之洋务思想,正而不谲,持之以肆应于'无理性'之国际社会之中,实嫌不足。苟中国而富强,循理以处国交,固可以无恙;不幸而国势屡弱,则循理必流于玄谈。"③如果从现实主义的立场以后见之明看待郭嵩焘的外交理念,这些批评或许不无道理。

但对于今人常视为当然的"'无理性'之国际社会",郭嵩焘在近代初始审视时,或许恰有着不同的认知。郭嵩焘的同时人在反思中国面对西方的失败时,更多从形而下的层面来理解,视为军事技术、船炮器艺上的不如。郭嵩焘认为中国是不能"以理自处"而失败,却意味着原因来自于形而上层面的"失道"。这样的思维方式,已经开启了后世从"道"的层面(或言文明层面)理解中西对抗的思路。对于后人而言,这种以"道"为标准的思路有违国际"无理性"的认知;但在郭氏的时代,它却打开了同时人较少谋及的思路,使郭嵩焘意识到西人并非和中国截然不同的夷狄。"使心目中无有洋人之见存,而随之以为轻重,即所处裕如矣。"④他一生不恤清议,在洋务上大声疾

---

① 王闿运:《湘绮楼日记》同治八年正月十六,长沙:岳麓书社1997年版,第5—6页。标点有调整。
② 郭嵩焘:《郭嵩焘全集·日记》咸丰十一年七月二十,第419—420页
③ 郭廷以:《郭嵩焘先生年谱》,第6页;曾永玲:《中国清代第一位驻外大使——郭嵩焘大传》,第367—372页;陆宝千:《清代思想史》,第411—412页。
④ 郭嵩焘光绪二年三月致奕䜣书,《郭嵩焘全集·书信》,第262页。

呼,其内心是对中国在处理中西关系时"失道"的忧虑。其根源则在于,在中西同异的问题上,他有了不同于同时人的观点。

如果对郭嵩焘"循理"的观念追本溯源,则其对道、理的普世性的强调,关联到他的整个学问。如其所言:

> 往与何愿船部郎论洋务,深中肯綮。问以曾涉历洋务乎?曰未也,经史传记,先儒百家之言,昭著灿列,奚待涉历而知之。嵩焘惊叹其言,以为极古今之变,不越此理而已,苟通其理,万事万物,无弗通者。①

所以郭嵩焘在痛斥攘夷主战的主流舆论时,会把矛头指向士人的"学",认为"议论纷烦,其源皆由于无学","悲哉,士大夫之无学也"。②

郭嵩焘的传统学问其实是相当好的。他敢于在经学兴盛的清代,对号称难治的礼学下手,著作《大学章句质疑》《中庸章句质疑》《礼记质疑》,同时对宋学权威朱熹、汉学权威郑玄提出怀疑,可见他对学问的自信。其以理处理洋务的特殊观点,其实源于和同时人共享的传统思想资源("经史传记,先儒百家")。这一点值得我们关注。对于重视西方者,后世更熟知的是那种"决然舍其所学而学所谓洋务者"③的思想理路;但郭嵩焘的例子却提醒了我们,传统的思想资源同样能开出正视西方的可能性④。

既有研究主要关注郭嵩焘这种观点与理学的关联⑤,但嘉道以降汉宋调和的学术趋势对郭嵩焘打开道的开放性,或许也有一定的关系⑥。而从郭嵩焘个人的经历来看,他青年研究词章之学时养成博学多识的习惯,也给了他将经史百家之学和洋务联系起来的可能。⑦ 鸦片战争更是一大因缘,如其所说:

> 癸卯(按:1843 年)馆辰州,见张晓峰太守,语禁烟事本末,恍然悟自古边患之兴,皆由措理失宜,无可易者。嗣是读书观史,乃稍能窥知其节

---

① 郭嵩焘光绪四年十一月致沈葆桢书,《郭嵩焘全集·书信》,第351页。
② 郭嵩焘:《郭嵩焘全集·日记》光绪五年三月廿九,第85页;郭嵩焘光绪六年八月初一致曾国荃书,《郭嵩焘全集·书信》,第384页。
③ 马建忠:《适可斋记言记行》,台北:文海出版社1968年版,第5页。
④ 类似的讨论可参见罗志田《温故可以知新:清季民初的"历史眼光"》,收于《裂变中的传承》。
⑤ 陆宝千《清代思想史》"郭嵩焘"节对这一点颇有阐明。
⑥ 关于汉宋调和,可参见严寿澂《嘉道以降汉学家思想转变一例——读丁晏〈颐志斋文集〉》,收于《近代中国学术思想抉隐》,上海:上海人民出版社2008年版。另可参见本书第五章第一节。
⑦ 参见本书第一章第二节。

要,而辨正其得失。①

既有研究对于这段经历,往往只注意到郭嵩焘在其时洋务思想的转变,而忽略了对他整个思想的转折意义——引起了整个"读书观史"体会的转变。正因为有了这种因缘,我们才能理解为什么洋务在郭嵩焘思想中有那么重要的地位。②

在意识到可以"理"处理中西交涉的基础上,郭嵩焘进而看到西方富强背后是政教上的有道,"西洋立国有本有末,其本在朝廷政教"③。看到西方政教有道是他与同时人最大的差别,也是他最为后来者所分享的地方。他的这种独特的视角,其实也是和同时人对话的产物。相比于同时人,郭嵩焘视角转变的最大特点在于,他更强调中西相通而非相异的一面。

当时存在两种彼此反对的看法,一般主张攘夷的清议,认为西人仍是无"道"之夷狄,反对学习西方;以总理衙门为代表的部分主张学习西人者,则认为需要效仿西人以机器致富强。两种看法虽然互相反对,但一则以为西人无"道",一则以为西人在圣人之道之外别有治道(如凭借商贾之"利"、坚船利炮之"器"即可富强),共同秉持着夷夏、中西之区别对"道"的割裂。郭嵩焘"西洋立国有本有末,其本在朝廷政教"的观点,恰在与此二者的对话中开辟出一条新的道路。

西洋立国本于政教的说法超越了"器械"的层面,在既有研究中一般被认为是中国人"正确"认识西方的"超前"观点。然而,郭嵩焘作出这个表述时,尚未出使西洋,未亲见西方之"朝廷",何从认识其"政教"?他后来就说,出使之前"有谓嵩焘能知洋务者,其时于泰西政教风俗所以致富强,茫无所知,所持独理而已"④。但这种"茫无所知",并不妨碍他得出西方立国本于政教的论断。换言之,它并不以对西方的亲身见闻为必要条件。这看似可怪,其实不难理解:立国以政教为本的道理,本就超越古今中外的界限,且不待涉历即可知。

郭嵩焘实际上是认为,政教为立国之本,无论中西皆同。一方面,相对那些还怀持着"用夷变夏"的疑虑的人,郭嵩焘和总理衙门一样,都已经认可了西方能够成为中国效仿的某种典范;而另一方面,相对于认为西方富强的秘密在于坚船利炮的观点,郭嵩焘却又和许多批评者一样,指出仅仅依靠器械

---

① 郭嵩焘:《罪言存略小引》,《郭嵩焘全集·文集》,第298页。
② 参见本书第一章第三节。
③ 郭嵩焘光绪元年:《条议海防事宜》,《郭嵩焘全集·奏稿》,第783页。以下相关讨论,可参见本书第六章第一节。
④ 郭嵩焘:《罪言存略小引》,《郭嵩焘全集·文集》,第298页。

并不能达成富强,富强之根本仍在于朝廷政教。郭氏这种后世看来非常"先进"的观点,如果置于当时语境之中,却可以说是对两种对立观点的折中。

郭嵩焘在近代史上的认知突破,恰在这种对话中产生。他提供了第三种认识西方的可能性,即对西方的认识不仅限于"器",而更关注接近于"道"的层面:西方的"政教"。它维护了"道"之为"一",中西的差别——不管是"夏"与"夷"的差别,还是"器"与"道"的差别——不足以使"道"分为二;同时它也就意味着,西方亦有道。

如果把这一点纳入对郭嵩焘的理解中,那么他和同时人相比真正的特异之处,并非等他得到了亲历西方的机会之后,才在出使的见闻中看到了一个更加"全面""正确"的西方形象;而是在他出使之前,便已能从与同时人相近的时代经验,以及"经史传记、先儒百家"的思想资源中,觅得一个新的看待西方的视角。新的视角在某种程度上说又是一种回归,相比于认为西方富强之秘在于奇技淫巧的同时人,郭嵩焘提出了不应以异样的标准观察西方:西方之富强,不外乎古昔圣贤之道。

"洋务运动"时期,士人原本担忧以机器致富强的西方模式会对"道"造成冲击。如果西方亦有道,则这种担忧有可能得到消解。有如梁启超所说,从起初"学之者,亦不过炮械船舰而已"到后来"士夫渐知泰西之强,由于学术,颇有上书言之者",一旦西方富强之奥秘由"器"重新回归到士人所熟悉的"道"上,则"道"原本受到"器"的威胁也随之解除,对西方的接受态度也可以为之改变。郭嵩焘西方可以有道的观点,为"洋务运动"的难题提供了一种可能的解决方案。

然而,旧的问题虽然消除,新的问题却接踵而至。在认为西方有"器"无"道"的时候,道器之别本身就预设了中西有别;但一经发现西方有"道",中西还是否有别就成了可能需要重新回答的问题。郭嵩焘开启了一个新的问题,而正是这个问题引起了后来中国人的反复讨论。

不仅如此,如果中西之间纯粹只是势力或器械上的对抗,则"以角力盈绌者,于文野亦何关?"①但如果西方对中国的胜利,是因其在"道"上优于中国,则西方对中国的优势,将表征着中国整体的失道,那么中国将如何面对中西文明的竞争?郭嵩焘提供了一种从"道"的层面理解中西对抗的思路,却也引导着中国人认识到竞争失败在文明上可能的危险:"自西洋通商三十余年,乃似以其有道攻中国之无道。"②这开启了后来以文明竞争看待中西对抗的思维。郭嵩焘正是从中国的"政教"思维出发,最终却接受了西方"文明"

---

① 鲁迅:《坟·文化偏至论》,《鲁迅全集》(一),北京:人民文学出版社 2005 年版,第 46 页。
② 郭嵩焘:《郭嵩焘全集·日记》光绪四年五月二十,第 523 页。

的观念：

> 西洋言政教修明之国，曰色维来意斯得（按 civilized），欧洲诸国皆名之。其余中国及土耳其及波斯，曰哈甫色维来意斯得（half-civilized）。哈甫者，译言得半也，意谓一半有教化，一半无之。其名阿非利加诸回国曰巴尔比里安（barbarian），犹中国夷狄之称也，西洋谓之无教化。三代以前，独中国有教化耳，故有要服、荒服之名，一皆远之于中国而名曰夷狄。自汉以来，中国教化日益微灭，而政教风俗，欧洲各国乃独擅其胜，其视中国，亦犹三代盛时之视夷狄也。中国士大夫知此义者尚无其人，伤哉！①

中国在近代的失败是不是文明的失败？郭嵩焘在努力消释中国人对西方的偏见、以维护道之为一的过程中，却开启了这个新的问题。这个问题极具危险性，关系到西方冲击之下整个中华文明的去向。

四　拟西国于三代

郭嵩焘对自己所开启的新问题，也给出了一种解答思路：拟西国于三代。在看到西方有道的同时，郭嵩焘或许是第一个将对传统的批判和对西方的正视结合在一起的人，由此却开启了一种否定中国而将西方树为全面典范的思维方式。后来更加激进的反传统思潮尽管与之有别，但正是以这样的思维方式为前导。

反传统者并非认为过去与现在无关，恰是因为关系太过密切，才需要"反"。历史对现实可以有两种功用，一是从过去可以寻求解答现实问题的思想资源，二是从过去可以发现形成现实问题的历史原因。反传统者对传统的关注在于后者（为了医治现实而针砭过去），进而将后者当作传统的全部而忽视前者②。

相比从历史寻求思想资源，要从历史发现形成现实问题的原因，就需要特别关注过去与现在的联系。郭嵩焘恰是如此。咸同时期的天下大乱，对时

---

① 郭嵩焘：《郭嵩焘全集·日记》光绪四年二月初二，第420页。标点有调整。参见本书第七章第二、三节。
② 王汎森先生指出："一个守旧的人极可能是效忠当前认可的传统，可是复古的人则是要跨越当前的传统，攀向那个更高更纯粹的传统。"（王汎森：《从传统到反传统》，收于《中国近代思想与学术的系谱》，长春：吉林出版集团2011年版，第122页）而复古者之所以必要"跨越当前的传统"，主要原因就在于将其当作现实问题的病源。

人的思想造成极大震动。郭嵩焘对"道"层面的政教的关注,也源于他在大乱时的反思。① 湘军初兴之时,郭嵩焘亲为募捐之事,又在曾国藩身边亲见其以严刑治民;而他后来出任粤抚时,更不得不在治理中参用重典。这些切实感受加深了他对中国政教失道的感知,也刺激了他从更加根本处去思考问题。郭嵩焘的历史意识对其思考产生深刻影响(这一点尤其体现在其礼学的研治中②),他从政教人心的根本处作出反思,将现实的问题视为秦汉以下未能践行三代之道的结果。

面对咸同时期的天下大变,郭嵩焘将现实的问题在历史沿革中推本溯源。他认为上下之情不通的问题根本由于秦以下尊君卑臣的君主制度,人才不出、人心疲敝的问题则源于三代学校制度废弃后、汉以下以利禄程学的教育制度。郭嵩焘对政、教根本的反思,都采取了回溯历史的方法,传统一定程度上变成了当前问题的病源。③

恰是对政教同样的关注,设置了郭嵩焘观察西方的角度和视野。他能意识到西方之强不仅在于船坚炮利、国富兵强,而在西方看到其议会制度之有利于疏通民气、学校制度之有利于培养人才,实际上都是从政教有道这一点出发的。④ 郭嵩焘坚信立国本于政教的道理是中西相通的,他一方面执此批评中国的历史与现实,另一方面执此认识西方。"拟西国于三代"的观点之所以重要,就是因为它把这两种眼光联系到了一起,从而在中国人的思想世界中为西方界定了一个新的地位。

和其他儒生一样,郭嵩焘对现实和三代以下历史的反思,基本参照也是三代。然而三代本是一个相对虚悬的历史存在(经过儒生长期的研究,康有为还可以说三代"茫昧无稽",一定程度上就体现了这种虚悬性),郭嵩焘又强调不是简单套用三代的仪文制度就能回归三代,而是需要先明晓那种超越具体形式的"礼意",然后依此礼意因时制宜。他说:

夫三代典礼未易行之后世,而圣人固曰从周,为夫大体明备,垂法万

---

① 参见本书第二章第二节、第三章第一节、第四章第一节。政、教向是中国人认知中政治的核心要义,儒生心目中的理想的治国之道,是"天佑下民,作之君,作之师"(《尚书·泰誓》)。君师的职任,则是孔《传》所说的"为立君以政之,为立师以教之"。

② 参见本书第五章第二节。关于郭嵩焘的礼学,可参见陈玫琪《礼记质疑驳议郑注孔疏之研究——以礼制为例》,(台湾)铭传大学应用中国文学系硕士在职专班硕士论文,2007年;周忠《礼记质疑研究》,南京师范大学古典文献学硕士论文,2008年;吴保森《郭嵩焘三质疑研究》,华东师范大学硕士论文,2010年。

③ 参见本书第五章第三节。反传统的思想可以从传统的思想资源中萌蘖,对此的研究可参见王汎森《古史辨运动的兴起——一个思想史的分析》,台北,允辰文化实业股份有限公司1987年版;葛兆光《中国思想史·第二卷》,第690—693页。

④ 参见本书第七章第二节。

世,放而皆准。苟知其意,则今日所行何一非周礼之遗哉? 不知其意,则亦具文而已。①

王汎森先生曾指出,清代汉学危机的一个表现,是开始有人怀疑考据方法"将三代社会的真相弄得愈清楚,好像也愈不可能把三代的理想付诸实行"②。在致用的关怀中,清儒开始对汉学提出质疑:

> 经术固不可不明,然行之贵得其意,如徒拘于章句训诂,则是俗儒之学。若欲按其成法,推而行之于世,则如井田、封建用之于古则治,用之于今则乱。苟非其人,道不虚行,故空谈经学者正如夏鼎商彝,无适于用。要惟约其理而返之于身,因以推之于世而不泥于其迹者,庶有当焉。然则今日之学,亦先学其有用者而已。③

郭嵩焘同样察觉到了古今之别对复行三代之制的障碍,转而寻求那种能够超越这种障碍的"礼意"。然而,如果超越了具体的仪文制度,则所谓的三代之道只能成为现实的抽象参照标准,而不能作为具体模仿典范。这就造成了典范空白的危机。

西方的出现,恰好填补了这个具体典范的空白。郭嵩焘"拟西国于三代"的想法,正是这种典范更迭中的关键一环。在英国期间,郭嵩焘参观了牛津、剑桥大学,了解到西方之学制,乃看到:"所学与仕进判分为二。而仕进者各就其才质所长,入国家所立学馆,如兵法、律法之属,积资任能,终其身以所学自效。此实中国三代学校遗制,汉魏以后士大夫知此义若鲜矣。"④

又如,在了解到西方的预算制度时,郭嵩焘同样将其与三代进行了对比:

> 三代制用之经,量入以为出,西洋则量出以为入。而后知其君民上下,并心一力,以求制治保邦之义。所以立国数千年而日臻强盛者,此也。⑤

"制治保邦"典出伪古文《尚书·周官》,周成王称古之圣王"制治于未乱,保邦于未危"。其实就具体制度形式而言,量入为出和量出为入是完全相反的;然而,西方制度那种防患未然的精神,深得古圣之意,这也才是郭嵩焘最

---

① 郭嵩焘:《郭嵩焘全集·礼记质疑》,第743页。参见本书第五章第二节。
② 王汎森:《方东树与汉学的衰退》,《中国近代思想与学术的系谱》,第4页。
③ 龙启瑞:《致冯展云侍读书》,《经德堂文集·内集》卷三,转引自柳春蕊《晚清古文研究:以陈用光、梅曾亮、曾国藩、吴汝纶四大古文圈子为中心》,南昌:百花洲文艺出版社2007年版,第134页。
④ 《郭嵩焘全集·日记》光绪三年十月廿五,第336—337页。
⑤ 《郭嵩焘全集·日记》光绪四年三月初三,第446页。标点有调整。

为赞赏的。可见他更加看重的不是西方具体的制度形式,而是其中蕴含的和三代相贯通的理念与精神(也即"礼意")。

在对三代以下的反思中,郭嵩焘对道的焦虑不是来自道的失败,而是来自道未被践行;在中西对抗的认知上,郭嵩焘又反对道被中西间隔的看法,而看到西方有道。拟西国于三代的看法,恰将二者并置到了一起,其结果是互相弥补了各自的区别和断裂。通过借助三代,西方化解了和中国的隔阂,获得了作为思想资源的正当性;三代又借助西方,化解了理想和现实的裂痕,在现实中回归三代重新变得可能。由此自然的推论是,现实中可以通过效仿西方来实现三代理想。①

这种拟西国于三代的眼光可以说是划时代的。郭嵩焘回国后与王闿运等人讨论"夷务","以夷国能行其法为不可及。且以为英吉利有程朱之意,能追三代之治。铺陈久之",闿运闻而不信。薛福成说"昔郭嵩焘每叹羡西洋国政民风之美,至为清议之士所抵排,余亦稍讶其言之过当。……此次来游欧洲,由巴黎至伦敦,始信侍郎之说"。而据谭嗣同所说:"郭筠仙侍郎归自泰西,拟西国于唐虞三代之盛,几为士论所不容。薛叔耘副都初亦疑其扬之太过,后身使四国,始叹斯言不诬。"②正如王闿运闻而不信,薛福成讶其过当,这样的观点一开始"几为士论所不容";但谭嗣同和转变后的薛福成却和郭嵩焘共享了一个当时人并未完全接受的观念,即三代之道可以超越古今、中外的时空限制,而向西方开放。后来康有为等人认为西学合乎孔子之道,遵循的也是拟西国于三代的途径。

如果三代以下的中国未能践行三代之道,而西方之治转能拟于三代,则西方被树立为三代那样的全面典范,而三代以下的中国却被视为造成现实问题的根源。谭嗣同激烈声称"二千年来之政,秦政也,皆大盗也;二千年来之学,荀学也,皆乡愿也"③,恰与郭嵩焘对三代以下政、教的反思有着非常相似的思路。康有为将三代视为茫昧无稽,辨其为孔子假托,则三代被一并打倒,而西方遂能取而代之。

"洋务运动"的"师夷长技",已经明示了需要借助传统之外的思想资源来"制夷"。如果西方得三代之遗意而中国三代以下道不行,则变成只有传统之外的资源才是真正合乎道的。对于认为道贯中西的郭嵩焘来说,这种情况于道无损,而三代圣人之"礼意"尚可以作为损益西方思想资源的依据;但

---

① 参见本书第七章第二节。
② 王闿运:《湘绮楼日记》光绪六年二月初二,第881页;薛福成:《薛福成日记》光绪十六年三月十三,第538页;谭嗣同:《报贝元征》,《谭嗣同全集》,第228页。
③ 谭嗣同:《仁学》,《谭嗣同全集》,第337页。

对于其他认为中学西学有别的人而言,则郭嵩焘的说法已经意味着中学的失败。辜鸿铭便曾批评郭氏曰:

> 尝闻昔年郭筠仙侍郎(名松涛)出使西洋,见各国风俗之齐整,回国语人曰:"孔孟欺我也。"若郭侍郎者,可谓服人之善,而不知己有一毫之善。①

"孔孟欺我"一语与郭氏一贯思想有异,不可过执。这里值得注意的是,郭嵩焘能见得"各国风俗之齐整",源于他一直坚信"善"(道)并无"人"(西)与"己"(中)之别。而对于相信中西相异、中国相对于欧美"有着与他们截然不同却毫不逊色于他们文明"②的辜鸿铭而言,郭嵩焘的看法,却已经开启了一种"服人之善,而不知己有一毫之善"的反传统思路。

---

① 辜鸿铭:《张文襄幕府纪闻·上流人物》,黄兴涛等译:《辜鸿铭文集》(上),海口:海南出版社1996年版,第416页。标点有调整。
② 辜鸿铭:《中国的皇太后》(1911年后),黄兴涛等译:《辜鸿铭文集》(上),第406页。

第一章 读书应试

一 性格:无几微让人

郭嵩焘,原名先杞,字伯琛,号筠仙,嘉庆二十三年(1818年)生于湖南湘阴。

位于湖南东北部的湘阴毗邻洞庭湖。洞庭湖沿岸是清代的产粮大区,湘阴也是湖南的富庶之地。湘阴郭氏发迹始自嵩焘曾祖熊,"善居积,富甲一邑"①,起家乃以经商。然而在传统中国人的眼中,商业只是"末富",从郭熊开始,郭氏就买田置地,逐渐当起了地主。土地的稳定收入也确实起到了维持家族经济的作用,郭氏的数世殷富,源于这种背景。直到郭嵩焘之父家彪一代,随着洞庭湖水患频发,家道才中落。

由经商转向置田,寻求一种稳定的经济来源,可说是明清时期的中国人一种典型的经济选择。与之伴生的,在社会身份的选择上,以经商发达的家族,往往不是希望其子孙继续为贾,而是希望改为读书科考,由商入士,以期光耀门楣。郭氏家族并不例外,郭嵩焘的祖父辈和父辈多为读书人。

郭嵩焘的父亲家彪是一个性格较为沉静的人。墓志铭称其:

生而温约夷愉,与人无竞,不苟为和舍,亦不为介介踔异之行。卒然投之事变,若不克辨其是非曲直也者;及夫群疑劫劫,徐出一言折之,关开节解,风生冰释,虽强辩者,常默然而内自诎也。②

大概是那种"夫人不言,言必有中"的人。

郭家彪非闭门不管人事者。他于钱银豪爽慷慨,"家故饶赡,诸父豪宕

---

① 郭嵩焘:《郭嵩焘全集·湘阴县图志》,第1352页。
② 本段及下段,参见曾国藩《湘阴郭府君暨张安人墓志铭》,《曾国藩全集·诗文》,长沙:岳麓书社1995年版,第234页。

好施.或日费数十万钱无所惜。君亦夷然,不为有亡顾虑。亲故假贷,每盈其意",有富家子弟之作风。他在乡党中看起来有一定威望,"他人相称贷,要君一言为质,及期责偿于君,辄量偿之"。他也似颇能干,后来家道中落时,还曾"为人理宿逋"。能为中保,能理宿逋,都不是不通人情、不晓世事者所得为。

外在为人处事方面,郭家彪是比较"温约"的,但其内心却别有一种刚直。他尝作《守愚诗》自述性情曰:

> 世人顾我笑,谓我性拘迂。我笑谢世人,巧者拙之奴。人生各有役,安命乃良图。争先趋捷径,足不履康衢。荆棘能挂身,难免颠蹶虞。适口必肥甘,菽粟或嫌粗。腐肠生疾病,属餍胡为乎?请看鸡鸣起,舜跖两途殊。勿损人为智,勿利己为偷。欺人即欺心,方寸千崎岖。欺心即欺天,造化焉可诬。人自习为巧,我自安其愚。情以愚而厚,气以愚而孚。性愚故能定,貌愚故能腴。守愚果愚哉?吾亦见真吾。①

自解之中,略有牢骚。然而这种相信"老实不吃亏"的性格深刻影响了郭嵩焘。嵩焘后来曾说:"区区愚拙之性,自少受先人训诫,一主于诚实,仕官三十余年,未敢稍变所守。上以对越朝廷,下以监示中外,惟此愚直之一念,坦然行之。"②

郭家彪有烦心事。他弱冠时患痔疮,医用刀针伤其魄门,所以终身不能正坐,无法参加科举。③ 这对他造成了怎样的精神冲击,于史无征。然而后来家道中落时,到处坐馆的家彪仍不惜重资,三番五次送嵩焘、崑焘上京赶考。由此反观,家彪心中恐怕留下的是终身的遗憾。郭嵩焘得以五次参加会试,最终中进士,也离不开他父亲的坚持。

郭家彪对人"温约"的性格,多少为郭嵩焘所继承。嵩焘后来作文反复言及少年于长老之印象。一则曰:"少侍先公,见所与游处,耆宿长老,敦厚质朴,其言多若呐者。"再则曰:"少时追随乡里父老,大都沉厚而端悫,简默而严重。"④我们可以说是耳濡目染,父亲和长辈这种"敦厚质朴"的性格影响了郭嵩焘;也可以说是仁者见仁,少年性格朴诚之郭嵩焘,所见亦多朴诚长老。不论是哪一种,郭嵩焘"遇事恂恂"的性格就在这种环境中逐渐养成。

郭家彪既绝意仕进矣,而诗文不辍,殷实的家境也允许其优游。郭嵩焘

---

① 郭嵩焘:《郭嵩焘全集·湘阴县图志》,第1352—1353页。
② 郭嵩焘光绪五年三月十五致总理衙门书,《郭嵩焘全集·书信》,第361页。
③ 郭嵩焘:《郭嵩焘全集·湘阴县图志》,第1225页。
④ 郭嵩焘:《杨玉川八十寿序》《常南庚亲家七十寿序》,《郭嵩焘全集·文集》,第407、445页。标点有调整。

自幼便侍坐父亲之侧,听其与朋友以诗唱和。① 而性格温柔敦厚的他,也由诗文展其所长。对此,嵩焘还明确记得始于道光十年,晚年回忆曰:"吾之知人事,自庚寅年始,是以庚寅以后事粗能记忆,以前则皆茫然矣。用此意为诗一首:忆我十三初学诗,外家父老见称奇(道光庚寅随先大夫入居外家,诸长老多见称许〔末四字原作:有雏凤之目〕)。②"可谓终身不忘。

小孩子对长辈的肯定是很在意的,有时候长辈的一句话就能影响其一生。郭嵩焘后来以诗文见长,外家父老的这次称许可能起了不小的作用(所以才将其视为"知人事"之始)。但还有一件事比这影响更大,它不仅影响了郭嵩焘的诗文,恐怕还影响了郭嵩焘的整个为人风格。

郭嵩焘有伯父家陶,号钧台,性格慷爽狂放,"入人晚年,尤视天下事多不当意"③。家富,辟屋为郭氏子弟馆师,所以嵩焘束发受书,即学于家陶所,前后至于十余年。④ 家陶在子侄辈中,独对嵩焘青眼有加。嵩焘在家谱中叙述了一件事:

> 少时学为帖括之文,吟哦一室,苦思精诣,而不为人所知。伯父钧台公独厚视异于常儿。一日暑甚,余默坐斋中,伯父与二三执友纳凉阶下,相与言曰:"龄儿遇事恂恂,独其读书为文,若猛兽鸷鸟之发,后来之英,无及此者。虽少,然观其志意,无几微让人,岂徒欲为诸生之雄哉?""龄儿",吾乳名也。窃闻伯父之言,大喜过望。其后忝入词垣,伯父卒已八年。以文告诸墓云:纳予手而扪心,实平生之知己。盖不敢忘伯父勤勤之意也。⑤

说这件事是郭嵩焘一生成就的开始,或许都不过分,我们细玩其措词即可知。其时嵩焘尚"不为人所知",其实只是一个"常儿",而家陶独能于众儿之中异视嵩焘,无怪乎使他有"平生知己"之感。尤其重要的是家陶对嵩焘的嘉奖。他能从文章中见得一个异于平时"遇事恂恂"的嵩焘,一个志意进取的嵩焘。仔细体会"过望"二字,这个在作文时如猛兽鸷鸟般的自我,甚且也是郭嵩焘之前没有自觉到的。而正是这另一个自我,帮助他成就了事业(中进士,入词垣)。甚至可以说,家陶的这个表扬,勾出了在"遇事恂恂"的表面下潜藏的那个"无几微让人"的郭嵩焘。

学为帖括之文,一般在十岁之后,这时人开始进入一个性格波动的时期

---

① 郭嵩焘:《意城书刻家集跋后》,《郭嵩焘全集·文集》,第389页。
② 郭嵩焘:《郭嵩焘全集·日记》光绪十六年正月初一,第424页。
③ 郭嵩焘:《伯父钧台先生行状》,《郭嵩焘全集·湘阴郭氏家谱》,第426页。
④ 郭嵩焘:《郭嵩焘全集·日记》光绪九年五月十三,第581页。
⑤ 此事在家谱中两次叙及,参见《郭嵩焘全集·湘阴郭氏家谱》,第451、426页。标点有调整。

（今人谓为"叛逆期"）。家陶所欣赏的郭嵩焘,夸张点说是一个略带"人格分裂"的郭嵩焘:内在的"无几微让人"与外在的"遇事恂恂"形成反差。而郭嵩焘则接受了这样一个自我,在以后的人生和求学过程中,不断地发展着这样的一个自我。在相识者的口中,郭嵩焘是甚好相与的一个人,甚至有些"口讷不足以达意"[①];而他的见解却时常给人偏激的感觉。少年时的这段经历或许有助于我们解释这种反差。

郭嵩焘的文章渐渐形成了一种"猛兽鸷鸟"的风格。这里可以稍微回顾一下他学习时文的过程。首先是另一位伯父郭家瑞桐城文法的影响:

> 嵩焘生十有三岁,从伯父受学。始见语曰:"文无古今,惟意之适。望溪方氏言义法:《易》所谓言有物者,义也;所谓言有序者,法也。曲折往复不相凌越,斯谓之序;荡涤秕垢而其精者存,斯谓之物。"嵩焘时为科举之学二年,茫然莫知其津涯,闻伯父言,大醒悟,自是通知时文之义法。[②]

后来曾国藩说郭嵩焘"以姚氏(按姚鼐)文家正轨,违此则又何求?"[③]桐城文法不尽骋词华,而讲究义理作骨,容易将词章导入义理之中。郭嵩焘后来从词章转入理学,有此时所种之潜因焉。

这种时文的长进,使郭嵩焘开始对自己的文章有了自信,那种"无几微让人"的性格,更使他在考试中不甘人后。有一件事他成年后还记得:

> 始束发应童子试,表兄易君贡章,文名藉甚,每试冠军,余心艳之。先君子命曰:易生之文可茂才,清而不腴,直而不遒,吾惧其不永年也。汝文固不逮之,而磅礴有余气,非彼所及,其毋自馁。易君后补县学生,数年而殒。[④]

嵩焘的"心艳之",其实也是"无几微让人"的表现。总有一个比自己更强的人存在,对于好胜心强的小孩子而言,确实是比较难受的。而郭家彪却适时给予自己的儿子以鼓励,让他坚持自我。与伯父欣赏郭嵩焘"猛兽鸷鸟"般的文章一样,父亲也鼓励郭嵩焘坚持这种"磅礴有余气"的为文风格。这满足了小孩子的好强心。实际上,郭家彪温约的表面之下,自有一种坚毅在,郭嵩焘从性格的"无几微让人"到作文的"磅礴有余气",未必不合其父胃口。

---

① 李鸿章光绪六年十二月廿二致王闿运书,《李鸿章全集·信函四》,合肥:安徽教育出版社2008年版,第645页。
② 郭嵩焘:《伯父云舫公墓表》,《郭嵩焘全集·湘阴郭氏家谱》,第427页。标点有调整。
③ 曾国藩:《欧阳生文序》,《曾国藩全集·诗文》,第246页。
④ 郭嵩焘:《郭嵩焘全集·湘阴郭氏家谱》,第450页。

从这个角度来看,郭嵩焘对其父性格之继承,或许比"遇事恂恂"还要多。

郭嵩焘另一次时文的进展,则在湘阴仰高书院读书之时:

> 予年十七,与同年生吴君西乔读书仰高书院。……其年,予补弟子员,西乔报罢,发愤归,键户读书。逾年见其文,大惊。西乔曰:吾比年出入于《史》《汉》,沉潜于诸子百家之文,自谓有得也。予闻内惭,乃益研精覃虑,伏而读,仰而思,得文二十余篇。西乔见之,亦大惊。①

由于不甘自己的文章不如吴英樾(西乔),在成为生员之后,反而更加发愤为文,郭嵩焘那种"无几微让人"的性格在这个事情中又一次体现了出来。但我们要注意的是这里面透露出郭嵩焘作文的方式。有些人诗文之才得诸天赋,典型如江郎。而郭嵩焘不尽然。吴氏"出入于《史》《汉》,沉潜于诸子百家之文",而后文章得长进。嵩焘时文之佳,同样从伏读仰思中来。这种认真实干的风格,或许有他父亲"守愚"的遗传,而重实学实功,恶捷径取巧,确实是郭嵩焘一以贯之的性格特点。

有"无几微让人"的志气,复有认真实干的努力,这也使得郭嵩焘能够从同辈人中脱颖而出。郭嵩焘十七岁补生员、十九岁中举人,他的成功和他的性格应该是有关系的。

如果简括郭嵩焘性格的基本特点,则其同时具备了外在的"遇事恂恂"和内在的"无几微让人"两种面相。当李鸿章在郭嵩焘死后议拟谥号时,选择的是"文懿""文简"②。温柔贤善曰懿,壹德不解曰简,懿、简二字,恰好分别展现了其性格的外、内两方面。

十八岁时,郭嵩焘入岳麓书院读书,在此结交了对其人生影响极大的两个朋友:曾国藩、刘蓉。晚年他回忆道:"初游岳麓,与刘孟容中丞交莫逆。曾文正公自京师就试,归道长沙,与刘孟容旧好,欣然联比。三人偶居公栈,尽数月之欢,怦怦然觉理解之渐见圆融,而神识之日增扬诩矣。"③

三人当时最努力而为的是词章之学。刘蓉后来就说:"回忆酉年聚首……意气激昂,惟以词章相劝勉,而不知有其他。"④清代书院学业本以文章为主,三人互相切磋,有以文会友之乐,而对学问的理解也随之增进。

而刘蓉所谓的"意气激昂",则提示了神识扬诩的一面。刘蓉后来曾和郭嵩焘回忆起:"三十年前,君与涤公及吾三人者,雅志相期,孤芳自赏。"他又曾和儿子说:"吾从前年少时在乡村,闻时俗所称文人议论,心中总不谓

---

① 郭嵩焘:《颂芬书屋文集序》,《郭嵩焘全集·文集》,第364页。
② 李鸿章光绪十八年七月二十致郭仲诒书,《李鸿章全集·信函四》,第234页。
③ 郭嵩焘:《玉池老人自叙》,《郭嵩焘全集·文集》,第777页。
④ 刘蓉:《答曾涤生检讨书》,《养晦堂文·诗集》,台北:文海出版社1969年版,第257页。

然,以为读书人所见所期,何止于此。其后往长沙,住岳麓,取友亦少当意者,其中杰出之士,不过数人。虽学尚未成,而志趣识量实能超出流俗,不肯与世浮沉。"①不消说,曾、郭自是这样的"杰出之士"。可以看到,三人之所以志同道合,正在皆是"孤芳自赏",自命有超出流俗的志趣识量。郭嵩焘的回忆和刘蓉是一样的:"及见曾刘岁丙申,笑谈都与圣贤邻。"②神识的扬诩,就来自这种半认真半开玩笑的以圣贤互勉。惟狂能念作圣,扬诩的神识中,鼓荡着那股"猛兽鸷鸟"般的狂气。

这种超越流俗的"神识",对于当时的郭嵩焘而言,又有着非同一般的意义。因为那正是他开始为家里的生计而奔波的时期。

湘阴处洞庭湖畔,清代围湖造田者盛焉。湘阴郭氏皆住城,而在湖畔有田,日用仰给于租。乾隆时期洞庭已多泛滥,巡抚陈宏谋曾限围湖,而仍之未能改。从道光十一年起(郭嵩焘十四岁),连年大潦,郭家大批田地遭水,田租无出,家境遂落。晚年郭嵩焘忆及,辄以道光十一年当湖南盛衰治乱之转捩③,其实它也是嵩焘一家之转捩。

其时郭家已沦落到有时"不能举餐"④的地步,诗书优游也为谋食忧贫所取代。郭家彪需要坐馆谋生;嵩焘从补诸生之时开始,也以此为生;甚至比嵩焘小五岁的弟弟崑焘,在和嵩焘同时补诸生之后,也以同样的方式出外谋生。此时的郭家尚未到一贫如洗的地步,但已有别于之前的衣食无忧。

胡林翼曾引述左宗棠评价郭嵩焘、崑焘、崙焘三兄弟,"谓德则公兄弟自一而二而三,以天定之序为定;谓才则公兄弟自三而二而一,以人事自下而上也"⑤。以胡、左之眼力,所言当可据。而三人德才之等第,跟他们中落的家境或许有一定关系。崑焘就说:"吾自成童后,以馆谷赡家,奔走四方,无父兄之约束,其时省城俗称顽友者,几于无人不识。"⑥俗言"穷人的孩子早当家",懂事时就看到家计艰难,甚至需要为生计奔波的人,经历得多,往往能力也得到锻炼。弟弟们才胜于嵩焘,或与此有关。而嵩焘幼年还"家故不甚贫",其性格陶成则为"恂恂"。三兄弟德才上的差异,其实也是这个时期整个家庭由盛到衰的写照。

家虽衰落,却不是没有希望,因为嵩焘、崑焘读书都好。就一族而言,君

---

① 刘蓉:《复郭筠仙中丞书》,《谕培基培垔》,《养晦堂文·诗集》,第509—510、726页。
② 郭嵩焘:《枕上作》,《郭嵩焘全集·诗集》,第218页。
③ 郭嵩焘:《郭嵩焘全集·日记》光绪十七年正月初一,第498页。
④ 郭嵩焘:《陈恭人墓碣》,《郭嵩焘全集·文集》,第638页。
⑤ 胡林翼咸丰八年十二月廿四致郭嵩焘书,《胡林翼集·书牍》,长沙:岳麓书社2008年版,第206—207页。
⑥ 郭崑焘:《云卧山庄家训》,《郭崑焘集·郭崙焘集》,长沙:岳麓书社2011年版,第215页。

子之泽,五世而斩,湘阴郭氏家族科名并不盛,光宗耀祖对于这个兴盛于四代之前的家族而言十分重要。所以我们也可以想象,郭嵩焘十九岁时的举人头衔来得多么是时候。不仅因为有此头衔求馆谋职更加容易,不仅因为它意味着可以进入更高级别的考试和走上仕途,更重要的是它是对一个一边谋食一边读书的士子极大的肯定。这种肯定,首先就体现在使郭嵩焘成为一个为家庭、为家族增光的人。对于这样一个光辉的时刻,嵩焘没有忘记。晚年诗中有句曰:"旧家新望人争羡,忽忆青衫年少时。"①在别人中举之时能"忽忆"自己中举,因为二者是相通的,都是中举使年轻人成为了家族中的"旧家新望",成为了"人争羡"的焦点。

当郭嵩焘和曾国藩、刘蓉在岳麓书院相遇的时候,他还不知道自己会中举,后更会成为湘阴郭氏的第一个进士,刚刚结婚的他还不知道将来如何养家糊口,还不确定自己能否结束那种依人门户的教书生涯。这些担忧的宿主,还是一个还不满二十岁的年轻人。而年轻人是有梦想的,郭嵩焘需要一个守卫理想的地方。一个富家子弟在由富入贫的时候,又往往还会存留着一点自傲,虽然"岁为奔走衣食之计",而"其志终不在温饱"。②在这个时候遇到两个志同道合的朋友,可以互相切磋自己最喜欢和擅长的诗文,可以一起梦想着成圣为贤,一起鄙视那些时俗"文人议论"。对于一个对未来既迷茫又充满梦想的年轻人而言,这是多么舒心快意的事情。三人志气相投,终身视为好友,而曾国藩、刘蓉对郭嵩焘思想和人格的形成,也有不小的影响。接下来对青年郭嵩焘的讨论,将在三人的交往中展开。

二 词章:博学文

从道光十八年中举到二十七年中进士(1838—1847 年)这近十年中,郭嵩焘为了家计与自己赴考的花费,奔波于湖南、京师、浙江、江西各处,为人幕僚,充人馆师。曾国藩于道光二十年中进士,自此在京师为官。刘蓉则绝意科举,深居乡间。初结交时,三人于词章之学有同好,但随着处境的不同,思想也逐渐分歧。在此过程中,三人书信往来,辩论劝勉,又互相影响。

刘蓉首先转变。据说由于科举的失意,在罗泽南的影响下,他转向了理

---

① 郭嵩焘:《乙酉榜放所得皆知名之士喜赋二律》,《郭嵩焘全集·诗集》,第 202 页。按此为桂榜。
② 郭嵩焘:《玉池老人自叙》,《郭嵩焘全集·文集》,第 777 页。

学,于此前竭力而为的词章反而吐弃之。① 后来刘蓉由于上书当道触忌,更是连科举也不参加了,一心致力理学。② 其后来致书郭嵩焘曾言及这种思想转变曰:

> 早岁蒙昧,无所师承。间尝涉猎子史,博求典故,所资者记诵之余,所志者词章之末,泛览累年,茫无所得。然后退而求之四子六经,窃不自揆,以谓圣贤所示修己治人之道,不出于是,而甚悔向者之舍近求远,务广而荒也。故亥岁承晤,遂有读书不欲多之谈,盖矫往年浮泛之弊,而词或过焉者也。③

"亥岁"是道光十九年。郭嵩焘道光十六年在岳麓结识刘蓉、曾国藩,其时三人方"以词章相劝勉"。道光十八年刘蓉还曾致书曾、郭二人,说善读书者当"根之于经以正其源,酌之于史以尽其变,参之于诸子百家以定其是非"④,而十九年遂有"读书不欲多"之说,转变甚速。他警告郭嵩焘:

> 欲以泛然无主之胸,博取众说以求之,则惑之甚者也。

要先立宗主,后求广博。

曾国藩也由词章转向了理学。他以三甲同进士的身份,靠特拔才进入翰林院。这使他对学问十分不自信,觉得"生平工夫,全未用猛火煮过"⑤。此时恰有唐鉴等人义理之学的影响,为他提供一个可以探得为学根基的法门。

而与刘蓉吐弃词章的态度不同,曾国藩寻求的是义理与词章相协调的方向。两人因此也书信往复争论,"论及道德文章分合之说,彼此往复数千言而未洽",甚至后来仍"终身未能合"。⑥ 争论的焦点在于"文"和"道"的关系。大要而言,曾国藩认为不能舍文而言道:

---

① 郭嵩焘:《郭嵩焘全集·罗忠节公年谱》,第462页。
② 曾国藩《寄怀刘孟容》有"怀璧误一投,已遭官长别"(《曾国藩全集·诗文》,第8页),言及其上书触忌。罗泽南亦有致刘蓉书曰:"所示启某执事书,极陈时弊,再三展读,不禁为之浩叹……全一己之性天,不必议人世之是非;鉴古今之成败,不必论时政之得失;有忧国忧民之心,不必有干时愤俗之语。……其所以流诸笔墨,形为简牍者,尤宜谨慎。不然,出位之谋欲伸,及身之灾难料,是固不可不为留心者。"(《罗泽南集》,长沙:岳麓书社2010年版,第93—94页)按刘蓉《养晦堂文集》有《致某官书》,其中大谈时政,似即所上之书。书末曾纪泽按语言作于辛丑壬寅年间(道光二十一至二十二年)(《养晦堂文、诗集》,第183页)。考郭嵩焘道光二十二年六月致书刘蓉曰:"近闻尊邑府试,示期六月一日……今见曾伯竹泉先生,乃悉足下戢影家园,义不应试。"(《郭嵩焘全集·书信》,第3页)则刘蓉之绝意科举在道光二十二年,其因可能即为《致某官书》触忌也。
③ 本段及下段,见刘蓉《复郭伯琛孝廉书》,《养晦堂文、诗集》,第198页。
④ 刘蓉:《与曾伯涵郭伯琛书》,《养晦堂文、诗集》,第188—189页。
⑤ 曾国藩道光二十二年九月十八日致诸弟书,《曾国藩全集·家书》,第34页。
⑥ 刘蓉:《曾太傅挽歌百首》,《养晦堂文、诗集》,第938页。

> 知舍血气无以见心理,则知舍文字无以窥圣人之道矣。周濂溪氏称文以载道,而以"虚车"讥俗儒。夫"虚车"诚不可,无车又可以行远乎?……诸儒崇道而贬文之说,尤不敢雷同而苟随。①

而刘蓉警惕的是文可以害道:

> 君子之择术也,宜奚从焉?从之于道德之途,以体诸心,修诸身,则体立而用行。其发于言也,若龟鉴然,皆躬行心得之余也。斯华与实兼之矣。从之于辞章之途,侈其文,丧其质,其役智也弥勤,而卒归于无用。其载于言也,犹虚车然。②

双方共同之处,在于都承认道先于文,道为文之本。但刘蓉用的是"先本后末"的逻辑,主张先务其本;而曾国藩用的是"道不离器"的逻辑,主张由器及道。其同异如此,所以尤其在"文以载道"上反复争辩。

曾、刘两人对"文"态度分歧,而皆有意以自己的观点影响郭嵩焘。当曾国藩称道嵩焘是"文苑传人"时,刘蓉转而致书嵩焘曰:"顾某所以期于吾弟者,不在是也,无如立身期其大者。苟正学不讲,德业无闻,而惟词艺是习,借使文如班马,诗驾曹刘,亦无裨身心,无关世教,上之不能致吾君尧舜之治,下之不能跻吾身孔孟之庭,苦心孤诣,动一世精力以为之,不过供艺林鉴赏已耳,曾何与于有亡之数哉?"③曾、刘对郭嵩焘的期待十分不同。

而郭嵩焘较不同意刘蓉的看法。刘蓉在道光十九年晤面之时告诉嵩焘"读书不欲多",他复书曰:

> 每玩斯语,终不谓然。杞意谓五经者,堂奥也;四子书、先儒语录者,门户也;廿一史者,墙壁窗牖也;诸子百家者,则又箱房客厅之属也。不泛览群书以博其趣,深求夫古今之故以尽其变,通观夫贤圣之蕴以会其源,则虽入门户,究无谁阑归宿,或有心明其理而不能措之事,验之当世者,恐亦非学问之道也。……甚不愿阁下之小其局而自固也。④

堂奥门户之譬,脱胎于袁枚之说⑤,可知其背后的文学渊源。嵩焘少年为词

---

① 曾国藩道光廿三年致刘蓉书,《曾国藩全集·书信》,第7—8页。
② 刘蓉:《与郭筠仙孝廉书》,《养晦堂文·诗集》,第236页。
③ 刘蓉:《复郭筠仙孝廉书》,《养晦堂文·诗集》,第201页。
④ 郭嵩焘道光二十年十月廿六致刘蓉书,《郭嵩焘全集·书信》,第1页。
⑤ "学问之道,四子书如户牖,九经如厅堂,十七史如正寝,杂史如东西两厢,注疏如枢阃,类书如厨柜,说部如庖湢井匽,诸家百家诗文词如书舍花园。厅堂正寝、可以合宾,书舍花园、可以娱神。……是皆不可偏废。"(袁枚:《随园诗话》卷十·一〇,北京:人民文学出版社1982年版,第332页)嵩焘曾言"时随园诗犹盛行,予独喜昌黎之言"(《赵吟篁学博归里吟序》,《郭嵩焘全集·文集》,第325页)。虽不喜随园,当曾读《诗话》。

章之学时,便已养成了"出入于《史》《汉》,沉潜于诸子百家"的习惯,所以对刘蓉之说不以为然。

刘蓉驳曰:

> 来教又历举六经四子、史传百家之书,为堂奥门户窗棂厢房之譬,以见学者于群书不可不泛览而并观也。某又得就而喻之。世之求入室者,必先审乎堂奥门户之所在,无迷其途,无诡其趋,然后厢房客厅之属,可历而观,墙壁窗棂之规,可指而数也。不然而泛然观望于墙壁之外,且有认厢房为堂奥,指窗棂为门户者矣。从而求焉,终身于迷谬之途,而不得门户所归,尚何升堂入室之望哉? 又况百家传记之言是非,诡于圣贤者不可胜纪,若遂漫不区别,与四子六经杂然并列,是犹建茅舍于宗庙之间,编竹篱于明堂之侧也。①

可以看到,郭、刘之争与曾、刘之争有不同的侧重点。就刘蓉而言,他坚执义理,认为为学之体,当先立宗主而戒杂博;其用,则当守实行而慎浮华。至于曾国藩、郭嵩焘,他们都在辩护词章之学。而国藩的反对在于用上,他同意词章当以义理为体,但义理不能离词章之用(否则是"无车")。嵩焘的反对则在于体上,他虽然承认五经四子的优越地位,实际上强调的是博学而后才可反约(否则成"局小"),不尽同意刘蓉先立宗主之说。由词章在为学体、用中的位置来看,郭嵩焘在三人当中文士气质最浓。

在刘、曾二人都转向理学的时候,郭嵩焘则和周寿昌、孙鼎臣一起习作更加讲究词藻的骈文。郭嵩焘青年时的骈文皆已不存,但晚年《十家骈文汇编序》中,或许还能看到他当时的一些观点。序文中,嵩焘已谴责六代之文是"排比为工,陶染为富",是"世愈降而文亦靡",这应该是后来的态度,在他习为骈文之时,当不至此。但是他又对批评骈文、号复古文的韩愈提出了反批评:

> 昌黎氏起而振之,抗两汉而原本六经,创为古文之名。六代文体,叛而为二。夫诚有涵濡六经之功,斯为美矣。而舍铅华以求倩盼,去纂组而习委它,劳逸差分,丰约殊旨。俗学虚桴波荡以从之,则矫之于古者,抑亦转而就衰之征乎?②

他又批评韩愈矫枉过正,离词华以求质实,反而为不学者开简便之门。不是注重韩愈所倡的古文可以明道,却认为矫于古转而就衰,嵩焘这种态度不同于尊崇韩愈的曾国藩,却又与批评韩愈的刘蓉也不相同(刘蓉是觉得韩愈仍

---

① 刘蓉:《复郭筠仙孝廉书》,《养晦堂文·诗集》,第200页。
② 郭嵩焘:《十家骈文汇编序》,《郭嵩焘全集·文集》,第299—300页。标点有调整。

尚词华)。晚年他的这种态度,实际上和青年时期主张博学的观点保持了一致。

习作骈文,就连态度比较缓和的曾国藩也不赞成了。在他看到郭嵩焘的骈体文后,曾写信劝告,"言学问之事,□□月无忘为吃紧语;文章之事,以读书多,积理富为要"①。按国藩修身时作了《课程十二条》,其中即有"月无亡所能"一条,说的是:"每月作诗文数首,以验积理之多寡,养气之盛否。不可一味耽著,最易溺心丧志。"②国藩是用自己理学修身的方法劝诫郭嵩焘,而所劝诫者几与刘蓉相同,都希望他不要耽于词藻之间,而遗大道在外。嵩焘后来也听从了曾国藩的意见,不再从事骈文。

尊崇韩愈的曾国藩,大概延续的是中唐以来的文学传统;而刘蓉之重程朱,则更注重宋代道学的传统;郭嵩焘之习为骈文,却欲倒卷缥缃至六朝。刘、曾心中的儒生,仍然是有道学气质的儒生,而郭嵩焘在习为骈文之时,很可能曾有意走一条更接近于文士的道路。而这条路无论刘蓉还是曾国藩都不同意,因而极力要将他拉回来。

曾国藩、刘蓉、郭嵩焘三人都是有志气的年轻人,当年相识时"雅志相期,孤芳自赏",眼光就不只限在掇拾青紫之中。刘蓉主张读书要"根之于经以正其源,酌之于史以尽其变,参之于诸子百家以定其是非",郭嵩焘也做了"堂奥门户窗棂厢房之譬",他们都不屑在声律对偶之中讲求速售简捷之术,而相信文当资于学。词章之学对湘学影响不可小视。青年的曾国藩、刘蓉、郭嵩焘所争论的,恰恰就是词章之学和义理之学的关系,而且对于三人而言,最先接触的都是词章之学,义理之学反而都是后起的。

郭嵩焘之崇尚博文,是其经心词章的自然延展。如人所言:"诗赋为雕虫小技……然犹须博览群书,熟悉掌故,方能措词。若欲空写白描,寔无如此能手。"③后来经历世变,嵩焘不再以词章为志,以至视之"徒玩具耳"④,词章这条路,他没有彻底走下去;但在经心诗文的过程中养成的博学多知的倾向,却成为他一以贯之的为学性格。他在著作之时,常有"炫博"之意⑤。如其为湘阴郭氏重修族谱,"考论所及,尽乎数千年之流别"⑥;其修湘阴县志,更是

---

① 曾国藩:《曾国藩全集·日记》道光廿一年二月十二、廿四,第65、67页。标点有调整。按空白处乃国藩自己留白。
② 曾国藩:《课程十二条》(道光廿二年),《曾国藩全集·诗文》,第396页。
③ 佚名:《考试论中》,《申报》同治十二年九月廿五,上海:上海书店出版社1982年影印本,第1页。
④ 郭嵩焘:《郭嵩焘全集·诗集》,第121页。
⑤ 此为曾国藩对郭嵩焘《湘阴县图志》的批评,见其同治七年十一月初七致郭嵩焘书(《曾国藩全集·书信》,第6695页)。
⑥ 吴敏树:《湘阴郭氏家谱跋》,《柈湖文集》卷五,思贤讲舍光绪癸巳年版,第16页。

一改县志"率尚简雅"的基本体例,"每事渊源三代,以迄于今"①;至其作《中庸章句质疑》《大学章句质疑》《礼记质疑》,更是同时对宋学权威朱熹、汉学权威郑玄提出质疑。自小养成的这种博学的习惯,和他后来对自己学问的自信,密切有关。郭嵩焘后来的"通",有赖于此时的"博"。

三 鸦片战争影响:反说约

原本深染文人气质的郭嵩焘,最后并未以文士自限。这样的转变,或许要从道光二十年(1840年)这个特殊的年份说起。在这一年,刘蓉走入深山精修理学。曾国藩此前考试名在三甲,却得以进入翰林院,在这一年,他暗暗下定决心,要发奋用功,以期"无愧词臣,尚能以文章报国"②。而又正在这一年,鸦片战争爆发了。

在这一年,郭嵩焘第二次上京赶考。落第。正好这时翰林院侍讲学士罗文俊新放浙江学政,郭嵩焘有机会入其幕府,一同南下。此去谋衣食是主因,但个人心境的原因同样重要。其《出都杂感》曰:"东望悠悠一怆颜,浪游强似故乡还。"③落第使郭嵩焘无颜见江东父老,以至于没有选择回家,而是愿意背井离乡,到夷人侵扰的浙江去谋生。

这样一来,郭嵩焘开始感到个人的命运和国家大事相纠结。《出都杂感》复曰:

> 声名天半郁飞腾,阊阖晴开路几层?岂料左川一归客,又从东道试行縢。海南翠羽夷通舶,梦里黄河马踏冰。多少关山征戍苦,凄凉古驿对寒灯。④

考场失意,飞腾之途又郁,这次浪游赴浙,郭嵩焘有在落第之后尝试新出路的想法。而鸦片战争在这个时候偶然进入到郭嵩焘的生命之中,年轻的落第举子"铁马冰河入梦来"的豪情,恰在这个时候和被后人视为近代史开端的"夷通舶"汇聚到了一起。

在国家大事面前,个人的动荡奔波无足道矣。对于失意的郭嵩焘来说,此行一定程度上使其注意力从落第的郁闷中移开。《出都杂感》中有故为慷慨的诗作:

---

① 裴荫森:《湘阴县图志序》,《郭嵩焘全集·湘阴县图志》,第1页。
② 曾国藩:《曾国藩全集·日记》道光二十年六月初七,第43页。
③ 郭嵩焘:《出都杂感》,《郭嵩焘全集·诗集》,第18页。
④ 同上书,第19页。

> 高城断角晓来喧,藐是流离不复论。枚叔只应思茂苑,张骞翻见出河源。防秋士马西风惨,横海蛟鼍白昼昏。磨盾从戎真自许,好谈形势向鲛门。①

嵩焘希望用"磨盾从戎"的激昂来替代"藐是流离"的伤叹,以此自壮心气。而不知不觉中,原本以辞赋见长的枚乘,却有机会变成西出河源的张骞。

年轻的郭嵩焘对鸦片战争进行了深入的思考,"亲见浙江海防之失,相与愤然言战守机宜,自谓忠义之气,不可遏抑"②。嵩焘出都在道光二十年九月,正是琦善与英人议和之时。"但论勤劳输陆贾,谁能谈笑似吴瑜?转输先见愁飞粟,赈赈微闻再剖符。"③只见辛勤招谕之陆贾,不见指挥若定之周瑜;但愁军输不继,却又巨款饷夷。时局如此,令他丧气。他说:"鲁连无语摧梁使,季布何心续房盟?欲袖铁椎椎晋鄙,从谁改将信陵兵?"④大臣惟主"盟",兵将又不能战,乃使人民蒙此大难。郭嵩焘和当时许多人一样,一方面将过错归咎于朝廷处置不当,特别批评唯知主和而不主战;但另一方面,他也看到了当时军队不能战、将帅不知兵的情形。面对夷人的战和两失,其实是当时士大夫共同感到困惑的一个问题。⑤

郭嵩焘是善于从根本上思考问题的人。在他看来,根本的问题不在具体的战和,而在于为什么海疆无事数百年,到今日忽有夷人之侵扰。他认为,远因在于"旅獒不入王都贡,坐见烟尘四海清"⑥。由于中国未遵《尚书·旅獒》"不宝远物则远人格"之训,才导致海疆烟尘四起。后来他具体说道,朝廷于士人唯"以利罗致之,使从吾役",造成了整个社会的风气"人务为利,百司执事,群怀贾之情",最终才导致"岛夷通市,逞其商贾之势,以贻中国之忧"。⑦ 所以,中国要做的是"约法辞番马,陈书戒旅獒。流波防靡荡,异物况腥臊"⑧。贪图异族之小利,反而会加重中国风气的败坏。

此时的郭嵩焘对主和的反感,对通商的警惕,都和后来我们熟知的那个郭嵩焘不同。具体观点的变化,将在后文详述。在此要注意的是,在他人生失意之时遭遇到了鸦片战争,个人的命运和国家的命运在历史的机缘中联系

---

① 郭嵩焘:《出都杂感》,《郭嵩焘全集·诗集》,第18页。
② 郭嵩焘:《罪言存略小引》,《郭嵩焘全集·文集》,第298页。
③ 郭嵩焘:《出都杂感》,《郭嵩焘全集·诗集》,第18页。
④ 郭嵩焘:《丰乐镇书壁六首》,《郭嵩焘全集·诗集》,第20页。
⑤ 参见杨国强《理与势的冲突:中英鸦片战争的历史因果》,收于《晚清的士人与世相》,北京:生活·新知·读书三联书店2008年版。
⑥ 郭嵩焘:《出都杂感》,《郭嵩焘全集·诗集》,第18页。
⑦ 郭嵩焘:《郭嵩焘全集·日记》咸丰八年八月初六,第123页。
⑧ 郭嵩焘:《奉赠太子太保李一丈四十韵》,《郭嵩焘全集·诗集》,第53页。

了起来,这触动了原本以文士自命的郭嵩焘。

郭嵩焘居浙之际,其弟崑焘得到湖南布政使王藻的赏识,入署读书。① 或许因弟知兄,道光二十一年嵩焘回湘,即承王藻之召,亦入署读书(同时与同在署中的孙鼎臣、周寿昌学习骈文)。道光二十二年冬,王藻乞养归,嵩焘亦于冬间西赴辰州,入知府雷成朴幕。②

虽已回湘,东南战事却仍在牵动郭嵩焘的心。他在道光二十二年夏致书刘蓉时说:

> 东南构祸,未闻底定,郡邑邱墟,旗旛途靡。将军数出,而不闻善战善守之谋;征调屡岁,而不得一兵一卒之用。前者乍浦失陷,攻而不守,复捣上海,连摧二城,倾又退出。大江扼要之区,时有夷船游弋,亦莫敢谁何。在事诸君,惟闻扼腕,闻江南北属思者,惟林少翁一人,而天心未能即回,抑亦廷臣任事者不善调停之过也。③

议论如此,可想见后来南京之苟和,嵩焘必不满意。

在这种不满意之中,蕴积着变化的萌芽,而郭嵩焘思想的转折,最终在道光二十三年辰州的一场谈话中破土而出:

> 癸卯馆辰州,见张晓峰太守,语禁烟事本末,恍然悟自古边患之兴,皆由措理失宜,无可易者。嗣是读书观史,乃稍能窥知其节要,而辨正其得失。④

研究者多注意于郭嵩焘"恍然悟自古边患之兴,皆由措理失宜",改变了原来对鸦片战争和洋务的看法。但嵩焘之言尚有一个意思:对洋务看法的改变,

---

① 郭嵩焘道光二十年十月廿六致刘蓉书,《郭嵩焘全集·书信》,第1页。
② 此段经历,此前研究多未详。郭嵩焘《十家骈文汇编序》曰:"追思冠年,与周荇农侍郎、孙芝房侍读同为骈俪之文。"朱克敬曰:"王菽原方伯官湖南时,喜奖诱才俊,孙鼎臣、周寿昌、郭嵩焘等皆所识拔。"(朱克敬:《儒林琐记·雨窗消意录》,长沙:岳麓书社1983年版,第84页)欧阳兆熊曰:"迨王菽原方伯来长沙……时夷务方殷……时郭筠仙、周荇农、孙芝房均在方伯所。"(欧阳兆熊、金安清:《水窗春呓》,北京:中华书局1997年版,第22页)嵩焘子焯莹言:"先兵左与二先生(按周、孙)读书王布政藻署之东轩,实当道光二十一年。"(《郭氏佚书六种》叙目,光绪二十四年春二月养知书屋校刊,第3页)考嵩焘道光二十二年六月二十八日致书刘蓉曰:"自去秋归自浙西,即承方伯之召,且及一年矣。"(《郭嵩焘全集·书信》,第3页)与焯莹所言时间正合。又据《清代职官年表》,王藻道光十八年迁湖南按察使,道光二十年三月九日迁布政使,道光二十二年十月初十乞养归。(钱实甫编:《清代职官年表》,北京:中华书局1980年版,第2143、1908—1910页)而郭嵩焘恰于道光二十二年末赴辰州入雷幕。
③ 郭嵩焘道光二十二年六月二十八致刘蓉书,《郭嵩焘全集·书信》,第4页。《郭嵩焘全集》此信系于道光廿三年,误。
④ 郭嵩焘:《罪言存略小引》,《郭嵩焘全集·文集》,第298页。

影响到他的"读书观史"。

首先要看郭嵩焘对洋务的观点有怎样的改变。道光二十四年,嵩焘第三次上京会试。曾国藩有《喜筠仙至即题其诗集后》,其中就提到了郭嵩焘洋务的观点:

> 弓影拘似公成真,箭锋失机者相遭。葛亮书说虽贵和,屈原平生莫量凿。趋同造独良难兼,攘询纳尤讵非乐。方今帝舜明四聪,朱虎夷夔并高爵。大钟土鼓相和鸣,文字秋霜起康锷。号呼朋侣趋上流,聊可示强孰云弱?①

所引的第一联,是曾国藩在复述郭嵩焘的观点。在嵩焘看来,中国之处理洋务,如杯弓蛇影,妄自猜度,反而真激成夷祸;当处理之时,又错失机会,乃凑泊成今日之情形。② 此即嵩焘"自古边患之兴,皆由措理失宜"之意也。第二联是曾国藩对此观点的看法。葛亮一句,指诸葛亮之《贵和篇》,主张"贵和为重,人不尚战";屈原一句,用《离骚》"不量凿而正枘兮,固前修以菹醢"之意。曾国藩先点出嵩焘之观点为主和,如诸葛亮之不尚战,继乃劝其发言不可过快,须思量斟酌,不可学屈原之激愤。第三联申说第二联之意。"趋同造独"偏指"造独",曾国藩看出嵩焘对其观点有戛戛以为独得之意,乃劝其不可标新立异,仍须察纳雅言。末三联则是国藩表明自己的观点,实不认可嵩焘主和之说,以为方今天子圣明,多士济济,正当康盛之时,焉可示弱?

综观其中言及的郭嵩焘的观点,可以看到此时之嵩焘已主和,一反道光二十年出京时"欲袖铁椎椎晋鄙"的激昂主战,这种观点的相反,也佐证了辰州之悟是一次"恍然"大悟。更值得注意的是曾国藩的态度。对郭嵩焘的观点,国藩很大程度上是不同意的。不仅不同意,他还看到了在其观点背后,是郭嵩焘有"造独"立异之意。"造独"相对"趋同",表明嵩焘的观点在当时并非主流。曾国藩引屈原相戒,正是要嵩焘量凿正枘,庶几避免取祸。而了解郭嵩焘后来生平的人都知道,他并没有听从曾国藩的这个劝告,后来在洋务的观点上越走越远,在不愿"趋同"的坚持下,积毁销骨,差似"菹醢"。

郭嵩焘在听到张晓峰的见解之后恍然大悟,"嗣是读书观史,乃稍能窥知其节要,而辨正其得失"。这次类似顿悟的谈话,使他对时事的思考和读书观史结合到一起,引起整个为学体会的改变。孟子曰:"博学而详说之,将以反说约也。"(《孟子·离娄下》)此前郭嵩焘注重博学,其实已经用力日久,

---

① 曾国藩:《喜筠仙至即题其诗集后》,《曾国藩全集·诗文》,第49页。
② 郭嵩焘道光二十三年《寄呈陆方伯建瀛》曰:"灌门事反复,縹至帆樯凑。"(《郭嵩焘全集·诗集》,第31页)与此可通。

而这次"辰州悟道",却使他一旦豁然贯通,于是能够窥知节要,辨正得失,思想在这个过程中逐渐成熟。而让他恍然大悟的不是其他,却是禁烟之事,这也提示了我们,"辰州悟道"直接的先启就是他鸦片战争时期的赴浙之行。"嵩焘年二十而烟禁兴,天下纷然议海防"①,正是这样的大时代背景和社会思想氛围,刺激了郭嵩焘思想的定型。

正因为鸦片战争对郭嵩焘的思想定型有刺激的作用,使得他在下意识中会对夷夏问题多一点敏感,对洋务多一点思考。影响或许不是即刻和显著的,但可能持久而深微。意识到这一点,我们才能理解为什么洋务在郭嵩焘思想中有那么重要的地位。

学不仅是一个泛观博览的过程,当到了一定程度之后,也需要一个融会贯通的阶段。二三十岁正是人思想定型的时期,很多人在这个时候开始初步感到"反说约"的必要。刘蓉的转折在于吐弃文章专研理学之时,于是感到"读书不欲多";曾国藩在于考中翰林而思有所奋发之际,意识到学问要用"猛火煮过"。而郭嵩焘的转折,则源于对鸦片战争的反思。

我们当然没有忘记,郭嵩焘和刘蓉在"读书不欲多"的问题上有所争论。刘蓉希望先立宗主,执此辨知学问,郭嵩焘则用自己的方式解决了这个问题。他致书刘蓉曰:

> 既兄与涤兄力明正学,抉除文字浮嚣之习,躬圣道而力践之,每窃自愧。既又自念古人所谓文者,亦岂逐流讨来,凡猥拉杂者之所能哉? 故弟近者之功,在务扩充其器识,以和养其知趣,其于大学之事,亦颇与闻。入德之门,虽未能涉履其涯略,然窃以谓学者之于器识,若盂之受水焉,与道相辅而行者也。执一隅之说,慎守而弗失,足以寡过而已;推而广之,庸有隔阂焉。其识稍卓然有以异于人者,其成也必远矣。故弟尝自病其识之陋,窃计以为非读书则亦不能尽乎事之变,以求乎理之正。②

刘蓉和曾国藩之治义理,"力明正学",无疑影响到了郭嵩焘,他"于大学之事,亦颇与闻"。但他的转变不是"逐流讨来"的,而是有自己的心路历程。他极看重的"识",实际上就是所谓的窥知节要、辨正得失。他尤其有意展示自己和刘蓉的区别。像刘蓉那样先立宗主,执一隅之说,只能是"足以寡过而已";他自己却是从"博"字下手,"推而广之,庸有隔阂焉",于博学中求得通识,而卓然有以异于人。郭嵩焘终生强调"天下之才有矣,而学难;学矣,而识难。天下

---

① 郭嵩焘:《罪言存略小引》,《郭嵩焘全集·文集》,第298页。
② 郭嵩焘道光二十五年二月十二致刘蓉书,《郭嵩焘全集·书信》,第6—7页。标点有调整。

之乱,由大臣之无识酿成之"①,"识"是他后来赖以自矜表异的特点所在。

鸦片战争刺激了郭嵩焘思想的成熟,使他在原先博学的基础上,获得了豁然贯通之识。思想的定型对于一个人无疑十分重要。不仅学有所见,个人对未来的抱负与期许,也因此而更加清晰。刘蓉劝郭嵩焘弃词章而求义理,是针对其文士积习的规谏。嵩焘尽管不愿尽弃词章,却也知道自己的立志当在文人之上。读书观史不只为了作一手好文章,而应有更大的追求。鸦片战争帮助嵩焘明确了这样一个更高的方向。如果联系到"枚叔只应思茂苑,张骞翻见出河源"的诗句,或许可以说郭嵩焘逐渐将自我期许从"文苑"移向了"大臣"。道光二十六年,共同切磋理学的江忠源称诩嵩焘,说的是"伯也抱负尤魁奇,管乐许身真不怍"②。其时嵩焘的抱负已不再仅是"文苑传人",而是安邦济世的诸葛孔明。

郭嵩焘的思想理路并非必然导向义理之学,但刘蓉的反复劝谏,以及曾国藩、江忠源、罗泽南等人的影响,对其转向形成了助推。各人转向理学原因有异,却殊途同归,所谓湖南的学风,也正由此展现其影响。

四　理学:摧残增道力

郭嵩焘研治理学始于何时,史不足征。但《玉池老人自叙》中记载了道光二十三年(1843)在辰州时的一件事:

> 自少贫贱,常刻苦自励,衣服饮食,不敢逾量。平常读书,于穷理克己工夫,不敢谓有所得,而粗浅克治,则少年时习惯,若性生焉。馆辰州,鳝鱼斤三十文,兼为去刺,仆人以十五钱购得鳝丝半斤,食而甘之,遂告仆人,以后勿复为此。答曰:"此其价极廉。"予曰:"诚然,然于义有三不可:……方随事勉自刻励,每食厚味,为必不宜,不可三也。"③

"方"随事勉自刻励,似乎他穷理克己开始于此前不久。在去辰州之前,郭嵩焘曾在长沙和刘蓉相会,陆宝千认为嵩焘之穷理克己是受此时刘蓉的影响④,这是有可能的。

---

① 郭嵩焘同治元年致严正基书,《郭嵩焘全集·书信》,第103页。
② 江忠源:《得郭意城书暨诗次韵奉酬兼寄喆兄筠仙》,《江忠烈公遗集》,台北:文海出版社1983年版,第187页。"伯"即指郭嵩焘。
③ 郭嵩焘:《玉池老人自叙》,《郭嵩焘全集·文集》,第771页。
④ 刘蓉:《复曾涤生检讨书》,《养晦堂文、诗集》,第226页;陆宝千:《刘蓉年谱》,台北:"中研院"近代史研究所1978年版,第47页。

郭嵩焘说自己的穷理克己是因为"自少贫贱"而"习惯"如此,我们未必全然依照此说(他少年生活实不"贫贱",其回忆与其说是"历史事实",不如说是"心理事实")。但至少可以如此理解:穷理克己工夫能够缓解奔波衣食的生活所带来的精神紧张,赋予了这种生活以积极的意义。这既是自我安慰,更是自我勉励。理学对于嵩焘之所以重要,其中一个原因在于能够使他在为生计奔波时,仍然安置其"志终不在温饱"的志向。

对于像郭嵩焘这样一个科举时代的士子来说,功名是一举改变命运的最大机会。但功名本是某种求之有道、得之有命的东西,一个二十多岁正在为自己人生赋予意义的年轻人面临这样的境况,其实很容易会感到迷茫。郭嵩焘自己就说:

> 昼长剩觉客情孤,细雨纤纤乍有无。密树安巢闻啄鹊,破窗缀网看悬蛛。劳心远道人何处,刻意新诗貌已癯。强作东坡留滞语,经营身计一生迂。①

茫茫天地之间,自己却是孤独而无助。

自古文人多感激。诗文写得好的人,对天地人事往往有常人难及的敏感。这种敏感使他们能够道出常人欲说还休的情绪,却也使他们自己备受煎熬。经心诗文所养成的文人气质,使郭嵩焘容易放大对身世遭遇,以至对天下国家的感慨。嵩焘性格中刚的一面使其不甘人后,然而久不能得意,刚者不得发抒,则反郁于胸中。沉积的一腔郁闷,养成了他思想激进的倾向。嵩焘说自己的性格"少时,质性最厚,后乃益薄"②,这和青年时期的不得意或许是有关的。

但既然还有改变命运的机会,郭嵩焘自然不愿放弃。道光二十四年(1844),他第三次上京赶考,仍未中。正好由于恩科,第二年还有一次机会。不甘心的嵩焘选择在当京官的曾国藩家住下,努力再为一搏。

其时曾国藩正笃心理学,郭嵩焘受此影响很大。道光二十五年嵩焘回湘后,曾致书国藩,问"《二程遗书》读既竟,遂读何书?"③言及者为理学基本书目,可见曾国藩起了很重要的指导作用。

不知其人观其友。在京和曾国藩、郭嵩焘一起治理学的湖南人,多有畸行之士。有长沙人冯卓怀。其时朝廷重起奕山、奕经诸人,卓怀乃怀金叩御

---

① 郭嵩焘:《昼长》,《郭嵩焘全集·诗集》,第13页。
② 郭嵩焘:《郭嵩焘全集·日记》咸丰八年七月初八,第110页。
③ 郭嵩焘道光二十五年致曾国藩书,《郭嵩焘全集·书信》,第11页。《郭嵩焘全集》系此书于道光二十六年。据信中言"十二月初一"抵新化,事在道光二十五年。又约人"正月就邵阳一行",则尚未跨年。故函应作于道光二十五年十二月。

史陈庆镛门,劝其上疏劾之曰:"君之所以迟回者,虑罢官无归资耳。吾湖南一公车,以此为贶。"他原馆尚书陈孚恩家,薄孚恩为人,遂辞此美差,而往从曾国藩游。① 又有宁乡人江忠源,本是不羁之徒,好赌博,好狎游,"一时礼法之士皆远之"②。但忠源又有义气,师友病殁,能为任棺敛,以是为曾国藩所重。如此之人,在曾、郭等人的劝勉下浪子回头,读理学之书,约束身心。至于曾国藩,用李鸿章的话说:"文正公在翰林日,都中所用,屡见于家书,制节谨度,无一不可为后世法。鸿章早年随宦,迄于通籍,累年京邸,何尝闻词臣家有如此用度哉!"③

相比其友,郭嵩焘的志行同样不俗。有湖北人王柏心和郭嵩焘相交。柏心是比郭嵩焘大二十多岁的老名士,别的没有,面子还是有的,悉知嵩焘资用乏绝,乃为作书达官。作为两湖的大同乡,他实际上是给嵩焘一个打秋风的机会。但三天后,嵩焘袖札见返,告曰:"贫者士之常,不可以是贬吾节。"王柏心为此赠诗嵩焘,有句曰:"贪夫风尘汩面目,志士铁石炼胸胸。"④对其不为风尘所动的铁石之心,甚是敬重。

京师乃销金之地,生活的花费是郭嵩焘的一大问题。理学当然不能解决他的生活问题,但其对身心的磨砺却可以使人安于贫苦。更重要的是,像郭嵩焘这样有志担当大任的人,在这个时候能从理学中体认到一种动心忍性的意义,一种自我的肯定,使他不至于在灯红酒绿的京师迷失。

然而作为一个科举时代的士子,精神紧张最主要的来源,仍是科举。各种理学的修养,会在科举面前遭受考验。京师一年逗留本是为了第四次会试,但天仍不愿遂人意,迎接郭嵩焘的是第四次落榜。黯然回湘的他,相信心中有无数辛酸。临走前,曾国藩作有《送郭筠仙南归序》,正言劝勉曰:

> 若夫逢世之技,智足以与时物相发,力足以与机势相会,此则众人所共睹者也。君子则不然。赴势甚钝,取道甚迂。德不苟成,业不苟名。艰难错迕,迟久而后进。铢而积,寸而累,既其纯熟,则圣人之徒。其力造焉而无扞格,则亦不失于令名。造之不力,歧出无范,虽有环【瑰】质,终亦无用。孟子曰:"五谷不熟,不如荑稗。"诚哉,斯言也!筠仙勖哉!

---

① 欧阳兆熊:《水窗春呓》,第10—11页;郭嵩焘:《冯树堂六十寿序》,《郭嵩焘全集·文集》,第402页;王柏心:《百柱堂全集》,《续修四库全书》1527·集部·别集类,上海:上海古籍出版社2003年版,第214页。
② 欧阳兆熊:《水窗春呓》,第13页。按郭嵩焘《怀人诗五首》亦言江忠源"早岁性佻荡,挥霍动千缗。灯前舞红袖,陌上随清尘。袒跣掷六簙,落拓京华春。颇遭众口诋,莫或与交亲"(《郭嵩焘集·郭嵩焘集》,第27页)与欧阳氏所言全同。
③ 李鸿章光绪十七年八月初七致曾广钧书,《李鸿章全集·信函七》,第241页。
④ 王柏心:《百柱堂全集》,《续修四库全书》1527·集部·别集类,第213页。

去其所谓扞格者,以蕲至于纯熟,则几矣。人亦病不为耳。若夫自揣既熟,而或不达于时轨,是则非余之所敢知也。①

郭嵩焘当时应该有某种"自揣既熟,而或不达于时轨"的抱怨,所以曾国藩才劝他"去其所谓扞格者"。嵩焘郁闷悲愤的心情,可从国藩的这种回应中曲折得知。

曾国藩为文是讲究"气"的,临别赠序,也没有缱绻作儿女状。而其诗则没有那么板着面孔。等嵩焘到湘后,曾国藩又赋诗赠曰:

> 我家双溪上,万竹围沙湾。凉夜幽篁里,月冷东潺潺。行携子偕隐,鹿豕相往还。诗名满天地,踪迹混榛菅。②

其实嵩焘之壹志进取,曾国藩岂不知?"行携子偕隐,鹿豕相往还"的招隐,有很强的"故意说"的意思。赠诗如此,可以说是聊以清凉语,为解热中肠。不管是文的申明大义,还是诗的故为招隐,他所要开解的,都是郭嵩焘受挫的进取之心。

这连续两次不第对郭嵩焘可能有更加深远的影响。他后来回忆说,除了与刘蓉、曾国藩交往,二十多岁时"与江忠烈公、罗忠节公游从长沙,颇见启迪","已晓然知有名节之说,薄视人世功名富贵,而求所以自立"。要注意到他不是泛指与江、罗的交往,而具体点出了"游从长沙"。从三人踪迹来看,长沙的"游从"和"启迪",其实特指在道光二十五年郭嵩焘落第回湘之时。③

江忠源、罗泽南启迪的"薄视人世功名富贵"为何,史文不详。然而罗泽南对科举的态度是一贯的:

> 举业固无碍于圣学,圣学实有益于举业也。向使孟子生于今日,使

---

① 曾国藩:《送郭筠仙南归序》,《曾国藩全集·诗文》,第156页。
② 曾国藩:《又赠筠仙一幅》,《曾国藩全集·诗文》,第15页。
③ 郭嵩焘:《玉池老人自叙》,《郭嵩焘全集·文集》,第777—778页。说的是"二十余年事",即郭嵩焘二三十岁之间,大约是他道光十七年中举到道光二十七年中进士这段时间。而江忠源自道光十七年和郭嵩焘同时中举后,"自是恒客都门"(《赠总督安徽巡抚江忠烈公行状》,《郭嵩焘全集·文集》,第462页),道光二十五年夏秋间以护师友棺柩南旋(江忠源:《柳溪灵柩车载难行一日死两马人言死者为厉吾不信也一马又病矣诗以襄之》,《江忠烈公遗集》,第167页)。所以嵩焘所言是在二十四年之后。而在郭嵩焘编《罗忠节公年谱》的道光二十四年中,嵩焘曰:"是岁,郭公嵩焘兄弟同在长沙,与先生(按即罗泽南)往来问学,相得甚欢。"(《郭嵩焘全集·罗忠节公年谱》,第463页)这条记载的年份明显是有误的,因为道光二十四年郭嵩焘在京师,当以郭廷以所辨析在二十五年为是(《郭嵩焘先生年谱长编》,第62页)。是年郭氏兄弟皆赴会试,又同落第南归。二十六年郭嵩焘在江西,二十七年则又上京应试矣。所以所说的"游从长沙",具体是在道光二十五年秋冬间。

作时文,其议论阐发必有大胜于今人者已。①

他在一封有可能是写给郭嵩焘的信中也说:

> 功名得失,不必憧憧于心。在己者,己为之;在天者,天为之。是虽屡应科举,抑亦无害乎道。先儒所谓"实人累科举,非科举累人",斯言良可念也。②

针对相同的问题,不同身份的人所说的话也可能收到不同的效果。与曾国藩的身入青云不同,罗泽南与郭嵩焘一样是还在为科举而挣扎的士人,甚至功名比嵩焘还低一级。这样的人对科举那种命之自天的感受有更加亲切的理解。罗泽南的劝诫或许不如曾国藩那样豪迈,却多了一些安之若命的随适。这样的随适,对于正感到"不达于时轨"的郭嵩焘来说,无疑可以是一剂清凉散。

以上所说虽只是推测,但至少我们能知道,郭嵩焘受江忠源、罗泽南启迪的"薄视人世功名富贵",不是放弃科举,否则就不会有他道光二十七年最后一次也是最成功的一次会试。而泽南"虽屡应科举,抑亦无害乎道"的观点,也与屡应科举的郭嵩焘所自称的"薄视人世功名富贵"相合。修身俟命这样的观点,圣经贤传中都有,但正因为科举之途太容易给落第士子造成迷茫和困扰,所以才需要被反复提撕。或许江忠源和罗泽南就刚好在郭嵩焘连考不中的时候出现在他身边,适时给以劝慰和鼓励,这才让郭嵩焘对这次"游从长沙"的经历久久不忘。

郭嵩焘在长沙却并没有久驻。道光二十五年南下回湘,中停长沙,到冬天就远赴新化,入人幕府。这是他又一次为衣食而远离家乡。现存的《高平离感》七首,当作于此时。③

新化虽亦属湖南,却离湘阴八百里遥,何况地处偏僻,华夷杂处,更让郭嵩焘有一种"浪迹江湖外"的离感。又据其致曾国藩函,奔波八百里,却是十

---

① 罗泽南:《文章》,《罗泽南集》,第53页。
② 罗泽南:《致某友书》,《罗泽南集》,第95—96页。这位"某友"和郭嵩焘非常相似,同是举人,同与刘蓉交好,同是"秉质和粹"的性格类型。而且"某友"的姓名,恰是编辑《罗忠节公遗集》的郭嵩焘自己隐去的。既表明是某"友",又不著其姓名,疑即郭嵩焘自己。
③ 郭嵩焘:《高平离感》,《郭嵩焘全集·诗集》,第1581页。以下数段引用是诗,不复出注。所言之高平在新化,诗中曰"海内南村老,峥嵘一草堂",所咏为邓显鹤,新化人。郭嵩焘道光二十五年冬在新化,江忠源是年十二月初五致书曾国藩,言郭嵩焘"就新化李公教读一席,就其所愿"(湖南图书馆编:《湖南图书馆藏近现代名人手札》,长沙:岳麓书社2010年版,第1001—1002页)。惟嵩焘自己说是入幕,其同年十二月致书曾国藩,言初一抵新化,"弟之来也,所职则书记,束脩则百二十金"(《郭嵩焘全集·书信》,第11页)。或兼两职。又李公者,《高平离感》下一首为《北塔呈李春暄明府》,似即李春暄。

二月初一才到的新化,这也意味着春节都无法与家人团聚,所以有"岁晏松篁里,心摧雾雨间"之句。而且其时母亲有病,嵩焘乃竟不能守在床头,父母在而远游,滋味尤为不堪。

这样的情状,大概是郭嵩焘十年奔波衣食的缩影。诗句如"天半家山泪,源源到眼来",抒写的是思家之情;怀念病母而慨叹的"生儿求识字,所得竟何哉!",则以曾国藩《寄郭筠仙浙江四首》中"读书识字知何益,赢得行踪似转蓬"一联为今典①,在思亲之外,多了一份颠沛流离的伤感;"栖禅踪迹在,流滞满关河",又和之前一样"强作东坡留滞语",对前途并不清晰。诗名"离感",写的也是对这种生活的感怀。

又可能是因为在新化的生活还比较舒适②,诗句中也有"处处柽松古,山山橘柚香"之类较为淡然的写景。但最后一首诗尤其表达出一种和"离感"不一样的格调:

> 细数生平事,吾谋匪自今。升沉天地远,去住雪霜深。岩壑随人影,松杉入谷音。昔贤有忧患,恐惧失初心。

七首诗冠名"离感",看似欲写流滞时的种种离愁别绪,却在最后兀然出现一种"恐惧失初心"的姿态,使整诗布满了道学气。君子谋道不谋食,"吾谋匪自今"之"谋",当然是"道"——亦即末联的"昔贤有忧患,恐惧失初心"。流滞之时,明明正为衣食奔波,"细数生平事"时却能作出"吾谋匪自今"的自我肯定,这实际上也是给自己前此的"生平"赋予了一种忧道不忧贫的意义。这样,尽管天地仍然邈远,霜雪仍然积深,但生平的流滞、遭处的艰难不再只有负面意义,岩壑之影、松杉之音,都是活泼泼的人气。而这种积极的姿态,已经不像一个"流滞满关河"的落第文人所能展现出来的了。其中显然可见研治理学的影响。

郭嵩焘在新化只待了几个月。道光二十六年,乡试同年兼好友陈源兖新放江西吉安知府,嵩焘为其所招,又从湖南东下吉安,入其幕府。这也是他中进士前最后一次为人幕友。综观其数年的南北舟车,奔走衣食,一方面固然让郭嵩焘在"天静月明人万里"中有一种"江路饱经谙港汊"的酸楚,另一方面却也是"久贱略增人阅历",能够看到很多兀坐书斋所难看到的东西。③ 他晚年说:"自少以文札应幕,于例案稍能通晓,而绝不喜幕友之拘文牵义,尤心恶其营私。"④郭嵩焘后来先在他人帐下处理文札,后又自己出任官职,少

---

① 曾国藩:《寄郭筠仙浙江四首》,《曾国藩全集·诗集》,第78页。
② 束脩有一百二十金,而且"颇休暇"(《郭嵩焘全集·书信》,第11页)。
③ 郭嵩焘:《沅江杂感》《河南道中》,《郭嵩焘全集·诗集》,第12、14页。
④ 郭嵩焘:《玉池老人自叙》,《郭嵩焘全集·文集》,第769页。

年时的文幕经历对其办事是不无帮助的。

正是在这种奔波中,人逐渐成熟。除了《高平离感》最后一首中体现的那种坚毅外,在江西所作的《江树》也体现了郭嵩焘的成长。诗曰:

> 江树当春日,生成不自疑。泄云高处荫,竦干众中奇。积霰身难任,皇天意肯移?摧残增道力,此物亦良规。①

嵩焘一如既往地保持着自己"生成不自疑"的自信,但在此之外,复增添了那种"摧残增道力"的勉自克励。曾国藩《送郭筠仙南归序》中劝郭嵩焘不可一味委诸时轨,而忘记了自己有力造之任;罗泽南也主张尽其在我者,而待其在天者。嵩焘在诗中表达出了相同的意思。天命如积霰,其"摧残"是个人所不可控制的,但在"道力"的修养上,人有可为。而一个"增"字,表明嵩焘积极的姿态:天命即使无可奈何,个人仍能通过"道力"的修为掌握自己命运的主动权。

孟子曰:"夭寿不贰,修身以俟之,所以立命也。"(《孟子·尽心上》)支撑这种处世方式的是两个基本信念,一是承认人无法完全控制命运,存在着可为和不可为的区别(因而需要"俟命");二是相信人可以掌控的部分会积极地影响到那些不可掌控的部分(因而需要"修身")。以承认无法完全掌控命运来实现对命运的积极掌控,这是这种处世方式的吊诡之处。而正是这种吊诡,在命运的可知和不可知之间,建立了某种微妙的联系。

郭嵩焘在其《中庸章句质疑》论"素其位而行,不愿乎其外"一句时,对这种处世方式有所解说:

> 愿外者,人我彼己之见,有眩于外,而夺其所守。船山王氏所谓"素位而行,事之尽乎道也;不愿乎外,心之远乎非道也"。②

一方面划分"素位"和"不愿外",确定了个人可为和不可为之间的界限;另一方面,素"位"为"道",愿"外"为"非道","道"以一种判别是非的方式将个人的"位"和个人之"外"联系起来,成为联系可为和不可为的桥梁。通过"道"的保证,本是个人无可奈何的"不可为",变成了可以贬为"非道"的"不愿为",从而使个人在这些本来不可掌控的因素面前重新占据了主动地位。

这种对素位而行的坚定,构成了郭嵩焘对道的人为方面的认知。在他看来,儒者的"道涂不争险易之利,冬夏不争阴阳之和"(《礼记·儒行》),是"推极人事之万变,一以常应之,险夷丰悴无与于心"③。他在后来面对纷纷

---

① 郭嵩焘:《江树》,《郭嵩焘全集·诗集》,第42页。
② 郭嵩焘:《郭嵩焘全集·中庸章句质疑》,第784页。
③ 郭嵩焘:《郭嵩焘全集·礼记质疑》,第695页。

之人言毁誉时能够横眉冷对,在面对滔滔之天下大变时仍然相信治乱皆由人心,和之前的这种修养是十分相关的。他所乐道的人定胜天,也正是"人参天而立以司其权,天地亦不能不随以转移。语所谓人定胜天,诚有以胜之也"①。端赖人的立定有常,甚至可以转移天运!

郭嵩焘所预入的,是道咸以下逐渐复苏的理学思潮的一部分。而理学此时的进入,不仅因为周围友朋的影响,更因为它在郭嵩焘的生命遇到精神危机时,指示了一种修为的方向。他曾经挣扎在"泄云高处荫,竦干众中奇"的自命和"积氛身难任,皇天意肯移"的天意之间,因自己的才能没有得到承认而迷茫。而穷理克己的工夫却在两个方面有助于解决这种精神危机。一是在为生计奔波时,"勉自刻励"的工夫能赋予这种生活以积极的意义,使人不因皇天之"摧残"而消沉。二是在科举不中之时,"修己俟命"的精神,又能使人感觉到自己所作所为和最终目标之间的积极关系("道力")。

皇天不负苦心人。道光二十七年三十岁时的登科,直接消释了长期积压在郭嵩焘心头的紧张。中榜南归时所作的《河西堡遇雨》曰:

> 万里湖湘半蝼蚁,十年沟浍困龙鱼。得逃灾网违南潦,腾踏泥途计未疏。②

表面上寄思的是当时家乡的水潦,实际上写的却是自己十年网困的苦苦挣扎。终于一朝鲤鱼跃龙门,此前一路的坎坷也有所值。对照之前"经营身计一生迂"的慨叹,现在的"腾踏泥途计未疏",道尽了无穷的庆幸与感怀。

三十而立。郭嵩焘说他在周围朋友影响下,"晓然知有名节之说,薄视人世功名富贵,而求所以自立"。而嵩焘对于人之自立,有一段议论甚值得注意:

> 不得中行而与之,必也狂狷乎。狂者进取,狷者有所不为。读书学圣贤,与立事功成名当世,有以自立者,只此两种人,外此皆乡愿也。③

以其人之道,还治其人之身。我们在理解嵩焘自己如何"自立"时,也可以观察他身上是否就体现着某些狂、狷的精神特质。

首先要看郭嵩焘自己如何理解狂、狷。他曾论及二者曰:

> 予谓圣人之取狂狷,非徒以狂者能为大言。其志趣高远,是难能也。

---

① 郭嵩焘:《郭嵩焘全集·日记》同治九年正月十六,第401—402页。此意郭嵩焘曾与王闿运等人讨论,自以为"古今无解此者"(《湘绮楼日记》同治九年十月初九,第136页)。
② 郭嵩焘:《河西堡遇雨》,《郭嵩焘全集·诗集》,第46页。
③ 郭嵩焘:《郭嵩焘全集·日记》同治元年九月十五,第562页。

狷者直有所不为,此是入德之基。①

学人资质只有两途:曰高明,曰沉潜。而圣人却为之狂狷。两字并是病痛,圣人却是见人须有病乃有治法,特描摹出此二字。狂者进取,已是看透第一层道理,自己便出担当……三代而下,狂者恰是不易得,只有狷者一流。以狂者入道,亦须是有狷者质性。孟子固曰:人有不为也,而后可以有为。此意恰是要紧。②

在郭嵩焘看来,狂者的进取,狷者的不为,学者均应有所取资。孟子本认为狂狷二者有等第,"狂者又不可得,欲得不屑不洁之士而与之,是狷也,是又其次也"(《孟子·尽心下》)。而郭嵩焘对这种等第关系,却有更详致的理解。在他看来,狷为入德之基,即使狂者,亦须先有狷者质性,实际上暗中将狷放在了更基本的地位。综合这两点,则孟子"人有不为也,而后可以有为"一句,是嵩焘理解狂狷的关键。可以有为,是狂者进取之心;而要达到有为,又须有狷者不为之质性。立志以狂,行己以狷,大概是嵩焘对狂狷的综合理解③。

而郭嵩焘身上也体现着这二者的综合。在"遇事恂恂"的表面下,潜藏着一个志意"无几微让人"的郭嵩焘。潜藏的郭嵩焘平时不显山露水,只有在为文之时,方如"猛兽鸷鸟"一般,露其峥嵘。惟狂能念作圣,又在志同道合的朋友之间,嵩焘会"笑谈都与圣贤邻",坦白其作圣之心。也因为"其志终不在温饱",才支持着他渡过难关,没有在衣食奔走之中消沉下去。嵩焘终身"未尝敢以第二流人自处"④,更是这种狂志的写照。

狂者志向高远,然而也就意味着要承担更大的心理紧张。屡试不中的郭嵩焘也曾有"经营身计一生迂"的彷徨。素习的词章之学并不能缓解这种紧张,而在朋友影响下研治的理学,却能安抚嵩焘那颗一头系挂着理想、一头为现实牵掣的心灵。修己俟命的不动心,能给人一种"摧残增道力"的力量,这是郭嵩焘最为受益的。最后的登科中榜,对他来说实意味着人的努力得到了天的承认,很好地演绎了孟子"人有不为也,而后可以有为"一语的含义。

狂者进取,"其志嘐嘐然",而其弊在言不顾行,行不顾言。狷者若一味偏执于"不为",忘记了"不为"的目的实是"有为",也有陷于"偏"的危险。

---

① 郭嵩焘:《郭嵩焘全集·日记》咸丰八年七月初六,第109页。
② 郭嵩焘:《郭嵩焘全集·日记》光绪七年八月初一,第409页。
③ 这种说法并不独特,如郭柏荫也有相似的理解:"狂者进取,狷者有所不为,只是就气象间观其大概。其实进取者必先有所不为,否则直是妄人,连狂字也算不得了;有所不为者须是有志进取,否则直是废人,连狷字也算不得了。"(郭柏荫:《嘐嘐言》,《四库未收书辑刊》07辑11册,北京:北京出版社2000年版,第312页)但郭嵩焘在二者中更偏向"狷"。
④ 郭嵩焘:《玉池老人自叙》,《郭嵩焘全集·文集》,第763页。

狂、狷皆是有些极端的人格形态,用郭嵩焘的话说,"两字并是病痛"。但郭嵩焘却认为人之入道,有以自立者"只此两种人",需要从极端的状态进入。这本身就是一种偏激的眼光。以这种眼光观人,以这种标准自处,郭嵩焘自己也是易走极端,而易与被他视为"乡愿"的人产生冲突。这一点在其后来的遭遇中表现得越来越明显,他晚年更自命"世人欲杀定为才"[①]。这种认为圣贤当由狂狷入的偏激眼光,对于我们理解郭嵩焘一生的坎坷有十分重要的意义。

---

① 郭嵩焘:《戏书小像》,《郭嵩焘全集·诗集》,第211页。语出杜甫怀李白的《不见》:"世人皆欲杀,吾意独怜才。"

第二章 书生即戎

一 从军:此生戎马真非分

咸丰一朝,天下大乱。咸丰二年(1852年),太平天国竟突破广西官军包围,进入湖南,直逼长沙。省城被围,全省大震,湘阴邻近长沙,绅民更是纷纷避逃,"城无居民者数月"①。其时丁忧在籍的郭嵩焘也和左宗棠一起避居邻近之玉池山,诛茅筑屋,为自保计。这只是未来十几年席卷整个东南的大乱的开端。

此时还无人知道,湖南人将成为未来平治动乱的重要角色。由于"湖南非形势必争之地"②,在久攻不下的情况下,太平天国弃长沙而转赴赣、鄂。刘坤一后来为双清亭复修作记,对湖南这种因边缘而幸存的情况,有形象的描述:

> 或者以双清亭僻处一隅,不若金、焦、石钟诸山,滨临大江,舟车络绎,常得达官华胄,迁客骚人一觞一咏,为名山生色。而余窃谓不然。夫山主静,乐幽旷而厌烦嚣。彼金、焦、石钟诸山,亦不幸生于大江之滨,为纷纷者所扰耳。年来江上戒严,如焦山钟山,堡垒相望,戈矛林立,昔之称为仙境者,今且为严疆。山灵有知,其哑然笑、怒然戚与?③

"僻处一隅"的边缘地位,反而成为后来湖南崛起的先机。

太平天国过境,湖南伏莽遍地,办团练成为当地政府维持秩序的重要措施。刘蓉、罗泽南等都以地方绅士的身份办团练勇。作为身有官衔的在籍绅士,郭嵩焘自然也参与到了其中。他当时具体的作为已不能详。但如其给武

---

① 郭嵩焘:《郭嵩焘全集·湘阴县图志》,第1161页。
② 郭嵩焘:《郭嵩焘全集·湘军志平议》,第495页。
③ 刘坤一:《复修双清亭记》,《刘忠诚公遗集·文集》,台北:文海出版社1968年版,第8695页。

官杨载福(即后来的杨岳斌)题诗中所言:"云深谷暗独行游,朝呼虀盐暮饭粥。吁嗟此乐吾弗如,裹粮负剑无闲居。"①黾勉公事,自不能免。

咸丰二年冬,一个历史的偶然或许改变了清朝的历史,也改变了郭嵩焘的人生轨迹。曾国藩典试江西,而丁忧回籍。朝廷于是有旨,令其在籍为团练大臣,办理本地相关事宜。墨经办公,有违常情,国藩一开始没有同意。郭嵩焘乃赶赴湘乡曾家,说其出山。于是曾国藩顶着一个"不官不绅"的团练大臣头衔,在湖南办事。而郭嵩焘也就留在了国藩的身边,以幕僚的身份更深入地参与团练事宜。

咸丰三年六月,太平天国西征军入江西,江忠源由湖北往援,被围困于南昌,函抵湖南求助,朝廷亦有湖南派援之命,遂有湘军赴赣之事。后世将此事视为湘军出省打仗之嚆矢②,而郭嵩焘正在这支队伍之中。

当时往援江西有江忠淑所带一千楚勇;夏廷樾带兵六百人、湘勇七百二十人,其中有罗泽南所练之勇三百六十人;另有老县令朱孙诒所带湘勇一千二百(一说一千六百)人。③ 出行之前,朱孙诒因与湖南粮道纠纷,不复欲往,乃建议让郭嵩焘带勇。嵩焘差点成为一支部队的管带。后来在曾国藩等人的劝说下,孙诒同意前往,而嵩焘仍然随行。

郭嵩焘六月廿六日由醴陵出发。此前剿办土匪,湘勇力能平之,这也使书生们对自己的能力比较自信,一开始还是意气轩昂的。罗泽南有诗曰:"平生不出乡关内,今到他乡倍怅然。……六月出征周吉甫,元戎端不让前贤。"④正是太平天国期间的战乱,给了像罗泽南这样"平生不出乡关内"的湖南人越省出征的机会,最终更将湖南人的声名播扬到大江南北。郭嵩焘也有诗曰:"当垆莫怪将军少,新制扬雄校猎文。"⑤意气风发,豪迈不让泽南。

然而书生即戎,兴奋之余,也会感到紧张。郭嵩焘说:

> 十年偃蹇校书郎,鸣镝弯弓赴战场。险路更添三日雨,炎天浑似九秋凉。乱余身已非全物,死去魂应识故乡。炮鼓已援形势异,一时处分恐仓皇。⑥

---

① 郭嵩焘:《杨千户载福二图·山水老屋》,《郭嵩焘全集·诗集》,第 82 页。
② 王定安:《湘军记》,长沙:岳麓书社 1988 年版,第 13 页。
③ 曾国藩咸丰三年六月廿五致张亮基书,六月廿八致左宗棠书,《曾国藩全集·书信》,第 174—175、178 页。
④ 罗泽南:《军行萍乡道中呈夏憩亭观察》,《罗泽南集》,第 26 页。
⑤ 郭嵩焘:《羊头岭周氏庄》,《郭嵩焘全集·诗集》,第 84 页。按之前郭嵩焘《杨千户载福二图·山水老屋》有"请君洗甲呼铁骑,待上长卿校猎书"(《郭嵩焘全集·诗集》,第 82 页),那是写给别人的,现在却可以用在自己身上,其兴奋可知。
⑥ 郭嵩焘:《临江道中寄示仲毅叔和》,《郭嵩焘全集·诗集》,第 85 页。

在"乱余"的时势中,郭嵩焘意识到了自己的身份正在发生微妙的变化。只是这时的他还不像后来那样"不乐从人以兵事自效"①原本是一个"校书郎",现在却要前赴战场。

将士"援枹鼓之急则忘其身"(《史记·司马穰苴列传》)。郭嵩焘尽管有忘身赴战的慷慨,却对形势并不乐观,掩不住其"一时处分恐仓皇"的焦虑。当时援师中只有江忠淑楚勇一千人战斗力较强,夏廷樾的兵和朱孙诒的勇皆不可恃。而一路大雨,累日不止,曾国藩就担心"新招之勇,本无固志,苦雨疲劳,恐其思溃",而"所领军械,无一可用,火药一湿,更无足恃"。② 军事毕竟不是儿戏,其中之艰苦,郭嵩焘已开始尝到了。

援军七月十八抵达南昌,和江忠源会合,共同面对围城的敌军。在东征江西的途中,作为"校书郎"的郭嵩焘三次督阵③,这也是他唯一一段直接带兵的时间。

然而郭嵩焘最擅长的还是谋士的工作,他后来对援救江西围城感到自豪的一件事,就是向江忠源献策,进而推动湘军治办水师。

围城,就是外面的人进不来,里面的人也出不去。对于当时的清军而言,"守无可虑,惟战则未有良策,相持日久,兵饷告匮,军火亦竭,终恐变生意外"④。郭嵩焘针对围城敌军多为水师,提出了水陆夹攻之计。他在《江忠烈公行状》中说:

> 时嵩焘从廷樾援南昌,得贼谍,言贼皆舟居,文孝庙栅垒,更番巡守而已。官军数出无所获。因言于公,贼据江路,而官军但有步卒,无水师,东南泽国多阻水,非有船筏,不足以讨贼。公大题之,因疏请四川、湖北、湖南三省分造拖罟船,习水师,而令广东筹款购买洋炮。奉旨俞允。因令嵩焘如法试办。其后曾公创立水师一军,扼截江路,保全湖南、北、江西诸省,使贼终不得逞,由公发其端也。⑤

江忠源上奏造船之奏疏,就是郭嵩焘代拟的,其中提出以广东拖罟为式,造船百余只,饬广东督抚购备夷炮千余尊分布沿江水师。⑥ 显然,这样的建议不是仅针对江西一役,而是志在长久之计。

---

① 郭嵩焘:《郭嵩焘全集·日记》咸丰十年十月初十,第364页。
② 曾国藩咸丰三年七月致罗泽南、郭嵩焘书,《曾国藩全集·书信》,第181页。
③ 郭嵩焘:《郭嵩焘全集·日记》咸丰八年七月廿三,第117页。
④ 江忠源:《答冯树堂书》,《江忠烈公遗集》,第85页。
⑤ 郭嵩焘:《赠总督安徽巡抚江忠烈公行状》,《郭嵩焘全集·文集》,第482页。
⑥ 郭嵩焘:《请置战舰练水师疏》(代拟),《郭嵩焘全集·奏稿》,第1页。咸丰三年七月二十九出奏。

没有必要将郭嵩焘的想法视为独创,它其实切中了当时许多人关心的问题。江忠源将这个计划告知团练大臣曾国藩,后者致书时在张亮基幕府的左宗棠,极力促成此举。① 湖广总督张亮基也和湖南巡抚骆秉章联衔出奏《遵旨筹办船炮折》,建议造船铸炮。而所谓"遵旨筹办",其实是因为朝廷早已于七月初七、廿六两次寄谕张亮基,让湖广筹备船炮。② 从朝廷到疆吏、团练大臣,筹办水师是当时清朝中央和地方上层共同关心的一个问题,郭嵩焘的想法正响应了这种关心,所以才一拍即合。

但造船只能是长久之计,不能马上用以应对江西之敌。郭嵩焘也知道造船非克日可期,于是主张在南昌上游造巨筏,列炮其上,与陆军夹岸冲击敌船,应仓促之急。③ 江忠源对木筏有所期待,八月时致书冯卓怀曰:

> 专盼木筏早来,水陆夹攻,或可得手耳。顷接云仙、憩亭两公樟树来信,知木筏八架二十二日可一律造成。……已函致筠仙务于二十三日起程。箄行较迟,计将到省时,黔兵暨罗、荫两兄之勇必有一到者,则水陆并进,贼必即日溃走矣。④

只是筏成还没正式投入使用,太平天国便于八月廿二日撤围了。⑤

可以看到,造木筏应江西之敌和上奏造船是同时进行的,一为应急,一为长远。面对的是具体的围城之敌,而郭嵩焘、江忠源都想的不仅是一时之方,还有长久之策。而且不是木筏收取实效之后才想到推而广之,却是造木筏和上奏双管齐下,从一开始就在应急的同时想着长远。这就不只是一时一事之处置,而且是决胜千里的战略眼光了。由此也可见郭嵩焘的军事才能。当时正在南昌、后来保荐郭嵩焘的陈孚恩说嵩焘是"晓畅戎机"⑥,或许也看到了他的这一点。

不战而屈人之兵,自是最好的事。本为庶吉士的郭嵩焘也因此役而免其散馆(此前因丁忧无缘参加散馆考试),获授编修。这样一来,原本是文臣的郭嵩焘,却因武功而膺赏,但获授之官又仍是文职。咸同军兴给清朝官伦及

---

① 曾国藩咸丰三年八月初四致左宗棠书,《曾国藩全集·书信》,第184—185页。
② 左宗棠:《遵旨筹办船炮折》(代拟),《左宗棠全集·奏稿9》,长沙:岳麓书社2009年版,第140—145页。八月十三出奏。
③ 王定安:《湘军记》,第44页。
④ 江忠源:《答冯树堂书》,《江忠烈公遗集》,第85页。
⑤ 撤围日期见林福祥:《守南昌广饶记》,《近代史资料》第30期,北京:中华书局1963年版,第159页。王定安《湘军记》即言"筏成而贼解围遁"(《湘军记》,第44页)。
⑥ 《朔方备乘》卷首,转引自郭廷以:《郭嵩焘先生年谱》,第128页。按陈孚恩时方忧居,奉命办理团防,与郭嵩焘同居围城两月,朝夕会议,相待至为优渥(郭嵩焘:《玉池老人自叙》,《郭嵩焘全集·文集》,第761页)。

文武关系带来的紊乱,从郭嵩焘身上略见一斑。

获赏是后话了。这群带兵出省的书生享受南昌解围的胜利还没有几天,就发生了一件扫了他们所有兴致的事情。八月廿二日围解,廿四日便有楚勇拥至江西巡抚衙门求赏,还打伤了江忠源的家丁,次日告假回湘的勇丁达千余人。① 发生这样的事情,不但冲消了胜利的喜悦,更在江西人面前丢了面子,郭、江等人的心情自然不会太好。

时太平天国军欲往湖北,张亮基急檄江忠源回援。忠源本就有意将郭嵩焘招至幕下,此时再邀同往,嵩焘同意了。于是在罗泽南等人带着剩下的兵勇回湘时,嵩焘只身随忠源北上。然而,在到湖北后不久,郭嵩焘却和江忠源分手了,时距由南昌启程还不到一个月。有人认为嵩焘之回湘,是他不能吃苦耐劳。② 此说有一定根据,但仍需更细致地分析。

楚勇哗散,江忠源所带为鹤麓镇兵千人、镇筸勇、开化勇、泸勇千余人,兵非所娴。重要的是江路为太平天国控制,忠源只能由陆路上追。如此,易成疲惫之师。启行之前,嵩焘即有"民望君恩日正浓,书生持节要从容"之语,后来与忠源相别,又言"从来黑虎士,用急戒颠蹶",③他对这种进军方式似乎并不赞成。

太平天国由南昌北上,夺九江。张亮基派人在田家镇设防,阻挠敌军,而飞召忠源。忠源一路翻山越岭,"崎岖山谷,佶屈颠顿,居民避贼远徙。所过无从得食,掘薯芋为粮,且食且行。士卒饥乏,中道偃息。公亲下马导之行,日数十里不少息。比至兴国,官兵追及者,开化勇二百余、鹤麓镇兵三百余而已"④。艰难如此,忠源乃感叹道:"诚乱世耶? 乃使吾辈一二书生困惫至此!"⑤

这一感叹,直中郭嵩焘心事。南昌开行之前,郭嵩焘有诗奉呈江忠源曰:

  觅得疲驴试短衣,尺书屡召敢频违? 此生戎马真非分,半夜星辰尚合围。⑥

汉高祖为匈奴围困时有星辰合围之象(《汉书·天文志》),喻指国难。诗句指出了郭嵩焘此行背后的三种意义:从他之前的赴援江西到现在的北上湖

---

① 曾国藩九月廿四致江忠源书、致骆秉章书,《曾国藩全集·书信》,第238、246—247页。郭嵩焘《江忠烈公行状》提到"公所部楚勇以久劳,多散归"(《郭嵩焘全集·文集》,第483页),印证了曾国藩所听闻的哗变消息。
② 张静:《郭嵩焘思想文化研究》,第100页。
③ 郭嵩焘:《奉呈江廉使三首》《汉川别江岷樵一兄邹叔绩三兄三首》,《郭嵩焘全集·诗集》,第86、87页。
④ 郭嵩焘:《赠总督安徽巡抚江忠烈公行状》,《郭嵩焘全集·文集》,第483页。标点有调整。
⑤ 郭嵩焘同治元年致邓伯昭书,《郭嵩焘全集·书信》,第84页。
⑥ 郭嵩焘:《奉呈江廉使三首》,《郭嵩焘全集·诗集》,第86页。

北,最直接的因素是士人之间的私人关系(尺书屡召);借助这种私人关系,士人寻得了一种可以有裨于国家天下的途径(星辰合围);正因为这种私人的人际关系和对家国天下的关心,使原本习文的士人趋而即戎,其实转变了在此之前士之为士的一般形态(戎马非分)。江忠源的感慨,道出了这种转变的直接原因:诚乱世也。

当赶到田家镇时,太平天国已抢先占据隔江相对的半壁山,进驻了有利地形。江忠源以疲卒迎战,大败。"贼来益多,左右亲兵有伤毙者"①,连统帅都生死仅悬于一线,作为幕僚的郭嵩焘,可能也是惊险万分。

田家镇陷,太平天国即可长驱直入,上溯武昌。一时湖北大震。江忠源只能收拾残军,由陆路北上,绕至长江北岸,谋道南渡以援武昌。正是在北上途中经过黄陂时,郭嵩焘提出分手。

这一路来,郭嵩焘实已不堪。翻山越岭,连士卒武夫都散去大半,何况一弱书生。这让嵩焘叫苦不迭,"始信天地间,逼仄积榛梗。自非沉昏士,谁能越人境"。困惫之际,使他启思乡之念:"我家玉池颠,芋栗亦时稔。惊风吹浮埃,危世难高枕。横流得一障,誓往从箕颍。"②在与江忠源作别之时,嵩焘更自称"短衣不掩骭,罢惫岂能称?"③论者认为嵩焘不能耐此艰苦,是有一定根据的。

除此以外,田家镇之败也使郭嵩焘心胆尽失。归湘之时,"萧疏鬓发君休问,新自吴蒙帐下来"④,其神形憔损,佐证一路随征之困惫。而更重要的是魂惊未定,"覆鹿茫茫一梦过,秋风木叶洞庭波。中原豺虎骄横甚,洒泪残灯忆枕戈"⑤,回忆起来,仍是令人怔怔恍如一梦。

然而,仅仅以不耐艰苦理解郭嵩焘,则嫌片面。最大的问题是,郭嵩焘为什么能堂而皇之地将其写在诗中(其中还有和江忠源作别之诗)?若是令人难堪的事情,则讳之唯恐不深,绝无昌言之理。

其实启行之前郭嵩焘就已经点出了"此生戎马真非分"。在临别诗中,他仍然有这样的意思:"时危烈士耻,颇亦效驰驱。故应干戈力,驱迫到穷儒。"⑥军事本非书生之本分,如果不是乱世之所迫,"干戈"未必"驱迫到穷儒"。要让书生效武夫一样出生入死,饥餐渴饮,郭嵩焘的心理还没有接受这种身份的转变。"诚乱世耶?乃使吾辈一二书生困惫至此!"即使江忠源

---

① 郭嵩焘:《赠总督安徽巡抚江忠烈公行状》,《郭嵩焘全集·文集》,第483页。
② 郭嵩焘:《乌石》,《郭嵩焘全集·诗集》,第86页。
③ 郭嵩焘:《汉川别江岷樵一兄邹叔绩三兄三首》,《郭嵩焘全集·诗集》,第87页。
④ 郭嵩焘:《与海量》,《郭嵩焘全集·诗集》,第88—89页。
⑤ 郭嵩焘:《黄翰周芭蕉画幅》,《郭嵩焘全集·诗集》,第88页。
⑥ 郭嵩焘:《汉川别江岷樵一兄邹叔绩三兄三首》,《郭嵩焘全集·诗集》,第87页。

这样的人也还没有完全适应。

而且郭嵩焘既无职任,也无兵权,此行的直接动因,就是江忠源的"尺书屡召"。这种私人的人际关系不是强制性的义务,更不是利益和契约关系,甚至都没有严格的道德规范,全是朋友义气相助。所以其来去离合,都较为自由,不仅无法按之于法,甚至恶声抱怨也无所施。咸同时期湖南士人之武功,其实是士人形态的一大转变,只有后见之明者,才会知道后来他们能够建立奇功,也才以后来的标准去要求初临大乱的这些士人。对于当时人来说,书生从戎还是一种非常状态。郭嵩焘并没有因辞别而身败名裂,说明当时人对这种做法还是能理解的。进一步言,这也不是郭嵩焘一人的现象,曾国藩咸丰四年岳州、靖港两次大败,曾总结曰:"古人用兵,先明功罪赏罚,今时事艰难,贤人君子大半潜伏,吾以义声倡导,同履危亡。诸公之初从我,非以利动也,故于法亦有难施,所以两次致败,其弊实由于此。"①正因为一开始从名义上是以"义"合的自愿行为,所以当于生死关头,也无法苛责其退避。认识到其弊端,已是后来的事。

如果郭嵩焘当时留在江忠源身旁,那么咸丰三年十二月江忠源在庐州殉难,他或许也难逃出生天。但中途离开而朋友死难,却使他担上了辜负好友的自责。得知忠源殉难的消息后,郭嵩焘的《哭江中丞》是这么写的:

> 剖竹连圻总有名,结缨犹是老书生。江淮草木无完垒,朝野衣冠有哭声。七叶两京厪北顾,九州一柱竟南倾。孤臣闲退今华发,日倚柴门涕泗横。

全诗尽从"孤臣"的立场上来写,却无一字述及两人友谊。所谓讳莫如深,诗意中私交部分的缺失,或许反映的正是郭嵩焘的愧疚。②

郭嵩焘回湘之后就藏入深山,"薇蕨甘长计,蓬蒿属老农"③。曾国藩数去函召,他也不出。对于像郭嵩焘这样的情况,曾国藩感叹道:

> 季翁坚卧不起;郭筠仙亦无意再出;萧可卿以年逾六十,不愿即戎;谭湘溪老母在堂,家无昆弟;欧赤城新有母丧;王元圃去秋没矣!……方今世变孔棘,而宦场泄沓之风,曾无少为振作。有识者以是深惧,皆怀入山恐不深,入林恐不密之志。④

---

① 黎庶昌:《曾太傅毅勇侯别传》,《拙尊园丛稿》,台北:文海出版社1967年版,第206页。
② 郭嵩焘:《郭嵩焘全集·诗集》,第89页。数年后郭嵩焘重游半壁山,"怆怀往事,泪下凄然",作诗一首,中有一句"幽壑闲云迷出处",似亦懊悔当时对"出处"是有所"迷"(《郭嵩焘全集·日记》同治元年八月十二,第550页)。
③ 郭嵩焘:《避地》,《郭嵩焘全集·诗集》,第89页。
④ 曾国藩咸丰四年正月十六致胡林翼书,《曾国藩全集·书信》,第461页。

曾国藩感慨的是不知如何将士人鼓动起来参与救亡。咸同时期的地方动员绝非一呼百应,有如王先谦所说:"国朝二百余年,士大夫家居,例不与公事,至是(按指咸同军兴)而其局一变。然身其事者,据非所宜,近利则以私成谤;侵权则积疑生危。"①士人的参与公事其实是危机时刻的变局,这种参与也意味着会生出近利、侵权之类的疑谤。身处变局之人,形态各异:豪杰之士任劳任怨,卑鄙之徒趁机渔利,却也有另一些人没有"游谒依丐"于官长,"家居守静,时论多之"②。这种"时论"实际上就是承平时期士人"例不与公事"的旧规范。这种旧规范使得郭嵩焘"薇蕨甘长计,蓬蒿属老农"的做法可以被理解,却也妨碍了天下大乱之际的地方动员。

江忠源之死极大地改变了曾国藩之后的人生。他原本是想将前方作战交给江忠源,自己负责后方,现在却必须亲自上阵。眇视跛履,一开始他亲自带兵,遂有靖港、九江数次大败,直接带兵也是用其所短。

曾国藩需要重新计划他的方案,所作出的改变之一,就是上奏派人在湘、赣、鄂办捐,将收入作为湘军经费。其中在湖南办捐的就有郭嵩焘。③ 问题是其时郭嵩焘还藏身玉池山中,怎么把他劝出来呢?咸丰四年正月廿一日,曾国藩先写信给郭崑焘,请他入幕。原本为人诙谐的曾国藩在这封信里态度却非常严肃:

> 肥遁以鸣高,蔬食以自足,入山惟恐不深,入林惟恐不密,亦市井寻常之人所乐而优为者,初非一二有道君子独得之秘也。若论古今之大义,则我国家深仁厚泽,吾辈之高曾祖父,久食升平之福,而席诗书之荣;而君家长公身为词臣,乃历世所称极宠之秩,又以江西戎事,特恩授职编修;而足下与令弟又皆以科名慰其亲心,而誉于乡国。此岂得秦越视之,而谓国事与己无与、置之不闻不问之列?此揆之君臣之义,君家有所不得而逃也。逆匪崇天主之教,弃孔氏之经。但知有天,无所谓君也;但知有天,无所谓父也。蔑中国之人伦,从夷狄之谬妄。农不能自耕以纳赋,而师贾氏官田之法,以谓皆天王之田;商不能自运以取息,而借王氏贷民之说,以谓皆天王之货。假令鄂垣不守,则湖南即其囊中之物;湖南有事,则君家所谓梓木洞者,独得晏然已乎?彼且履君之室,而田君之田,辱君以髽结,而强君以繻聘。彼又将禁弃人家之诗书,而变易人家之伦常。此岂独我大清之变?乃尧舜以来之奇变,我仲尼之所痛哭于九原者也。足下讽孔氏之经,亦有岁年,今独无所激于中乎?秦燔经籍而儒生

---

① 王先谦:《李征君墓碣》,《王先谦诗文集》,长沙:岳麓书社2008年版,第277页。
② 朱克敬:《儒林琐记》,第59页。
③ 曾国藩咸丰四年二月十五奏:《请派大员办捐济饷折》,《曾国藩全集·奏稿》,第103页。

积愤怨,以覆其国。今以天主教横行中原,而儒者或漠然不以关虑,斯亦廉耻道丧,公等有所不得而辞者也。①

其中对名教的阐述和此时的另一篇文章《讨粤匪檄》是相同的。曾国藩这么板着面孔教训人的,基本都是对文字有所刻意。也就是说,这不只是一封私函,更是一份公告。

正月廿五曾国藩复致书郭嵩焘,同样严肃地说道:

> 仆昨与翊臣(按郭崑焘)一书,大声痛呼,指陈两端,盖以深咎吾子。吾辈所以公推服于岷樵(按江忠源)者,为其忠义也,为其肯任事也。吾子身为词臣,又以戎事受知,擢职编修,与李文贞蜡书策贼之役,功赏差同;较之岷樵咸丰元年以丁忧之候补知县而慷慨从戎,则足下之秩较崇,而其受恩较渥矣。今足下漠然置身事外,若于国事无与,不肯走省垣与仆共事,而但至湘阴与仆一诀,所以引嫌避怨,至周且详。窃恐自处失当,远背于大义而不自知也。近日朋辈中,多疑此事为国藩一人之私事,遂有不宜许友以死之说,尤可怪笑。仆之办此,一死久矣。诸友即弃予不顾,仆亦含笑而死;诸友即倾命相助,亦未必能救仆之死。若足下者,自有君臣之分义,自有名教之责任,其应竭力报国,盖不当以仆之死生为断,而当以己身之死生为断。仆而未死,则助仆共谋;仆而既死,则或独力支撑,或与人同举,直待尊命无一息之存,乃可少休耳。②

综合两封书函,我们能体会到曾国藩为何态度严肃。他不是在责备郭氏兄弟这一两个人,而是向整个士林"肥遁以鸣高、蔬食以自足"的旧规范宣战。私情已不足以抗衡这种规范,而必须申以家国名教之大义,才能扭转士林之风气。在致郭嵩焘的信中,他既扬诩江忠源之忠义,又辩明非一己之私事。前者诉诸忠源殉难可能激起嵩焘心中的义愤和愧疚,后者又为自身团练大臣"不宜不绅"的尴尬身份正名,而两者的归宿都只有一个:江忠源之生死、曾国藩之荣辱,皆无足道,"若足下者,自有君臣之分义,自有名教之责任",至死方休。

存此两信于心,我们反过来看《讨粤匪檄》这篇近代史上的巨文,就能对其意义有进一步的理解。檄文中名教一段的阐述,所预设的读者不仅是所有读书人,而更专门针对像郭氏兄弟这样"入山惟恐不深,入林惟恐不密"的人,呼唤的是整个士林风气的转变。随着曾国藩击败太平天国,名声播越,随着檄文被传诵天下,那种"居家守静,时论多之"的旧规范受到冲击,许多读

---

① 曾国藩咸丰四年正月廿一致郭崑焘书,《曾国藩全集·书信》,第472—474页。标点有调整。
② 曾国藩咸丰四年正月廿五致郭嵩焘书,《曾国藩全集·书信》,第481—482页。

书人的榜样中出现了曾国藩、左宗棠等中兴名臣的名字。士人的眼光被进一步聚焦到天下国家之上。这也是咸同军兴对士人形态转变所造成的一大影响。

晚清湖南士人的兴起是历史上一个引人入迷的现象。从当时人到后来者,不断有人引导人们相信,曾国藩、左宗棠、郭嵩焘等人的兴起代表了本来就敢于任事、质直忠义的湖南士人的兴起。这种说法本身是很难论证其是非的,我们宁可采取另一种理解方式(但与上说不矛盾),那就是在咸同军兴以来的历史进程中,曾国藩等部分湖南人在主动塑造这种坚强弘毅的特定人格(既包括外在对这种人格的鼓吹和宣扬,更包括自身对这种人格的"内化"和实践),并将其与自己的湖南人身份结合在了一起。他们之所以要将其当作湖南士人的品性而引以为自豪,是因为这样的人格是当时时代亟需、时人普遍赞赏的。它反映的是那个时代对士人的某种共同的期待,换言之反映了某种士风的兴起。这样的人格一直拥有迷人的魅力,但在天下大乱之时,人们的渴慕期盼更加迫切。正因为曾国藩等人成功地将湖南士人的身份和这种普遍共享的期待结合到了一起,才给当时人和后来人形成了一种湖南兴起的印象。它为湖南一省专美,但更是整个时代变化的表征。

当然,在出任天下事的过程中,湖南士人依靠朋友关系互相牵引,助成了某种拔茅连茹的集体氛围,这也是很重要的原因。吴敏树的表现特别有代表性,他专门写了一篇《释讥》,解释"提兵督战者间多书生故人,吴子若弗闻也"的情况。他先自问:"江公殒于庐州,罗子蹶于武昌,然皆身都大官,号为忠义,楚之穷山牧儿能道之,天下壮其风而憾其死。……而先生独何以自处?"接着自答:"物有所不同,材有所不能。"自知不能于兵,所以才"若弗闻"。① 在那样一个集体语境下,本以文士自处的吴敏树犹需作此文辩解,可见那种"书生故人"提兵督战的氛围的感染力。有了这样一群志同道合者,士人更容易在天下大乱中感觉到"事尚可为",乃起任天下事,担当很多书生原本未曾娴习的职任。

郭嵩焘处境略有相似。他接受了曾国藩提出的办捐工作,承担起和自己词臣身份甚不相符的筹饷任务。"世变纵横出,吾行出处兼"②,奔走之时,却连自己是出是处都弄不清楚。然而,"旰食忧黎元,征行弃家室。缊袍犯星露,敢惜微贱质!"③上有天子之忧民,下有友朋之征行,正是在国家和朋友双重的推动下,郭嵩焘走上了起初并非自己设定好的道路。

---

① 吴敏树:《释讥》,《柈湖文集》卷十二,长沙:思贤讲舍光绪癸巳年版,第1页。
② 郭嵩焘:《马蹄界》,《郭嵩焘全集·诗集》,第93页。
③ 郭嵩焘:《晓渡资江》,《郭嵩焘全集·诗集》,第94页。

经过江忠源的殉节死难,曾国藩的责以大义,原本有些犹豫的郭嵩焘坚定了出任天下事的信念。在筹饷时吟诵的"自从忧战伐,不敢问行藏"①,就表明了这份决心。但也正是经过了这么一番曲折,亲历戎事的郭嵩焘见到了带兵的艰苦,没有了之前"新制扬雄校猎文"的豪气。"弯弓上马不得飞,低眉自恨奈何许!"②咸丰三年援赣之役,对湘军而言是越省作战的开始,对于郭嵩焘却是带兵打仗的终结。这使得他不同于身边以戎马军功获致殊荣的朋友,而走上了自己独特的人生路程。

总之,由于和曾国藩等人的互相援引,郭嵩焘没有像大乱中许多读书人那样隐居守静,坐视天下隳坏。甚至在这种援引中,郭嵩焘还曾与罗泽南、刘长佑等人一样有机会参与戎事。只是他没有跟随江忠源坚持到底,更或许是感到自己不适合于军事,从而没有走上许多湖南士人走上的书生即戎之路。在这个过程中,他始终舍不下此前得来不易的翰林身份,这也是他后来选择再次入京的缘故。

二 万物违常理

劝捐是一件吃力的事。既要往来奔波,而利之所在,人人敏感,一不小心,又为讥谤所集。郭嵩焘感慨道:

> 江湖流浪岂天意,层邱立马东南望。涧泉山湫如响答,欲问行藏穷得丧。谁能襆被走尘土,一身辗转丛讥谤。拂衣还耕江上宅,日暮门横山一桁。③

可谓百感交集。对于心气甚高的郭嵩焘来说,这样的生活并非自己所愿。岳飞在《小重山》中感叹壮志未酬,有"白首为功名。旧山松竹老,阻归程。将欲心事付瑶筝。知音少,弦断有谁听"之句,同样在夜阑人静之时,郭嵩焘怅然感叹:

> 何事青蝇剧相吊,故山心事十年违。④

然而,这样的生活,也给了郭嵩焘静下心来观察思考的机会。其时的

---

① 郭嵩焘:《感怀三首》,《郭嵩焘全集·诗集》,第112页。
② 郭嵩焘:《九日游袁氏园》,《郭嵩焘全集·诗集》,第98页。
③ 郭嵩焘:《洞口山东北至林家溪》,《郭嵩焘全集·诗集》,第101页。《郭嵩焘全集》首句作"洪湖",校之他本,当为"江湖"。
④ 郭嵩焘:《小雨旅次青蝇满帷孤灯无寐怅然成咏》,《郭嵩焘全集·诗集》,第93页。

《山行杂诗》中有一首写道：

> 行传日纷纷，川原取次分。石欹穿地树，溪暗度山云。万物违常理，连峰入晚曛。子规冬日有，孤客最先闻。①

云度树穿的天地变化，原本活动于春夏的杜鹃冬啼，都在印证着"万物违常理"的剧变。而暮日下看不到头的连峰，又暗示着道阻且长。其实山水斜阳，啼鸟暖冬，那本来是一幅十分明朗的画面，但架不住"孤客"的满怀心事，吟诵出来，就成了一个天道睽常的景象。郭嵩焘之意不在山水之间，他想要理解的是那个"万物违常理"的时代。这也是当时许多人共同困惑的问题。

在当时人看来，咸同的大乱肇因于地方而非中央。王闿运曰："盗之起也，国无失德，明智材武，莫有归心，然始于州县，屡有囚官辱吏之事，上司不敢问也。"李汝昭也赞同这样的观点，认为"可恨者君明臣不良，官贪民不安，最贪者惟府县两官，近于临民，便于虐民故也"。② 他们的抱怨都集中在国家最低的行政单位上。咸同之际各地出现的动乱，是国家不复能维持地方秩序的表现。

郭嵩焘认为，要清除弊端，需要重新梳理国家的行政机器，减少额外的损耗和摩擦。他说：

> 古法租庸绝，长途驿传烦。搒求穷小邑，诛敛遂多门。领县纷无色，征兵转益繁。乱离有今日，本末莫轻论。
>
> 主圣臣非佞，民劳法未疏。徒言才塞缺，竟使国空虚。盗贼轻弓矢，朝廷用簿书。尽除执法吏，昭洗万方初。③

前者针对税收，后者针对行政，但郭嵩焘的基本精神是一致的：整饬君主和人民之间的行政系统。"主圣臣非佞"的良法美意之所以会演成今日之乱离，就是因为中间种种的损耗和歪曲，这使得民气不得疏通，人民之需和为政者之心睽违隔阂。

这样的问题导致了天下大乱，但大乱也为扭转这种情形提供了一个机会。多事之际，地方人才被动员起来。湖南此时先后的两任巡抚张亮基、骆秉章，能用本地之士人，惬于人意。久官于湘的朱克敬曾概括道："时承平久，官益尊，政益敝，民隐不得上闻。巡抚教令中隔，拱立受所司欺谩。亮基

---

① 郭嵩焘：《山行杂诗》，《郭嵩焘全集·诗集》，第108页。
② 王闿运：《圆明园词》，中国史学会主编：《中国近代史资料丛刊·第二次鸦片战争》（二），第518页；李汝昭：《镜山野史》，中国史学会主编：《中国近代史资料丛刊·太平天国》（三），上海：上海人民出版社1957年版，第3页。
③ 郭嵩焘：《感事五首》，《郭嵩焘全集·诗集》，第85页。

乃聘左宗棠入幕,使通宾客,日夜访民疾苦。……及骆秉章再任,益遵张法,练兵、转饷、防寇,多参用士人,事皆办,颇胜他省,由是湖南名闻天下,天下皆以为强国。"①中国一般的地方治理也离不开官绅合作,然而其目的主要都指向地方社会;当像练兵、转饷这样带有鲜明国家属性的事务越来越向绅士开放时,也就意味着地方动员已经越深入地反卷到国家机器之中了。在行政系统运转不顺畅之际,士人的参与成了弥缝的手段。

在郭嵩焘看来,对士人的动员是矫治上下暌隔之弊的最佳方法。"当承平日久,吏道否塞、上下蒙蔽之时,独能力引绅士,求通官民之气,遂使奸民无所容",骆秉章所以治楚有功,赞成中兴,"岂有他术哉?亦惟曰通上下之情而已"。所以"圣贤之论治与史册所著为循吏,必以求通民情为要义"。②

然而,作为被动员起来的一分子,郭嵩焘仍然亲切感受到当中存在的紧张。为了应付军兴所采取的种种措施,虽然"不至病民",却也"不免扰民"③。郭嵩焘一边为军队劝捐筹饷,一边却在诗里说:

租庸减常调,民力嗟犹竭。吾哀征夫饥,当餐觊茹蕨。

军乏急诛求,田荒费疏垦。要知岁丰薄,固是安危本。……艰虞触所历,顾步增缱绻。④

承平时期的士人,原本未必会对"诛求"之事有如此近距离的体会,恰是乱世给了他们亲与其事的机会。把这些文字和郭嵩焘当时的劝捐行动相对照,那种"顾步增缱绻"的心理紧张才能得到很好的理解。

这种紧张是有可能形成长远影响的。正如郭嵩焘所说:

唐封府卫兵虚耗,汉诏循良语寂寥。二十年来能辨此,庙堂端拱听箫韶。⑤

对于郅治而言,循良之吏重要性远在府卫之兵之上。亲为扰民之事所带来的心理紧张,其实也反过来加深了士人对重民意、通民情的"循良"重要性的认识。郭嵩焘的这种意见一直积淀了下来,后来出使看到西方议院之制,郭嵩焘最欣赏的正是其使民情无有不通的效用。

除了民情否隔引发出对疏通民气的重视以外,天下大乱对郭嵩焘的另一

---

① 朱克敬:《雨窗消意录》,第116页。
② 郭嵩焘同治七年四月廿五致郭柏荫书,《郭嵩焘全集·书信》,第218页。
③ 郭嵩焘:《郭嵩焘全集·日记》光绪五年五月十八,第130页。
④ 郭嵩焘:《与邓上舍》《旋岩晚步遂至明公寺》,《郭嵩焘全集·诗集》,第96、97。按"减常调"者,或指当时减免土贡之谕。
⑤ 郭嵩焘:《奉寄夏方伯三首》,《郭嵩焘全集·诗集》,第106页。

个影响,是触发其对刑罚与教化关系的思考。清代刑法慎于死刑,审核手续烦琐;地方官考核,又以多报盗劫案件为不能于职。这造成的结果是官员讳言盗案,而幕吏有救生不救死之说。"狱岂得情宁结早,判防多误每刑轻。"①这种不作为意在防备国家对人民的过分骚扰,也被人当成清代仁政,然而弊端是降低了国家对地方治安的控制。由此造成的是曾国藩所说的严重后果:

> 二三十年来应办不应办之案、应杀不应杀之人,充塞于郡县山谷之间。民见夫命案盗案之首犯皆得逍遥法外,固已藐视王章、而弁髦官长矣。又见夫粤匪之横行,土匪之屡发,乃益嚣然不靖,痞棍四出。②

国家权威趋于崩溃,社会秩序濒临解体。

面临大乱,加强国家的控制力变得十分必要。儒生原本习言仁恕,原本十分警惕国家可能的滥刑施暴,但在这时,儒生反而主张严酷。曾国藩便是如此。他在长沙设审案局,实际上利用了没有规定具体权职范围的团练大臣头衔,而干预了地方的权力。借来司法权的曾国藩,一行之以严酷,以致民间有"曾剃头"之称。他奏言:

> 自上年粤匪窜逼长沙,各处抢劫之案,层见叠出。臣设局以来,控告纷纷,或签派兵役缉拿,或札饬绅士踩捕,或着落户族勒令跟交,或即令事主自行擒缚。一经到案讯明,立予正法。计斩决之犯一百四名,立毙杖下者二名,监毙狱中者三十一名。此外,札饬各州县擒拿匪党,赍呈供折,批令无庸解省、就地正法者,不在此数。又如安化蓝田串子会匪,前经札饬湘乡县知县朱孙诒密往掩捕,擒获九十二名,其陆续正法者,俟结案后另折会奏,亦不在此数。虽用刑稍过于严峻,而地方颇借以安静。③

曾国藩于自己的文字从来不苟,而短短数百字间,已用三个"正法",其志可知,其情可想。他自己辩解道:

> 世风既薄,人人各挟不靖之志,平居造作谣言,幸四方有事,而欲为乱。稍待之以宽仁,愈嚣然自肆。白昼劫掠都市,视官长蔑如也。不治以严刑峻法,则鼠子纷起,将来无复措手之处。是以一意残忍,冀回颓风于万一。书生岂解好杀?要以时势所迫,非是则无以锄强暴而安我孱弱之民。④

---

① 袁枚:《随园诗话》卷七·一五,第215页。
② 曾国藩咸丰三年二月致徐玉山书,《曾国藩全集·书信》,第128页。标点有调整。
③ 曾国藩咸丰三年六月十二奏:《拿匪正法并现在帮办防堵折》,《曾国藩全集·奏稿》,第56页。
④ 曾国藩咸丰三年二月致魁联书,《曾国藩全集·书信》,第129页。标点有调整。

曾国藩的辩解并非假慈悲。"书生岂解好杀?"这种"一意残忍"的做法，违背了圣经贤传仁爱之理，更是违背了人之常情。饱读圣贤书的曾国藩既要承担违背常理常情所带来的心理不安，还要自我鼓动狠起心肠来"一意残忍"，其心中之紧张，恐非常人所能体会。若非"时势所迫"，谁愿如此?

郭嵩焘时在曾国藩身边，对于这种"一意残忍"，他也赞成，认为"曾文正在长沙，诛戮不过数十人，而远近为之震慑。风声所树，其效立见"①。在嵩焘看来，清代"刑无重典，州县因循废弛，容顽保奸，积以成习，则又以振发昭苏，辨分良莠为立政之经。自执法者创为持平之说，尽人之贞淫美恶是非邪正，混而一之，往往宽假有罪，而蔓延及于无辜，曰天下安得有是非，但与留难窘苦，使两不得尽其情，而是非平矣。推及于盗贼匪类，亦皆平视之，以是沮丧天下之人心，而使乖戾之气日增日长，不可禁遏。国家之设官，以行法也，持平之说行，而法乃废。"②这种刑用重典的非常理念，是为了加强国家的作为。在天下失序之际，已经无法优柔处置，而必须施以重手，"振发昭苏"，用郭嵩焘后来的话说：

> 使夫为民父母者，用刑杀以取民之悦，此亦古今之变也。③

当时湖南其他一些官员也分享着乱世用重典的理念。对他们的措施，郭嵩焘也是赞同的，比如他认为：

> 道光之季，朱石翘都转令湘乡，所诛戮近千人，而后湘乡强悍之气一变而为忠义。魁荫亭廉使守宝庆，所诛戮数千人，而后宝庆强悍之气一变而为忠义。④

从量上说，数以千计，不可谓不多。嵩焘又言：

> 数十年来，玩法长奸，驱天下以急趋于乱……廷櫆捕治曾独手事，至今邑人言之藉藉。承平久，官吏慎用刑，廷櫆为立枷，使不得伸缩，七日乃毙。⑤

从质上说，枷梏七日毙人，不可谓不酷。即使不读圣贤书者都会惊心于其间的戾气，何况素言仁爱的儒生。然而在惩奸治乱的关怀下，这样残酷的做法得到了曾国藩、郭嵩焘等人的支持。咸同时期的大乱一定程度上扭曲了他们仁爱的理念。为了敉平大乱，他们容忍了国家以非常的方式加强作为，甚至

---

① 郭嵩焘光绪五年致李明墀书，《郭嵩焘全集·书信》，第374页。
② 郭嵩焘：《郭嵩焘全集·湘阴县图志》，第1311页。
③ 郭嵩焘：《冒小山枕戈录跋》，《郭嵩焘全集·文集》，第378页。
④ 郭嵩焘同治七年四月廿五致郭柏荫书，《郭嵩焘全集·书信》，第218页。
⑤ 郭嵩焘：《郭嵩焘全集·湘阴县图志卷》，第1312页。

自己操刀为之。对于他们来说,这是救时的权宜。而用这么极端的手段来救时,反过来展现了那个时代的天地变色。

儒生不废刑罚,但"刑罚之设,所以弼教"。此时的使用重典,反而触发郭嵩焘后来对教化的重视。对教化的关注和前文所言对整饬行政机器的重视,成了郭嵩焘一生反复讨论的问题。宋儒赵方有言:"催科不扰,是催科中抚字;刑罚无差,是刑罚中教化。"郭嵩焘力驳之曰:

> 非先王之精意也。催科,本政也。扰之者,吏也。岂将以为抚字而始求不扰哉。至于刑罚之设,所以弼教。禁莠民而使之惧,护良民而使之安。教化之穷,而以刑罚通之者也。……明乎催科、刑罚二者,而后可与言政。①

嵩焘的意思是,与其抚字、刑罚补救于后,先整饬官吏使不扰,先敷行教化以化民,才是"言政"的应有之义。在对官吏扰民、刑罚治民的反思之中,郭嵩焘更急切地希望国家从通上下情、敷行教化这样根本的方案上开始去做。

对政、教的这些思考都不是兀坐书斋中突发奇想,而是郭嵩焘亲为扰民之事,亲见严酷之刑,然后得出的答案。也正因为切实感受到这些权宜之计和儒生常理的紧张,反思才更加深刻而痛切。"万物违常理"的时代刺激了像郭嵩焘这样好学深思的人从更加根本处去思考问题。

三 江浙的观察:折入于夷

劝捐的工作郭嵩焘持续了大半年。咸丰五年(1855)春,或许是因为湖南诸县都已经走了一遍,劝得都差不多了,他没有继续奔波,而是行赴江西曾国藩处,入其幕府,自是在其中一年有余。

咸丰四年这一年,曾国藩过得惊心动魄。新统湘军出,水军即先在靖港大败,国藩自戕,差将毙命。而塔齐布陆军竟于湘潭取胜,大破敌军,他才转悲为喜。自是以降,则是节节胜利,八月收复武昌,十月又大捷于半壁山。正当他以为时运稍顺之时,却于十二月覆师九江,连座船都不能幸免。郭嵩焘往见,正是国藩收拾残军之时。

咸丰五年在江西,曾国藩依然艰难:久攻湖口不下,顿兵难进;罗泽南见机不顺,乃请分兵湖北,国藩势更孤;客兵客地,又与江西人多所龃龉,乃至奏劾赣抚而后可。众多困难之一是饷需无出。曾国藩乃请以浙江引盐抵饷

---

① 郭嵩焘:《郭嵩焘全集·日记》咸丰十年十一月廿八,第371—372页。

(江西原食淮盐)。此事要有成,必然离不开浙江地方的支持,于是有咸丰五年冬到六年春郭嵩焘的赴浙之行。

浙江官员对曾国藩的要求一直不积极。郭嵩焘抵浙之前,曾国藩曾奏请浙盐抵饷,浙江巡抚何桂清就打起了太极,反而声明"江西军饷无款可动,现在筹议浙盐运销江右,即以盐课抵拨曾国藩军营饷需。俟议定章程再行具奏等语",借此延缓支赣协饷,让曾国藩还得上奏催饷。嵩焘离浙之后,曾国藩奏请借拨上海关税,江督怡良则奏称"江苏军需局用款浩繁,专赖抽厘济饷,未能分拨江西"①。之前即多阻碍,之后复仍掣肘,则郭嵩焘赴浙之行,在筹饷的效果上其实有限。

郭嵩焘赴浙的第一站是浙江巡抚所在的杭州。在致何桂清的信中,郭嵩焘说:

> 区区远来之意,实欲上借声威,要求一二同志,筹所以裕饷之源,使涤帅一军得蒙庥荫,以图不匮。自审寡昧无知,而于天下大局,未尝不以关虑,盖非区区委员之事,求得饷报命而已。来此数日,考察公论,思所以筹饷者不可得。惟雪轩太守谕以上海厘务,岁尚可数十万金;但须奏明办理,即可据以施手。因念近岁各营筹饷之方,苟有可经营,无不率先为之,独此之为利尚无有议及者。或曾营之生机,留此以有待,而假手老前辈以扶掖之,俾托命宇下,以收饱腾致力之效。伏恳迅赐函商涤帅,会同一奏。窃计金眉生观察任此有余,但使办理通利,缓急皆可相济,庇益滋多。涤帅一军孤寄,时忧缺乏,所仰望浙省甚殷。遂以急迫周章之辞,过不自揣,尘渎聪听,亦恃老前辈至交深契,无所顾忌,幸求略其词而原其情,即老前辈平日体仁和义、顾存大局之意,当亦不以置怀也。至彼间需饷情形,每一念下,寝馈为之不安,仍求设法周急,曲示庇荫之大。其自涤帅以下,水陆万数千人,实同瞻戴大德。②

其中可见何桂清对曾国藩是有些意见的(特别是对此前的催饷不满),这让嵩焘的工作很难开展,连话都很难说。此信揄扬陈请,姿态摆得很低,也大概反映了郭嵩焘在浙江的基本姿态。他在一封信中说"江浙生财之源,非无一二端可行,而又非远人所能参与"③,大概反映了当时的情形。

---

① 曾国藩咸丰五年九月初五奏:《请催浙江协饷片》,咸丰六年七月十一廷寄:《答请抽上海厘金专济楚军片》,《曾国藩全集·奏稿》,第529、634页。
② 郭嵩焘:《郭嵩焘全集·日记》咸丰六年正月十七,第21—22页。
③ 郭嵩焘:《郭嵩焘全集·日记》咸丰六年正月廿三,第24页。据当时亲与其事的一个官员所说,此次浙江对郭嵩焘的求助是"丝毫未允"(许瑶光:《谈浙》,中国史学会主编:《中国近代史资料丛刊·太平天国》[五],第590页)。

郭嵩焘的第二站是上海，探听当地是否有可筹之饷。在上海，他除了帮曾国藩买风雨表、千里镜之外，又参观了领事馆，看到了西方的房屋"穷极奢靡"，"高或三层，皆楼居"。另外，郭嵩焘早就听说"每日下午，夷女皆出游"，等到洋泾浜的时候，果然见到了"夷妇亦多出游者"。①

郭嵩焘也去参观了轮船，在日记中详记了西人导游讲述的蒸汽机工作原理。他本来就是来观"火船之奇"的，对西方机器轮船之精善，显是早有听闻。②

此时的郭嵩焘还不像后来那么强烈地反对将西方视为"夷狄"。当时的日记中抄存袁芳瑛的四首诗，其中就说到西方"橘枳气原随地异，犬羊性本与人殊"，而郭嵩焘却认为此诗亦是"突兀奇迈"，因存录之。③ 他对视西人如"犬羊"的说法还没那么敏感。

然而上海一行，郭嵩焘对"夷狄"颇为知礼的情况，十分意外。去参观轮船时，"船旁有悬梯，小夷目二人侍立两旁（极秀美），引绳导客。外夷示敬之礼如此"。而过几天在路上遇见了之前刚认识的几个西方人，他们却"与予握手相款曲"。郭嵩焘感慨，"彼此言语不相通晓，一面之识而致礼如此，是又内地所不如也"④。

冯友兰指出清末人对西方的认识是从国际关系开始的："因国与国之关系是野蛮底，所以人亦是野蛮底，这是清末人的错误底推论。这种错误，可以说是'以小人之心，度君子之腹'。"⑤反过来说，当与西人有密切接触之后，则可从人与人的关系中来认识西方，而认识可能会有不同。郭嵩焘的情况，或许正是如此。曾国藩说郭嵩焘经此一行，于西人颇"震诧之"⑥，以郭嵩焘对礼的重视，其震诧应当不仅在房屋轮船之属，而更在交接礼仪之间。这种亲身经历对于他后来认为可与西人讲理，或许起了一定的作用。

郭嵩焘在上海停留不久，遂即前赴苏州。这时江南大营还未被攻破，苏杭一带得其屏障，尚免战祸。清明的时候，苏州虎丘还"花船填委，江为之塞，盖犹承平景象"⑦。郭嵩焘从兵荒马乱的江楚风尘仆仆而来，这里却还歌舞升平，反差不可谓不大。

未经战事的人还延续着他们的和平生活，而从战区过来的人则对这种承

---

① 郭嵩焘：《郭嵩焘全集·日记》咸丰六年二月初七、二月初八，第29—30页。
② 郭嵩焘：《郭嵩焘全集·日记》咸丰六年二月初九、正月廿三，第30—32、26页。
③ 郭嵩焘：《郭嵩焘全集·日记》咸丰六年三月初九，第51页。
④ 郭嵩焘：《郭嵩焘全集·日记》咸丰六年二月初九、二月初十，第30、32—33页。
⑤ 冯友兰：《新事论》，《三松堂全集》(4)，郑州：河南人民出版社2001年版，第216页。
⑥ 曾国藩咸丰八年五月三十致左宗棠书，《曾国藩全集·书信》，第622页。
⑦ 郭嵩焘：《郭嵩焘全集·日记》咸丰六年二月廿九，第46页。

平多了一份谨慎。"盖犹承平景象"用一个"犹"字,已经透露出郭嵩焘的指责意味。承平地区人们精神的松弛,在他看来却成了松懈:

> 苏城繁盛如故,若不知有兵警者,而诸器物反益昂贵,即此亦见上下恬嬉之征也。①

郭嵩焘的这种眼光,体现了他和当地的格格不入。他曾和任官彼地的湘人陈星焕相聚,其时"大军围金陵,制使者驻兵常州,有藩篱之固,吴中酒食歌舞,嬉笑燕乐,即吾与君视沧浪亭,若不胜其忧,人见者皆笑谓迂"②。所谓的"人见者皆笑谓迂",或许是当时实际情形——郭嵩焘对战乱的忧虑和当地人久于承平所展现出来的精神面貌相差甚大。但更恰当地说,或许不必真有"人见者皆笑谓迂",仅因和当地人那种隔阂的精神状态,就会让孤身一人的郭嵩焘自己感觉到会"见笑"。

此时浙省未遭兵燹,郭嵩焘往浙江借饷,是湘人有求于浙人。然而没想到在接下来的几年间,时势会发生颠倒。随着江南、江北大营的溃败,以及咸丰十年身在鄂皖的曾国藩被任为两江总督,反过来却是"苏人望我之切有如云霓"③。任官浙江的湘人许瑶光谈及咸丰十一年杭州的失陷,就将其与郭嵩焘的这次筹饷联系起来:

> 浙军与楚军不相洽,非一日矣。咸丰五年,曾节相戎机不顺,坐窘豫章,遣太史郭筠仙商饷于何桂清。时王壮愍为杭守,以全善之区而丝毫未允,阳借金陵为推辞,实因来函有"平昔挥金如土"一语芥蒂其间。浙军之失,外应此耳。④

报应之说,最能体现双方关系的颠置。

湘军和江浙这种关系的颠倒,背后反映的是一个更大的消长关系。江浙久为中国文化的中心,而湖南则处于边缘。然而咸同军兴前后十余年,江浙大失往昔的繁华,湖南却借助军功崛起为重镇。这是一种地域上的中心衰落、边缘兴起的现象,而郭嵩焘就身处这个转变的前夕。

我们也不要忘记,即使不在战乱之时,地域之间的差别本来就容易使人产生对比的感受。在看到浙江一个地方记录修礴修桥捐款者的木牌时,郭嵩焘就和家乡进行了对比:

---

① 郭嵩焘:《郭嵩焘全集·日记》咸丰六年二月十五,第 37 页。
② 郭嵩焘:《陈文泉诗集序》,《郭嵩焘全集·文集》,第 310 页。
③ 曾国藩:《曾国藩全集·日记》咸丰十年七月十九,第 522 页。
④ 许瑶光:《谈浙》,中国史学会主编:《中国近代史资料丛刊·太平天国》(五),第 590 页。标点有调整。

> 江浙风气,靡荡偷惰,重以浮诈,人自为心,无礼让联属维系之意,极为可虑。独其好善乐施,虽数家之市,其规模有可观者,是又吾乡所不如也。①

虽是作出"吾乡所不如"的结论,但反过来表明郭嵩焘对江浙"靡荡偷惰,重以浮诈"的风气有多么强烈的印象。

综合而言,上述的两种因素都是形成这种负面印象的重要原因:湖南和江浙的人文风气差别使郭嵩焘有强烈的对比感受;而这种感受在战乱与承平的不同状态中,被郭嵩焘做了进一步的道德诠释,使他对江浙风气的靡荡"不胜其忧"。

一直居于清朝"文"的中心的江浙已经显示出"靡荡偷惰",而这时候郭嵩焘甚至感到质朴的湖南人有取而代之的可能。所以他和陈星焕(文泉)有如下对话:

> 文泉言:"江浙人情浮薄,宦途尤甚,一言一动皆虚也,吾辈何以应之?"予曰:"人自虚,吾自实。"文泉以为:"虚者实之,累己之端,实者虚之,保身之义,此说何如?"予曰:"亡而为有,虚而为盈,约而为泰,圣贤之所戒也。有若无,实若虚,圣贤之所许也。此论其心耳。若夫事求其是,语求其实,吾辈无能胜人,求勿欺人而已。孔子固谓言忠信,行笃敬,虽蛮貊之邦行矣。古今一也。欺人者,自欺者也,人岂能为所诬哉?"②

结合郭嵩焘这段时间所遭受的白眼,其回答显然是有感而发。其中的潜台词是湖南人的质直胜于江浙人的浮薄。郭嵩焘在努力构建的,是一套江浙衰落的说辞。

西方也在这种情境中进入了郭嵩焘的语汇。他和浙江人邵懿辰有一段对话:"往来江浙屡矣,今日始知其人心风俗,皆有折入于夷之势。"懿辰请究其说。嵩焘曰:"西洋人重女,江浙亦重女;西洋人好楼居,江浙亦楼居;西洋人好游,江浙亦好游;风俗人心皆急趋之。"当懿辰告知他"此相沿数十年,不始今日"时,郭嵩焘不但没有收回自己的观点,反而更加申说曰:"如此尤可危。或起自此一二年,犹亦力与挽回,为其机初动而根不深也,愈久乃愈可惧。"③

江浙的重女、楼居、好游,或许在西人到来之前就已经存在了,并不因夷来才"折入于夷"——邵懿辰说的"不始今日"应该就是意思。郭嵩焘感到的

---

① 郭嵩焘:《郭嵩焘全集·日记》咸丰六年二月初二,第28页。
② 郭嵩焘:《郭嵩焘全集·日记》咸丰六年三月初七,第50—51页。
③ 郭嵩焘:《郭嵩焘全集·日记》光绪十一年四月廿二,第100—101页。其中嵩焘说是"乙卯年杭州"见邵懿辰,当是记忆有误。他是丙辰年(咸丰六年)才到杭州的。

奇怪不安,其实更可能是湖南人和江浙人生活习俗的不同。但对于嵩焘而言,这种风气的不同被加以道德化的演绎。在他眼中,江浙那种相对于湖南而显得"靡荡"的生活习俗是衰乱的根源。

从赴浙之行中显然可见郭嵩焘湖南人的身份认同。以湖南人为主体的湘军有保家卫国的任务,嵩焘为这样一支湖南军队筹饷,却被偷安一隅的江浙人所拒绝,这在他的认知中加强了湖南人的道德地位,削弱了对浙江人的道德认可。从战区到承平的反差,使嵩焘对原本即存在的湘浙风气之别作出了道德上的诠释,给了他贬低江浙的理由。

对江浙的贬低原本只是嵩焘一人之见,但后来的历史走向却巧合地印证了他的看法——江浙最终未逃兵灾,湘军却变成了江浙的救星。江浙的中心地位或许尚未被颠覆,但湖南人地位的上升却是显然可见的。伴随这种地位逆转的是一种时代道德意识的昭扬。郭嵩焘认为"湖南非形势必争之地,而自军兴,为东南保障,天下倚属,非形势之增重,以有人焉故也"①。他所说的"人",其最核心的实质是士人对天下国家的担当和责任感。正是这种意识支撑着郭嵩焘对湖南人兴起的自豪。他也是以此自程:

> 吾人生世,要为天下不可少之人,才算全德;要为一家所可少之人,才算全福。②

个人进取的性格,军兴时期湖南人对自身认同的建构,时代对勇于担当的人格的呼唤,共同塑成了郭嵩焘敢为天下先的人格特质。

而在对江浙"折入于夷"的批评中,西方成了甄别人心风俗的负面参照。湖南人郭嵩焘通过诉诸"西方"这个符号,使浙江人邵懿辰意识到浙江自身人心风俗的堕落。郭嵩焘开始将西方当作一个参照标准,来对中国的现实问题进行评判。

---

① 郭嵩焘:《郭嵩焘全集·湘军志平议》,第495页。
② 郭嵩焘:《玉池老人自叙》,《郭嵩焘全集·文集》,第756页。

第三章 另类翰林

一 回京:朝廷当以通下情为急

自从军兴,郭嵩焘便做着带兵、筹饷等许多和词臣身份不相符的事情,但他一直放不下自己天子侍从的身份。咸丰四年(1854)在湖南筹饷时,郭嵩焘咏麑曰:

> 颇亦友麋鹿,呦呦出远林。庖厨无择物,山涧有哀音。避地千人眼,瞻天万里心。君王冬狩好,赐获遍朝簪。①

纵使避地之时,其心仍在万里之外的君王身上。

咸丰六年从浙江回江西后,郭嵩焘便向曾国藩请假回湘。从这个时候开始,他就在准备入都了。但直到咸丰七年冬间,他才回京供职。迟延的原因不详。咸丰七年春间,曾国藩因丁父忧,坚持回籍守制。嵩焘有可能由于这个原因,耽搁了一些时间。另外,在这段时间里他还为湘阴郭氏重修了家谱,不知是否是耽搁的另一个原因。

而修谱这个行为也透露出郭嵩焘心理的一些微妙变化。按常情言之,乱世无修谱之暇,必是认为世道有了转机,才搜亡存佚,以系宗族。咸丰六年天京事变后,太平天国势力稍熸,已经有一些士人"私心窃喜平定有期"②。而就湖南而言,一方面咸丰六年军事已有好转,至七年起全省无军务,地方稍微太平;另一方面,咸丰六年秋湖南援军江西,两湖之路复通,这也意味着北上京师相对安全了。③ 这些都是郭嵩焘可以上京的外部原因。

---

① 郭嵩焘:《麑》,《郭嵩焘全集·诗集》,第110页。
② 方宗诚:《俟命录自序十篇》,皮明庥等编:《出自敌对营垒的太平天谷资料——曾国藩幕僚鄂城王家璧文稿辑录》,武汉:湖北人民出版社1986年版,第380页。
③ 卞宝第等编:《湖南通志》,《续修四库全书》661·史部·地理类,上海:上海古籍出版社2003年版,第477页;王定安:《湘军记》,第52页。

咸丰七年十二月,郭嵩焘回到了久违的京城,却见到"京师气象凋耗,而相与掩饰为欢,酒食宴会,转胜往时"①。天下大乱之际,京城已经掩饰不住国家的中干;奔走乱区有年的郭嵩焘,更看不惯其莺歌燕舞的靡靡。

而郭嵩焘上京供职,是下决心有所作为。其决心的一个重要表现就是罢诗。② 也正是在此时,他开始编订自己的《养知书屋诗集》。在序中,他申明:"予自三十六七以来遂废诗文之业,盖谓今之为诗文者,徒玩具耳,无当于身心,无裨于世教,君子固不屑为也。"③用心诗文那么多年,竟被他视为"玩具",可见其想法必定经历一个很大的变化。

但郭嵩焘上京是供职翰林院编修。为天子词臣,反而罢诗不作,不是自废武功吗?由此可见郭嵩焘对自己的翰林身份有着不一样的预期。李榕曾劝谏他:"牢骚悲感,文人气习,最害性。我于此等心眼,处处着实填塞,久之渐熟,此心只蓦然不动。"嵩焘在日记中记下此语,以为"玩之皆有余味也"。陈鼐劝他宜少留心文字,"文字亦心之障也。如灯然,以文纱蔽之,其光必隐"。嵩焘也觉得"此论颇近禅悦,然以拯予骛外之失,亦药石之言也"。④他此次上京,是立志有为,戒去多年用心的诗文,正是准备刻苦修炼的一个步骤。

要搁置自己用心多年的东西,毕竟是不容易的事。在易佩绅的家里,郭嵩焘看到了沈似竹属题于佩绅的《引杯看剑图》。"予不识似竹,似竹亦未以属予也",而嵩焘一时技痒,径直题诗曰:"残星半堕灯火暗,一剑一杯空自豪。惨澹腥风掠地至,懵腾醉眼仰天高。酒边喷薄蛟龙气,天下英雄虎豹韬。何不拔取侍儿手,秋原一试阴风号(图为侍儿捧剑旁立故也)。"⑤

看到易佩绅案头那幅要题诗还没题诗的画,郭嵩焘就像戒烟人看到别人手上要抽还没点火的烟一样,想忍没忍住,居然自己就去题上了! 题给熟人还则罢了,画的主人还不认识自己! 题了也就题了,回家后还念念不忘,又把它写到日记里去! 诗瘾不大的人不会这么做,对自己的诗文没自信的人也不会这么做。于诗如此欲罢不能的人却要戒诗! 这让人笑过之后又感到意外,乃至有一丝凄凉。

一个人不能做他喜欢并擅长的事情,不能不让人替他可惜。但郭嵩焘又不是被动的不能为,而是主动的不愿为,这又让人感觉到他胸中别有丘山。

---

① 郭嵩焘咸丰八年三月十一致曾国藩书,《郭嵩焘全集·书信》,第 26 页。
② 后来他就说"自丁巳(按咸丰七年)入都,罢诗者二十五年"。(郭嵩焘:《郭嵩焘全集·日记》光绪七年正月初一,第 342 页)
③ 郭嵩焘:《郭嵩焘全集·诗集》,第 3 页。
④ 郭嵩焘:《郭嵩焘全集·日记》咸丰八年八月廿九、九月十七,第 130、138 页。
⑤ 郭嵩焘:《郭嵩焘全集·日记》咸丰八年九月廿六,第 141 页。

"何不拔取侍儿手,秋原一试阴风号。"写诗的郭嵩焘还是那个"磅礴有余气"的郭嵩焘,而那个"磅礴有余气"的郭嵩焘却不想写诗了。诗文不足以展其怀抱,他要通过别的方式一试身手。

翰林乃清要之官,无职事之任,为储备之才。此时的郭嵩焘,有时间对整个国家时局进行思考。而处于国家的中心,知悉朝廷当前的政令信息,又给了他一个审视全局的角度。

当时的朝局,年轻的咸丰帝重用肃顺等人,其基本的政治思路是治乱世用重典。这种思路意在矫正时人普遍批评的阘茸的吏治。郭嵩焘到京后不久,就连发戊午科场案和户部舞弊案,皆成大狱。这种以严为治的手段,略有法家之风。郭嵩焘批评道:

> 自汉崔实、荀悦袭申韩之论,以严为尚,论治者多主其说。肃尚书因之,以求起积弊于衰靡之世,于是一变为操切之政。而其是非得失,与古今所以救弊扶衰之宜,士大夫莫能辨也。①

以严矫宽是当时颇有声势的一种治国方案。不仅庙堂如此,草野间也有如汪士铎认为应该"法韩非之综核名实,商鞅之令行禁止"②。而更早些,道光年间王柏心就针对"中外上下,皆务为宽靖周详,一切爱民课吏,澹菑恤刑诸美政,大抵取具文而已",而主张以刚猛纠慢。明知"猛非治道之中",但"以之纠慢,则宜以其断且质也"。③ 这种方案主旨是要在官僚系统执行力不足(一切视为"具文")的情况下,以刚严通畅之。

郭嵩焘批评光以严是不能达到效果的。他说:

> 肃尚书之才美矣,其用心在起积弊而振兴之,亦可谓勤矣。某在京三年,推求国家致弊之由,在以例文相涂饰,而事皆内溃。非宽之失,颠顶之失也。……今一切以为宽而以严治之,究所举发者,仍然例文之涂饰也;于所事之利病原委与所以救弊者,未尝讲也。是以诏狱日繁,而锢弊滋甚,徒使武夫悍卒,乘势罔利,以凌藉搢绅,明世之秕政见矣。某窃独忧!向者之宽,与今日之严,其为颠顶一也。颠顶而宽,犹足以养和平以为维系人心之本;颠顶而出之以严,而弊不可胜言矣。④

对天下的治理,礼教和刑法是最常用的两种传统思想资源。乱世之际,刑法是不可免者,郭嵩焘赞成曾国藩重典治长沙,表明他也明白这一点。但

---

① 郭嵩焘咸丰十一年致张沄书,《郭嵩焘全集·书信》,第60—61页。标点有调整。
② 汪士铎:《汪梅翁乙丙日记》,台北:文海出版社1967年版,第75页。
③ 王柏心:《续枢言·纠慢篇》,《铁香室丛刊初集四种》,无出版信息,第18—19页。
④ 郭嵩焘咸丰十一年致陈孚恩书,《郭嵩焘全集·书信》,第61—62页。标点有调整。

作为儒生,刑法永远只能是权宜之术。在使用时限上,它只能是危机时刻的救时手段;在使用范围上,刑法更不能成为作为政教之本的朝廷的基本精神——那将陷于申韩异端,人心离散,而步秦世后辙。刑法是权,弊不在用权,弊在于以权为经。① 所以后来郭嵩焘又说:

> 尝以谓宪庙(按雍正帝)之严,皆出于明。惟其明也,是以群吏百官,各称其职,事无不举。又承康熙六十年重熙累洽之后,以忧盛危明之心,为综名核实之政,震厉天下,使民不倦,其本源固已厚矣。值人才委靡、风俗颓敝之余,与其过而失之严也,宁过而失之宽。盖严者所以行其缺也。不明而严,为害滋大。②

君主用严,当先以明。所谓的"明",指的是对下情的通晓。

然而除了尚严,咸丰帝似乎还有取于法家君术的"深不可测"(《韩非子·主道》)。自雍正朝设立军机处以来,君主进一步乾纲独断。但到了咸丰朝,皇帝信任端华、肃顺等人,宗王、御前大臣新起得权,军机处反而拱手无为③。军机处从常设之后,它毕竟变成了一个实质上正式的制度,人们对它有相对明朗的预期;而肃顺等人用权,却故为隐秘。郭嵩焘就感到当时人情"为君子者模棱含混,小人只是暗里倾轧人,不露头面,一概不肯得罪人","贵戚之臣"对于朝廷的黜陟可否,"则摘其人之一二事,推波助澜,造膝密陈,而言者无罪,闻者动心。侵寻之久,遂成风气,乃使天地之间,但有鬼蜮无雷霆"。④ 在下者不能知天子之意。

所谓的"有鬼蜮无雷霆",不仅是批评肃顺等人,更婉转地针对着最高的皇帝。咸丰帝喜欢凡事断自宸衷,当时士人对此皆怀忧虑。郭嵩焘和朋友说到了咸丰帝的这种风格:"圣人神妙不测,全是精神运量。天下亿万人所视所指,而曰吾能密之,使人不测而已,果谁欺哉。机事不密则害成,且看是何等事何等运量,夫且不可以语人,而欲以服天下而行远,难矣。"⑤借论圣人之道,实际上说的就是"亿万人所视所指"的皇帝。郭嵩焘点出了这种处事风

---

① 有如莫友芝所说:"礼教所不周,法律救其半。任法忘本原,慨懿祗增叹。"(莫友芝:《和丁禹生日昌除夕用东坡除夜赠翁屯田韵》,见《莫友芝日记》咸丰十一年十二月三十,南京:凤凰出版社2014年版,第72页。)
② 郭嵩焘:《郭嵩焘全集·日记》光绪五年三月廿七,第83—84页。标点有调整。
③ 蒋琦龄《进中兴十二策疏》曰:"本朝乾隆以来,设立军机处,于是内阁拥虚名,而军机为真宰相。军机大臣行走次序,虽亦前代首辅恭政之比,然期其各矢忠贞,岂取并食云尔哉。溯自穆彰阿以首接专政,遇廷同列哄不敢言,迭载垣等用事,军机听其指挥,莫敢枝梧,枢垣又拥虚名,虽诸臣不免负恩,亦积威约之渐也。驯至祸乱迭兴,枢臣亦皆不得免焉。"(《空清水碧斋诗文集》,南宁:广西人民出版社2001年版,第26—27页)
④ 郭嵩焘:《郭嵩焘全集·日记》咸丰八年七月廿四,第118—119页。
⑤ 郭嵩焘:《郭嵩焘全集·日记》咸丰八年九月初三,第134页。

格的一大弊端,就是不能"服天下"。信息不透明,则士人不易理解在上者之意。

在郭嵩焘看来,上下之情不通是当时的大问题。"近日天下之患,在上下否隔。君之于臣,吏之于民,长官之于属吏,交相为怨,其情皆隔而不通。"①整个官僚系统从上到下,信息运转都不顺畅。而这种情况,其实不能以严刑重典矫正,这也是他和当时朝廷政治风格最大的区别。

郭嵩焘认为这种情况必须以加强皇帝与士人的沟通来解决。这其实是道光以来逐渐兴起的一种思考。中国历史上政治运行之依赖于皇权,盖莫甚于清代。康熙以下数位皇帝,圣庸有别,但大致皆兢兢业业,使这种高度依赖皇权的政治机制得以相对顺利运转,以致出现时人所说的"汉唐以来,未有治平二百余年、海内少事如本朝"②的现象。皇权之强大、时世之升平,使清代士人较之其他朝代,少了一分参与政治的能力,也少了一分参与政治的意愿。而这种情形,在管同道光年间对明清之际士风转变的重新审视之中,已经可以看到变异的端倪了。他说:

> 我清之兴,承明之后。明之时,大臣专权,今则阁部督抚率不过奉行诏命;明之时,言官争竞,今则给事御史皆不得大有论列;明之时,士多讲学,今则聚徒结社者渺焉无闻;明之时,士持清议,今则一使事科举,而场屋策士之文及时政者皆不录。大抵明之为俗,官横而士骄。国家知其弊而一切矫之。是以百数十年,天下纷纷,亦多事矣。顾其难皆起于四野之奸、闾巷之侠,而朝宁学校之间,安且静也。然臣以为明俗敝矣,其初意则主于养士气、蓄人材。今夫鉴前代者,鉴其末流,而要必观其初意。……臣观朝廷近年,大臣无权,而率以畏愞;台谏不争,而习为缄默;门户之祸,不作于时,而天下遂不言学问;清议之持,无闻于下,而务科第、营货财,节义经纶之事,漠然无与于其身。盖自秦人、魏、晋、梁、陈诸君,皆坐不知矫前敝。国家之于明,则鉴其末流,而矫之者至矣。③

咸丰朝以降,赞同管同的人越来越多。广东人林昌彝在《与温伊初论转移风俗论》中全本移用了管氏之说,似乎以一种不太诚实的姿态表达了他对那位安徽古文家的赞同。④ 与林昌彝同时代的湖南人孙鼎臣,同样对明代士

---

① 郭嵩焘:《郭嵩焘全集·日记》,咸丰八年九月廿七,第141页。
② 孙鼎臣:《王子寿漆室吟序》,《苍莨初集》卷十四,咸丰九年善化孙氏,第14页。
③ 管同:《拟言风俗书》,贺长龄辑:《皇朝经世文编》卷七,台北:文海出版社1972年版,第313—314页。
④ 林昌彝:《与温伊初论转移风俗论》,《林昌彝诗文集》,上海:上海古籍出版社1989年版,第311页。

风进行了重新解释,指出明代"门户纷争,言哤政杂,由于忠邪之并进而不分,白黑之两存而不论,此其主不明不断之咎。谓是以言致乱,何不思之甚也!嗟乎!世道降而风俗衰,士不知名节之可贵久矣。天下之气靡然澌灭,不鼓舞激劝之,犹借口明季之失,以言为忌,不可痛哉!"鼎臣此文复被甘肃人朱克敬收入了自己的《雨窗消意录》中。和管、林一样,孙、朱两人也都认为应当重新认识明代士风。①

胜朝之史,以切近故,最可为本朝龟鉴,而大江南北的士人纷纷对清代士风进行反思,对明代士风作出重新解释,表明士风转移的趋势。② 时事大变,越来越多的士人感觉到需要大力强调士人参与政治的迫切性。何桂珍在咸丰二年上奏说"窃叹近日封奏多属科道翰詹,天下事大臣不言,独小臣言之"③,虽然尚不满意,但毕竟已经有"小臣"在言了。这正是新潮开始涌动的时机。

到咸丰八年郭嵩焘在京之时,他关心的也还是这个士风的问题。他说:

> 御史言事,最忌一碰字。或有旨申饬,及予罚俸处分,谓之大碰。自是不敢复言一事,人亦群笑而侮之,谓此易与耳,某折曾碰。其间能参奏一二督抚,及条陈有当时事,便为名御史。人心所习,积为风俗,谏臣之风,少衰微矣。国家所以驾驭天下,惟名惟利二者。今日贬之黜之,明日知其误也,又崇奖之褒大之。天子以名予人,于是人务为名,舍生蹈死而不悔。明以来之事然也。朝廷自处于是,进退取舍,惟我之意,大抵以利罗致之,使从吾役而已。其名之善,不必加礼,其名之不善,不必加责。于是人务为利,百司执事,群怀商贾之情。而仁且不足以取舍,勇且不足以决断,白圭之所笑也。驯至岛夷通市,逞其商贾之势,以贻中国之忧,夫岂无因而至哉。④

可以看到,郭嵩焘所说的"以名予人"和"以利罗致",虽然侧重的是朝廷"驾驭天下"的一面,但同样在比较明清两朝的士气。此时的他也同样希望回复明朝那种"人务为名"而执着敢言的风气。所以他记录了倭仁的一段话:"今之风俗,好谀嗜利。治今日之天下,以闭言利之门,开谏争之路为先。"而具体的操作,则赞叹汉唐时表异人才的方法,"或特诏褒美,或传示远近,非特

---

① 孙鼎臣:《论治四》,《孙侍讲刍论》卷一,咸丰十年武昌节署,第17—18页;朱克敬:《雨窗消意录》,第172—173页。
② 段志强对道咸之间顾祠会祭参与者的考察,也体现了这种风气的转变,参见《顾祠——顾炎武与晚清士人政治人格的重塑》第二章,上海:复旦大学出版社2015年版。
③ 何桂珍咸丰二年十二月廿二奏:《敬陈急务疏》,《何文贞公遗书》,台北:文海出版社1974年版,第53页。
④ 郭嵩焘:《郭嵩焘全集·日记》咸丰八年八月初六,第123页。

以风厉天下,振兴任事者之气亦合如此"。①

郭嵩焘所指出的士人惟"从吾役"的现象,反映的是清代士人对政治的主动性不足。他观察到:

> 近时朝局,高官厚禄忽然丛集一人之身,有似破格求贤者。然大抵因其人之时运,其贤与否则固不计也。自顷数年,每岁必有二三人骤跻显位,乃无一足副民望者。……朝廷总不务考求是非。其所用,虽人知其不肖,无如何也。其所不用,虽人知其贤,无如何也。即有言者,不为之动。此又自古未有之朝局也。②

这种"自古未有之朝局",却是士人无法干预朝廷的用人。郭嵩焘希望朝廷择人能"副民望",其实正是希望君主能够和士人一心,用士林认可之人。

郭嵩焘希望君主与士人情意连属,对于咸丰帝所喜欢的"神妙不测"的风格,他颇不赞同。在《周易内传笺》中,他指出《大有》的六五"以柔居尊位,与群阳交孚,疑于鲜威",但君主之威是要如象辞所说的"易而无备",如汉光武帝之坦然与马援相见,而马援"属心圣人"。他着意指出,"为人所归者,威莫隆焉"。③ 君主之威不是靠诡变权术得之,而是要开诚布公。

在咸丰九年受皇帝召见时,郭嵩焘大胆地说:"今日总当以通下情为第一义。王大臣去百姓太远,事事隔绝,于民情军情委曲不能尽知,如何处分得恰当?事事要考求一个实际,方有把握,故以通下情为急。"④明言"王大臣"不知民情军情,言语颇为戆直。而如此直言不顾,也正是在如此政治语境中才得以理解。尽管士人需要更多地参与政治,当时的权力运作却并不利于此。转变这种运作方式是当时许多士人的共同要求。

内忧外患,天下大乱,清朝的国家权威已不足以控制天下。加强国家的控制力,是当时清朝的急务。许多士人认为应该通过增加士人的政治参与来加强国家控制力,而咸丰帝的做法则是要进一步加强君权。咸丰帝和肃顺治理的从严,和当时士人所关心的其实是相同的问题,只是采用了不同的方法。方法的不同增加了双方内在的紧张。咸丰朝许多士人不满于肃顺等人的施政,后来的辛酉政变没有引起士人的反对,其深层原因皆在于此。⑤

---

① 郭嵩焘:《郭嵩焘全集·日记》咸丰八年八月廿九、八月廿七,第129、128页。
② 郭嵩焘:《郭嵩焘全集·日记》咸丰八年八月初六,第123页。
③ 郭嵩焘:《郭嵩焘全集·周易内传笺》,第100页。
④ 郭嵩焘:《郭嵩焘全集·日记》咸丰九年正月廿四,第183页。
⑤ 辛酉政变后,蒋琦龄在其名作《中兴十二策》中主张开言路,乃列举肃顺当权时的壅蔽之术,"一曰隐密,二曰触忌,三曰摘疵,四曰示意,五曰反求",一一痛斥之。此说实际上也是对咸丰朝上下之情不通做了一次大检讨。(《进中兴十二策疏》,《空清水碧斋诗文集》,第30页)

二 翼赞君德

入都供职的郭嵩焘想要有所作为,其做法是研修理学,刻苦自励。此时的士林涌动着对政治的关切,研修理学其实是另一种参与政治的方式。这或许模仿的是道光年间曾国藩的做法。倭仁说过"人心善恶之几,与国家治乱之几相通",这句话影响了时为京官的曾国藩。① 而现在同为京官的郭嵩焘,也记录了这位蒙古理学家的一条语录:"吾人进德修业,乃国家治乱安危之所系,不可薄于自待。"② 正是相信自己的进德修业和国家治乱的关系,理学家对身心的克治就是他们参与政治的一种方式。理学对道光时期的曾国藩、此时的郭嵩焘的吸引力之一,也在于它给予了处身翰林清要的京官一种想象参与的可能性。

郭嵩焘对自己的期待,也正在"进德修业"四字之上。当时同习理学的有四川人李榕。有人曾问李榕,郭嵩焘的文章经济如何,李榕曰:"文章亦间作,其于经济,周旋天下事十余年,阅历自深,然决不至假文章经济为名,求些须好处,此则某所深信者。"郭嵩焘感慨道:"申夫之言,立竿见影,可谓见知之深矣。"③ 作为天子词臣,其心却不限于立言,这是郭嵩焘不同于一般的翰林之处;在地方周旋十余年,其志却不只在经济,这又使郭嵩焘不同于他那批带兵的湘籍朋友。古人之三不朽,立德的地位本在功、言之上,郭嵩焘之所以必欲进京供职、之所以供职翰林却欲罢诗,其心皆在于此。其进取之心之大,也由此可见。

郭嵩焘的这种功业心并不迁缓。他对自身修养进德之自程,和其对翰林身份的自我期待是相符的。孙鼎臣曾盛赞明代谏官制度,以为"几几乎比隆三代,虽唐宋有不逮也"。郭嵩焘赞成而申说曰:"言路通,国家必盛。……翰林也,詹事府也,皆以翼赞君德为事者也;御史主纠参,给事中主陈驳者也。使翰詹科道四者各举其职,其犹不失设官之本意与?"④ 言官被视为一代士气

---

① 曾国藩在研治理学时,心志所系,常在经济。当唐鉴评述四种学问,认为"考核之学,多求粗而遗精,管窥而蠡测。文章之学,非精于义理者不能至。经济之学,即在义理内",曾国藩马上问了一句,"经济宜何如审端致力"。而在记倭仁论"研几"之言,"颜子之有不善未尝不知,是研几也。……失此不察,则心放而难收矣"后,国藩又特别补记了倭仁的一句:"又云:人心善恶之几,与国家治乱之几相通。"(《曾国藩全集·日记》道光廿一年七月十四、道光廿二年十月初一,第92、113页)
② 郭嵩焘:《郭嵩焘全集·日记》咸丰八年八月廿九,第129页。
③ 郭嵩焘:《郭嵩焘全集·日记》咸丰八年七月二十,第116—117页。
④ 孙鼎臣:《通论唐以来谏职》,《孙侍讲刍论》卷二,第30页。

之代表,孙鼎臣和郭嵩焘对明代谏官制度之赞赏,实际上也是重新审视明代士风之意。而尤其要注意到郭嵩焘的衍申,翰詹之职异于科道之纠参陈驳,而在翼赞君德。郭嵩焘自己正是翰林,翼赞君德实际上也是他的自我期许。既要赞君以德,自然首先必须重视自身之德行。郭嵩焘之进德修业,即有意于此。

道咸以下的思想新潮呼吁重振清代受压抑而较为庸和的士风。这种振拔,有人希望看到那种犯颜强谏、和皇帝直接对抗的骨鲠之风。郭嵩焘则并不认为君权和士权是截然对立、此消彼长的。在他看来,朝廷应当"振兴任事者之气",而士人则应该受帝王的陶成,二者是彼此合作的。

对于士人受帝王陶成这一点,郭嵩焘的表现颇有意思。他回京之后,"供职史馆,读《圣祖实录》,以不及生其时为私憾",甚至因此"三梦圣祖,或召对,或扈从在途。梦中惟沉吟咏叹圣量之宏"。他仔细辨别了康熙帝和雍正、乾隆帝的不同,"雍正、乾隆时,人咸奋兴,各举其志。或稍拂朝廷意旨,立蒙谴责,多不及申辨。惟圣祖曲意陶成,期使人人输写其心意,而贤者有以自达。为之思慕无穷"。① 康熙"曲意陶成"的风格,与雍正、乾隆的威势形成对比。当像康熙这样的"君"同时履行"师"的陶成教化职能时,在下的士"有以自达",则会像郭嵩焘那样寤寐思之。

郭嵩焘的这种观点表现了君和士的关系中一个较少为人谈论的方面。关于清代君和士的关系,黄进兴指出了相比于前朝,清代统治者"合并一度分离的道统和治统",君同时扮演了师的角色,它的负面影响,则导致"宋明儒家一度行使的道的批判功能由此被消除了",由此,"儒家学者再也没有'正君心'的根基了"。② 但至少对于郭嵩焘来说,他并不强调君和士的对

---

① 郭嵩焘:《玉池老人自叙》,《郭嵩焘全集·诗文》,第779—780页。有意思的是,这种不同除了得自所读的《圣祖实录》,还和郭嵩焘的梦很有关系。同治七年郭嵩焘就做了个梦:"昨夕梦扈圣祖驾,在途召对终日,似方南巡,亦不知其何地。恍怫以前曾奉命查办事件,尽为解脱。圣祖问曰:吾所闻一二事甚确,而亦为之解脱何也?为言:皇上所查均确,不独此一事而已,然国家定制,必以亲供定谳,此数人者,皆不肯具亲供,其事又甚微,不宜遽以刑讯,亦念皇上浩荡天恩,以全此数人之廉耻尔。圣祖颔之曰:只合如此办理,我当时亦迫于势,不能不一查,不查将使人玩法,必一一致之于法则刑滥,刑滥亦足使人玩法。所论事理甚多,惟此一节记忆分明。同时召对者二人,皆犯颜直谏,心揣圣祖必怒,乃笑曰:汝姑从容尽其说,待吾思之。意怦怦然以为真圣人也。召对毕,甫出门而醒。以吾生平尝憾不生圣时,得上受圣人之陶成,庶几有所成立,此梦因积想所致,所谓幻因也,然亦奇矣。"(《郭嵩焘全集·日记》同治七年五月初一,第330—331页)"曲意陶成"的圣祖形象,固然一定程度上反映了历史上的清圣祖,郭嵩焘想象的成分或许也占了一定比例。但这种"积想所致"的圣祖形象,恰也反映郭氏对君与士关系的一贯理解。
② 黄进兴:《李绂与清代陆王学派》,郝素玲等译,南京:江苏教育出版社2010年版,第152页。

抗关系,而是非常认同君兼为师的统治方式,认为士可以而且应该受君的"陶成"。

将一切委诸君主专制、委诸政治打压,而忽略了士人自身的问题,这和儒学反求诸己的风格相悖,却是研究者(尤其是暗中反对君、同情士的学者)容易有的倾向①。对于当时人而言,尽管君主、政制需要对清代士风的低迷负责,士人自身同样是有问题的。李榕的反思就同时针对朝廷和士人两方。他一方面指出当时的言事者"但语一事,论一人,谁够得事理清楚?其言之善,亦不过随众波靡,强附正论而已",而另一方面,他又对朝廷的处理方式不满意,"朝廷却只一例以空言无补四字置之,其间是非得失更不深辨,所以终不能一得言者之益"②。造成朝廷不能得言者之益的结果,朝廷与士人双方其实都有责任。

正因双方都有责任,所以一方面士人需要翼赞君德,另一方面也应该鼓励君王振拔人才。针对困难的局面,特别需要双方的通力合作,而不是士人在君主面前断断抗争。郭嵩焘认为大臣之格君心,"正不在具一疏论一事,博直谏之名。要当因所偏处,随事开谕之,引之康庄大道之中"③。其一破一立,正表现他对合作一面的侧重。郭嵩焘和当时复兴的清议之风既相同又有异。我们尤其要注意其中的相异之处,后来郭嵩焘转而痛詈空言高论式的清议,在此时已有萌蘖。

郭嵩焘"翼赞君德"的想法,在他入京八个月后第一次有机会践行。咸丰八年(1858年)七月十三日,柏葰面奉谕旨,以南书房需人,告知大学士翁心存。心存荐翰林五人,其中就有郭嵩焘。入南书房照例试诗赋,七月十九日郭嵩焘赴考,题为拟王勃《九成宫东台山池赋》。其他人都能记诵王勃赋文,而郭嵩焘却忘了,因此也没考好。最后名次公布,他只列第五。④

入南书房除了考试,照例还要召见。见皇帝是大事,更是难得的机会。李榕听说郭嵩焘要面见,专门提醒他:"召对之词,不忘箴规,以引君于道,其要在得体而已。世人所以逢君之怒,坐不知体耳。……故能于长官前有所匡救,其必能喻君以道,无疑焉矣。言语之科,亦自不可忽也。"嵩焘觉得"申夫

---

① 杨念群《何处是"江南":清朝正统观的确立与士林精神世界的变异》(北京:生活·读书·新知三联书店2010年版)一书指出清代士风的形成是帝王和士林合作的结果,就有意纠正这种倾向。
② 郭嵩焘:《郭嵩焘全集·日记》咸丰八年七月廿四,第118页。
③ 郭嵩焘:《郭嵩焘全集·日记》咸丰十年四月十六,第317页。
④ 郭嵩焘:《郭嵩焘全集·日记》咸丰八年七月十五至十九,第113—116页;翁心存:《翁心存日记》咸丰八年七月十三至廿一,北京:中华书局2011年版,第1337—1340页。

为人,持论侃侃有定见,故所言如此"①,因其言正中他"以道事君"的自许。

到了七月廿三日,郭嵩焘第一次被咸丰帝召见。召见的对话却颇有意思:

>……上曰:何年散馆?曰:三年内带兵救援江西,巡抚张芾保奏省城解围劳绩,蒙皇上天恩,免其散馆,授职编修。上曰:汝曾至江西耶?曰:曾至江西。上曰:保举是张芾?曰:是。上曰:汝打过仗?曰:初至江西省七里街,与贼打仗,臣亦曾督阵。上曰:督过阵几次?曰:前后三次。上曰:汝办过团练?曰:二年奉旨办团练,是冬,曾国藩出治军,臣即在其营中。上曰:你从曾国藩至湖北、江西未?曰:曾至湖北、江西。上曰:可曾至九江?曰:未至九江。曾国藩东征时,臣送至岳州,即回湖南筹办军饷。九江挫败后,曾国藩至江西整顿水师,臣又往江西二年。上曰:你在营一向是带勇?曰:江忠源在江西,曾国藩派勇二千余往援,曾交臣管带。江西解围后,各勇撤回湖南,臣子身随江忠源至湖北。后江忠源赴安徽巡抚任,臣因回湖南,以后并未带勇。上曰:汝在营可骑马?曰:营中皆骑马,臣在营也学(学字圈去)骑马。上曰:曾国藩可骑马?曰:能骑马。上曰:汝去年到京,今年到京?曰:去年十二月到京。上曰:在营几年?曰:五年。上曰:汝江西带勇,是何名目?曰:湘勇。上曰:几多人?曰:二千余人。上曰:二千余人是你一人带耶?曰:曾国藩初起,营制每营五百人,二千余人是五营,每营皆有营官。郴州知州(四字圈去)朱孙诒统带,臣是帮同管(同管二字圈去)带。良久,上无言,因又奏曰:(良久以下九字圈去)是时罗泽南、李续宾皆初起(初起二字圈去)充当营官。上曰:然。乃欠伸,诏臣出。②

不知就里的读者恐怕会觉得咸丰帝准备登坛拜将,这哪像是文学侍臣的面试呀!问的尽是骑马带兵之事,郭嵩焘的箴规之意,匡救之心,此次召见都无所施。当时鄂皖赣一带军情紧急,皇帝的心思显然不在文学之臣身上。

这也不完全是咸丰帝的原因,毕竟郭嵩焘的散馆就已经与一般的庶吉士不同,咸丰帝也只是接着这个话头问起。但就郭嵩焘而言,他之所以没有像罗泽南他们那样带兵打仗,之所以还要重新入京供职,一个很重要的原因就是他还有翰林院编修的身份,还想着通过天子侍从的途径实现自己的抱负。没想到真的一朝面觐天颜,天子问的居然还是督阵骑马之事。咸丰帝连翰林

---

① 郭嵩焘:《郭嵩焘全集·日记》咸丰八年七月十五,第114页。
② 郭嵩焘:《郭嵩焘日记》(一)咸丰八年七月廿三,长沙:湖南人民出版社1981年版,第144—145页。《郭嵩焘全集·日记》同条(第117—118页)删去了郭嵩焘改动的痕迹。

词臣都关心其军事才能,世变由此可征。而郭嵩焘处身其间,此时却有点不知所措。

最有意思的,恐怕还是郭嵩焘写了又圈去的"良久上无言"九个字。皇帝既然问军事,嵩焘当然也想表现自己在这方面的能力。然而好不容易问到自己带兵的时候,天子居然沉默了!不愿在沉默中灭亡,就必须在沉默中爆发,郭嵩焘在这可怕的沉默中没能沉得住气,主动说了一句罗泽南、李续宾都是初起为营官。"初起"两字犹能看出嵩焘暗中想表达的是自己和罗、李相去不远,只是后来觉得说得太露骨了才又圈去。然而天子似乎对自己仍不感兴趣,没有再问下去。堂堂一个翰林进士,在天子心中居然不如两个秀才,郭嵩焘心里恐怕不会太好受。咸同军兴对借助科举搭建起来的整个士林秩序所造成的扰乱,武事对士人书生形象的改变,都通过这次对话展现了出来。此次南书房之选,嵩焘终不得入。

这一年冬天,郭嵩焘还有一次进南书房的机会,但此前有一段插曲须先叙述。秋间,郭嵩焘被礼部选中参与顺天乡试的磨勘。阅卷中,一卷名为阎镜塘者,二三场别字满纸,文理亦不甚通顺,而头场三艺却自开朗,郭嵩焘怀疑其有捉刀者。他本已标签议处了,而见到同事袁笋陔的平麟一卷讹谬更多,笋陔却签上"可否免议"。于是郭嵩焘也仿其式签之。①

当时的科场陋习,关节贿赂盛行。郭嵩焘本来是要更加严格按照规定办事的,却有鉴于周围人的做法,而曲顺从俗。在日记中记录了这番改动,表明他是有些违心的。几天后他就记了一件类似的事情:"李西沤先生派会试磨勘,有书'寥廓'为'廖廓'之表、'杂羁'为'杂羁'小补者,先生签出之,同事者婉求乃已。数日,廷试传鼎甲为谁,先生惊曰:'此非前日所勘杂羁生耶,何以能是?'人曰:'此固当事某公之子也。'先生乃始怃然。"②李西沤同事的婉求和袁笋陔的"可否免议"其实同一机杼(笋陔先签出后求免,还更从严),都表明当时科场的磨勘已经一定程度上变成了走过场,按规矩办事者反而受人掣肘。而郭嵩焘记录这则事情,其实也是因为他对几天前的从宽处理心有戚戚。

郭嵩焘还不知道,正是这次乡试引发了震惊朝野的戊午科场案,而直接的导火索就是袁笋陔签出的平麟(一般作平龄)。过不久,御史孟传金借平龄朱墨不附参劾场规。咸丰帝震怒,命人复勘,乃查出新进士罗鸿绎与副考官浦安通关节,而主考官柏葰之门丁靳祥于亦参与其间。经过一系列审讯,最后主考柏葰以大学士的身份,竟被处斩。③

---

① 郭嵩焘:《郭嵩焘全集·日记》咸丰八年九月初十,第136页。
② 郭嵩焘:《郭嵩焘全集·日记》咸丰八年九月十四,第137页。
③ 可参见萧一山《清代通史》卷下,北京:中华书局1986年版,第416—418页。

除了袁笋陔的平龄一卷，郭嵩焘的阎镜塘卷也交部议①。十月廿六咸丰帝朱笔亲谕，将柏葰革职，其他副考官暂行解任，而令查讯之王大臣"毋得含混了事，认真研鞫，按例从严惩办"②。气氛更加紧张了。第二天郭嵩焘听说又有三本磨勘卷交付刑部，也怕自己受到牵连，特意往探消息。所幸此事并未牵及嵩焘，他乃感叹道："似此搜罗及纤微，得免议者为幸。乐天诗：麒麟作脯龙为醢，何似泥中曳尾龟。转以不与房校自幸也。"③

咸丰帝的从严处理，意在扭转科场风气。而可以看到，虽然之前磨勘时郭嵩焘也不满于科场的风气，但现在这种从严从重的方式，搜罗而及纤微，同样非他所愿。十一月初四礼部复派翰林磨勘山东、山西、河南、陕甘四区乡试卷。有鉴于顺天乡试之事，这次的磨勘者不敢怠慢了，"皆加意检处，有分两日细勘者"。这次卷比顺天要多，而且其中的河南卷"涂改挖补，无卷无之"，但郭嵩焘反而也只签出了两本。在日记中，他说："科场积习已深，情轻法重，不忍揭出。所签应议之卷，惟六十一名之赵燃炬、一百廿九名之樊六科，举其抬头不谙体制一端而已。"他又对比了磨勘顺天卷时的自我表现："前次卷少，磨勘一本，不为之加宽，此次卷多，磨勘二本，不为之加刻。其间有疑罚重者，且援情以解之，虽获议处，亦所甘也。"④

之前还懊悔没有从严磨勘，现在反而要从宽开解违例者，郭嵩焘的这种做法显然有暗中抵制朝廷措施之意。他一方面和咸丰帝及肃顺等人看到了相同的问题，同意人心士风需要大力整顿；但另一方面他又不赞成那种从严用重典的具体操作方式。当时朝廷和士人在治国方案上的离合，由此可见一斑。

当京城因科场大案而气氛凝重时，郭嵩焘却迎来了他的第二次机会。和肃顺走得很近而又对郭嵩焘青眼有加的兵部尚书陈孚恩荐郭嵩焘和何秋涛"通达洋务，晓畅戎机，足备谋士之选"⑤。咸丰八年十二月初二，郭嵩焘第二次受咸丰帝召见。

这次召见，皇帝在了解完基本情况之后，忽然问了一个大问题："汝看天下大局，宜如何办理？"骤然问及，郭嵩焘应答道："天下大局，督抚与将帅并重。已失之城池，责将帅收复，未失之土地，责督抚保全，大局始有转机。"皇帝显然感觉这个回答太过浮泛，又问了一句："究竟从何处下手？"嵩焘回答：

---

① 郭嵩焘：《郭嵩焘全集·日记》咸丰八年十月十二，第147页。
② 中国第一历史档案馆编：《咸丰同治两朝上谕档》咸丰八年十月廿六，桂林：广西师范大学出版社1998年版，第472—473页。
③ 郭嵩焘：《郭嵩焘全集·日记》咸丰八年十月廿七，第153页。
④ 郭嵩焘：《郭嵩焘全集·日记》咸丰八年十一月初四，第154—155页。
⑤ 《朔方备乘》卷首，转引自郭廷以《郭嵩焘先生年谱》，第128页。

"仍当以讲求吏治为本。"①

问的是大问题,郭嵩焘一时也说不了更具体。咸丰帝于是又换了个问法:"汝看天下大局,尚有转机否?"嵩焘听到这个问题,或许当时吓了一跳。因为皇帝这么问,表明他怀疑天下已无转机。这种口气坐实了郭嵩焘之前听到的一个传闻:当咸丰帝初政时,手下大臣祁寯藻和赛尚阿尚以德量交相推服,而帝师杜受田也还在,力能辅助。自从杜受田死,祁、赛去位,皇帝左右遂无匡弼之臣,"善种尽矣"。咸丰四年虽有僧格林沁败太平天国北伐军、湘军克复武昌的好消息,而边省军事四起。自此咸丰帝"以谓天下事可一听诸气数,而忧勤之意日衰"②。皇帝对郭嵩焘的提问,明显流露出对天下的灰心,以道事君,正当此时。于是郭嵩焘进言鼓励道:"皇上,天也。皇上之心,即天心所见端。皇上诚能遇事认真,挽回天意,天心亦即随皇上以为转移。""如何便能转移?""不过认真两字。认真得一分,便有一分效验。湖南北所以较优,亦由抚臣骆秉章、胡林翼事事认真,吏治军务两事,都有几分结实可靠。一省督抚办事能认真,便也能转移一省大局。"

说到湖南湖北,又让咸丰帝想到了前不久李续宾的三河镇大败,以及目前紧急的鄂皖军情,于是他问起了已故的罗泽南、王鑫、刘腾鸿,让郭嵩焘说一下三人才能如何。问完三人,皇帝就让郭嵩焘退下,而有太监袁天喜邀他"谈近事","慨然太息,所见甚有足取者"。清代宦官不许干预外事,禁忌甚严,太监能和士人谈的"近事",大约只能是皇帝的个人情况。袁天喜或许是要打听皇帝今天的精神状态,而其"慨然太息"的表现,映衬出皇帝近来心情之糟糕。

当天郭嵩焘就获命在南书房行走。翌日郭嵩焘递折谢恩,第三次为咸丰帝召见。咸丰帝一见面就告诉他:"南斋司笔墨事却无多,然所以命汝入南斋,却不在办笔墨,多读有用书,勉力为有用人,他日仍当出办军务。""文章小技,能与不能,无足轻重。实事却要紧。"郭嵩焘继散馆不同于一般庶吉士,现在连进入南书房的原因也不同一般的翰林了。皇帝接着问他:"汝看何兵书?""何部最佳?""平日看书,当多近史鉴一路?"这些问题是对"足备谋士之选"的人应该问的,也可见咸丰帝对郭嵩焘的预期。③

今天的咸丰帝不像昨天那么消极了,他主动问起了左宗棠。当郭嵩焘告知两人自小相识后,皇帝说:"汝寄左宗棠书,可以吾意谕知,当出为我办事。"又问:"曾国藩所用人还有谁?""湖南人才还有谁?"在郭嵩焘回答这几个问题之后,皇帝又把话头转回到了嵩焘身上:"汝可常与僧格林沁谈谈军

---

① 本段及以下三段,见郭嵩焘《郭嵩焘全集·日记》咸丰八年十二月初二,第170—171页。
② 郭嵩焘:《郭嵩焘全集·日记》咸丰八年十月十二,第147页。
③ 本段及下段,见郭嵩焘《郭嵩焘全集·日记》咸丰八年十二月初三,第171—173页。

务。北边马队,原与南边不同,彼此却不妨考证。"嵩焘回答道:"僧格林沁忠直,臣素常也是佩服他。"而皇帝接下来说了一句:"汝与他是平行,不是随同效用,不要认错此意。"

过了两天,僧格林沁来请,"询以练兵、筹饷、制器械三事,属为说以进",这可能有皇帝的意思。第二天,端华、肃顺等并召见,询以中俄交涉之事。① 毕竟大臣特荐上闻、皇帝特谕入直,都不是一般的待遇,嵩焘受朝廷高层的关注,也是理所应当。以特荐入南书房,是郭嵩焘一生中的得意时刻。

这是郭嵩焘理想的状态吗?在入南书房之前,郭嵩焘于日记中记录了一段文字,写的是翰林院的敬一亭:

> 翰林院后敬一亭,院内左为柯亭,右为刘井。按柯潜字竹岩,刘定之字文安,并翰林院学士,明嘉靖时所建。柯潜于院后结清风亭,凿池莳莲,决渠引泉,公退偃坐其中,俨然若真登瀛洲者。又有柏二株,曰柯学士柏。廖道南叹曰:风流遗泽,令人永矢弗谖。今亭稍存其名,非旧址也,惟刘井当系刘文安手凿之井耳。②

这段文字是郭嵩焘所作,抑或仅是他抄录的,此时都已次要。它体现的是郭嵩焘对翰林院、对自己翰林身份的理解。亭若井者,有存有不存,其中蕴含的是世事变迁的感慨。而郭嵩焘始终系怀的,仍是那种令人永矢弗谖的风流遗泽。这样的翰林院,其实还是承平时文人雅士的结集之地,而非如郭嵩焘那样以"晓畅戎机"见知于上的翰林的处所。

皇帝已经谕知郭嵩焘,此次入南书房不在办笔墨,而在读有用书。但入南书房之后的一月里,郭嵩焘日记中却频繁记录着在内府见到的书画③。内府中放着那么多稀世珍宝,他自然不愿身入宝山,空手而回。但日记中的这些记录,似乎仍反映了某种和他之前描写敬一亭时同样的想法。我们想象此时郭嵩焘满怀壮志、力图有为的同时,或许仍需要注意到他的另一面,文人的一面。入直南书房可算是文人获达上知的一种极致,郭嵩焘青年时期勉力为文时,很可能也曾幻想过这么一天。而当这一天真的到来时,却发现没有了那种氛围与心境,不知他此时会作何感想。理想和现实的错位,心所期望和身所遭际的相异,郭嵩焘一人的遗憾,其实是整个时代变化的缩影。

我们无法长久逗留于想象承平的风流,因为当时清朝正在内忧外患中岌岌不可终日。僧格林沁本在天津驻军,冬天海口上冻,乃回京度岁。新年伊

---

① 郭嵩焘:《郭嵩焘全集·日记》咸丰八年十二月初六、初七,第174页。
② 郭嵩焘:《郭嵩焘全集·日记》咸丰八年九月二十,第139页。
③ 郭嵩焘:《郭嵩焘全集·日记》咸丰八年十二月初四至二十,第173—177页。

始,他要打点回津了,于是奏请随营文案各员,其中就有原本不相识的郭嵩焘。蒙古王爷的名单中多为旗人,而郭嵩焘赫然在列①,想必和皇帝的赏识是直接相关的。

郭嵩焘本为陈孚恩所荐,肃顺也不愿放过这个人才,让人邀留嵩焘。郭嵩焘没有答应,他在日记中说:"予自去冬以来,自分当效力军营,云、贵、皖南北,人视为畏途,不谓难也。天津之役,断不敢怀趋避。一有他说,则人且疑枉道诡遇以图自脱,不复能自解说矣。司农(按肃顺)之意,非所敢承也。"②他所说的自然是咸丰帝"他日仍当出办军务"之言。他原本以为会被派到云贵安徽等地,现在只在天津,自然不敢趋避。肃顺之好意也就不敢领。

对于皇帝的谕旨,郭嵩焘句句记在心里,另一句就是和僧格林沁平行之言。正月初六那天,僧王让郭嵩焘去火器营会议。嵩焘去早了,就先到僧王处。僧王却把嵩焘当成了下属,传谕道:"先赴火器营议事,后随班来见。"这惹恼了郭嵩焘,"此直欲吏朱云耳"。于是回火器营和其他人见面之后,别人都前赴僧王处,嵩焘则曰:"适始往见之,又无他事,可无往,幸转达此意。"径直回去了。③

不见僧格林沁、辞谢肃顺,都有皇帝的意旨为据,更有儒生风骨在焉。但有理有节是一回事,毕竟所做都是得罪人的事。还没正式开始办事,就把两个当时最有实权的大臣得罪了。这样待人接物的方式,恐怕难以圆融于官场。

在第三次召见时,咸丰帝还说:"汝有所知,尽可书言无隐,不须存顾畏之意。"④郭嵩焘现在出京赴津,还可以再觐见一次。或许是受此语之鼓励,他写了一折两片,准备在觐见之时入奏。

在正折中,郭嵩焘重申了"皇上以挽回世运为心,政事日修,人才日出,天心未有不随以转移者",然而进一步指出问题在于"欺罔之风,成为积习"。具体而言,军机则"惟班次首列者,得陈奏上前,余皆委蛇旅进,取充陪位",部院则"偶有持异议单衔具奏者,又辄先得处分,于是相与模棱迁就,以为和衷",这造成的结果是"政务大小,取决上裁,使皇上一人独任其劳,而诸臣退安于逸以苟幸无过"。⑤凡其所述,很难说和清代政治运作的制度设计没有

---

① 僧格林沁咸丰九年正月初四奏,"中研院"近代史研究所编:《四国新档:英国档》,"中研院"近代史研究所1966年版,第832页。
② 郭嵩焘:《郭嵩焘全集·日记》咸丰九年正月十一,第181页。
③ 郭嵩焘:《郭嵩焘全集·日记》咸丰九年正月初六,第180页。《汉书》卷六十七朱云本传:薛宣为丞相,云往见之。宣备宾主礼,因留云宿,从容谓云曰:"在田野亡事,且留我东阁,可以观四方奇士。"云曰:"小生乃欲相吏邪?"宣不敢复言。
④ 郭嵩焘:《郭嵩焘全集·日记》咸丰八年十二月初三,第173页。
⑤ 本段及下段,参见郭嵩焘咸丰九年正月廿四奏《谨推陈致理之原疏》,《郭嵩焘全集·奏稿》,第3—5页。

关系。"政务大小,取决上裁",君权大,其负面效果则是君劳臣逸,使重担都落在皇帝一人的肩上。郭嵩焘所谓的"积习",意味着这是一个长期的问题。

面对积习,郭嵩焘殷切要求"通上下之情",希望皇帝在召对大臣之时,责令直抒意见,"略其文而详其实,宽其小而务其大,使情意足以相通,而才士自然思奋"。这和李榕一样,针对的是当时朝廷"一例以空言无补四字置之,其间是非得失更不深辨"的做法,希望君王先打开权力的大门。"求自强之术,不以盗贼为忧,而忧耳目之多所蔽。"

郭嵩焘对通上下之情的关注,其实就表现在他自己上奏这个行为上。入奏之前一天,陈孚恩来见。交谈及此,孚恩力属嵩焘勿具折言事,恐其误触忌讳,于身有损(当然也怕牵连荐主自己)。郭嵩焘"勿敢深辨",实际是不以为然。晚上他和同在南书房的潘祖荫等三人商量此事,祖荫则鼓励他说:"自涤生司马《三流弊疏》后,仅见此文,亦今之广陵散矣。"嵩焘于是胆气更壮,自谓:"谴责所甘受,但视此文稍足启发朝廷一二,即上之勿疑。"①

陈孚恩的劝诫,可以说是对诸臣"苟幸无过"的具体演绎。郭嵩焘之所以不听其言,一方面是咸丰帝有"不须存顾畏之意"的谕告,但更重要的是他自己就有以道事君之意。作为天子特拔之人,看到天子有纳言之几,他不愿放过。孟子曰:"惟大人为能格君心之非。"(《孟子·离娄上》)陈孚恩是以"足备谋士之选"推荐郭嵩焘的,咸丰帝也以"他日仍当出办军务"相待,而郭嵩焘所上的这个折子,却显然以"大人"自期。他所以不顾陈孚恩的阻拦,冒险进言,其意即在于此。只不知陈孚恩悉闻其奏,会作何感想。

咸丰九年正月廿五,也就是郭嵩焘上奏后的第二天,他第四次受皇帝召见。除了谈及洋务,咸丰帝又说:"汝正折所言,或尚有不能形之笔墨者,当尽情陈说,不必隐讳。"郭嵩焘乃大胆回答道:"今日总当以通下情为第一义。王大臣去百姓太远,事事隔绝,于民情军情委曲不能尽知,如何处分得恰当?事事要考求一个实际,方有把握,故以通下情为急。"②具体到了"王大臣",咸丰帝不问也知道说的是哪些人。批评之意十分清楚。

郭嵩焘接着说:"即如人才,岂是能一见即定他为将才、为名臣,亦多是朝廷立个一定主意鞭策之。人人晓得朝廷志向,自然跟着这一路来,久之积成风习,便觉气象光昌。故总须是朝廷立个榜样才好。"他殷切希望朝廷以身作则,借此感化天下,陶成人才。和当时在上者以严刑峻法整饬风气相反,郭嵩焘更希望朝廷履行的是其教化的职能。

---

① 郭嵩焘:《郭嵩焘全集·日记》咸丰九年正月廿三,第183页。
② 本段及下段,见郭嵩焘《郭嵩焘全集·日记》咸丰九年正月廿四,第184页。

三 筹防天津:理势俱穷

郭嵩焘的正折有格君心之意,符合他自身的期许,他人却未必能知;两个附片则一言筹防,一言洋务,比较符合他人认知中"谋士"的身份。

僧格林沁此次赴天津筹防,乃为《天津条约》换约之事。咸丰四年,英法着手《南京条约》《黄埔条约》修约之事,中外交涉又起。咸丰七年冬,英法联军攻破广州,俘虏总督叶名琛,乃驰船北上,由沪至津。咸丰帝先派出谭廷襄交涉,未能却兵,遂有咸丰八年的大沽口之战。此战失利,清朝不得不与英法俄美签订《天津条约》,且约定咸丰九年在京换约。郭嵩焘随僧王赴津,即在这样的背景之下。

郭嵩焘上奏的两片,也即针对这个背景下的夷情。第一片言天津之防。僧王手下多蒙古兵,布防也以陆路为主,郭嵩焘针对这一点,指出"夷船水道拦入,专从陆路抵御,亦非全算";但又承认夷人的船坚炮利,为"中国物力所不能及"。所以他的想法是既要防之于水,又不能使夷人得逞所长。其御夷之法,"当筹之于内江,不当筹之于外洋",认为夷为大船,在内江则易运掉不灵,这是"分敌之势,而用我之所长以制敌"。乃请在天津募勇,仿广东拖罟、快蟹船式造船,并请饬湖北提督杨载福派将领数人来天津,仿湖北水师估造。① 用曾国藩的话说,郭嵩焘此议是要"推江湖水师于海口"②。这或许沿承了咸丰三年议办水师的故智。

但这只是目前的应急之策,其实郭嵩焘有更长远的忧虑。他说:

> 夷船游驶海口,踪迹无定,防海之兵,不能添设。有警则征调,无事则撤防,来往络绎,军费烦多。且令夷船沿海侵扰,所驾火轮日行数十里,临时征集诸军,已虞不给;迨兵力足资堵剿,而夷船不时至,坐縻饷糈,悬军无用,势难经久。臣愚以为今日海防,当筹数十年守御之计,非务防堵一时。

机动游弋的"夷船"难以防堵,是当时中国海防面临的最大困难。

郭嵩焘所说的是近代史上一个大问题。经过了鸦片战争,中国人大体上都已承认西方军事力量特别是其坚船利炮不可小觑。但对于中国人而言,器

---

① 本段及下段,见郭嵩焘咸丰九年正月廿四奏《请于天津添设战船并请责成杨载福派员经理片》,《郭嵩焘全集·奏稿》,第5—6页。
② 曾国藩咸丰九年三月初一致胡林翼书,《曾国藩全集·书信》,第918页。

械只是形成战场上优势的诸多复杂因素之一,有如陈宝箴同治年间还坚执的:"轮船、大炮之利,特军事之一端,苟能选将练兵,自有应变无方之术。神臂之弩、唲唧叭之炮,当创制之初,亦足骇人取胜,然不闻恃此遂天下无敌也。恃道者昌,恃器者亡,古今以来,未之能易。"①要中国人承认西方船坚炮利并不难,真正让中国人震撼的,其实是西人"仅凭"(这实际上也有中国人自己的误解在内)器械就足以决定战争的胜负。后者才是真正挑战中国人传统观念的新思维。

对于尚未习惯以船炮之坚利与否判断战争最终结果的当时人来说,胜败之预判本另有标准。中国相对于西方最大的优势,在于主客之"势"上:"(夷人)寡众不敌,主客异形,楼舶巨炮,所利在水,舍舟而陆,非其所长。"②鸦片战争时期,到广州考察了一番之后的林则徐坚信西人"外似桀骜,内实畏怯",他并非不知西人的坚船利炮,但"彼从六万里外远涉经商,主客之形,众寡之势,固不待智者而决。即其船坚炮利,亦只能取胜于外洋,而不能施技于内港"。③ 中国以主待客的优势,"不待智者而决",本是中国相对于西方最直观的军事差别,也是当时人普遍分享的观念。而郭嵩焘的特别之处,在于指出了这种主客之势已经改变。

徐继畬在道光末年就已经指出了这一点,可资参照。徐继畬指出"中国形势,西北为背,东南为腹,自古边患,皆在西北",而西人之到来,却改变了这一点:"中国自辽东至广东,海岸约七千余里,除荒僻海口不计外,府州县城池及著名之市镇马头,近逼海口,为彼炮力之所及者,凡数十百处。彼处处可到,我不能连营树帜。彼时时可到,我不能昼谍夜探,先时知觉。"④现代化舰船给西人带来处处、时时可到的机动性使中国疲于应付,这也就是郭嵩焘所谓的"夷船游驶海口,踪迹无定",传统认知中的彼客我主之势反而变成了彼主动而我被动。

造成这种主客异势的又不完全只有西方的原因。徐继畬还指出:"东南海滨一带,土地膏腴,财赋所出,名都大邑及商贾萃集之马头,大半近逼海滨,从前仅有海贼,别无外患。至前明乃有倭寇,然皆内地奸民勾结,事平之后,

---

① 陈宝箴同治六年草:《拟陈夷务疏》,汪叔子等编:《陈宝箴集》,北京:中华书局2003年版,第1783页。
② 山东道御史梁同新道光三十年奏,见梁庆桂《原任顺天府府尹候补四品京堂梁公家传》,《式洪室诗文遗稿》,台北:文海出版社1979年版,第37页
③ 林则徐道光十九年三月十八致莲友,《林则徐全集·信札卷》,福州:海峡文艺出版社2002年版,第165页。
④ 本段及下段见,徐继畬《揣度夷情密陈管见疏》,中国史学会主编:《中国近代史资料丛刊·第二次鸦片战争》(一),第115页。

其患亦息。自我朝定鼎,勘定台湾之后,海疆宴然者垂二百年。"所谓"西北为背,东南为腹",西方的军事威胁,直接面对的正是中国柔软的腹部。正因为中国人较少意识到那里会需要重点布防,一旦真有筹防的必要,才会有郭嵩焘所说的常设则忧糜费、征调则虞不给的困难。

"古之言战者,主势常便于客;今之言战者,客势常便于主"①,对于中国来说,这种攻守的异势是近代史上的一个巨大变化。后人反复引用李鸿章"数千年来未有之变局"一言,其实李鸿章说的是"历代备边多在西北,其强弱之势,客主之形,皆适相埒,且犹有中外界限。今则东南海疆万余里,各国通商传教,来往自如,麇集京师及各省腹地,阳托和好之名,阴怀吞噬之计",最直接的因素就是这种"客主之形"的改易。② 费正清对此有个很好的比喻:"好比北大西洋公约组织和五角大楼不得不在一夜之间把瞄准点从对准莫斯科变为对准火地岛和开普敦——人们从未考虑过会有什么危险从那里来。"③近代西方人的到来挑战了中国人的传统国防战略。④

这种挑战虽与坚船利炮有关,但更关系到主客形势这种中国人既有的持续性视角,西方的冲击也正是在这种中国人熟悉的思路中开展出了后来人逐渐意识到的"数千年来未有之变局"。郭嵩焘在同时人还以为有我主彼客的优势的时候,已经看到了这个问题。夷船的这种"踪迹无定"不仅是眼前的问题,更是"当筹数十年守御之计,非务防堵一时",可见其忧思之远。他后来对当时人的主战思维提出反思乃至激烈批评,也和这种形势判断有关:

---

① 张焕纶:《救时刍言六则》,葛士濬辑:《皇朝经世文续编》卷一百十,台北:文海出版社1972年版,第2958页。
② 李鸿章奏,《筹办夷务始末(同治朝)》同治十三年十一月癸卯,第9117—9118页。
③ 费正清:《伟大的中国革命(1800—1985)》,刘尊棋译,北京:世界知识出版社2000年版,第105页。罗兹曼则更将中国与日本做了对比:"帝国扩张及忙于国内纷争使中国人未能提防同那些伴随着日益扩大的全球性海上列强的接近到来的必然遭遇。日本领导人固然采取了更极端的步骤来把自己隐藏起来,但是,他们的行动带有明显的防御性,他们从未对隔海隐现的大陆上所受到的日益严重的威胁失去警觉。中国人的注意力,则特别集中在清朝统治向亚洲内陆的持续扩张上。"战略重点既不在此,则具体的军事准备也不以此为主。王宏斌在研究清代前期的水师的时候,也指出了"清代前期的水师职能近于现代海上警察与海关。它不是一支主要用于反击侵略的海上力量,只是一支维护社会治安的武警部队",是故"让一支分散防守的缺乏远洋编队训练的以查缉海盗为主的军队,担负对抗世界上头号海军的入侵任务,无异于驱赢羊于群狼饿虎之口"。这和"海疆宴然者垂二百年"是直接相关的。(吉尔伯特·罗兹曼编:《中国的现代化》,上海:上海人民出版社1989年版,第539—540页;王宏斌:《清代前期海防:思想与制度》,北京:社会科学文献出版社2002年版,第87页)
④ 关于主客之形在近代史上的思想影响,可参见李欣然《主客之形:一种看待中西对抗的持续视角——兼论近代"制夷"思路的转变》,《学术月刊》2017年第6期。

> 夷务至今日,剿抚之势两穷。其或交兵以战,彼之来去无常,而我力有尽。且自广东以达盛京,海疆诸要害,谁与守者?必主剿也,胜败之机两失。论者但知以战为是,而言和为非,遂为公论所从出。①

中国在形势上面临着"彼之来去无常,而我力有尽"的变局,郭嵩焘认为需要因应着变局而调整中国人的思维。

总之,郭嵩焘在第一份奏片中表达的,有应急之对策,有长远之忧虑。应急对策是"当筹之于内江,不当筹之于外洋",长远忧虑是"当筹数十年守御之计,非务防堵一时"。它们共同反映的都是郭嵩焘对中西军事遭遇时的形势估量。相对于大多数还认为"我主而彼客"的同时人而言,他已经意识到了中国并不占有优势。

郭嵩焘现在必须考虑,没有了以主待客的优势之后,还怎么控驭夷人?他的第二个奏片缘此而起。在奏片中,他指出今日御夷之窾要,在于通知夷情,熟悉其语言文字,乃建议推求识夷语之人才,咨送到京,令转相传习。他援引康熙处理俄罗斯的例子,认为康熙"所以制御远夷之道,虽甚顽梗,必务通其情。其后因与俄夷互习语言文字。盖辞命通而往返无阻,乃能悉知其情伪"。②

为什么知悉夷情那么重要?之前在咸丰八年《天津条约》签订后不久,郭嵩焘就曾致书胡林翼曰:"晚意夷人之至天津,志在恫喝而已,非有愤激逞憾于我也。明白剖析,允其所可行者,绝其所不可行者,坚以持之,则彼之气亦沮,所谓折冲樽俎,不待致武者也。此夷情也。"③咸丰九年中外交涉的名目是换约,此时的郭嵩焘更是相信不会用兵。战场上尚且讲究知己知彼,如果要在樽俎之间驾驭夷人,则更需要了解夷情。对此意见,上奏当天咸丰帝就有朱谕,让王大臣同看郭嵩焘之折,可见是有触动的。只是众王大臣"终无敢赞一辞者"④。

在致胡林翼的信中,郭嵩焘就说当时最需要知道的,一为夷情,一为军机。所谓夷情,指的是夷人本不准备动武,故当"折冲樽俎,不待致武"。而所谓军机,则是认为夷人的坚船利炮不利于内江,我军当"坚壁持之",如果对方不受抚而嚣,则可"用我之所长,乘彼之所隙,一再创之"。咸丰九年上

---

① 郭嵩焘咸丰九年四月初五致左宗棠书,《郭嵩焘全集·书信》,第35页。标点有调整。
② 郭嵩焘咸丰九年正月廿四奏,《请饬令推求谙习夷语者入京传习以通知夷情片》,《郭嵩焘全集·奏稿》,第6—7页。
③ 本段及下两段,参见郭嵩焘咸丰八年七月致胡林翼书,《郭嵩焘全集·书信》,第27页。
④ 中国第一历史档案馆编:《咸丰同治两朝上谕档》咸丰九年正月廿四,第41页;郭嵩焘:《郭嵩焘全集·日记》同治九年六月廿五,第428页。

奏的这两份折片,可以说是对"军机""夷情"两点的具体延伸。

但在致胡林翼的信中,郭嵩焘还有一个更加重要的观点,那就是在知悉夷情、军机的前提下处理洋务,能够做到"曲常在彼,直常在我"。这就提示了郭嵩焘洋务思考中"理"的一面。

所谓的"曲常在彼,直常在我"是有其语境的。当时清朝在大沽口作战失利,和英法俄美四国分别签订了《天津条约》。然而签约的桂良、花沙纳在密折中进言:"此时英佛两国和约,万不可作为真凭实据,不过假此数纸,暂且退却海口兵船,将来倘欲背盟弃好,只须将奴才等治以办理不善之罪,即可作为废纸。"①颇有"要盟不信"之意。咸丰帝也有悔约的念头,签约之后,桂、花二人南下上海与西人谈判关税事宜,咸丰帝则指示他们尽量挽回条约中不利的款项。② 据郭嵩焘说,朝廷之意虽然机密,而当时"人言籍籍,谓且悔前约","道途之口,已无不知之"。③ 郭嵩焘对此极不满意,认为"(桂、花)二公在天津时,即奏言姑允以诓之,暂缓之师。朝廷始终持此一意,未有能辨其非者。天下事当求处理之法,专以诓人为计,焉有能胜者也"④,这样做,中国自己首先失了道理。

很多主战者都相信,在不能战前提下的讲和,将因丧失主动权而丧权辱国。郭嵩焘的同年张之万就说:"即和亦必使敌知吾之不可胜,有可据,而后能绝其思逞之谋,以靖其反覆之志。"这也是为什么很多人明知战守难言,而仍然对和十分谨慎的原因。最极端的说法有如尹耕云所言:"战则百年无事,守则数十年无事,出于和则敌一再至,未有不覆其国者也。"这种想法蕴含着一个假设,即夷人"犬羊之性,可以威箝,不可以理喻"。⑤

不管是像桂良、花沙纳这样局中勉强持和议者,还是像尹耕云等局外矫然持战议者,他们心中都认为中外交涉无理可喻,有力而已。西人以势力相逼,中国以势力相抗,这样的想法在当时洵为共识。陈庆松就将中西对抗拟为两人忿斗,"全恃乎气。彼既寻殴,我即扑打。此期间着不得思议。一着思议,便是逡巡退让",其原因正是"中外倚伏,全视乎势。中国

---

① 桂良、花沙纳奏,贾桢等编:《筹办夷务始末(咸丰朝)》咸丰八年五月十六,第2040页。
② 可参见茅海建《近代的尺度:两次鸦片战争军事与外交》,上海:上海三联书店1998年版,第174—198页。
③ 郭嵩焘咸丰八年七月致胡林翼书,《郭嵩焘全集·书信》,第27页。
④ 郭嵩焘:《郭嵩焘全集·日记》咸丰八年十月初四,第144页。
⑤ 张之万咸丰八年四月二十奏,"中研院"近代史研究所编:《四国新档:英国档》,第490页。尹耕云:《筹夷疏一》,中国史学会主编:《中国近代史资料丛刊·第二次鸦片战争》(二),第70页。

得势,则中国强;外夷得势,则外夷强"。① 这是一种几乎全从"势"的角度看待中西交涉的态度,主客形势较量从根本上说也是这种中西势力较量的一个层面。

一方面相信和西方的角力是比势量力的过程,另一方面,中国现在却显然处于虚弱之时,时人在战和剿抚之间才那么纠结。明知"方今粤逆未平,中原疲敝,亦万无出全力以剿夷之理",然而"战胜而抚,则夷之气馁,自可杜厥要求;战败而抚,则夷之气盈,必致受其挟制"。② 由于内在的心理是西人不可理喻,所以即使明知力量可能不如,仍不敢轻易言和,"主战"思维因此成为当时的"公论"。

郭嵩焘的不同,在于他在势之外,还看到可以与夷人言理:"自三代以来,抚御夷狄,时移势变,为法不同,其以理定曲直则均也。"所谓的"曲常在彼,直常在我",正是以理所定。现在中国的问题,却是在和西人交涉之时,自己先不讲理,所以他感慨道:"今朝廷议和议战,皆务为尝试而已。任事者亦贸贸焉与之为尝试,以事度之,胜败两无所可,理势俱穷。自古外夷之患,未有若今日者。而言计者,动务欺之诳之,能乎?否乎?班固言:制御夷彝之道,当使曲在彼。程子亦曰:与夷狄相接,常使理足于我。此道今人不讲久矣,所以终无自全之道也。"③

和、战之决断是当时洋务的关键问题,而郭嵩焘所谓的"议和议战,皆务为尝试而已",恰恰从一个批评者的角度指出了当时言战者与言和者背后共同的假设,即不言"理"而言"势",不言"礼"而言"诈"。站在这个立场上,郭嵩焘不仅对主战者多有批评,对主和者也不与苟同,说道:"言忠信,行笃敬,虽蛮貊之邦行矣。未有反覆变幻,行苟且之计,而能控驭夷狄使就约束者。"④透过郭嵩焘的这个角度,问题从战、和两种对立策略的选择上升到了另一种层面。

"夷狄"是否能以理/礼相交?郭嵩焘提出了这样的问题。在他看来,答案是显然的,"中国稍以礼自处,而有辞以声夷人之罪,以战亦为有名"。相反,"吾尝谓中国之于夷人,可以明目张胆与之划定章程,而中国一味怕。夷人断不可欺,而中国一味诈。中国尽多事,彝人尽强,一切以理自处,杜其横逆之萌,而不可稍撄其怒,而中国一味蛮。彼有情可以揣度,有理可以制伏,

---

① 平步青:《霞外攟屑》,中国史学会主编:《中国近代史资料丛刊·第二次鸦片战争》(二),第315、317页。
② 陆秉枢咸丰十年七月十六奏:《抚夷恐贻后患沥陈管见由》,《第二次鸦片战争》(二),第209页。
③ 郭嵩焘:《郭嵩焘全集·日记》咸丰十年九月廿四、咸丰九年二月初一,第357、186页。
④ 郭嵩焘:《郭嵩焘全集·日记》咸丰八年八月三十,第130页。

而中国一味蠢。真乃无可如何"。所以郭嵩焘一再强调:"夷人之来有辞,当求折冲樽俎之方,不足与用兵。即势穷力战,要使理足于己,庶胜与败两无所悔。"①

郭嵩焘的说法暗示了一种心同理同的假设,对今人而言,此已为常识。但当时多数士大夫悉知和想象的,却是一帮非夏之夷,凭非道之器,以非德之力,谋非义之利,如此,与禽兽几希?所以王闿运后来曾驳郭嵩焘此观点曰:

> 《匈奴传》论和战二端,既谓夷狄兽心,不可以理义法度论,而又欲使曲在彼,譬如与犬羊斗而使犬羊负曲名,欲其不我觝噬,不可得也。郭筠仙最好班氏此论,以为得制夷之要,谬矣。②

理义法度居然不能行于"夷狄"。

中国传统有"德以柔中国,刑以威四夷"(《左传·僖公二十五年》)之说,这样的观念就说明中国在对待"四夷"时采取了一种不同的方式。而当孔子告诉子张"言忠信,行笃敬,虽蛮貊之邦行矣"(《论语·卫灵公》)时,也表明了"忠信笃敬"和"蛮貊"之间的联系不是人所共喻的。孔子此语,后世读书人基本已是必知了,但后来曾国藩却仍谆谆告诫李鸿章用此语处理中西关系。如此常见的思想都需要反复声明③,说明"忠信笃敬"和"蛮貊"之间,或者说心同理同和夷夏之辨之间,一直有未能消融的隔膜。

而构成这层隔膜的一个重要因素就是"势",不但西方用武力侵略中国,华夏也以势力威逼夷狄。罗志田老师曾言:"鸦片战争后中外条约的订立,更重要的毋宁是开创了一种中外交涉的'方式'。……这种订约方式在东亚确立了西方外交中的双重标准,即在与中国人打交道时,西人可以不按西方自身的价值标准行事。"④而实际上,中国人在初与西方打交道时,同样是以双重标准来行事,不仅没有按照对待"中国"的方式来对待"夷狄",而且在面对"夷狄"的时候,"中国"自己也暂时废弃了原本待人接物的一些基本理念,

---

① 郭嵩焘:《郭嵩焘全集·日记》咸丰九年三月初八、咸丰十一年七月二十、咸丰十年十月初十,第 200、418—419、362 页。
② 王闿运:《湘绮楼日记》同治八年正月十六,第 5—6 页。
③ 总理衙门第一次章京考选,试题即为"言忠信,行笃敬"。参见李文杰《晚清总理衙门的章京考试——兼论科举制度下外交官的选任》,《近代史研究》2011 年第 2 期,第 109 页。
④ 罗志田:《"天朝"怎样开始"崩溃"——鸦片战争的现代诠释》,《近代史研究》1999 年第 3 期,第 17 页。罗老师对此之论述,尚可参见《帝国主义在中国文化视野下条约体系的演进》(《中国社会科学》2004 年第 5 期)一文。

舍理义常道而用权力诈谋①。当双方都认为对方不可理喻时,当双方自己都不按规矩办事时,交接的结果只能是以武力的强弱为转移。

势以分异,理以合同,势与理的矛盾潜藏着更深层次的人性异同问题。而在比势量力占据主导的时代,异的力量似乎占据着上风。中与西、夷与夏的区别意识大于人同此心、心同此理的和同意识。这可以说是近代中西遭遇时的基调,它将对中西政治、文化各方面的碰撞产生不同的复杂影响。

总之,在郭嵩焘看来,当时的中国处于"理势俱穷"的状态。势上,对于驾驶轮船沿海不时侵扰的西人,中国已无以主待客之利;理上,则中国自己都不按规矩办事,只用些诈力权术的事情,既不足以自立,更不用说制伏夷人了。这使得郭嵩焘极不认同主战的思路,在天津筹防时和僧格林沁的矛盾,也由此而起。相比而言,两人在"势"上观点尚有接近,而在"理"上观点则相去颇远。

咸丰九年(1859)正月廿六日,郭嵩焘随僧格林沁前赴天津。抵达之后,郭嵩焘遂建三段分办之议:"僧邸奉命督师守海口,所职在战而已,余非所宜知也。故一往决战,无他议者,僧邸之事也。谕旨令制军先派员赴拦江外晓谕,此最要着,先斟酌出使之人,及始终办理机宜,皆须预定,免致临事张皇。此制军之事也。纠聚民团,讲求城守事要以待变,此又天津道之事也。"②三者中最看重晓谕之事,一方面是因为他相信西人无用武之意;另一方面,这是直接和夷人的接触,如果处理不当,反而可能激而生变。

对于僧格林沁的军事才能,郭嵩焘是颇为赞赏的。僧王认为山海关防兵太单,而关城内卫京师,外护陪都,关系甚重,当移文格都统,遇有警信,以撤兵守关为主。郭嵩焘十分赞赏此举,以为精实扼要,不仅山海关如此,直须通饬沿海州县,责令城守,其余海口,概置不问。其基本的思路是"海口无虑二三十处,安得如许兵力为之防哉,此其要在严守城池而已",正针对着"彼之

---

① 或许我们能用鸦片战争期间张集馨的例子,来了解这种不讲理的表现:
　　城守游击琳润,密商于余曰:"现有咒蛊人,能咒牛皮,如芥子大,一入腹中立死,试之而验,思以中敌。"余曰:"须善为之。大府不令拘衅,令暗伤之,贼无从藉口,但不可令制军知耳。"琳去,属蛊人依法咒之,入白面中,使营卒之狡黠者担负泉州贼船售卖。面色白净,价比泉郡稍减,夷人购数石去。营卒回,蛊人昼夜咒之,其是否杀贼,不得知也。后买得广东新闻纸,云:"夷酋白某,在厦门宴客中毒死;夷兵被毒死者几及百人,以粪汁救灌,得生者仅一二人。"计其时日,恰在售面之后。此计虽系阴谋,然英逆罪恶滔天,小惩创之,不为过也。(张集馨:《道咸宦海闻见录》,北京:中华书局1981年版,第69页)
　　英人是否确为中毒暂不论,单说张氏用毒之举。如果说当时的交战状态给予这种行为一定的正当性的话,张集馨"虽系阴谋"四字,仍然表现了一个士人忍心为此巫蛊异端之事时的犹豫。正是这一瞬间的犹豫,展现了"华夏"在处理华夷交涉时内在的冲突:儒学于待人接物,有一套仁恕之道,此种阴谋之事,本为儒所不为,而在"夷狄"身上,遽忍为之。

② 郭嵩焘:《郭嵩焘全集·日记》咸丰九年正月三十,第185—186页。

来去无常,而我力有尽"。而"僧邸见及此,所谓智勇神悟者哉"。①

另外,郭嵩焘原来主张水师不防于海,而防于江,僧格林沁并不认可。亲历大沽之后,郭嵩焘也认识到,"直沽河深不逾丈许,而湾环如旋螺,左右岸皆潮滩,每潮至,骤高丈许,时多烈风。夷船入内江,必乘风潮。我军桨力且不能施,势必不足以御之",于是"深服僧邸之言"。② 在具体军事布置上,郭嵩焘和僧格林沁的观点还是接近的。

在僧王筹防的同时,另一个重要的问题是届时如何与西人交涉。二月廿一日,直隶总督庆祺上奏认为"天津为京师门户,全局攸关,轻于议战,倘小挫固伤国体,即获胜亦非长策",请当夷人来津之时,"先示羁縻,派员迎至拦江沙外,与之理说",如果径入内河,则"衅非我开,断难听其蹂躏"。上谕在回复时,基本同意庆祺的意见,只是在最关键的闯入内河之处用了"再当观衅而动"的模糊字眼。③

僧格林沁接到上谕之后,即于二月廿九复奏,明确"若仍俟闯入内河,已入咽喉重地,再行观衅而动,则毫无把握",主张"以拦江沙内鸡心滩为限",如果夷人闯入,则"势不得不慑以兵威"。对于僧格林沁的这个处理,上谕也同意了,但在"势不得不慑以兵威"后面,又加了一句仍然模糊的"惟在僧格林沁相机酌办"。从这两次上谕的回复来看,朝廷对激而生变的担心,丝毫不在郭嵩焘之下。④

与此同时,咸丰帝特派怡亲王载垣至津。载垣之来有一秘密任务,即奉旨密商,如夷人入口不依规矩,可悄悄击之,只说是乡勇,不是官兵。郭嵩焘很不同意,告以"凡事须是名正言顺,须缓缓商之"。载垣对此的反应,"愦愦可笑"。载垣之议,又是中国不求自立之法的表现,郭嵩焘在日记中感叹道:"中国稍以礼自处,而有辞以声夷人之罪,以战亦为有名。今之忽悔忽和,持论不决,追念去岁燕山相国诸公主款之议,遗憾岂有穷也。"⑤

随着西人的扬帆北上,事态也越来越紧张了。郭嵩焘在开战前大约一个月时以《周易》卜了一卦,得《明夷》之《贲》。⑥ 按《周易》筮法,当占以明夷之上六,爻辞曰:"不明晦,初登于天,后入于地。"象辞曰:"初登于天,照四国

---

① 郭嵩焘:《郭嵩焘全集·日记》咸丰九年二月十一,第190—191页。
② 郭嵩焘咸丰九年四月初五致左宗棠书,《郭嵩焘全集·书信》,第34页。
③ 庆祺奏,贾桢等编:《筹办夷务始末(咸丰朝)》咸丰九年二月壬戌,第2821—2824页。又此段以及以下三段相关讨论,可参见茅海建《近代的尺度:两次鸦片战争军事与外交》,第358—359页。
④ 僧格林沁奏,贾桢等编:《筹办夷务始末(咸丰朝)》咸丰九年二月庚午,第2840—2843页。
⑤ 郭嵩焘:《郭嵩焘全集·日记》咸丰九年三月初九,第201页。
⑥ 郭嵩焘:《郭嵩焘全集·日记》咸丰九年四月十五,第211页。

也;后入于地,失则也。"此卜于未来之事,几乎道尽!

五月十七日,西方炮舰载着准备换约的外交使节抵达大沽,天津到了最关键的时候了。清朝要求使节不走大沽,改从北塘登陆;西人则要求清朝拆除大沽口之拦河障碍,以便轮船上溯。五月廿五日,西人强行闯入大沽口,双方接仗。此战清朝击沉英军炮舰四艘,伤毙联军将卒多人,获得大胜。①

郭嵩焘的日记恰从咸丰九年五月初一到九月廿三缺佚,当时具体的行踪,无从由日记得知。但在西人抵达大沽之后,到战斗打响之前,郭嵩焘曾致书胡林翼,认为"主战则事无了期,主款亦须俟事竣乃可撤防,殊增闷苦"。②他一如既往地不主张开战。

而在这期间,郭嵩焘对于僧格林沁的交涉手段十分不满意,两人终于发生了矛盾。五月十七日西人船抵大沽,僧格林沁马上上奏报告,其中说是日见有夷船在拦江沙外游驶,复有小杉板船驶入鸡心滩。僧格林沁"当即派令武弁改装易服,扮作本地乡团,询以此来何事。该夷声称系英国船只,赴京换约。该弁等谕以此间并无官兵,候知会天津各官,再行复信"③。郭嵩焘对此举极不满意,他后来说:"夷祸成于僧邸之诱击。去岁之役,先后奉诏旨十余,饬令迎出拦江沙外晓谕。洎夷船入内河九日,僧邸不一遣使往谕。去衣冠自称乡勇,诱致夷人,薄而击之。仆陈谏再四,又虑语言不能通晓,两上书力争。"④

前面言及,郭嵩焘的三段分办之说,最重要的就是"谕旨令制军先派员赴拦江外晓谕",后来也确实屡有谕旨,令"派委明干之员,迎到拦江沙外,与

---

① 本段及以下大沽口之战前后过程,可参见茅海建《近代的尺度:两次鸦片战争军事与外交》,第340—357页。
② 郭嵩焘咸丰九年五月致胡林翼书,《郭嵩焘全集·书信》,第28页。按书信全文曰:
再启者:前缄缮就十余日,以警报时至,迟久未发。十七日夷船驶抵津门,海口幸拦江诸具悉备,与炮垒对守数日,尚无动息。本日制军驰赴北塘,与之会议,将来准听入京一通聘,或可不至用兵也。主战则事无了期,主款亦须俟事竣乃可撤防,殊增闷苦。天津道来营之便,专托递呈□缄。
《郭嵩焘全集》系此函于咸丰八年,误。根据茅海建先生的研究,"制军"直隶总督恒福在咸丰九年五月廿三日曾照会英使卜鲁斯,告以当在北塘会商。"驰赴北塘"当在此后。又天津道来营,是因五月廿二日英提督照会清朝,要求拆除拦河障碍。(可参见茅海建《近代的尺度:两次鸦片战争军事与外交》,第344—345页;僧格林沁咸丰九年五月廿三奏,《英船到津要挟撤去防具并递照会折》,中国史学会主编:《中国近代史资料丛刊·第二次鸦片战争》[四],第95—98页)故郭嵩焘此信当写于咸丰九年五月廿五开战前,在廿三、廿四两日之间。
③ 僧格林沁等咸丰九年五月十七奏:《英船已抵天津海口折》,中国史学会主编:《中国近代史资料丛刊·第二次鸦片战争》(四),第79—80页。
④ 本段及下段,参见郭嵩焘《郭嵩焘全集·日记》咸丰十年十月初十,第362页。

之理论","派员晓谕令其停泊拦江沙外"。① 这是郭嵩焘希望中方做的。但另一方面,扮作乡勇也是咸丰帝派人密商之事,却为嵩焘强烈反对。同有皇帝之意,而郭嵩焘的取舍很明确,一方面"夷人之来有辞,当求折冲樽俎之方,不足与用兵",故晓谕为重;另一方面"即势穷力战,要使理足于己,庶胜与败两无所悔",故不做假扮乡勇这样名不正言不顺的事。

更重要的是,郭嵩焘将僧格林沁的做法视为"诱击",换句话说,僧格林沁是有意与西人开战。这是嵩焘将"夷祸"归狱于僧王最重要的原因。他为什么会这么认为?首先,谕旨屡命僧王迎出拦江沙晓谕,而僧王却等西人驶入鸡心滩后才与交涉。前面提到,鸡心滩已是僧格林沁开战的心理底线了,等西人开始触碰底线时才与交涉,这是失策。

其次,僧格林沁不派官员,却派假扮乡勇的兵弁,这个动作透露出他的某种心理。载垣密商时,说的是"如夷人入口不依规矩,可悄悄击之,只说是乡勇"。现在夷船闯入鸡心滩,无论其意是交涉还是动武,都可以说是"不依规矩"。从清军的角度来说,派出交涉的是"乡勇"而不是官员,大沽内肯定做了"诱击"的准备。

再次,似乎所派假扮乡勇的武弁口气也并不温和。郭嵩焘后来曾在评论于慎行的《读史漫录》时说:

> 所谓不辱君命者,正以君子之道自处,使敌人心服。若第以口语凌轹,斗捷取赢,互相诋辱,何益之有?国之强弱,固不在此也。去岁天津僧邸命二武弁赴夷船,必以无礼之词激之,亦其不学无术之征矣。②

僧王如何交代、武弁在夷船如何陈述、武弁用何种神情语气回来汇报,现在都不得而知,但其中定有让郭嵩焘觉得无礼之处。在他看来,这种无礼是在激怒西人,诱其来战。

总之,这三者共同构成了僧格林沁的过错,他"违背诏旨,诈称乡勇诱夷船深入击之,以增其愤"。郭嵩焘曾上十七个说帖劝谏僧王,"大致以为今时意在狙击,苟欲击之,必先自循理,循理而胜,保无后患,循理而败,亦不至于有悔",但"为书数策,终不能用"。③

因此,大沽口的胜利,在郭嵩焘看来是不循理,胜之不武。由此使夷人"增其愤",后患无穷矣。

---

① 可参见茅海建《近代的尺度:两次鸦片战争军事与外交》,第342页注3。
② 郭嵩焘:《郭嵩焘全集·日记》咸丰十年三月初八,第271页。
③ 郭嵩焘咸丰十一年正月廿一致叶云岩书,《郭嵩焘全集·书信》,第50页;《玉池老人自叙》,《郭嵩焘全集·文集》,第760页。

四　反思庚申之变：是非曲直之理乱

　　翰林为优游养望之职，而郭嵩焘却不但以晓畅戎机保荐南书房，更出随僧格林沁筹防天津，其机会不可谓不多、不好。大沽口之战后，郭嵩焘迎来另一次机会，即赴山东整顿税务，以之为天津海防经费。但郭嵩焘在烟台所设的厘局发生了毁局殴绅之事，他也被僧格林沁奏参，得到降级之处分。这让他颇为灰心，认为圣眷已有疏意。咸丰十年(1860年)春间，郭嵩焘请病假回籍。而这一走，恰好错过了英法联军攻入北京的"庚申之变"。

　　庚申之变以一场创巨痛深的失败，结束了中国和西方数年剑拔弩张式的比势量力。西方以这样残酷的方式，要求中国正视出现在海口的这群"夷人"。公使驻京这一双方交涉的关键问题颇具代表性。在中国人的感知中，它以一种西人或难想象的方式组成这种势的变化的一部分。正如蒋益澧所言：

> 迨咸丰十年求入都城，而住京公使楼阁相望，是昔之荡摇边疆者，今则履我户闼矣。挟制之势已成，而彼之所操更易；危险之机已中，而我之所处更难。①

　　起初士大夫对公使驻京的强烈反对，一个重要的理由便是凡我之虚实，尽为彼窥破。依据同样的心理，当驻京变为既成现实时，中国人容易感知到的并不是中外交涉由此增添了如何的便利，而是蒋益澧所说的"挟制之势已成"。自后人观之，公使驻京或许并没有那么大的实际威胁，但这更能反映它带给时人多大的心理冲击和精神压力。西方权势的影响，已经插入到了中国的心脏地带，这也意味着"夷狄"的问题在清朝的政治议程(agenda)中占据了越来越重要的地位。

　　正如杨国强先生所说，庚申之变使西方的影响进一步上升，在此之后，中国的自强常即带有"回应西人"的性质。② 中国所恃的主客之形，既已随着公使驻京等原因荡然无存，西人所长之坚船利炮，反而随着这种势的变化进入了中国人的视野，变成了各种自强之方中颇有吸引力的一种。中西定约之后，西人提出可以提供船炮助剿太平天国，有旨令曾国藩议覆。曾国藩在奏折中便说，当时一般人对西洋船炮的看法已是"震于所罕见"。而正伏处湖

---

①　蒋益澧奏，宝鋆等编：《筹办夷务始末(同治朝)》同治六年十一月辛未，第5046页。
②　杨国强：《论"庚申之变"》，收于《晚清的士人与世相》，第133页。

南的郭嵩焘也就国藩此语发表评论曰:"即今日朝廷之意,以为一购洋船,而即可以平乱者,犹数十年震于所罕见之心,积不能忘也。"①两人一于庙堂议草野,一于草野议庙堂,而都点出了西方船炮的重要性已然上升,可见朝野此见已渐成气候。

陈庆松所比拟的两人忿斗,形象地描绘了当时人对中西较量的理解。正因为中国自己也认为中西交涉是势力的较量,当他们相信中国的胜利能够使西人帖服时,也容易不自觉地相信中国的失败会使自己承认西人的强势。之前对"夷人"的强硬和现在的震惊,其共同的心理基础,仍在于在中西交涉中对势与力的尊信。

然而,中国所感知的西方是"以力服人",现实中的存在并不能在道义上使其存在正当化。外国公使驻京,法使哥士耆遍拜中朝一品大员,皆往投一刺,翁心存则因"独未及予"而感到"何多幸也"②。一个"幸"字,典型地反映了那时的士人对西方满怀厌恶而又无可奈何的心情。

"以力服人者,非心服也,力不赡也"(《孟子·公孙丑上》),庚申之变后中国人对西方的感知,正如孟子此语。因力有未赡,故"溯自庚申之衅,创巨痛深。当时姑事羁縻,在我可亟图振作,人人有自强之心,亦人人为自强之言;但面对"夷势駸駸内向","薄海冠带之伦,莫不发愤慷慨,争言驱逐",其实心未曾服。③

这也正是庚申之变影响的限度,它对士人在华夷势力强弱的判断上造成剧烈的冲击,然而在道义层面,庚申之变又并未彻底颠覆中国人对西方的鄙夷与偏见,攘夷之论借助复仇之说反而更加有力。帝师如倭仁,念念不忘"夷人吾仇",以西人"凭陵我畿甸,震惊我宗社,焚毁我园囿,戕害我臣民,此我朝二百年未有之辱"作为反对设立天文算学馆的理由。④ 布衣如黎庶昌,也疾呼复仇之义:"《春秋》许九世复仇,陛下奈何不以大义声动天下之人心,禁罢一切奇技淫巧,使激励奋发,人人深恶痛绝。"⑤由此造成了曾国藩所说的分歧:

> 中外交涉以来二十余年,好言势者专以消弭为事,于立国之根基,民生之疾苦,置之不问,虽不至遽形决裂,而上下偷安,久将疲荼而不可复

---

① 曾国藩奏,宝鋆等编:《筹办夷务始末(同治朝)》咸丰十一年七月庚申,第80页;郭嵩焘:《郭嵩焘全集·日记》咸丰十一年八月十九,第445页。
② 翁心存:《翁心存日记》同治元年六月二十,第1754页。
③ 奕䜣等奏、李鸿章奏,宝鋆等编:《筹办夷务始末(同治朝)》同治十三年九月廿七、同治十三年十一月初四,第9030、9118页。
④ 倭仁奏,宝鋆等编:《筹办夷务始末(同治朝)》同治六年二月己亥,第4558页。
⑤ 黎庶昌:《上穆宗毅皇帝书》,《拙尊园丛稿》,第26页。

振;好言理者持攘夷之正论,蓄雪耻之忠谋,又多未能审量彼己,统筹全局,弋一己之虚名,而使国家受无穷之实累。①

攘夷雪耻之"理"却变成了不顾具体时境情况、"势"力对比的硬性要求。

当人们还在从力量对抗上反思这次大失败时,郭嵩焘的观点别树一帜。他激烈抨击攘夷复仇之说,而指出中国在中西对抗中之所以失败,是因为"失道"。

前文说到,僧格林沁在大沽口获得胜利,而郭嵩焘却觉得是胜之不武。战斗结束后,郭嵩焘随直隶总督恒福在北塘会见美国使臣。咸丰九年(1859)六月底,郭嵩焘回京禀报,代僧格林沁为咸丰帝说明天津筹划剿抚事宜。他随身带着僧格林沁交其递奏之折,按常理推测,此折郭嵩焘当有参与起草。其中说到如果美、俄欲为调处,则对于英法"惟当论其是非曲直,相机应变,不激不随,以求理胜"。这正是郭嵩焘的一贯主张。②

但对于大多数人来说,之前因大沽之败,不得不签订《天津条约》,现在既然获得一胜,则正可借机更进一步,以取得交涉的主动。正如兵部尚书全庆、仓场侍郎兆纶所言:"臣等愚以为正当乘僧格林沁既胜之师,厚集兵力,大声天讨,挫彼凶狂。该夷蓦越重洋,势必不能持久,待其穷蹙,取前议而更张之,以绝其觊觎之心,办理方为得手。"此说正合咸丰帝之意,在"穷蹙"等字旁侧,他朱笔批示道:"此言最为切要,但不知将来能办到此地步否。"他谕知恒福,更明确地说道:"从来驾驭外夷,未有不归于讲抚者,专意用兵,如何了局。……上年天津失事,以致和议受亏,今幸得此胜仗,稍挫凶锋,趁此时与之开导,当易有转机。"③大沽口之胜使君臣更加坚定了原来的看法:交涉的顺逆就是通过战场上的胜负来判定的。

亲历这场大胜的郭嵩焘,也为其感到欣喜,但欣喜之余,仍存忧虑。他致书左宗棠说:"此间五月廿五日之捷,为二十年未有之快举……惟夷船之来无时,而防师不可撤,虑难与持久耳。"④他所担忧的,仍是"夷船之来无时"给中国造成的形势上的劣势。

郭嵩焘这段时间的日记佚失了。但我们能想象,像他这样亲历天津战事的人回到京师,会受到士人怎样的接待。由于获胜,郭嵩焘被赏戴花翎,这对

---

① 曾国藩同治九年八月初七奏:《请以陈钦署天津府折》,《曾国藩全集·奏稿》,第7053页。
② 郭廷以即认为郭嵩焘与于此折,见《郭嵩焘先生年谱》,第140页。原折见僧格林沁奏、贾桢等编《筹办夷务始末(咸丰朝)》咸丰九年六月壬戌,第3224页。
③ 兵部尚书全庆、仓场侍郎兆纶奏,上谕,贾桢等编:《筹办夷务始末(咸丰朝)》咸丰九年六月壬寅、咸丰九年六月戊戌,第3123、3086—3087页。
④ 郭嵩焘咸丰九年八月十一致左宗棠书,《郭嵩焘全集·书信》,第35页。

一般人来说,更是值得炫耀的事情。但似乎他表现出了不一样的精神状态。据其后来所说,当时是"人皆分美及鄙人,而独引以为忧"①。

这非即时的说法,但可以证实。李鸿章和郭崑焘提到:"昨得筠叟书,入京历陈后,仍回邸帅军中。贤王名士,共建荣勋,中外方交庆之,筠公何其忧思之远也?"②"独引以为忧"确有其事,而李鸿章的说法,又从一个外人的角度,将郭嵩焘和当时舆论的距离描述了出来。

然而,在当时的舆论环境中,郭嵩焘的"忧思"是被压抑的。他后来回忆道:

> 夷祸成于僧邸之诱击。……京师间以此说语诸朋好,多相抵牾。盖中国与夷人交接二十余年,固无有能知其要领者也。
>
> 夷务曲折,举京师无人能知其要领,独鄙人能见及一二而已,以告僧邸,愦愦不能省悟。至好如皡臣、眉生、碧湄,剀切与言,略无知者,是以鄙人于夷务不甚谈论,为知此者实无人也。③

即使和好友谈论,同意他观点的人也是寥寥。

尤其和全庆、兆纶及咸丰帝的想法不同的是,郭嵩焘不认为中西交涉必须通过战场的胜负来决定:"凡吾所言,非示弱也,道也。以道御之,以言折之,而固可不战也。其终战焉,而胜与负两无悔也。"但自从大沽口之战后,一切都太晚了。在庚申之变之前,郭嵩焘就已经断定:"去年无战法,今年无和法。何谓无战法?彼不求战,我何苦而战?何谓无和法?彼不受和,我何为而求和?"④大沽口之胜不但没有扩大自己的谈判空间,反而限制了自己的交涉选择。这是郭嵩焘对这场胜利忧心忡忡的原因。

在经历了山东的不如意后,咸丰十年请假回籍的郭嵩焘在湖南听到了英法联军攻入北京的噩耗,这让他愤懑不已。而士人的主战之说,成为他最激烈批判的问题。他甚至认为此次大变,"其祸成于僧邸,而实士大夫议论迫之然也"⑤。

在以力量对比衡量中外这一点上,郭嵩焘和其他人并无不同。他说:"中外之相制,强则拓地千里,可以战,可以守,而未始不可以和,汉之于匈奴、唐之于回纥吐蕃是也。弱则一以和为主,南宋之犹赖以存是也。"南宋主

---

① 郭嵩焘咸丰十年五月廿四致曾国藩书,《郭嵩焘全集·书信》,第 40 页。
② 李鸿章咸丰九年九月初八致郭崑焘书,《李鸿章全集·信函一》,第 13 页。
③ 郭嵩焘:《郭嵩焘全集·日记》咸丰十年十月初十,第 362 页;郭嵩焘咸丰十一年正月廿一致叶云岩书,《郭嵩焘全集·书信》,第 50 页。
④ 郭嵩焘咸丰十年五月廿四致曾国藩书,《郭嵩焘全集·书信》,第 40 页。
⑤ 郭嵩焘:《郭嵩焘全集·日记》咸丰十年十月初四,第 359 页。

战者之非,在于不言战于"秦汉强盛之时",却欲言战于"靖康绍兴积弱之日"。①

晚清中西力量对比的大背景,是当时中国内忧外患的局势。这种情形,主战者自然也都看到了,有如尹耕云在《天津条约》谈判时所说:"方今金陵顿兵,和、全继陷;云、贵警报频闻,衢、严攻围甚迫,内忧未敉,外患复起,诚智勇俱困之日。"然而尹氏认为,这种情形之下更需要战:"惟其乘我于险,愈不可不力挫其锋,倘委曲以求息事,则内而盗贼,外而回苗,皆将轻视中国,以启戎心。固今日之战,乃安危之转机,夷夏之大防,不惟不可不战,且尤不可不速战也。"②其说反映了当时人在内外交迫之时强烈的危机感,但这已是孤注一掷的心理了。

和主战者不同的是,郭嵩焘认为战、和只是两种策略的选择,"因时度势,存乎当国者之运量而已",本无价值上的优劣之分。此时中国之势已弱,所以实应以和为主。而主战者之误,正在于将战、和进行了价值判断,"以战为嘉名,以主战为伟论",这使得中国在战、和的决断上,自己减少了自己的选择可能。③ 应对这种全面危机,尹耕云采取的是孤注一掷的思路,郭嵩焘则采取了反思主战传统的思路。两人意见相反,实际上应对的问题是相同的。

然而,郭嵩焘除了认为主战者"不问国势之强弱",更批评他们"不察事理之是非"。④ 在他看来,"中国之于夷人,可以明目张胆与之划定章程,而中国一味怕。夷人断不可欺,而中国一味诈。中国尽多事,彝人尽强,一切以理自处,杜其横逆之萌,而不可稍撄其怒,而中国一味蛮。彼有情可以揣度,有理可以制伏,而中国一味蠢。真乃无可如何"。⑤

这种眼光源于郭嵩焘此前即认为的可与夷人以"理"相处的观点,背后反映的是他对"理"超越中西、华夷界线的坚信不疑。这也使得他能以更加开放的心态对攘夷之论提出批评:"杜氏所谓诸侯用夷礼则夷之,进于中国则中国之。春秋用法,以之治人,岂以地限哉?明乎此,而后可与言攘夷狄之大用。"⑥

对于郭嵩焘来说,庚申之变"论证"了他所坚信的"以理自处"的正确性,

---

① 郭嵩焘:《郭嵩焘全集·日记》咸丰十年八月初五,第350页。
② 尹耕云:《筹夷疏一》,中国史学会主编:《中国近代史资料丛刊·第二次鸦片战争》(二),第70页。
③ 郭嵩焘:《郭嵩焘全集·日记》咸丰十年八月初四、咸丰十一年正月初五,第350、382页。
④ 郭嵩焘:《郭嵩焘全集·日记》咸丰十年八月初四,第350页。
⑤ 郭嵩焘:《郭嵩焘全集·日记》咸丰十一年七月二十,第419—420页。
⑥ 郭嵩焘:《郭嵩焘全集·日记》咸丰十一年九月初六,第451页。

而攘夷主战之说则是造成天下大祸的原因。他严厉批评了主战者耻非其所：
"在廷士大夫哆口言战，千百为群。其立言不过主尊朝廷、攘夷狄，以议论相高。本非辱也，而视以为大辱若不可忍者。朝廷为议论所持，旁皇迷乱，莫知所措。僧邸乃遂以无道行之，以速成其祸。士大夫之无识，贻祸天下固有余哉。"①

郭嵩焘的反思逐渐深入，士人的耻非其所，被他视为当时普遍的风气使然。乡贤王夫之曾对明末士风有激烈的批评，郭嵩焘沿袭了他的风格，指出：

> 船山云：末俗有习气，无性气。其见为必然而必为，见为不可而不为，以悻悻然自任者，何一而果其自好自恶者哉！皆习闻习见而据之，气遂为之使者也。习之中于气，如瘴之中人，中于所不及知。……朝无大臣，群论嚣然，遂以郁成今日之巨祸。而天下相与发愤流涕，慷慨论争，如醉呓然，而谓之士气，皆所见之中于习气者也，随波而靡者也。②

庚申之变对士人是巨大的刺激。在此"蛮夷猾夏"的大变中，士人更加意识到自身兴起的必要性，攘夷复仇之说由此而兴起。它不仅是对中西对抗失败的反应，其实也反映了士风趋向的日益奋激。而郭嵩焘的独特之处在于，当长期受压抑的士气被家国大变激扬而起时，他的反思却指向了这个士气。这使得他的思想具有了非主流乃至反主流的特点，其"世人欲杀定为才"的自我定位，由此而来。

郭嵩焘又言：

> 弃礼捐耻，秦所以败。耻尚失所，晋所以替。耻非其所耻，尚非其所尚，上而朝廷士大夫之习尚，下而草野之风气，其所由来渐矣。一朝有一朝之习尚，知其习尚之异同出入，而后可与论世；不为习尚所眩而一揆之以义，而后可与论道。③

士人随风气而靡，不能辨明是非之理，是造成庚申之变的根本原因。这是郭嵩焘的思考最为独特的地方。他庚申之变后在解释《剥》卦时说："阴之剥阳，非能径剥之，先乱其是非曲直之理也。是非曲直之理乱，而后朝廷无赏罚，草野无风俗，而天下之大乱以成。"④一言以蔽之，中国之败，源于"是非曲直之理乱"的"失道"。

---

① 郭嵩焘：《郭嵩焘全集·日记》咸丰十年九月廿九，第358页
② 郭嵩焘：《郭嵩焘全集·日记》咸丰十一年七月二十，第420—421页。
③ 郭嵩焘：《郭嵩焘全集·日记》咸丰十一年正月廿六，第386—387页
④ 郭嵩焘：《郭嵩焘全集·周易内传笺》，第147页。

如果中国败在力量之不如、船炮之不敌，"夫以角力盈绌者，于文野亦何关？"①但如果中国之败源于"失道"，则根据"诸侯用夷礼则夷之，进于中国则中国之"的原则，有可能就需要重新审视中西的华夷之别、文野关系。郭嵩焘的这种思考，暗含着从根本上对中西关系认知的颠覆。这一点会在后文具体展开。

如果说此前郭嵩焘已经意识到中国面对西方时"理势俱穷"的态势，庚申之变则意味着这种态势已造成严重的后果。在"势"方面中西强弱的判断上，郭嵩焘和同时人分享了近似的观点；但在"理"的方面，郭嵩焘形成了自己独特的反思。攘夷复仇之论更多诉诸"夷人吾仇"的中西区别一面，郭嵩焘以"理"相处的观点则更加强调中西相通的一面。中国在中西关系上的"失道"可能造成如此可怕的结果，这也使得郭嵩焘在未来更加坚持其"循理"的思路，乃至谤满天下而不惜。

对于郭嵩焘的独特反思，或许还有一种隐微的联系值得关注，那就是满洲这一"旧夷狄"对像郭嵩焘这样的中国士人泯除华夷界线、接受西方"新夷狄"的启发作用。

我们可以将郭嵩焘的观点和汪士铎进行比较。汪士铎这位在日记中有很多偏激观点的士人，在夷狄问题上与郭嵩焘一样持开放态度，他说："夷狄者，古人之私心而有激之言也……不用礼义，则中国可谓之夷；用礼义，则英吉利、米利坚亦不可谓之夷。此以夷为贬辞之说也。"②

汪士铎身处清朝与太平天国交战之地。太平天国在宣传中诉诸夷夏之别，将满洲统治者视为异族③，汪士铎就说到"此间士人有以本朝为夷者"。汪氏乃大驳之，认为这是"不知宋明之人身受其害，有为言之。身为人臣而敢言之，有是理乎？"

汪士铎的说法提醒了我们，"夷狄"一词可以使当时人联想起的除了"英吉利、米利坚"，还有"本朝"。将"本朝"称为"夷狄"的说法在清代虽被压抑④，却仍顽强地存在着。换句话说，"夷狄"在晚清是一个特殊的话语，它既勾连着"英吉利、米利坚"这些晚近到来的"新夷狄"，还勾连着"本朝"这个现在占据中国正统、在宋明之时却被视为与华夏相敌对的"旧夷狄"。后者虽

---

① 鲁迅：《坟·文化偏至论》，《鲁迅全集》（一），第46页。
② 本段及下段，见汪士铎《乙丙日记》，第121—122页。汪士铎对儒学的许多方面有激烈的批评与反思，可见王汎森《汪悔翁与〈乙丙日记〉——兼论清季历史的潜流》，收于《中国近代思想与学术的系谱》。
③ 参见姜涛《关于太平天国的反满问题》，《清史研究》2011年第1期。
④ 关于这种压抑情况，可参见王汎森《权力的毛细管作用》（修订版），北京：北京大学出版社2015年版。

被压抑,却并非不存在。表现在满与汉之间的旧的夷夏问题一直在清朝被压抑着,现在却随着西方的到来,夷夏问题由新的渠道(中与西)重新迸发了出来。

对于认同清朝的士大夫来说,满汉之间的夷夏问题仍然需要避忌,但中西之间的夷夏问题却不需要。这是我们理解近代中国人的夷夏观时不能忽视的,因为它意味着清代的中国人在讨论夷夏时,身处的情形与宋明的士大夫非常不同,这也是汪士铎会讽刺那些人"不知宋明之人身受其害,有为言之"的大背景。

我们要讨论的,也正是"夷狄"和"本朝"的关联怎样影响郭嵩焘在面对西方时对"夷狄"有与众不同的理解。可以注意到,郭嵩焘也曾自觉不自觉地将"本朝"和西洋相提并论。咸丰八年,郭嵩焘曾在日记中记述了刘熙载的话:

> 言习清文者,以清汉对音字式、圆音正考二书为根本。大抵中国从文不从音,外国从音不从文。所以中国文教之盛,自黄帝正名百物始,忆万年书同文,行同伦,不能改异。本朝起极东,自东逶北,以达于西洋,皆各以其音为文。故习清文者,必先审音。每一音而有圆音尖音之分。予尝见西洋通汉文者,叩其名姓,答言吾国文字以声转,不如中国有主名也。大率外人皆如此。所以佛氏经典,至今赖中国文字以传。叩之五印度人,无能通其义者,由古今之音异故也。①

"中国从文不从音,外国从音不从文",而清文在这个规则之中,却是属于"外国",与"西洋"相同。

郭嵩焘不知不觉中表达出了满洲与西洋接近,却与中国有差距。我们不能因此认为郭嵩焘有贬抑满洲的意思。相反,对于像汪士铎、郭嵩焘这样认同清朝的士人来说,"身为人臣"的君臣之义超过了那种夷夏的意识。这使得他们可以站在与宋、明两代的士大夫不同的立场上来理解宋金之争、明清之争。② 曾国藩曾将庚申之变拟为"金宗迁蔡"③,即以金朝而不是宋朝的立场发言。而郭嵩焘的例子,则可以参考其一则日记中对清初故事的记载。要注意到他借此则故事实际是在讨论当时中西对抗的时局:

> 天聪六年,召王文奎、孙应时、江云三人入宫,问与明议和得失。文

---

① 郭嵩焘:《郭嵩焘全集·日记》咸丰八年十一月廿八,第169页。
② 王汎森指出,清代出现歌颂历史上异族所建立之政权,并贬低汉人政权的风气。此于清代中期以后逐渐成为气候。(《权力的毛细管作用——清代文献中"自我压抑"的现象》,收于《权力的毛细管作用》[修订版],第418—420页)
③ 曾国藩:《曾国藩全集·日记》咸丰十年九月廿九,第541页。

> 奎奏言:汉人以宋辙为鉴,俱讳言和。虽以圣主好生之德,不忍明国生民涂炭,欲安息待时,反以我为可愚。区区边塞小臣之盟誓,岂足据哉。若明福祚尚在,天启其衷,和事可成,于我国亦稍有利焉。及是时,拓我边疆,裕我国力,用贤以养民,抚近而招远。我国以逸,彼国以劳,孰谓辽东之地,不可同汉高之一举灭楚哉?然欲和则竟言和,和事难以一言尽。不和则竟言战,战事则一言尽也。以国家兵力,值中原扰乱之秋,率兵直入,黄河以北,非明有也。应时言:明人恃其土广人众,必不轻于议和。虽然,和者,两国之大利。不和则两国亦势难并立。今惟有秣马厉兵,有进无退而已。江云言:昔金主入汴梁,执二帝,兵力甚强,势若破竹,莫有能当之者,而不能扫清于一时,非心不愿,力不足也。揆厥本原,由一统之谋未尝预定耳。昔大兵克取大同,易如反掌,是皇上神武,不事杀伐,宣布仁信,愈于兵力战功,此预定一统之大略也。讲和之事,断决为难。若果两国讲和,安宁天时,此乃明国之大幸也。今姑以和议试之,明若不识天时,息忽和事,则我兵入境攻取,亦为有名。明国官民,亦无复有议我之非者。我兵战则必胜,攻则必克,可以纵横于天下。明欲和,则与之和,否则是天以天下与皇上也。宜速布信义,任用贤人,整兵一入,天下指日可得,又何必专言和好哉。观此三公之言,知己知彼,天下大局瞭然于心。其官微耳。明臣当事者,守硁硁一隅之见,疾首蹙额,持短长之议,其终以亡人之国,历数百载而不悟,不亦大可哀哉。①

郭嵩焘此论站在清朝而非明朝的立场上,没有什么奇怪的。但很显然,他是用明清之际的典故来申说目前中西对峙的情形,申明盲目主战者之非,而皇太极时期的清朝所对应的却是西方。这也清楚提示了我们清朝的异族统治如何影响郭嵩焘对中西问题的判断。对满洲异族统治的认同一定程度上模糊了夷夏大防的界线。满汉问题和中西问题自然具有不同的性质,但它们在不同的时期中都曾使用过夷夏的话语。随着清朝统治的稳固,满汉之间的夷夏话语被压抑,一定程度上被君臣之义所置换②,这是当西方到来之时许多

---

① 郭嵩焘:《郭嵩焘全集·日记》咸丰十年六月十七,第334—335页。
② 有如雍正帝所说:"朕览本朝人刊写书籍,凡遇胡虏夷狄等字,每作空白,又或改易形声,如以夷为彝,以虏为卤等字样,阅之殊不可解。……夫中外,地所画之境也;上下,天所定之分也。……以为宜讳于文字之间,是徒辨地境之中外,而竟忘天分之上下,不且背谬已极哉!"(雍正十一年上谕,转引自《湖南通志》卷首二,第54页)此言其实更针对其对手曾静而发,曾静有言:"如何以人类中君臣之义,向人与夷狄大分上用?管仲忘君是事仇,孔子何故恕之,而反许以仁?盖以华夷之分大于君臣之伦。"(《知新录》,转引自钱穆《中国近三百年学术史·吕晚村》,北京:商务印书馆1997年版,第92页)随着清朝统治的巩固,雍正之说逐渐被大多数人所接受。

人可以重提夷夏之别而无须忌讳的原因。但在这个过程中,夷夏话语虽然被限制在中西关系这一特定的范围中,毕竟需要被重新提出来。随着时势的发展,它也逐渐不再仅限于应用在中西关系中,后来竟演成轰轰烈烈的反满情绪。从这个角度来看,清代的异族统治和西方的到来是互相影响的。汪士铎、郭嵩焘的观点表明,清朝的异族统治有助于当时一部分人以一种较开放的心态处理中西关系;而后来的反满则体现了另一个方向的影响:随着中西矛盾的加重,人们对种族、文化之间的差异意识越来越敏感,反而成为质疑清朝异族统治合法性的一个重要诱因。① 而二者共同使用过的夷夏话语,是连接二者的桥梁。

由此我们可以发觉一个重大的区别。如前所言,郭嵩焘对庚申之变的反思、特别在对士气的批评上,是颇受王夫之影响的。但嵩焘在夷夏问题上"以理自处"的观点,却与船山截然不同。在王夫之看来,天下大防有二,其一为君子小人之分,另一个便是中国夷狄之别。而在面对夷狄之时,王夫之认为"夷狄者,欺之而不为不信,杀之而不为不仁,夺之而不为不义者也",其间之原因,在于夷狄不属人类:"信义者,人与人相干之道,非以施之非人者也。"②这种观点与郭嵩焘绝异。

郭嵩焘无疑不会赞成王夫之这样的观点,但现存郭嵩焘的文字对这么重

---

① 《清稗类钞》有一条曰:

> 光绪中叶后,出洋留学者日多,以我国衣冠之为外人所揶揄也,皆改西装,及归,亦沿用之。于是凡在都会及通商口岸之少年,以为是固学生之标识,足以夸耀乡里也,乃相率仿效。顽固党见而大愤,恶其服或外国之服,加以诮让,黠者还叩之曰:"吾改西装,固外国之服矣。公试临镜自照,亦古之深衣否? 盖亦满洲衣冠耳。满洲在明亦外国,是公与吾,固皆服外国之服也,又奚择焉!"(徐珂编:《清稗类钞》[4]讥讽类·皆服外国之服,北京:中华书局1986年版,第1659页)

由此可见对中西之别的认知如何反向勾起对满汉之别的意识。清朝的满汉关系和近代的中西关系之间在多大程度上互相影响,这个问题或许值得特别关注。

而且不仅需要关注汉人一方,满人一方的感知也有在今天看来尚难理解之处。如同治年间的恒祺、文祥都曾向英使卜鲁斯以及赫德私下表达过对汉人力量上升的担忧(可见凯瑟琳·布鲁纳等编《赫德与中国早期现代化:赫德日记:1863—1866》,1864 年 6 月 17 日、6 月 26 日、6 月 28 日、7 月 4 日诸条,陈绛译,中国海关出版社 2005 年版,第 175、186、188、192 页);而义和团时期,甚至向被视为排外的刚毅也曾派出使会见英国福音布道会主教斯考特的中文秘书余福,特别表达了对总理衙门汉人大臣的不信任:"这些人大多数人是汉人,他们可能会故意把事情搞得复杂化,给满族政权带来灾难",英国公使窦纳乐就此向国内汇报时也指出了刚毅关于"汉人大臣图谋不轨,意在推翻满族政权的说法,确实很有意思"(FO 17/1411,转引自相蓝欣《义和团战争的起源》,上海:华东师范大学出版社 2003 年版,第 150 页)。通常来说,满汉矛盾应该是颇为敏感的政治话题,为何满人官员会向西人表露,其中曲折,尚待考察。

② 王夫之:《读通鉴论》东晋哀帝三、五代上二、汉昭帝三,《船山全书》(十),长沙:岳麓书社1991 年版,第 502、1081、154—155 页。

大的歧异竟无一字及之。郭嵩焘肯定知道王夫之的这些文字,也肯定知道王夫之笔下的"夷狄"往往都在暗指清朝,这种观点的差异却没有影响郭嵩焘对王夫之的宗仰、对其攘夷之外其他观点的借鉴。或许这会令人困惑,但如果意识到两人对清朝的满洲统治有着截然相反的认同感,则两人对待夷狄态度上的差别也就不难理解了。很可能郭嵩焘将其视为各为其主,给予王夫之理解之同情。

在对王夫之推崇备至的基调上,郭嵩焘在夷狄问题上的观点与船山绝异,这种差异或许更可以说明清代的异族统治如何影响士人对夷夏观念的理解。甚至可以大胆猜测,和同时代人相比,郭嵩焘之所以那么坚执"以理自处"的观点,或许有王夫之间接的影响。夷夏话语由于涉及满汉关系,在清代一直被压抑,直到西方到来才逐渐被重提。主张攘夷的人一方面沿袭宋明以来的主流意见,坚持夷夏之别,另一方面却认同满洲对中国的统治,其实潜在地在夷夏问题上是相矛盾的——只是由于他们早已不用夷夏之别看待满汉问题,才没有意识到这种矛盾。郭嵩焘无论夷夏皆当"以理自处"的观点则没有这种矛盾,但它和宋明以来主流的夷夏观点却是相悖的。要论证这种以理自处的观点,就需要重新审视宋明以来夷夏相抗的历史,就必须重翻一般人已经遗忘的满汉夷夏问题。换句话说,郭嵩焘在中西关系上与众不同的观点,意味着他需要在夷夏问题上比别人多一层敏感。这种敏感从何而来?一个很可能的原因,就是他既在学行上宗仰王夫之,却又在明清汉满的夷夏问题这一点上不认可王夫之。因此,在别人没有意识到矛盾的地方,他意识到了,进而提出了新的看法。

攘夷的观点是有悠久的传统的,敏感的郭嵩焘则开始要反思这样的传统。他着手写作一部书,名叫《绥边征实》。这本书主旨在于:"取秦汉以来中外相制之宜,辨正其得失,而不必以成败为是非,其于经世致远之略,粗有发明。自南宋以来,议论多而控御夷狄之道绝于天下者五百余年。征实者,以砭南宋后虚文无实之弊也。此书出后,世必有信吾之说,以求利济于天下者,此鄙人之志事也。"① 如果对比庚申之变前的郭嵩焘,那时的他尚"于夷务不甚谈论",现在反而要著书公言之了。可以说正是中国的这次大失败,使得一种原本被压抑的反思方案逐渐破茧而出。

之所以要反思攘夷传统,因为是它塑成了当前士人的风气,酿成了大祸。所以郭嵩焘著《绥边征实》,"以砭南宋以来士大夫习为虚词,而数千年是非得失,利病治乱之实迹,遂无知者。物穷则变,变则通,朝廷无人,则草野著书

---

① 郭嵩焘同治元年致陈懿叔书,《郭嵩焘全集·书信》,第96页。

者之事。……今天下能辨此者,舍我而谁哉?"①由于痛感"草野无风俗"所造成的天下大乱,乃有"草野著书"之事。郭嵩焘自膺挽回风气之任,而开始对一般的清议展开了激烈的批评。这也是后来马嘉理事件时郭嵩焘不惜触犯清议、批评主战思维的思想由来。

当时人很大程度上将中西对抗视为比势量力的过程,心同理同的观念为华夷之别所间隔。中国面对西方的失败,更被视为或是中国战略上的战和不定,或是兵惰将骄的作战不利,或又被视为中国船炮不如夷人的技艺不敌,多是从"力"或"器"的层面来理解。而郭嵩焘提到中国人不能"以理自处",却意味着中国的失败源于"失道"。他后来到了西方,意识到"自西洋通商三十余年,乃似以其有道攻中国之无道"②。西方如何"有道",郭嵩焘此时尚未详细理会,但中国之"无道",已经被他在中西对抗的失败中总结出来了。可以说,这样的思维方式,已经开启了后世从"道"的层面理解中西对抗的思路。后世不仅仅将中国的失败视为单纯的势力不敌,而更从文明、文化的层面上来理解双方的胜负,这样的思路和郭嵩焘的理解一脉相承。

---

① 郭嵩焘咸丰十一年致方子听书,《郭嵩焘全集·书信》,第64—65页。
② 郭嵩焘:《郭嵩焘全集·日记》光绪四年五月二十,第523页。

第四章 乱时疆吏

一 巡抚:以挽回风俗为己任

咸丰十一年(1861)清文宗驾崩于热河。冬间,热河的两个太后联合京师的恭亲王奕訢,在咸丰帝棺椁回京时发动政变,废除奉有遗命的八个顾命大臣,杀载垣、端华、肃顺;又变改祖训,太后垂帘,命恭亲王为执政王,改原定的祺祥年号为同治。一时朝野震动,史称"辛酉政变"或"祺祥政变"。

政变和郭嵩焘是有联系的。因为郭嵩焘曾经为陈孚恩所推荐,而陈孚恩和肃顺等人一直走得很近,很快便因政变而被发配新疆。嵩焘听闻载、端自尽、肃顺伏诛之讯,有诗曰:

> 茫茫祸福本无涯,夹陛躬桓自一家。已报汉廷诛贝瑗,终疑晋法坐张华。西陵羽卫真匆遽,东市衣冠谁叹嗟。怙乱持权同一尽,追思人事始萌芽。①

张华,晋臣死于八王之乱者,此处实为郭嵩焘自谓。张华之疑,最能体现郭嵩焘对如此大变牵连己身的担心。

辛酉政变是当时朝廷的一次重大变动,是一次新的政治力量推翻旧的政治力量的宫廷革命。但政变并没有导致人心解体,反而得到当时人的拥护,这反过来也表明当时士人对肃顺等人掌权是不满意的。由"怙乱持权同一尽"一句可以看出,尽管担心自身受牵连,郭嵩焘却是支持政变的。此前在听闻咸丰帝殡天之时,郭嵩焘以诗挽之,其中就有"纷纭齐赵势"之句,且自注是"时怡邸、郑邸秉政"。② 齐赵政在大夫的讥刺,正是"怙乱持权"四字的

---

① 郭嵩焘:《郭嵩焘全集·日记》咸丰十一年十二月初二,第486页。
② 林昌彝:《海天琴思录》,上海:上海古籍出版社1988年版,第94页。按郭嵩焘《养知书屋诗集》卷十、日记咸丰十一年八月初九皆录有《大行皇帝挽词》四首,但都没有注语,注语只见于林昌彝书中所录。

最好注脚。而"东市衣冠谁叹嗟"一句，犹表明郭嵩焘这种观点不是一人之见，而是他和身边许多人共同分享的。

郭嵩焘担心政变衍成攻讦罗织，政争无已，自己亦受牵连，但这样的事情并没有发生。咸丰十一年十月廿九日有上谕曰：

> ……因思载垣、端华、肃顺权势薰灼，肃顺管理处所尤多。凡内外大小臣工赠答书函，均恐难与拒绝。当兹政令维新，务从宽大。自今以后，诸臣其各涤虑洗心，为国宣力，朕自当开诚相待，一秉大公，断不咎其既往，稍有猜疑。所有此次查抄肃顺家产内帐目、书信各件，著议政王、军机大臣即在军机处公所公同监视焚毁，无庸呈览，以示宽厚和平、礼待臣工之意。①

这样的做法，无疑能让许多像郭嵩焘这样"终疑晋法坐张华"的人松了一口气。政变的影响没有扩大，郭嵩焘的注意力也从一开始对一己的担心，渐渐转移到对新政的观察上去。

同治新政给人耳目一新的感觉。之前郭嵩焘抱怨朝廷不能用士林认可的人。这种情况在同治初年得到了改变。有如李榕所说："内间自两宫亲政，力求治理，近以天津知府石赞清授府尹，起在籍沈观察为江西巡抚，改授彭中丞为兵部侍郎，李希帅调皖抚，严渭翁调鄂抚，措置皆餍人心。外臣恩遇，于节帅（按曾国藩）特隆，南服之封疆将帅，凡有黜陟，皆与赞画。"②朝廷又起用了翁心存、王茂荫等在士林享有威望、却曾被肃顺等人打压的官员。对于帝师这个重中之重的位子，更起用老成人如前朝老臣翁心存、祁寯藻，以及理学家倭仁，共膺此任。除此之外，朝廷又放宽了对疆吏用人的限制，于疆臣保荐人员，往往破格超迁，最典型的是骆秉章重用的刘蓉，以生员之功名，不两年即从知县超迁藩司，至于巡抚。

朝廷另一个重要的举措，是屡屡下诏求言。求言诏令在朝野引起的反应，以黎庶昌最具代表性。清代对上书者身份本是有限制的，黎庶昌布衣上书，却得以上呈，朝廷且将其中胪陈各条着各衙门分别议奏。而对于庶昌本人，更是优加处置："黎庶昌以边省诸生，摅悃陈书，于时务尚见留心。方今延揽人才，如恐不及。黎庶昌著加恩以知县用，发交曾国藩军营差遣委用，以资造就。"③庶昌后成为曾国藩弟子，晚更出使各国，一生事业肇基于此。朝

---

① 《清实录·穆宗实录》卷九，咸丰十一年十月甲申，北京：中华书局1987年影印本，第231页。
② 李榕同治元年春致姚秋浦书，《李申夫全集》，台北：文海出版社1970年版，第138页。
③ 《清实录·穆宗实录》卷四十五，同治元年十月丁亥，第1228页。黎庶昌原折见《上穆宗毅皇帝书》，《拙尊园丛稿》，第19—30页。

廷求言,士人进言,朝廷优赏,士人成才。这种良性的循环,一定程度上反映了同治新政的效果。

郭嵩焘对此都看在眼里,他在和友人的通信中说:"新政焕然,尤加意求贤直,是能见其大意者,国家中兴之业,可复见耶?"这是很高的评价。后来他更说:"自道光以来,贤否举措,犁然有当人心者盖寡。同治初元,恭邸始膺大政,日怀戒慎恐惧之心,振拔人才,考求实效,天下颙颙望治,以成中兴之功,实六十年来所仅见者。"①可见之所以对同治新政评价那么高,一个很重要的标准,就是新政改变了道咸以来用人"无一足副民望"的情形。

前文说到,用人不副民望,是上下之情不通的一个重要表现。那本是郭嵩焘对时局最担忧的一个问题。现在朝廷居然能够"见其大意",从根本处下手,这是世臻有道的征兆。天下有道则见,对于郭嵩焘来说,这是一个难得的时机。而新的机会也适时地降临到他身上。

由于李鸿章的推荐,郭嵩焘以翰林院编修出任苏松粮储道;在粮储道任上半年左右,复由于原两淮盐运使乔松年的推荐,代任其职;又过了三个月左右,经两广总督毛鸿宾的推荐,朝廷以郭嵩焘署广东巡抚。从同治二年(1863)九月到同治五年(1866)五月,郭嵩焘署任抚篆。不出两年的时间,原为翰林院编修的郭嵩焘一迁再迁,竟至封疆。末一迁从盐运使超升署巡抚,更是略过了按察使、布政使两阶,连跳三级。

同治新政让郭嵩焘看到臻治的希望,自己又正在新政中仕途大顺,这样难得的时机,怎能不趁之大展拳脚呢? 用他自己后来的说法:"初任粤抚,方在盛年,体气原极虚弱,而精力尚足,未尝敢以第二流人自处。"②他怀着一股可以有为的热情,赴任广东。

巡抚不仅有治理地方的任务,作为中央派出到地方的国家代表,更有将地方联系到一个更大的政治体中去的功能。当时广东需要为皖浙筹饷,势必要为了更大的整体利益而牺牲本省的利益。担负这样使命的巡抚自然不会受到当地人的欢迎。金陵攻下后,湘军军饷不必负担,然而太平天国余部又南向至粤,一时广东面临大敌,而军饷仍是急务。

饷需分毫出自民间,筹饷的任务也使得郭嵩焘背负苛敛之名。当时就有联语:"人肉吃完,惟有虎豹犬羊之廓;地皮刮尽,但余涧溪沼沚之毛。"讥刺

---

① 郭嵩焘同治元年三月十三致龙汝霖书,《郭嵩焘全集·书信》,第 88 页;《郭嵩焘全集·日记》光绪五年三月廿七,第 84 页。
② 郭嵩焘:《玉池老人自叙》,《郭嵩焘全集·文集》,第 763 页。

郭、毛之施政。① 对此，郭嵩焘认为："天下糜烂，岂能安坐而事礼让，当以吾一身任天下之谤，但得军饷稍给，吾身有何顾惜。"②在他看来，那是一个已经不能"安坐而事礼让"的时代，勇于任事的他也毅然起而任怨。

要牺牲广东的小我以成全整个清朝的大我，就需要诉诸某种黾勉从公的精神。郭嵩焘作为一个湖南人，引以为自豪的也正是湖南人的这种精神。如其所言："民情各私其财，各专其利，自古为然……湖南所以稍能尽利，专恃地方绅士主持正论者为多，商贾百姓，不敢有所异同。"③然而广东经多年之乱，民间财用久被征求，绅士的积极性已不如初乱之时。在郭嵩焘看来，这是士风败坏的表现。有人谈起广东人之弊，曰懒，曰好利，嵩焘则说："只是一弊：勇于营利，怯于顾公。"④直斥之而不顾。郭嵩焘甚至在公开场合也表达了这个意见，在湖南的李榕就说郭"一入粤而倡言粤绅要钱不要脸，遂无一人可倚任，至举国大哗而不自悟其非"⑤。这样的话使郭嵩焘在广东失去许多支持，然而他之所以有那么大的反应，反过来也说明他感受到湘粤之间人心差别之强烈。湖南和广东的这种对比使他感到了当时面临最迫切的问题，不是国家苛敛人民，却是人心不顾国家。

广东原本民风彪悍，宗族势力甚强，而咸丰年间的红巾军起义，英法联军占领广州，更让政府的权威接连受到冲击。地方势力甚强，政府权威不足，郭嵩焘自己却担负着将广东的财富向外输送的任务，这实际上将他放到了一个极易与当地发生冲突的位置上。郭嵩焘急进的性格，他此时扶摇直上的官运，使他不愿意在这种冲突面前妥协，而思有所挽回。

重建政府的威信，以整顿吏治为本。嘉道以来清朝长期治理的问题不在于国家过度作为，苛虐于民，却在于官吏的颟顸不管事。郭嵩焘咸丰年间所说的上下之情不通，也针对着这种情形。此时在可为之位，嵩焘乃定立准士民拦舆越诉十条。其中第一条就说：州县讳盗为窃，不收受民词，或有抑勒者，准其拦舆。⑥ 这是一种措施，更是一种姿态，表明他扭转这种风气的决心。据郭崑焘说，至郭嵩焘即将卸职时，"一出门则拦舆者纷至，有言其去而

---

① 赵烈文：《能静居日记》（三）同治三年七月初五，台北：学生书局1964年版，第1906—1907页。
② 郭嵩焘为《荔湾话别图》所作之序，见黄濬《花随人圣庵摭忆》，上海：上海古籍出版社1983年版，第102页。
③ 郭嵩焘同治三年十月初九奏：《各省抽厘济饷历著成效谨就管见所及备溯源流熟筹利弊疏》，《郭嵩焘全集·奏稿》，第202页。
④ 《郭嵩焘日记》（二），同治三年正月廿七。
⑤ 李榕同治四年致李鸿裔书，《李申夫全集》，第193—194页。
⑥ 郭嵩焘：《郭嵩焘全集·日记》光绪五年五月廿八，第135页。又可见郭嵩焘同治四年八月初一奏《御史潘斯濂所陈两条始终办理情形片》，《郭嵩焘全集·奏稿》，第520页。

流涕者"①。如果没有他允许越诉之事,也不会出现拦舆纷至的情形。

郭嵩焘在广东"以挽回风俗、振厉人心为己任"②,其挽回风俗人心,正以重建官府的形象,重树官府的权威为根本。他曾记一事:

> 宋儒苏文忠公之言:国家所以存亡,在道德之浅深,而不在乎强弱;历数所以长短,在风俗之厚薄,而不系乎富与贫。若是者,强而无道德,富而无风俗,犹将不免于危乱。今吾民之弱极矣,而道德之消削亦愈甚;贫极矣,而风俗之偷薄亦愈深。此所以为可忧也。往在广东,州县不完钱粮者,县官募集兵勇,择一二强乡围攻之,以勒取兵费。嵩焘因示禁,务追求其钱粮,不准私取兵费。会得龙川县禀报,有强乡劫掠恤银一案。急发兵助攻,而已乘间胁取兵费,拦助〔阻〕省兵。遂即具疏劾之。司道为之乞恩,云此广东积习然也,百姓以自祖父无完粮事,愿缴兵费,而不乐居完粮之名,州县又以完纳钱粮须给照,须政〔解〕省,而兵费皆入私橐,故亦愿收兵费而不乐有完粮之实。嵩焘答言,诸君视积习为固然,某则视为必不可宽假。乡人有殴父者,其家积世殴父,曰,是其家积习然也。某于此必不可容,须是督令改化而后已。③

地方不完钱粮而抗拒之,州县宁勒兵费而不求完粮,国家于此已有解体之象。吏治颠顶而民间扰乱,使得郭嵩焘必须积极有为。他此时的挽回风气、振厉人心,无法采用儒生常言的"德化",而必须综核名实,参用刑法乃至兵威。

新官上任三把火。毛鸿宾、郭嵩焘"初至首议整顿之事"就是联衔奏请变通办理盗案,请将拿获叛乱者可就地正法。嵩焘后来在一份奏折中具体解释道:"臣等每次会讯盗案,于为首要犯反复研讯时,不免怀疑故常,以为加恩盗贼,莫如加恩承缉盗贼之文武官吏,使之不为处分所累,有余力以求真盗。若复于刑部原律加入情有可原一条,是盗贼杀人,官吏莫之能禁;官吏杀盗贼,例文反能禁之。以此行之休养无事之时则可,以此行之今日则不可;以此行之他省犹可,以此行之广东则大不可。是以今日治盗,有从严无从宽,有速断无久稽。非直寇乱方急,宜求禁暴之方,酝酿太深,尤为救弊之术,亦律文本意固如是也。"④

这是典型的乱世用重典的思想,和咸丰帝在位时的做法相近。郭嵩焘自

---

① 郭嵩焘同治五年致曾国荃书,《云卧山庄尺牍》,台北:文海出版社1867年版,第364页。
② 郭嵩焘:《伯兄筠仙先生五十寿序》,《郭嵩焘集》,第15页;郭嵩焘自己也说"当官行政在能挽回风俗人心"(《郭嵩焘全集·日记》同治四年正月初五,第56页)。
③ 郭嵩焘:《郭嵩焘全集·日记》光绪六年九月初一,第300—301页。
④ 郭嵩焘同治二年十月十五奏:《请变通办理盗案片(会总督衔)》;同治三年奏:《保奖获盗人员恳酌量变通并陈广东治盗情由片》,《郭嵩焘全集·奏稿》,第32—33、95页。

己就说:"臣等实不忍文宗显皇帝除暴救时之心,又误于书生之见,致办理多所滞碍。"①前文说到,对于咸丰帝和肃顺等人乱世用重典的手段,郭嵩焘本是有所保留的。特别是它趋尚从严的方法,有堕入申韩异端之弊。然而郭嵩焘也知道,这种申韩手段相当程度上是针对吏治疲敝的对症下药。当同治元年他还在纠结是否出仕时,就曾说过:"生平之志不在申韩,而出言行事,终不越是。以今仕宦,欲求多于申韩,而亦不可得。"②既不屑为申韩,却又不得不用申韩。

把先皇搬了出来,而与"书生之见"做对比,尤为意味深长。将一般的做法斥为"书生之见",表明郭嵩焘也知道自己用的是异于儒生常理的非常手段。之所以甘为此举,是因为他相信重典有迅捷的效果。在他看来,对于在下的风俗人心,"如此量为变通,则获一盗即诛一盗,刑人于市,耳目昭彰,非如报病之有可捏饰。匪徒即愍不畏法,而身首异处,见之寒心";对于在上的纪纲制度,"于各州县办理盗案,期归直捷,庶稍免因循颟顸、拖延搪塞之弊"。③ 用重典可以速效,上可振纪纲,下可儆人心,这是郭嵩焘忍心为此非常之举的缘由。

这是郭嵩焘的用意所在,然而其行往往过急。丁日昌在上海任内遇粤人至者,问曰:"新中丞政绩何如?"曰:"不相宜。"曰:"贪乎?"曰:"否。"曰:"然则何以不宜?"曰:"操切。"比年以来,问之,曰:"是一好抚台。"问:"何故?"曰:"认真。"日昌曰:"操切、认真,本同一心,大率坐求治太急耳。"④

乱世用重典,在粤抚任上,郭嵩焘却践行着这种他自己都不完全认可的理念。这给他的思想和精神带来了如何的紧张?我们或可注意其《辨霸》一文。

郭嵩焘在《辨霸》的开头便点出:

> 汉宣帝之言曰:汉本王、霸道杂。而董仲舒、贾谊之徒,推陈王道。后之立论者,托之以为名高,徒曰:王霸之分,以其心而已。⑤

他所要辨的就是这种观点,而有为霸正名之意。

"仲尼之徒无道桓、文之事",这是深于《春秋》的孟子所说(《孟子·梁惠

---

① 郭嵩焘同治三年奏:《保奖获盗人员恳酌量变通并陈广东治盗情由片》,《郭嵩焘奏稿》,第95页。
② 郭嵩焘同治元年致李鸿裔书,《郭嵩焘全集·书信》,第86页。
③ 郭嵩焘同治二年十月十五奏:《请变通办理盗案片(会总督衔)》,《郭嵩焘全集·奏稿》,第33页。
④ 郭嵩焘:《玉池老人自叙》,《郭嵩焘全集·文集》,第772页。标点有调整。
⑤ 以下数段,参见郭嵩焘《辨霸》,《郭嵩焘全集·文集》,第280—281页。

王》)。尊王黜霸本为儒者常言,"王霸之分,以其心而已"更是传统的主流观点。嵩焘此文,却于霸别有解,曰:

> 周之衰,天下无主,而霸者出焉,假王命以临天下之诸侯,使之上奉王章,下守侯服,以不敢一逞其志。《春秋》之作,推原霸者之功,以正当时之诸侯,盖伤天下之无王也。圣人之不得已也。

直将孔子作《春秋》指认为推原霸者之功,实际上已违孟子之意。

王、霸是传统的两种政治理念,所谓的王霸之分以其心,更多的是从理想的高下来作出等第。而郭嵩焘的"辨霸",则转而强调王霸之分历史性的一面,曰:

> 西周灭而王道终,战国兴而霸道绝。先王之制度,既已荡废无存,天下交骛于功利,游说之士,诡变反复,交相倾轧,风俗人心,败坏不可收拾,五六百年。是以东周之兴而王者不可复作,德有至有不至也。降及战国,霸者之事功,天下莫能辨焉,霸者之不可复作也,则时为之也。《表记》之言曰:"至道以王,义道以霸,考道以为无失。"合仁与义之谓道。霸者不知有仁,而犹有义之存焉。义立而天下诸侯从而受理,得之则治,不得则乱。《孟子》曰:"五霸假之。"犹有仁义之可假也。至于战国,更无仁义之可假矣。考道者,行合乎义,而天下以待其裁成,纳首而听命焉。秦汉以来贤君令辟,皆所谓考道无失者也。循乎霸者之迹,以蕲当乎义者也,皆时为之也。

郭嵩焘仍然维持着《表记》王、霸、考在理念上的等第,然而三者的选择不再只是求之于一心,或者说不再是可以人为加以选择的了,它变得与时势关系密切。分别王、霸、考最重要的因素,变成了嵩焘两次强调的"时为之"。连心系王道的孔子也避不开此"时",故其于周衰之际作《春秋》,推原的却是霸者之功。

在理想性之外,突出强调时势的作用,这是郭嵩焘政治理念的显著特色。在《辨霸》的最后,郭嵩焘特别提到了自许为霸者之佐的诸葛亮:

> 诸葛公自许管、乐,崛起西蜀一隅之地,迁就草创,与吴魏争衡。其得为管、乐也,诸葛公所几幸而不敢自必者也。程子断以为王佐,允矣。若诸葛公者身处三代,则王佐也。后儒乃以西蜀新造之邦,责诸葛公以行王政,不当以管、乐自程,不亦慎乎!

后儒批评诸葛亮"以管、乐自程",论其"心"也。郭嵩焘则认为处西蜀而自许管、乐,"几幸而不敢自必",这是将诸葛亮所处之"时"加入了考量。在郭嵩焘看来,对于践行何种政治理念而言,"时"的限制远大于"心"的自程。

郭嵩焘所辨的"后儒"不是别人,正是他自己推崇备至的王夫之。而宁道船山之不是,力为武侯争一言,反映的是他对诸葛亮立身行事的高度认同。他说:"曩读船山书,辟申韩之说,极论诸葛公不当用此为治。窃疑诸葛公生扰乱之世,值群雄并起争筑之时,仓猝以就功名,所自命者管乐,而其量固远矣。岂能以三代王政期之?其后从政粤东,稍求自试。"① 我们之所以迂曲地讨论《辨霸》,正因为其中表达的政治理解,就是嵩焘在粤东"稍求自试"的理念。

郭嵩焘和诸葛亮同"生扰乱之世",同样"仓猝以就功名",而两人又都用了一些申韩的方法,这是郭嵩焘对诸葛亮深表同情的重要原因。但所谓的"其量固远",语虽含糊,却十分紧要,诸葛亮之不同于申韩,就在这个地方,郭嵩焘可以像武侯那样用申韩为治而不妨为儒者,也正在这个地方。

诸葛亮在《前出师表》中说:"愿陛下托臣以讨贼兴复之效,不效,则治臣之罪,以告先帝之灵。若无兴德之言,则责攸之、祎、允等之慢,以彰其咎。"郭嵩焘对此的解释是:"诸葛平生自许管、乐,所任者伯王之业而已。三代汤、武之君不可复遇,故只成于伯。非独百官职事有所不为,即致君尧、舜之心,亦不敢遂以伊、周自期也。"② 也就是说,诸葛亮非无致君尧舜之心,但在当时的时势下,也只能成乎霸。霸道是一种中间的状态,相对于王道,它是时势所迫下的次优结果;但它不同于申韩之术的"其量固远"之处,恐怕仍在于它尚非一味任法用术,而仍有心于尧舜之道。郭嵩焘之所以重视"霸",所纠结的也正是这种既无法尽用王道、又不能降于申韩的矛盾状态。

这种矛盾与纠结是有其大时代背景的。清朝皇帝"尽变明世之暴政",一方面恤民,"务以宽仁,休养生息二百余年";另一方面慎刑,"每议一法,刑一人,辗转逾时,宁失不经,而不忍士民罹无辜之祸"。③ 这都是仁政的表现。所以对于嘉道以降清朝的由盛转衰,一些清人的反思主要不是刻酷苛扰、朘削盘剥,而是吏治废弛、官员颠顿,反映的是他们感到此前国家的控制不足。在这种情况下,申韩刑名之说虽长期被视为异端,却由于切合了时势的要求而被许多儒生反复提起。有如汪士铎所说:

> 今日之法度,虽使尧舜周孔为之,未必有过;今日之治平,虽唐虞三

---

① 郭嵩焘光绪十六年正月初五致瞿鸿禨书,《郭嵩焘全集·书信》,第461页。
② 郭嵩焘:《郭嵩焘全集·管子评注》,第853页。接下去他就说:"孟子之于梁惠王、齐宣王亦犹是也。"认为孟子也是虽怀致君尧舜之心而只能期于霸业。按,孟子"仲尼之徒无道桓、文之事"本来就是回答齐宣王"齐桓、晋文之事可得闻乎"而说的。孟子明确地说,对于霸者之事,"臣未之闻也。无以,则王乎?"(《孟子·梁惠王》)而郭嵩焘却似悍然不顾。
③ 方宗诚:《清流峡诗叙》,《柏堂遗书·柏堂集次编》卷一,光绪六年,无出版地,第4—5页。

代之盛,未必愈此。然而至于此极者,士大夫崇宋人之空谈,讳富强之至计;朝廷鲜名实之核,而休养生息既久。民生日众,民俗日漓,非法韩非之综核名实,商鞅之令行禁止,白起王翦韩信之伦,草芟而兽狝之。恶木不去,嘉谷不生。虽使孔子为之,亦不能治,而况他人哉。①

大乱之际,士人纷纷寻找祸由,原来慎刑的"仁政"变成了"姑息因循"的乱源②,有如郭嵩焘在为他一位广东下属官员作跋时所说:

> 国家用法仁恕,旷越前古。历时久而姑息因循中于士大夫之心,乃遂宽纵有罪,纵使为厉于民,莫之禁遏,以驯至于大乱。有能讨凶恶之民,正其罪诛之,而遂戴之为慈父母矣。使夫为民父母者,用刑杀以取民之悦,此亦古今之变也。③

郭嵩焘的方法,同样是起衰补敝的措施,对于时事有强烈的针对性。他之所以强调不能脱离时势来理解诸葛亮,很大程度上也是因为他自己感到了时势的强烈牵掣。在乱世面前,在身负一方治安的重任下,郭嵩焘这种理解是现实主义的,它要求政治理念要更加紧密地贴合时势。

针对省城广州劫盗频发的情形,郭嵩焘又设立了省团总局,援引本地绅士经理,"稽查省城民户,督率乡团,通各州县绅民之气,捆送盗匪为多"。而所倚重之绅,就包括后来成为他出使西洋的副手的刘锡鸿。④ 据说锡鸿"以好杀结怨于乡"⑤,但包括他在内的省团局绅,显然贯彻了郭嵩焘的精神,被嵩焘称为"亢直无私",为粤人中所"不多见",得其保奏⑥。

"道之以政,齐之以刑,民免而无耻;道之以德,齐之以礼,有耻且格。"(《论语·为政》)儒生之为政,原以德、礼为本。然而值大乱之时,有感于吏治疲玩之弊,施政乃出之于政、刑。这给郭嵩焘带来了精神紧张,迫使他必须为这种反经行权的做法进行辩护。他说:

---

① 汪士铎:《汪悔翁乙丙日记》,第75页。
② 王闿运曾有非常极端的说法:"仁而无断,其弊与暴虐同,故佛氏之说不可为后世薄俗道也。圣经六艺之言,无专尚仁慈者。"(王闿运:《湘绮楼日记》同治九年二月廿八,第87页)
③ 郭嵩焘:《冒小山枕戈录跋》,《郭嵩焘全集·文集》,第378页。
④ 郭嵩焘同治四年八月初一奏:《御史潘斯濂所陈两条始终办理情形片》,《郭嵩焘全集·奏稿》,第521页。
⑤ 沈葆桢光绪五年致吴仲翔书,《沈文肃公牍》,福州:福建人民出版社2008年版,第674页。按瑞麟后来也曾说"前署抚臣郭嵩焘派肇庆协副将杨青山、绅士刘锡鸿等带勇数千赴东莞博罗搜捕,颇滋扰累"(瑞麟同治六年六月十四奏:《参蒋益澧郭祥瑞等款折》,中国第一历史档案馆藏军机处"录副奏折",03-4632-041)。
⑥ 郭嵩焘:《郭嵩焘全集·日记》同治四年九月廿一,第154页;郭嵩焘同治五年五月廿一:《酌保得力员绅片》,《郭嵩焘全集·奏稿》,第761—762页。

> 世言爱民如子、疾恶如仇,二语别分不得。煦煦焉以姑息为仁者,皆无爱民之一念存其中者也。①

曲折地将自己"疾恶"的做法解释为"爱民"。在日记中这么说,其实更多的是为了说服自己。

与此相同的,是郭嵩焘对包恢的新的认识:

> 资政殿学士包恢尝因召对曰:此臣心恻隐,所以深切为陛下告者,陛下恻隐之心如天地日月,其闭而食之者,曰近习,曰外戚耳。史称包恢以严为治。衰世之民,非可以纵弛待之。而其召对言恻隐,尤可深长思也。②

包恢以严为治而对言恻隐,正是嵩焘自己内心紧张的表现。容易看到,郭嵩焘此时所用的申韩之术,其实和咸丰末年他在京师所批评的肃顺的用政相似。嵩焘或许意识到了自己的这种前后矛盾,所以力图自己说服自己仍然是心存恻隐之心的。这才使他在忍心使用申韩之术的同时维持着儒生认同。

让郭嵩焘郁闷的是,即使采用了非常手段,仍不能转移风气。他在一份奏折中承认:"臣等抵任之初,通札各州县整饬捕务,严缉盗匪,不拘以文法,并经奏请变通办理在案。而历年积习已深,尚未能收速效。"③他在广东刑讯,却"以情罪准之,十九皆疑窦"④。纪纲法度的废弛,已经到了刑戮亦不能施的地步了。

这种经验对郭嵩焘的影响是很大的。王夫之对诸葛亮的批评原本为郭嵩焘所不认同,而当他在粤抚任上体会到刑戮亦不能施之后,反而对王夫之有了更多的理解。他意识到:"思船山之言,盖亲见万历以后头会箕敛,用操切之术,以求挽虚诬痼蔽之习,繁刑峻法,而狡伪者斛法脱免,良善反罹其咎,愈益不当其罪,坐使人心解散,国计销靡。是以言之痛切如此。处末流之世,纪纲法度废弛久矣,人心变幻百出,日益不可穷诘。于此当益勤求吏治,培养国脉,静以俟之,宽以容之,力求保国安民,使不至困乱无告,则犹可庶几也。"⑤

这可以说是粤抚之任对郭嵩焘的一个大影响。郭嵩焘本以为刑戮能够救弊,才忍心为之。现在刑戮亦不能施,反而让作为儒生的郭嵩焘生出一种

---

① 郭嵩焘:《郭嵩焘全集·日记》同治四年正月初五,第 56 页。
② 郭嵩焘:《郭嵩焘全集·日记》同治三年十二月二十,第 50 页。
③ 郭嵩焘同治二年十一月廿九奏:《沥陈广东隐患日积应请及时筹办情形折》,《郭嵩焘全集·奏稿》,第 35 页。上奏日期参见《郭嵩焘全集·日记》同日(第 630 页)。
④ 郭嵩焘:《郭嵩焘全集·日记》同治三年四月初四,第 13 页。
⑤ 郭嵩焘光绪十六年正月初五致瞿鸿禨书,《郭嵩焘全集·书信》,第 462 页。标点有调整。

"负负得正"的信念,正如他在日记中所感慨的:"礼义以防君子,刑戮以治小人。至于刑戮亦不能施,仍须以礼义治之。"①刑戮不能施,而仍须返求礼义,这种想法在郭嵩焘粤抚任上格于时势未能尽付措施,但在心中种下的种子,会在未来生根发芽。

这种非常手段的失效还给其他可能性打开了空间。广东中西交杂的情形提供了一种特殊的可能性,即眼光的向外。试观郭嵩焘同治四年正月廿五的日记:

> 英领事罗伯逊申陈民人黄亚发呈控武弁李光讹诈抢夺。檄广州协查报,则事实有因。民人有所呈诉,不于地方官,而于英领事,最为非法。鄙心独于此哀矜吾民。盖地方官之屈抑吾民,诚不如外人之易于上达也。曾子曰:上失其道,民散久矣。而谁与念之?②

相比同时人,郭嵩焘更开放地对待中西华夷之间的界限。当他苦苦寻求救时之方时,西方也较容易地进入他的视野,成为可以利用的思想资源。

二 洋务:开谕洋人易,开谕百姓难

广东是华洋杂处之地,郭嵩焘需要直接处理洋务问题。此前他的洋务观点还只是议论,现在却需要见于实事。这给他的影响是:"权抚粤东,就所知与处断事理之当否,则凡洋人所要求,皆可以理格之,其所抗阻,又皆可以礼通之,乃稍以自信。"③

同治三年(1864),清朝与荷兰订立的条约需要换约,荷使请在广东进行。但当双方现场换约时,郭嵩焘发现荷兰方准备交换的是钞本而非原本,于是坚持不应两原本皆归其手。④ 在请示朝廷后,双方才在同治四年完成了换约。荷兰公使跟他说:

> 此事两费精神,私心感激,甚为不安。本来办法应如此,西洋诸国互换条约亦皆如此,而中国换约十余起,从未取回原约,是以我亦照办。幸勿见罪。⑤

---

① 郭嵩焘:《郭嵩焘全集·日记》同治二年十二月初二,第630页。
② 郭嵩焘:《郭嵩焘全集·日记》同治四年正月廿五,第64页。
③ 郭嵩焘:《罪言存略小引》,《郭嵩焘全集·文集》,第299页。
④ 郭嵩焘:《郭嵩焘全集·日记》同治三年九月二十,第31页。
⑤ 郭嵩焘:《互换荷兰条约日期片》后自记,《郭嵩焘全集·奏稿》,第480页。

至此,郭嵩焘才知道清朝此前的换约都是不对的。而荷兰公使的道歉,或许恰使他愈加"自信",知道洋人并非一味蛮横,自己秉持的以理自处之道,确然可以"行之蛮貊"。

另一件让郭嵩焘颇为自豪的交涉,是抓捕太平天国森王侯玉田之事。金陵攻下后,侯氏逃到香港,蓄有海船,时为劫掠。郭嵩焘知悉他在香港后,不是照会香港领事让其交出,而是让人邀集曾被侯氏劫掠者,连控于英人,英人因此只把侯氏当作寻常海盗,将其执交于郭嵩焘。据他说,这是香港第一次向广东解送人犯。①

郭嵩焘以为这件事是"办理洋务五十余年未有之创举"。他明白"地方官求之愈急,洋人护之亦愈坚"的情形——由于中外法律不同,常有此情形;而侯玉田实为政治犯,情况更加棘手。所以他不用照会,而从民间下手,"由鄙人稍知夷情窾要,钩而致之"②。郭嵩焘一直相信西人有情可以揣度,有理可以制伏。他对此事的自豪,也源于这种想法行之有效。

当时一个更大的外交事务,则是潮州洋人入城之事。对于此事,《玉池老人自叙》说得颇为清楚:

> 在粤处置洋务,无不迎机立解,常谓开谕洋人易,开谕百姓难,以洋人能循理路,士民之狂逞者,无理路之可循也。至粤数日奉寄谕,令宣示潮州百姓应听洋人入城。检查案卷,潮民不听洋人入城,相持已数年矣。每奉总署咨照,派府道大员查办,累十余次,终格不行。会惠潮道凤君物故,委张寿荃署任,始令据理宣示,已允坚领事入城矣,以小住三日为期。及入城,往拜府县,皆不纳,并先将外栅封闭。坚领事遂执意不肯出城。既逾三日之期,潮民遍出长条,言道署容纳洋人,约期往焚其署。张寿荃大惧,诡称府县请令往见,径送下河。坚领事大怒,电报驻京公使,言骗令入城以摧辱之。朝廷即派粤督瑞公驰赴办理,合肥傅相又奏请丁禹生中丞会办。两公皆不敢往。于是丁禹生乃举已革臬司李某往办。鄙人展转开谕,皆不能悟。乃告瑞公,请召集潮绅至省,吾自晓谕之,亦深知诸君于洋务无所通晓,又皆不达事理,非鄙人无足理此者。械示张寿荃咨送潮绅之城居者,但为巨绅,悉数资遣来省。寿荃故得潮人之心,咨送至十余人。鄙人先令藩司印刷通商条约十余帙,人给一帙,谕之曰:通商条约所载,皆奉谕旨允行,如有抗违,即是违旨。君等详加批阅。条约所

---

① 郭嵩焘:《玉池老人自叙》,《郭嵩焘全集·文集》,第765页;《郭嵩焘全集·日记》同治四年四月初十,第84页。
② 郭嵩焘:《玉池老人自叙》,《郭嵩焘全集·文集》,第765页;郭嵩焘:《拿获盘踞香港招伙济贼逆首审明正法疏》后自记,《郭嵩焘全集·奏稿》,第368页。

不载,以理拒之;条约所载,不得不俯从。往岁叶相任粤督,拒洋人入城,遂至省城失陷,身为夷虏,实为丁巳之年,距今乙丑才及九年,潮民奈何效之?彼能攻省城,岂不能攻潮州一城乎?潮绅唯唯而退,嗣是无异议者。时鄞人已奉解任之信,承办此役又系粤督,而必力任之,所谓愚不可及,亦素性然也。(当时巡捕李永亮年六十余,语诸仆从:"此段议论,闻者心目为开,潮绅人人欢忻感激。"以语丁禹生,禹生击节曰:"字字沁人心脾。后两说尤深中潮人要害,不能不俯首听命矣。")李某至潮,即日定议。府道大员十余次不能决,一革职之臬司,至即定议,果操何术以致此?①

根据郭嵩焘这里的表述,能够使潮绅"俯首听命"的,一是以条约定从违,可以说还是晓之以理;二是拿叶名琛做反面教材,其实已经是以洋人的武力相示了。但据郭嵩焘另外的说法,他当时和潮绅所说不止如此,《玉池老人自叙》省略了以下两句话:

> 必不听令入城,请以一语奉约。即炮船至,城守诸君任之,官不与闻;既战,赔缴兵费,诸君任之,官不与闻。②

恐怕这才是让潮绅"俯首听命"最关键的原因。潮绅同意洋人入城,更恐怕是得不到郭嵩焘支持后的迫不得已,而绝非对他"欢忻感激"。

而实际上,郭嵩焘也未尝期望在此事上为百姓所信服。以绝援弃置相威胁,反衬了他心目中百姓的不可理喻。"开谕洋人易,开谕百姓难,以洋人能循理路,士民之狂逞者,无理路之可循。"潮州入城之事加强了他对洋人有理、中国无理的印象,在观念的中西关系上,愈加朝"西"倾斜了。

三 与左宗棠反目:将相之别

同治三年(1864)时,张集馨统计了一下,当时楚人为督抚者,竟有八人:总督直隶刘长佑、两江曾国藩、云贵劳崇光、闽浙左宗棠、陕甘杨载福;巡抚浙江曾国荃、陕西刘蓉、广东郭嵩焘。③ 我们如果按图索骥的话,可以看到三个特点。首先,其中只有劳崇光、曾国藩、郭嵩焘是进士出身,其他的功名都在举人以下,甚至为武人(杨载福)。其次,除了劳崇光、曾国藩致身较早外,其

---

① 郭嵩焘:《玉池老人自叙》,《郭嵩焘全集·文集》,第766—767页。标点有调整。
② 郭嵩焘光绪四年二月初五致总署,《郭嵩焘全集·书信》,第312页。
③ 张集馨:《道咸宦海闻见录》,第377页。

他人擢居封疆,都不依官场常格。再次,除了劳崇光和郭嵩焘外,其他人跻身封疆,主要依赖的都是他们的军功。我们能够从中看出郭嵩焘的特殊:他依托了湖南兴起的风气,却是以军功兴起的那批湘人中的文官,可以说是群体里的另类;但这么多人以武功晋身督抚,本身也是咸同军兴的变局,郭嵩焘又是变局中稍微"正常"的一个。以军功致身显要的左宗棠曾说:他自己是"百战艰难,乃获开府",郭嵩焘却是"安坐得之"。① 这是郭嵩焘的特别之处。

那是一个督抚已经不能不知兵的时代了。郭嵩焘初获署抚之命时,便上折奏言"较论目前切要之端,则军务之整饬为急",面对本地盗贼横行、叛乱四生的情形,"必使军威稍振,民气稍固,而后可次第清厘吏治,以求补偏救弊之方,兴利裕饷之策。后先次第,不能越此"。②

对于广东的军事,总督毛鸿宾和巡抚郭嵩焘有分工,"兵事督辕主之,抚辕不过随同画诺而已",两人基本上遵循"以兵事归总督,以民事归巡抚"的分野。然而实际事务往往无法分得那么清楚,而郭嵩焘好任事的性格又使他不能甘于画地自足。两人逐渐由于意见相左而不和,而兵事上矛盾集中。③

郭嵩焘不满意毛鸿宾只是让他"主筹画,司章奏,自同幕府而已",分歧之始正在于军事上。嵩焘初到广东时,信宜克复,毛鸿宾乃单衔具奏,而属其点定奏稿。嵩焘疑督抚同城,例得列名。鸿宾曰:广东向例独不。④

同治三年金陵攻陷后,太平天国余部汪海洋南至江西,复欲由赣入粤,而广东的南韶连道遂成军事重地。在道员的任命上,郭嵩焘又和毛鸿宾发生分歧。嵩焘说:"武缺督辕主之,吾从未与闻。文缺吾主之,而督辕专意位置其私人。密奏陆存斋补南韶道缺,亦吾所欲。而与存斋商定具稿,绝不以相闻。吾方属意王闰生,而不知其已与存斋定议也。"因为这件事,郭嵩焘连日怏怏。⑤ 南韶连道为文缺,本由嵩焘作主,但此时它的任命已经关涉军事的进展。正是这种交叉的情形,使毛、郭产生了意见的分歧。

同治四年毛鸿宾为之前在湖南巡抚任内事所牵掣去职,广州将军瑞麟署督篆。瑞、郭虽仍维持兵、民事的分工,但一方面瑞麟没有毛鸿宾那么强势,另一方面太平天国余部正在粤东活动,郭嵩焘对军事的干预也就越来

---

① 郭嵩焘:《玉池老人自叙》,《郭嵩焘全集·文集》,第 773 页。
② 郭嵩焘同治二年七月廿四奏:《缕陈广东大概情形疏》,《郭嵩焘全集·奏稿》,第 19 页。
③ 郭崑焘致左宗棠书,《云卧山庄尺牍》,第 285 页;郭嵩焘同治五年四月廿八奏:《请酌量变通督抚同城一条疏》,《郭嵩焘全集·奏稿》,第 742 页。
④ 郭嵩焘:《石逆余党窜扰粤境经调到楚军将首逆擒获正法余匪分别剿抚疏》后自记,《郭嵩焘全集·奏稿》,第 47 页。
⑤ 郭嵩焘:《郭嵩焘全集·日记》同治四年正月廿一、二月初五,第 63—64、66 页。

深入。

广东督抚当时军事上面临的最大问题,在于难以驾驭本地军队。当时粤军主力为两支潮勇,分别由卓兴、方耀统领。毛鸿宾原本访闻卓兴"打仗奋勇,数著战功,而颇近骄蹇",方耀"亦尚勇敢,而性情狡猾",①而到广东之后,仍不能不用之。至瑞麟署督时,粤东军事紧急,更须依赖二人。郭嵩焘先与毛鸿宾不和,后又与瑞麟不和,积不能忍,乃发愤上奏参劾,缕陈广东军务贻误情形,其中说道:

> 湘淮各军所以能战,由曾国藩定立营制,以五百人为一营,整齐约束。粤民强悍甚于湘淮,而自来募勇章程极为疲敝,竟至支放数千人口粮,而营勇并无名册,开募亦无期日。臣念粤军如卓兴、方耀,本属能战之将,徒以营制废弛,一意宽纵,以枉其材。前与毛鸿宾商定营制,仍以五百人成军,设一营官统之,期使分合调遣,略可稽查。而制由臣定,终亦视为具文。方耀始留三千人为六营,渐次增至九千余人;郑绍忠五百人为一营,渐次增至五千人,讫未依照办理。仅赖军需局曾经立案,勉强开报名册。方耀防堵平远数月,闻贼至而先期避去,致令全军溃散,经臣与毛鸿宾奏参。镇平贼退,郑绍忠跟踪收复,数日而贼反扑,致损锐气。卓兴住省两月,索旧欠二十万以行,由老隆调赴兴宁,径报率勇归家,已而复称各勇均经招回。瑞麟概不查问。作辍自由,上下相蒙,一意包含,养成尾大不掉之势。②

粤军不任督抚驾驭,大概情形如此。其时太平天国余部集中于粤东、北一带,郭嵩焘眼见粤军不能战,已经顾不得兵事民事之分野,准备亲自督兵惠州,以资镇压。让他忍无可忍的是,瑞麟坚决反对他的这个举动,"以鄙人出省御贼,大触忌讳,再四不可,议论离奇,司道等至传以为笑",甚至扬言:"抚臣欲加整顿,一参卓兴而卓兴反,一参方耀而方耀反,此二人憾抚臣方深,一出省且举兵围之索饷。"③瑞麟如此言行,也是郭嵩焘上疏缕陈广东军事贻误的直接原因。

军队原即难以调控,又骤然面临大敌,而同官复多掣肘,这是郭嵩焘治下广东军务的丛脞情形。他与左宗棠以数十年之交而反目成仇,也正因此

---

① 毛鸿宾同治二年六月十三奏:《缕陈访闻粤东情形折》,《毛尚书奏稿》,台北:文海出版社1971年版,第990页。
② 郭嵩焘同治四年奏:《缕陈粤东大局情形片》,《郭嵩焘全集·奏稿》,第516页。标点有调整。
③ 郭嵩焘:《郭嵩焘全集·日记》同治四年七月廿一,第138页;郭嵩焘同治四年奏:《缕陈粤东大局情形片》,《郭嵩焘全集·奏稿》,第517页。

而起。

太平天国余部在粤东、北,值粤、赣、闽三省之交。三省会攻,未免皆怀观望,甚有以邻为壑之意,而敌遂奔至广东。其时闽浙总督左宗棠已派兵入粤,且获大捷,而粤军"全不能战","无一夹击",这使他对广东的情形十分不满。江西署抚孙长绂奏请特派重臣进驻粤境,节制三省,朝廷以是授命左宗棠。宗棠上疏推辞,趁机痛批广东军务曰:

> 闽军既逾岭入粤,则步步皆落贼后,处处皆成尾追,殊不得势。然犹私幸粤军能除龙川、长乐股匪,得合镇平西南之围,收夹击之效。不料镇平克复,贼从西南窜出,犯平远。不得,折趋江西长宁,终遂其入江本谋。闽军穷追六昼夜,粤东竟无一骑一卒会剿。
>
> 办贼必须得人,用兵必须选将。古云"天下危,注意将",即今督、抚之任也。督、抚虽不必亲履行阵,要必精于选将委任而责成功,庶以守则固,以战则克,而贼无不灭矣。瑞麟所奏粤东三大将,以臣所闻,骄怯有余,朴勇不足,宜其不能战也。……若得治军之才如李鸿章、蒋益澧其人,祸乱庶有豸乎。①

言语已侵及广东督抚矣。

郭嵩焘于此尚懵然不知。他在疏劾瑞麟的同时,附上一片,如孙长绂般请令左宗棠督办三省军务。朝廷接到郭嵩焘折、片之后,乃令左宗棠"就近将郭嵩焘所参各节,确切访查。该署督、抚因何不协,究竟为公为私,据实覆奏"②。于是左宗棠复奏曰:

> 郭嵩焘勤恳笃实,廉谨有余,而应变之略非其所长。臣曾以圣明在上,遇事宜慷慨直陈相助,而郭嵩焘复函以时艰同值,宜委曲以期共济,颇以臣悻直为非。兹因粤事贻误已深,忧惧交集,始侃侃直陈,而已无及矣。谕旨责其负气,责其不据实陈奏而称疾乞退,是郭嵩焘咎由自取,早在圣明洞鉴之中,臣亦不敢因亲好私情稍涉回护也。③

左宗棠推辞三省督剿之命,朝廷不允,以为"贼踪现又回窜粤东,该省兵力本不如闽军之精锐,且卓兴、方耀不善驾驭,仍恐不能得力,必须左宗棠亲往督剿,方可埽尽狂氛"④。左宗棠见广东督抚拘难情形,知不可恃,也就揽

---

① 左宗棠同治四年九月初七奏:《覆陈近日贼情恳收回节制三省各军成命折》,《左宗棠全集·奏稿二》,第245—246页。标点有调整。
② 《清实录·穆宗实录》卷一五二,同治四年八月癸丑,第547页。
③ 左宗棠同治四年九月十八奏:《覆陈广东军务贻误情形折》,《左宗棠全集·奏稿二》,第270—271页。
④ 《清实录·穆宗实录》卷一五七,同治四年十月十一,第654页。

命入境,不再推辞。

以左宗棠的性格,一旦大权在手,则指挥令禁,不稍假借。他客兵入粤,要求广东输饷。广东自身军饷尚顾不暇,于宗棠此令自然勉强。左宗棠因此甚不满意,去书郭嵩焘消责曰:

> 阁下开府二年,于粤、楚人才未甚留心,已难辞咎;而小处则推求打算如弗至,此其所以近于迂琐也。高果臣,粤东提督也,粤东欲其赴粤,则以提督二字劫之;比过粤,则以饷事尽归之闽。闽不辞也,亦不与咨者言财之说也。今见闽饷至,而欲扣其垫发四万,一何可笑! 然则何解于迂琐也?……鲍军军米如在闽境,弟以八千两为之代办;若过粤境,则应由广东设局代办。武臣无筹饷之权、谋饷之才,所至各地方官不为代办,试设身处地,能乎? 否乎? 广东固以推诿为善策,阁下所为亦近之。观其预为诉苦,知其概矣。然则谥之迂琐,不亦宜乎? 一笑。①

言语令人难堪,却并非全为虚语。郭嵩焘说左宗棠之信"消责之中,至流于悖谬",而自己却"无以自解"②,其实心中也已承认自己难辞其咎。

左宗棠又不仅在私函中责备郭嵩焘而已,他甚至出奏《陈明广东兵事饷事片》,言广东"兵事实无足观,而饷事亦不可问"。疏末再次保荐他在浙江颇有合作的蒋益澧:"兵、饷兼筹,任大责重,非明干开济之才不能胜任。浙江布政使蒋益澧,才气无双,识略高臣数等,若蒙天恩,调令赴粤督办军务兼筹军饷,于粤东目前时局必有所济。"③已有请以蒋代郭之意矣。

左宗棠的军事才能确实要高出瑞麟、郭嵩焘一筹,不过两月,居然克复嘉应,杀死汪海洋,而粤东为之平定。郭嵩焘说:

> 其(按左宗棠)督责粤军,颇厉威严,在事诸公皆若迅雷之震耳,数十年梦寝沈酣,亦稍为之回薄,于事局大有裨益。要之吾粤积患已深,而蕴孽无穷,乱必不可弭。其遂假手此老,收斡旋转移之力,以稍遏乱萌,则又天之为之矣。
>
> 接左帅咨十余件,指陈军事,与鄙人批饬李星衢、张寿泉者,无一不相符合,而词加严。发聋振聩之功可喜,亦窃自愧也。④

---

① 左宗棠同治四年十一月十一日后致书郭嵩焘,《左宗棠全集·书信一》,第633—634页。标点有调整。
② 郭嵩焘:《郭嵩焘全集·日记》同治四年十一月廿二,第173页。
③ 左宗棠同治四年十二月十二奏:《陈明广东兵事饷事片》,《左宗棠全集·奏稿二》,第307—309页。
④ 郭嵩焘同治四年十二月十六致李瀚章书,《郭嵩焘全集·书信》,第167—168页;郭嵩焘:《郭嵩焘全集·日记》同治四年十一月十八,第172页。

自己辖区的军务需要他人入境救平,自己手下的官吏将领要靠他人整饬,左、郭二人统领才能高下立判。

正在粤东大患弥消之际,朝廷接到了左宗棠的《陈明广东兵事饷事片》,于是派蒋益澧驰赴广东,办理军务兼筹军饷,不久又正式授蒋为广东巡抚。于是郭嵩焘巡抚之位,为左宗棠挤去。

肺腑之间,竟起如此戈矛,对于郭嵩焘来说,这是难以接受的事情。他无心继续为官,返回家乡。至是他与左宗棠彻底反目,以至于遍函友人,告知左氏相倾之状。刘蓉责备他太和左宗棠过不去,郭嵩焘说:"莲池大师道已成,或问:大师亦动心否?应曰:他无所动心,惟闻放榜不自持耳。盖以应举被放而逃于佛者也。鄙人亦惟恶闻左君之名。"①意思是说,自己已收心退隐,他无足论,唯有被左宗棠所挤这一事,永世不能释怀。

在以武功致大名的那批湖南人当中,左宗棠可以说是一个代表,而郭嵩焘却是不以带兵见长、却同样身跻显要的特例。左宗棠说自己"百战艰难,乃获开府",郭嵩焘却"安坐得之",正体现了二人的差别。嵩焘的特别,或许在咸丰三年从江忠源军中回来的时候就已注定了。那次人生的抉择使他避免了像忠源那样殉难,却也将他引向了和身边的朋友不相同的人生道路。

那是一个巡抚需要言兵的时代,是一个书生能够统兵的时代,更是一个大家都觉得湖南人会带兵的时代。身边的友朋纷纷致身卿相,成就大名,其中许多人功名还都不如郭嵩焘,原本起点远低于他。这对于嵩焘来说,其实造成相当的人际压力。"自审生平,非无意人世者,而不乐从人以兵事自效。"②"从人"两字,恰见嵩焘对周边人际压力的感知。不愿/不能以军事见长的郭嵩焘想要获得相同的成就,就需要在别的地方作出成绩。他在粤抚任上"未尝敢以第二流人自处"而急于有为,这种人际压力或许也是个人原因之一。以武功兴起的湖南人形象威胁到了不以军事见长的郭嵩焘的个人认同,这种威胁曾体现在郭嵩焘作为翰林入京供职、而咸丰帝却尽问他督阵骑马之事上,现在又体现在他广东巡抚任上。

郭嵩焘说左宗棠"四折奏参",嵩焘自己见过其中两折:一为《陈明广东兵事饷事片》,主要说的是筹饷;一为《覆陈广东军务贻误情形折》,基本说的都是军务(上文都已部分引及)。然而郭嵩焘却说:"其(左宗棠)立言大都以不能筹饷相责。而吾自信以一人支柱大军月饷三四十万,皆出一身之筹画,

---

① 郭嵩焘同治六年五月十八致曾国藩书,《郭嵩焘全集·书信》,第208页。
② 郭嵩焘:《郭嵩焘全集·日记》咸丰十年十月初十,第364页。

实为有功而无过。"①显然这是一个有选择的记忆,有选择的辩解——只辩筹饷,不辩军务。郭嵩焘的想法或许是:说广东军务贻误,则讳莫如深;说广东筹饷不善,却定须一辩。左宗棠在《覆陈广东军务贻误情形折》中致不满于广东督抚,曾说"古云'天下危,注意将',即今督抚之任也"。郭嵩焘却说:

> 常笑左季高引陆贾之言,以今之督抚当一将之任,不知督抚之初设皆主兵者也,至今日而已屡易其局。约而论之,总督主兵而巡抚实主吏与民。②

意思很清楚,巡抚主要职责不是主兵。他选择性地不辩解军务,也是同一种心理的表现。

郭嵩焘不以兵事受责,表明他无意把自己定位为左宗棠所说的"将"。然而在那样一个时代,他最终还是没有躲开兵事,并为之所拖累。这可以说是老天爷跟他开的一个玩笑,却也使得郭嵩焘不同于他周围的那些湖南士人。"老泉有言:'大丈夫不得为将,得为使足矣。'此筠仙之志也。"③原本期望在巡抚任上大显身手的郭嵩焘,志意受挫于此,最后却出使西洋,从一条全新的径途上一展自己的怀抱。

---

① 郭嵩焘:《玉池老人自叙》,《郭嵩焘全集·文集》,第774页。按郭嵩焘所谓"四折奏参"者,郭廷以同治四年九月初七《覆陈今日贼情恳请收回节制三省各军成命折》为第一参,九月十八《覆陈广东军务贻误情形折》为第二参,十二月十二《陈明广东兵事饷事片》为第三参,同治五年正月二十《请仍檄高连升带所部赴任片》为第四参。(《郭嵩焘先生年谱》,第351、357、373、384页)然同治六年五月十八郭嵩焘与曾国藩书曰:

"左君在漳州初拜督办三省军务之命,合广东督抚而并倾之。其言曰:'……广东军务方兴,诸事废弛,必得李某任两广总督,蒋某任广东巡抚方能望有起色。'(原注:都门信言,朝廷疑子文[按蒋益澧]不任疆事,以太冲[左宗棠]求之甚坚,不得已应之)其后两保,皆以便言之(原注:……此两保结交通左君幕府吴夏诸公赞成之,折稿皆私寄蒋,鄙人未之见也)。最后一折,直谓'广东军务专以骗饷为事,毫无筹划,臣驻军大埔,距潮郡为近,询问潮州厘捐,每年仅得三万,以潮州之富饶,使果办理得法,每月尚不止三万。就潮州一处论之,广东厘捐办理不善,大概可知,非得蒋某经理,万不能有补益,请饬蒋某,前赴广东办理军务兼筹军饷。'"(《郭嵩焘全集·书信》,第206页)

按此间所言正为四折,第一参言"必得李某蒋某"者,即《覆陈今日贼情恳请收回节制三省各军成命折》也,亦即郭廷以所谓"第一参"。而其"最后一折"言潮州厘捐事者,则为郭廷以所谓之"第三参"《陈明广东兵事饷事片》,《玉池老人自叙》亦曰"最后一折,专劾及潮州厘务"(《郭嵩焘全集·文集》,第774页),郭廷以谓之第三参,恐误。至于中间两参,则所谓"其后两保",应皆有保举蒋益澧之语。郭廷以所言之其他两折,均未有此类文字,检《左宗棠全集》此时期之折片,亦未得"两保"者,但嵩焘亦言"鄙人未之见",则此两折乃得之传闻者也,此处只能阙疑。

② 郭嵩焘同治五年二月十三致李瀚章书,《郭嵩焘全集·书信》,第203页。标点有调整。
③ 曾国荃光绪五年正月致沈葆桢书,《曾国荃全集》(四),第8页。

第五章　明道经世

一　调和汉宋

随着各地动乱次第抚平,清朝重新由乱入治。同治五年(1866)去官后,郭嵩焘家居八载。到知天命之年的郭嵩焘除了在书院教书,把主要的精力都放在了学术上。他在此时著作了《大学章句质疑》《中庸章句质疑》《礼记质疑》等作品。

《大学》《中庸》原皆《礼记》篇目,而经宋儒大力阐发,跻身"四书"之列,地位遂远超《礼记》其他篇目。郭嵩焘所"质疑"的《大学章句》《中庸章句》,为朱熹之注;至于《礼记质疑》,原称"礼记郑注质疑",所质疑者则为郑玄注、孔颖达疏。前者为宋学典型,后者为汉学代表,郭嵩焘显然有应对乾嘉以来盛行的汉学宋学分野之说的意思。而在反思汉宋之争的过程中,他对"道"的认知有了非常大的开放性。

清儒提出"汉学"名号,尊郑玄经注、许慎《说文》,有反思宋明以来儒学传统之意。其主流的观念认为,宋明学术之坏,在于还没搞清楚三代的实际情形、经书章句的意思,就妄加解释,妄图应用,所以他们先要去做形声训诂、名物制度的考证工作,号为"实事求是"。由于在音韵训诂上有了许多新的看法,清代汉学家开启了一个巨大的学术空间。字形章句的重新断定,有可能对经书的意思作出非常不同的解释。这对于本就在反思宋明学风的清代儒生而言,可以说是柳暗花明又一村。

明示汉宋之争的江藩分述《汉学师承记》《宋学渊源记》,将学问进行了切割。这种切割尤体现在他所述元和惠氏"六经尊服郑,百行法程朱"的楹联上。① 不但"服郑"的汉学和"程朱"的宋学对立起来,更重要的是无意间

---

① 江藩:《汉学师承记(外二种)·国朝宋学渊源记》,香港:三联书店(香港)公司1998年版,第187页。

"六经"和"百行"也对立起来。如此一来,"六经"之学和"百行"究竟是何关系,成为问题。

江藩的反对者方东树敏锐地觉察到这一点。他说:"汉学诸人,言言有据,字字有考,只向纸上与古人争训诂形声,传注驳杂,援据群籍,证佐数百千条,反之身己心行,推之民人家国,了无益处,徒使人狂惑失守,不得所用,然则虽实事求是,而乃虚之至者也。"①这种"只向纸上与古人争训诂形声"的说法,呼应了江藩的观点,都指出了清代汉学学术突破之要塞在于说经,但由此带来的问题却是王汎森先生所说嘉道以降"知识与现实、知识与人生的关系"脱离的典范危机。②

湖南人在典范危机时的表现,又具有其特殊性。"乾嘉之际,经师辈出,风动天下,而湖以南暗然无知郑许《说文》之学者"③,湖南之风气仍以理学为主。湖南人孙鼎臣因为抨击汉学,一直被当作汉宋之争中宋学阵营的代表。他认为汉学之搏击宋学,"至于道路之人相诟病以道学,人心风俗,流失陷溺,至于如此,尚可言哉!天下之祸,始于士大夫学术之变,杨墨炽而诸侯横,老庄兴而氐戎入,今之言汉学者,战国之杨墨也,晋宋之老庄也。圣人忧之,而杨墨老庄不知,此其所以为杨墨老庄而卒乱天下也"。而郭嵩焘对这位同乡的说法十分赞同,他在这段话后附识曰:"朝廷以道学为诟病,而贪夫盈位;士大夫以道学为诟病,而相与荡名检、隳志节而不恤,乃使人心风俗之防,一决不振,以成天下之至乱。归狱于晚近汉学者,其睢盱博辩,所以酝酿之,非一朝之故也。著议似奇似酷,而实正论。"④

孙鼎臣此说引起许多反对。曾国藩即以为"近者汉学之说,诚非无蔽,必谓其致粤贼之乱,则少过矣"⑤。王先谦稍后亦以为"道咸以降,两家议论渐平,界域渐泯,为学者各随其材质好尚,定趋向以蕲于成而已,本无所用其辩争。孙芝房先生以粤寇之乱,归狱汉学,大为士林姗笑。良由于考据一道,未加讲求,致兹巨失,故曾文正起而亟正之"⑥。然而纵有曾国藩的反对,郭嵩焘仍持之甚坚,以为:"往时孙芝房著《刍论》,推原汉学流弊足以乱天下,曾文正颇以为过。愚尝原《刍论》立言之旨,非谓乱天下者汉学之为也,为其意气之凌厉,闻见之烜赫,尽宋元以来所守程朱之藩篱而务抉去之。但为规行矩步,屏不得与于学,积成贪戾暴慢之习,夷然不以为非。当乾嘉间创为此

---

① 方东树:《汉学师承记(外二种)·汉学商兑》,第78页。
② 王汎森:《方东树与汉学的衰退》,收于《中国近代思想与学术的系谱》,第3页。
③ 郭嵩焘:《罗研生墓志铭》,《郭嵩焘全集·文集》,第582页。
④ 孙鼎臣:《论治一》后郭嵩焘附识,《孙侍讲刍论》卷一,第3—4、5页。
⑤ 曾国藩:《孙芝房侍讲刍论序》,《曾国藩全集·诗文》,第257页。
⑥ 王先谦:《复阎季蓉书》,《王先谦诗文集》,第297页。

名,亦多聪明宏通辩博之士,十年间消磨既尽矣。而其习中于人心,相为披靡,无复廉耻礼义之存,则谓以其学乱天下,非过也。"①

孙鼎臣所言是否过当,暂且不论,唯此说指出汉学搏击宋学远远超出纯粹学术之辩争,作用于人心风俗之际,其效深远。② 郭嵩焘所看重的,也正是汉宋之争中超越纯粹学术辩争的这一部分。在学术和社会的密切关系这一点上,孙鼎臣、郭嵩焘似乎比曾国藩、王先谦更为敏感。

曾、王与孙、郭同为湘人,而意见相反,又可见湖南学术在面对汉宋之争问题上有自己独特的态度。湖南在考据学兴盛之际不预其流,既表明其文化"落后",而在湖南人心中,却也暗暗有一种不为牛后之意。曾国藩虽服膺理学,但也不废训诂,其读书作文,于汉学颇有吸收;而孙鼎臣少年入京师,实也曾沾染汉学风气,后来才悔而回转,抨击汉学不遗余力③。两人观点虽相反,但一定程度上都反映了湖南人的某种学术自主性:一方面要追赶潮流,另一方面却不愿为潮流所淹没。

江藩指出了宋明儒学在说经上的不足,攻击了宋学的权威;方东树复抨击汉学和身心家国的脱离,又指出了汉学的不惬人意。当汉学和宋学的权威都受人质疑的时候,就为其他可能性打开了空间。一种可能是其他边缘学问的兴起,比如今文经学、子学等;而另一种可能,则是以反诸圣经、反诸圣人为旗号的自由解释风气的兴起。④ 后者的典型是郭嵩焘的同年、康有为的老师朱次琦的说法:"吾今为二三子告,蕲至古之实学而已矣。学孔子之学,无汉学,无宋学也,修身读书,此其实也。"⑤朱次琦偏向宋学,但他举出的这一口号,已有革命色彩。汉学家,宋学家,孰非学孔子之学者?无汉学,无宋学,则孔子之学究竟由谁裁判?最大的可能,势必要回归个人一心之衡断,而自由

---

① 郭嵩焘致阎镇珩书,转引自钱基博:《近百年湖南学风》,第47页。
② 可参见黄进兴《从理学到伦理学:清末民初道德意识的转化》,北京:中华书局2014年版,第78页。
③ 孙鼎臣《贺先生手札书后》曰:"(贺长龄告知孙鼎臣)子顾立朝行已何如耳。因教使读《大学衍义》《日知录》,勉为有用之学。时方习为应奉文字,未之及也。京师友朋,相侈以蓄书,鼎臣亦日游于肆,抵暮载书满车以归。所致渐多,于是争言纸本,一书数本。本有先后,纸墨佳而时代远者尤宝之。求书之志益勤,读书益不暇。及居山中,向日收集之书,皆在都下,家故所藏者多散佚。独取二书读之,乃始悔向者之误用其心力为可惜也。学所以为吾身与天下之用也。耳目狭隘,守一家之言,不知其他,陋矣。然浩博纵恣而无所归,反之于身而无实,施之于天下而不效,亦岂有当于圣人之学乎?往者先辈大儒,惩前明讲学空疏,相尚以实学。久之,失其初意,舍大道而务章句,便辞巧说,碎义逃难,矜人以所不闻,眩人以所不见,天下之病日深,人心之流日下,忧及君父,毒被生灵,至于创巨痛深,收视返听,然后知彼之所学为无用,抑已晚矣。"(《孙侍讲刍论》卷十五,第1页)
④ 关于"反求圣经"与自由解释的关系,可参见王汎森《古史辨运动的兴起——一个思想史的分析》,第63页。
⑤ 朱次琦:《朱九江先生集》,台北:文海出版社1967年版,第56—57页。

解释之风起矣。这也正是郭嵩焘在汉宋之争中看到的方向,如其所言:

> 圣人之道,其迹存乎名物象数之末,而其精究乎天人。精者未易以言传也,循乎名物象数,而得其秩叙之节,而礼行焉;又益以讲习讨论之功,而学兴焉。其传之人而见之于其书者,名物象数之迹而已。积累之久,而得其精微,于是而有成德之君子,用其躬行实践之效,以鼓舞整齐天下,而人知圣贤之可学而至,奋起而赓续之,而天下之言学者纷然出于一途,一不由此,谓之杂学。既久而其说浸微,又返而求之名物象数,以是为实学,天下又靡然从之,以成乎风会。循实以求之,考求名物象数,其制行必皆卓绝;言性理者兼综波澜,通知古今之变,亦岂不由学问之深哉?而各据其一端以相胜,亦皆足以自成其说,以务张其所学。其倡为是言者,实亦有转移天下之力。而君子之为学,求得于心而已,必能不从乎风会,以与为波流,而后可言自立。①

郭嵩焘厌倦了学术"各据其一端以相胜"的情况。对于黄宗羲"象山尊德性,紫阳道问学"这个学术公案,嵩焘驳曰:

> 其言似是而义实有未尽。象山之学,在先立乎其大,引《孟子》之言立乎大不为小者所夺。朱子言为学以存主为先,亦数引程子之言,不得以天下万物挠己,己立后自能了得天下万物,并是以尊德性为第一要义。非是,则道问学亦只记诵而已。德性问学两事,岂能截分为二?而朱子《答项平父书》:"子静所说专是尊德性事,而某平日所论,却是道问学为多。"自是一时举似之言,后儒径将此二语看成两橛,大失《中庸》本旨。②

之所以必言朱熹亦尊德性,是因为尊德性与道问学不可偏废,无尊德性之道问学只是记诵而已。这暗自针对的正是汉学的流弊,嵩焘曾说:"至今日而标立汉学宋学之名,假实事求是之说,推求度数训诂,以攻击程朱,而宋学亦微矣,并不能与为敌。要其实,则所谓记问之学也。"③正如他批评诟病宋学的汉学家"荡名检、隳志节",这里他也认为攻击程朱的汉学家"要其实"不过是"记问之学"。对于标举汉学以诋毁宋学者,郭嵩焘的批评态度是十分坚定的。

但另一方面,郭嵩焘也继承了清代对理学特别是陆王心学的反思。如其释《中庸》"贤知之过"曰:"贤知之过,盖知有上达而不知有下学,如陆王之学,言心言性,遗践履而矜捷悟,只此便是过。""不知有下学"是清人对明代

---

① 郭嵩焘:《郭嵩焘全集·中庸章句质疑》,第763—764页。
② 同上书,第816页。
③ 郭嵩焘致黄运藩书,《郭嵩焘全集·书信》,第484页。

王学的一般看法,郭嵩焘亦承袭之。①

清儒在反思明代学术的过程中诞生出来的对训诂考据的重视,郭嵩焘也予以肯定。他有意化解汉学宋学的分界,而指出宋以后言礼者实无大异于郑玄:

> 孔子后千有余年而郑君出,由宋以前言礼者受范焉。又千余年而朱子出,由元以至于今,言礼者受范焉;政教所趋,人心所向,凡所著书与其行礼之实,确守而尊事之,莫敢违越,而独礼经之传授持之有本,其异于郑说者终无几也。②

总之,郭嵩焘主张尊德性与道问学的平衡,有调和汉宋之意。他借论罗汝怀,表达了自己的意见:

> 君尝疾近世汉学宋学之分,以为名物度数,先王所以立教,而学必先识其大,未可偏胜,故其学于六艺故训,地理沿革,古今山水源流,历代法制氏族,金石篆隶,靡不研通,而一本于立身行己。③

道咸以下的学者在对汉宋之争的反思中兴起了二者调和之说④,但反思并不到此为止。儒生看到学术经历了宋明的朱陆之争和本朝的汉宋之争,开始觉得当时学术的主要问题不是异学者"叛之于道外",而是内部分歧"咻之于道中"。王柏心曰:

> 周末、唐、宋之乱人心者,非杨、墨即佛、老,皆异端之显与吾道敌者也。今之乱人心者,则起于吾儒之中,同途而异趋。其侈者矜博辨,其放者祖元虚,相与议斥儒先,灭裂微言,举切近笃实身心体用之学,而厌薄不道,至其末流,正学汩没,大道芜塞。⑤

朱次琦亦认为:

> 古之言异学者叛之于道外,而孔子之道隐;今之言汉学、宋学者咻之于道中,而孔子之道歧。何天下之不幸也。⑥

所以次琦会希望回到无汉无宋的"学孔子之学"。

---

① 郭嵩焘:《郭嵩焘全集·中庸章句质疑》,第774页。
② 郭嵩焘:《郭嵩焘全集·礼记质疑》,第2页。
③ 郭嵩焘:《罗研生墓志铭》,《郭嵩焘全集·文集》,第582页。
④ 可参见严寿澂《嘉道以降汉学家思想转变一例——读丁晏〈颐志斋文集〉》,收于《近代中国学术思想抉隐》,上海:上海人民出版社2008年版。
⑤ 王柏心:《方存之文稿序》,《百柱堂全集》,《续修四库全书》1527·集部·别集类,第527页。
⑥ 简朝亮编:《朱九江先生年谱》,《朱九江先生集》,第56—57页。

郭嵩焘对学术纷歧的反思，同样希望回到一种"学出于一"的状态。他说：

> 汉承秦毁灭诗书之余，稍求遗书，置五经博士，聚讲于京师，诸儒通一经者，又各以专门教授乡里，天下之士争以经明行修，相奖为名。朝廷设六艺之科，以整齐天下，非经博士讲授，有异师法，悉屏不录，是以学出于一，人才之美，风俗之醇，恍然见三代之遗。①

郭嵩焘认为："学必衷诸一。"

但是什么使得"学出于一"一转而为纷歧？郭嵩焘认为，是朝廷以禄利为名所致："班氏之传《儒林》，以为百有余年，枝叶蕃滋，盖利禄之途然也。"学术纷歧与学校制度的敝坏是直接相关的：

> 学必衷诸一。王者一道德，同风俗，先自学校始。经说之繁，抑亦学校之衰也。②

所以郭嵩焘将汉武帝广厉学官视为儒学之祸：

> 太史公言读功令至广厉学官之路，为之废书而叹，但悬学校之名，导之仕进而已，无所谓学也。
>
> 武帝崇儒，而儒者之道乃以绝于天下，悲夫！③

这种看法，很大程度上源于郭嵩焘对学术与社会的关系的敏感。

而当儒生厌倦了儒学在争论中歧分小化时，他们反过来会强调圣人之道的开放性，甚至会将原本的异端也揽括进来。黄遵宪就有这样的看法：

> 儒于九流中，亦只一竿揭。矧又某氏儒，涂径各歧别。均之筐篚物，操此何施设。大哉圣人道，百家尽囊括。至德如渊骞，尚未一间达。区区汉宋学，乌足尊圣哲。毕生事钻仰，所虑吾才竭。④

在批评汉宋之争的狭隘性的同时，已经出现了"百家尽囊括"的说法了。

张文虎立场不同，但也看到了类似的趋势：

> 自宋儒昌言性理，参以禅宗，至明姚江之徒改头换面，各立异说，猖狂浮游，不可殚悉。国初诸儒矫以征实之学，至乾嘉而极盛，如白日当空，魑魅屏息，而末流之弊转为琐碎，遂使反唇者复扬死灰，却又借其皮

---

① 本段及下段，参见郭嵩焘《重建湘水校经堂记》，《郭嵩焘全集·文集》，第663页。
② 郭嵩焘：《郭嵩焘全集·诗疑义》，第599页。
③ 郭嵩焘致黄运藩书，《郭嵩焘全集·书信》，第484页；《郭嵩焘全集·史记札记》，第291页。
④ 黄遵宪：《人境庐诗草》，《黄遵宪全集》，北京：中华书局2005年版，第71页。

毛以为贯通汉宋，又其甚则谓三教同源，灵谈鬼笑，妖怪百出，有心者不无世道之忧。①

虽持批评态度，但他已经看到对汉宋之争的批判甚至能开放出"三教同源"的想法。

郭嵩焘对学术"咻之于道中"的反思，厌恶的也不只是汉学宋学的分野，而更是"各据其一端以相胜"的争执本身。正如厌恶时人标立汉学宋学之名以相胜，郭嵩焘对周末儒墨之名也作出了反思：

> 儒墨之所以凶，以有儒墨之名也。悬儒墨之名以召争，德不能同者，强道以一之；辩不能举者，强知以通之，各是其是，而道与知之所及亦小矣。

与其悬儒、墨名以自域自小，郭嵩焘以为莫若以儒、墨二者反复相明：

> 郭象云，有是有非者儒墨之所是也，无是无非者儒墨之所非也。今欲是儒墨之所非而非儒墨之所是，莫若还以儒墨反复相明，则所是者非是而所非者非非矣。

郭嵩焘甚至认为：

> 有儒墨矣，因而有儒墨之辩立。夫儒墨之名，所以使之辩也。既成乎儒墨之辩，则贵其同己者而贱其异己者，因其亲也亦贱之，执其所辩之异而忘其受于天性之同也。知儒墨之为德以自是其德，谓之不知德。所谓德者，可而可之，然而然之。所谓道者，无物不可，无物不然。②

对于"贵其同己者而贱其异己者"的分异观念，郭嵩焘批评它们"执其所辩之异而忘其受于天性之同"。他所理解的"无物不可，无物不然"的道，已经超越儒、墨的界限了。

这种眼光或许应该放在清代学术，甚至宋元明清四代的学术发展脉络中加以理解。生长于清代汉学鼎盛时期的学术"异类"章学诚曾认为朱陆之别是"千古不可合之同异，亦千古不可无之同异"③，感受并且认同于那种"咻之于道中"的学术格局。道咸以降，却有越来越多的人希望超越这种格局，有如何如璋所说：

> 兼五家之绪，则道之用以宏；列九家之门，则道之区转隘。《谷梁》

---

① 张文虎：《张文虎日记》同治七年，上海：上海书店出版社2009年版，第129页。
② 以上三段，参见郭嵩焘《郭嵩焘全集·庄子评注》，第824、789、831页。
③ 章学诚：《文史通义·朱陆》，叶瑛校注：《文史通义校注》，北京：中华书局1985年版，第262页。

序曰:"九流分而微言隐。"吾得为之续曰:五家合而大道昌。①

对圣人之道开放性的强调是晚清学术思想中不可忽视的一个趋势,它与此前朱陆、汉宋等较为严格的门户意识存在着对话的关系。②

郭嵩焘认知的道也是具有高度开放性的,它可以超越朱陆、汉宋,乃至儒墨的界限。既然如此,他后来亲临西方后可以看到西方有道,也就水到渠成了。

二 礼贵礼意

清儒在重视考证的同时,也伴随着义理上的探求,希望将儒学从过于空虚的"理"中拯救出来。一些人提出可以向"礼"倾斜。张寿安先生的相关研究,指出了清代中期以前就已有相关的思路。③然而,直到郭嵩焘的时代,这种思路也尚未稳定形成被广为接受的认知。和嵩焘同时的陈澧在读书札记中一方面说"《中庸》《大学》,后世所谓理学,古人则入于《礼记》者。……理学即礼学也";另一方面却又说"孔疏非但详于考典制,其说性理亦甚精","冲远(孔颖达)非但深于礼学,其于理学亦不浅也",不自觉地仍将礼学与理学分为两物。④ 即使到了郭嵩焘的时代,这种思路仍存在继续阐发的学术空间。⑤

郭嵩焘对礼学十分重视,认为"圣人之道,其迹存乎名物象数之末,而其精究乎天人。精者未易以言传也,循乎名物象数,而得其秩叙之节,而礼行焉"⑥。这一方面有王夫之"道不离器"说的痕迹(《礼记质疑》便是由船山《礼记章句》启发而作),另一方面应该也受到曾国藩的影响。国藩面对孙鼎臣对汉学的责难,也是标出"古之学者,无所谓经世之术也,学礼焉而已"。国藩和

---

① 何如璋:《茶阳三家文钞·何少詹文钞·管子析疑序》,《何如璋集》,天津:天津人民出版社 2010 年版,第 85 页。
② 可参见李欣然:《经世关怀下的晚清学术危机——何如璋〈管子析疑〉的思想史意义》,《社会科学研究》2017 年第 6 期。
③ 张寿安:《以礼代理:凌廷堪与清中叶儒学思想之转变》,石家庄:河北教育出版社 2001 年版。
④ 陈澧:《东塾读书记(外一种)·东塾读书记·礼记》,香港:三联书店(香港)公司 1998 年版,第 172、182 页。
⑤ 王汎森先生曾指出,"思想的改变不是一个事件,而是一系列的事件,它必须经过一次又一次地再说服与再制造(reproduce)"。(《程廷祚与程云庄——清代中期思想史的一个研究》,《权力的毛细管作用:清代的思想、学术与心态》[修订版],第 498 页)
⑥ 郭嵩焘:《郭嵩焘全集·中庸章句质疑》,第 763 页。

孙鼎臣一样关心儒学经世的问题，但又指出"礼非考据不明"，汉学有不可废之处。① 郭嵩焘治礼学，同样如此。② 就思想的内在理路发展而言，在汉学出现典范危机之际对礼的重视，一方面发挥了清代汉学重视考据的特长，另一方面不废宋学传统对义理、对经世的关注，是一条针对典范危机的应对思路。

而曾国藩对礼的重视，又出现了一个重要的特点，即将经学史学化。钱穆在讨论曾国藩的礼学思想时，曾言其"言礼，本之杜、马、顾、秦，亦几几乎舍经而言史矣。盖苟求经世，未有不如是"③。此说颇值得关注。经世的关怀使学者有"舍经而言史"的倾向，原本同样具有经世功能的史学作用变得突出。用龙启瑞的话说：

> 治经自是学人第一要义，而求其有裨实用，则史籍较经籍为多。荀卿子曰：欲观后王之迹，则于其灿然者已。今之史册是也。经术固不可不明，然行之贵得其意，如徒拘于章句训诂，则是俗儒之学。若欲按其成法，推而行之于世，则如井田、封建用之于古则治，用之于今则乱。苟非其人，道不虚行，故空谈经学者正如夏鼎商彝，无适于用。要惟约其理而返之于身，因以推之于世而不泥于其迹者，庶有当焉。然则今日之学，亦先学其有用者而已。④

王汎森先生曾指出，汉学危机的一个表现，是开始有人怀疑考据方法"将三代社会的真相弄得愈清楚，好像也愈不可能把三代的理想付诸实行"⑤。龙启瑞得出史学比经学有用这种看似奇异的结论，针对的恰是这一点。史学变成了解决问题的出路。

活跃于光绪时期的文廷式说："国初之儒，都由史学入，故说经颇粗，而堂奥闳深。乾嘉诸儒之学，多由小学入，故说经颇的，而气象狭小。"⑥在抑扬之中，廷式实有用史学拯救乾嘉以降气象狭小的经学的愿望。郭嵩焘亦然。在看到龚自珍的文集后，嵩焘非常赞赏其六经皆史的说法，以为"史例由后起而上包经及诸子之用，下该私家著述"⑦。"史"的眼光是郭嵩焘经学研究

---

① 曾国藩：《孙芝房侍讲刍论序》，《曾国藩全集·诗文》，第256页。
② 有如郭嵩焘在《曾文正公墓志》中所说："（曾国藩）以为圣人经世宰物，纲维万事，无他，礼而已矣。浇风可使之醇，敝俗可使之兴。"（《郭嵩焘全集·文集》，第522页）此亦郭嵩焘自己的观点。
③ 钱穆：《中国近三百年学术史》，北京：商务印书馆1997年版，第652页。
④ 龙启瑞：《致冯展云侍读书》，《经德堂文集·内集卷三》，转引自柳春蕊《晚清古文研究》，第134页。
⑤ 王汎森：《方东树与汉学的衰退》，《中国近代思想与学术的系谱》，第4页。
⑥ 文廷式：《芝屑》，《文廷式集》（下），北京：中华书局1993年版，第923页。
⑦ 郭嵩焘：《史书纲领序》，《郭嵩焘全集·文集》，第297页。本文作于光绪五年五月初八，而嵩焘于初五读《龚定庵集》（《郭嵩焘全集·日记》，第121、122页）。

的重要视角。

相对于以训诂考据说经,以史学的眼光来看待经书,可以出现许多新解异见。这也是为什么郭嵩焘明知"国朝经师推求文字之原以尽其变,其制义尤精,其辞尤辨,亦几穷极诸经之蕴而无余憾矣"①,却仍努力写作《礼记质疑》。他的视角已不相同。

首先可以郊祀配祖的问题为例,来考察郭嵩焘以史说经的眼光。《礼记·祭法》曰:

> 有虞氏禘黄帝而郊喾,祖颛顼而宗尧。夏后氏亦禘黄帝而郊鲧,祖颛顼而宗禹。殷人禘喾而郊冥,祖契而宗汤。周人禘喾而郊稷,祖文王而宗武王。

对于《祭法》这段经文,以往的解释和争论多牵涉阴阳五行之说。嵩焘则一切推倒之,视为"黩天诬经","今但据经义明其义,于诸儒聚讼之言,略而不论"。由此,郭嵩焘越出了既有的研究范式。他的基本解释策略是:"四者之祭,历代各有取义,不必强而同之。"②

郑注孔疏已经初步指出这段经文蕴含的两个需要解释的现象。一是四祭和祖系的关系不清。有虞氏郊喾、祖颛顼而宗尧,然而帝喾、颛顼、唐尧皆非虞氏之亲;夏以降则有所不同,夏郊鲧,商宗汤,周更是祖宗文、武,"稍用其姓代之"③,所祭有了自己的先人。从无其祖先到有其祖先,其间的缘故需要解释。郭嵩焘认为,这与尧舜禅让有很大的关系。他先据《礼记》推测尧是禘黄帝而祖喾,有虞之祭是承自唐尧。舜受禅于尧,一方面舜出于颛顼而非喾,故祭法必须有所变革;另一方面舜又由于是承尧有天下,不能遽废尧祀。正是在这种历史条件下,有虞氏的四祭形成了《祭法》所说的式样:禘黄帝;将尧所祖之喾推以配天(郊);而自以世系祖颛顼;却又奉尧为宗,以明天下之统之有由受也。

至于夏之继虞,也有类似的沿革关系。禹与舜同出黄帝—颛顼一支,故禘、祖无异。变化在于宗。夏后氏宗禹,那肯定不是从禹开始,郭嵩焘推测是从启开始:禹本当效舜之宗尧,以有天下而宗舜;然而夏世发生一大变革,即禅让之制为世袭之制所替,于是启变革"宗"的规则,不宗舜而宗禹。

---

① 郭嵩焘:《郭嵩焘全集·礼记质疑》,第 740 页。
② 本段及以下六段,参见郭嵩焘《郭嵩焘全集·礼记质疑》,第 560—564 页。
③ 郑玄指出:"有虞氏以上尚德,禘、郊、祖、宗,配用有德者而已。自夏已下,稍用其姓代之。"孔疏曰:"虞氏禘、郊、祖、宗之人皆非虞氏之亲,是尚德也。云'自夏已下,稍用其姓代之'者,而夏之郊用鲧,是稍用其姓代之。但不尽用己姓,故云稍也。"(十三经注疏整理委员会整理:《礼记正义》,北京:北京大学出版社 2000 年版,第 1506、1509 页)

夏后氏的禘、祖、宗既皆明矣,而其郊却又有继承有虞氏之处。这就涉及注、疏所指出的第二个需要解释的现象:为何虞、夏、殷皆是郊后出而祖先出,到了周才是郊先出而祖后出。舜由于受禅于尧的缘故,郊喾而祖颛顼,然而按照时代先后来说,喾本在颛顼之后。相似的,夏郊后出之鲧,而祖先出之稷;殷郊后出之冥,而祖先出之契。从祭祀的意义来说,郊以配天,应该是远本所出,为何《祭法》这里虞、夏、殷三代反而郊祀离自己亲近的人?① 前面郭嵩焘其实已经对虞郊喾而祖颛顼作出了解释:禅让制下,舜不能遽废尧祀,故推尧祖之喾于郊。夏、殷两代"袭虞制",将虞的特殊情况常态化,所以虞、夏、殷之郊,展现出一幅特殊的面貌。

但不管是郑注孔疏,还是郭嵩焘,都觉得这种郊后出者而祖先出者有些别扭。郭嵩焘认为,恰是周代的祭法改变了这种错位,有如《孝经》所说:"周公郊祀后稷以配天,宗祀文王于明堂,以配上帝。"一方面使郊祀尽到"推本所出以配天"之义,另一方面周公创制明堂以祀文王,又如《孝经》所说,是"严父莫大于配天",两全其美。这也是嵩焘认为周代"制义尤精"之处。

总之,郭嵩焘并不认为四代于四祀命义完全一致,却主张是依据各自的历史因革条件而不尽相同的。虞宗受禅之尧,夏变革为宗其亲(禹),其背景是从禅让到世袭的历史变革;郊后出而祖先出的原则,夏、殷因袭自虞,而周变革之,其机缘是周公改制。禘郊祖宗蕴含的先王制作之精意并不是机械同一,而是变化的,可以在不同的历史条件中呈现出不同的样式,是蕴含着"多"的"一"。也因此,要从不同的礼文中返寻得先王制作之意,就需要十分注意不同的礼文与其各自的时空条件是如何结合的。这样一来,郭嵩焘在对礼的解释中就充满了浓厚的历史沿革意识。

换个角度,我们同样可以看到郭嵩焘如何以历史的眼光解经。许多经学问题的产生源于不同经文的参差不齐。如《月令》言"祀中溜、门、行、户、灶",他如《曲礼》《王制》《曾子问》《礼运》亦皆言天子祭"五祀";独《祭法》言"王为群姓立七祀",增加了司命、泰厉。郑玄之经注,却多据七祀立言,认为五祀是"殷时制"。郭嵩焘不同意郑玄的解释,以为"七祀之制不别见于经传,而《祭法》所论庙祀与诸经传亦多异同,或秦世儒者缘饰礼经为之",反而将《祭法》所言视为后世缘饰之文。更重要的是,嵩焘认为秦世儒者"缘饰礼

---

① 这也已由注、疏指出。郑注曰:"先后之次,有虞氏、夏后氏宜郊颛顼,殷人宜郊契。"孔疏曰:"云'先后之次,有虞氏、夏后氏宜郊颛顼,殷人宜郊契'者,今有虞氏先云'郊喾',后云'祖颛顼';夏后氏先云'郊鲧',后云'祖颛顼';殷人先云'郊冥',后云'祖契':是在前者居后,在后者居前,故云'宜'也。"(十三经注疏整理委员会整理:《礼记正义》,第1506、1509 页)

经"而增加司命、泰厉,是有历史原因的,盖"司命主生,厉主死,故与五祀之切近日用并为一类;亦由周秦之季喜祷祀祈禳,以有此制"。①

郭嵩焘之说确否,非此处所能定断,但可以看见他引入了历史沿革流变的时间性,以解释经文五祀和七祀的差别。这个解释是相当大胆的,因为他不仅否定了郑玄五祀"殷时制"之注,更怀疑起《祭法》经文本身来自后人"缘饰"。我们知道,郑玄对经书中的许多歧说(其中一些源于今、古文经说之异),往往将其解释为三代不同制(如此处将五祀视为"殷时制")。但对于这种解释方法,郭嵩焘并不认可。

郭嵩焘对郑玄这方面的质疑,更突出表现在对《王制》一些经文的解释上。《王制》被视为汉博士荟萃三代之礼而为之书,其所陈之先王制度与《周礼》颇有参差。郑玄于此一依《周礼》为说,其不可通者,则目为夏、殷之礼。郭嵩焘对这种解释方法就不满意。《王制》有"千里之外设方伯,五国以为属,属有长。十国以为连,连有帅。三十国以为卒,卒有正。二百一十国以为州,州有伯"之说,这种大小相维的建制,为他书未言,而郑玄以为殷制。嵩焘却以为此"即汉世以州统郡,以郡统县之制,而文之以封建,合三代之遗文,参以汉世制度,非古建国之常法也。秦汉以后,建官分职,大小相维,统于一尊;博士因以推之三代,以明天子大一统,当使四方诸侯更相连属,以奉朝请"②。反而将其看作秦汉以后之制,不过是"博士因以推至三代"的托古为文而已。

面对《王制》中相对《周礼》的差异,郑玄的做法是将其上推至夏殷,郭嵩焘的做法却是将其下降至秦汉。真实情况如何或许难以断定,但考察郑、郭两人的意向,郑玄将《王制》上溯夏殷,背后的观念是对三代的理想想象和推尊;而若如嵩焘所言,则《王制》所述非三代圣王之制,不过是三代以下秦汉之制而已,这对《王制》的经典地位无疑可能带来危险。所谓"博士因以推至三代"的观点尤其激进,因为这样一来,《王制》中的三代就不必为实事,而可以只是儒生的托古寓言而已,这已经有后来康有为"托古"之说的痕迹了。嵩焘由疑疏疑注,矛头已驶驶上逼经文。

东汉的郑玄之所以要将各经不同之处视为三代异制,在当时有打破专经师法、融贯诸经、混同今古文之意。他认为经文之异只是因为记述的是夏殷周不同的朝代,但皆是三代实然,至少在地位上是平等的。郭嵩焘的质疑却解构了郑玄的努力。三代仍是真实的,但记述三代的经文却不完全是实录,其间混入了许多后世的情事,而需要仔细的辨别。沿这个方向开展下去,经

---

① 郭嵩焘:《郭嵩焘全集·礼记质疑》,第61、573页。
② 同上书,第147页。

书本身的记述复成疑问,而完全有可能重启今古文之争。由疑郑玄之注,郭嵩焘乃上而疑经。

果然,郭嵩焘对《王制》的一处理解中终于出现了直接疑经的看法。经文曰:"诸侯赐弓矢,然后征。赐铁钺,然后杀。"嵩焘旁征博引(如《论语》"礼义征伐自天子出"等),得出的结论却是"疑三代无命诸侯专征之事",进而认为是"记礼者承周末诸侯之专征专杀傅会经义,而假王命以临之,疏因比合春秋时事以为之辞,有害经义甚大。证之经传,而固知其不然矣"①。已经直驳经文矣。《王制》传为汉博士所作,这是郭嵩焘敢于驳经的一大根据。然而就疑经而言,它使"辨伪"这种破坏性更大的自由解释变得可能。

郭嵩焘的历史意识很大程度上规定了他所倾向的解释方向。这以郭嵩焘关于殷周制度变革的看法为代表。关于鲁用天子之礼,郭嵩焘说道:

> 周公摄政,用殷礼:殷有天下三十二世,兄弟相及者十五世……周公遂继武王以有天下,犹之用殷礼也。既定周礼,归政成王,而后世及之制定。所以祀周公以天子之礼乐,周公固已摄位于天子也。②

此说已发王国维《殷周制度论》之先声。其言殷商世系传承虽无甲骨文的印证,但其指出殷周制度由兄弟相及变为世及、且在周公处为转捩枢纽,则与王国维全同。

周公践祚与否,历来有争论。由于既关系到周公之"圣",又关涉到君臣纲常这一基本的"道",是一个敏感而棘手的经学问题。关于《明堂位》中提到周公用天子之礼的情形,王夫之就认为是"后儒张鲁而为之侈大之辞","伤名义而启僭乱,尤为世道人心之大害"。③ 此前历代对其争论往往在于践祚之有无、经权,较少从历史制度沿革的角度来理解其摄政。④ 郭嵩焘的这种解释,却似可得两全。他解释道:"周公之摄政,殷礼也;其可以践祚有天下,亦殷礼也。既定周礼,而后君臣父子之道益严,并总己之制亦废;成王之不敢臣周公,盖谓周公摄政之时,周礼犹未定也。周公自以周礼退就臣位,成王自以殷礼尊周公。"⑤正是在殷周之际的制度沿革中,周公践祚的特殊情况和后世君臣定位的伦常纲纪双双得到理解而可并行不悖。郭嵩焘能见此,

---

① 郭嵩焘:《郭嵩焘全集·礼记质疑》,第148—149页。
② 同上书,第259页。
③ 王夫之:《礼记章句》,《船山全书》(四),第773页。
④ 可参见顾颉刚《周公执政称王——周公东征史事考证之二》,收于郭伟川编《周公摄政称王与周初史事论集》,北京:北京图书馆出版社1998年版。在郭嵩焘之前,清代学者钱塘在《周公摄政称王考》也指出了"殷弟继兄则遂为王,(周)公假以靖殷遗之变"(转引自顾颉刚上文,第46页)。唯未知嵩焘是否见过此文。
⑤ 郭嵩焘:《郭嵩焘全集·礼记质疑》,第397页。

一定程度上反映了他在注经明道时,对于历史的时间性十分敏感。

然而,这种解释不是没有问题的。既然从周公开始才"君臣父子之道益严",那么君臣父子的纲常却也在历史中相对化了,尧舜之时、夏殷之际,君臣之道就没有那么严了。有这样的可能性,嵩焘后来就可以说出后世之言尊王者"徒知秦汉以后尊主卑臣之制,以为王制不可以干而已"这样的话,对原本以为天经地义的君臣纲常产生怀疑。① 在历史中理解"道",也意味着"道"的具体形式可能被相对化,而时势对其影响随之而上升。

正因在郭嵩焘看来,礼是随时势而变化的,后世学礼之人最重要的是通知圣人蕴含在具体礼文背后的制作之意,而不是斤斤于仪文度数而已。《檀弓上》曰:

> 幼名冠字,五十以伯仲,死谥,周道也。经也者,实也。掘中霤而浴,毁灶以缀足,及葬,毁宗躐行,出于大门,殷道也。学者行之。

其中最关键的"学者行之"四字,郑注以为"学于孔子者行之",是"效殷礼"。郭嵩焘则认为是兼周道、殷道二者而言,"学者行之,盖欲学者损益质文之中,因事以制宜,而自缮其性情之用,岂谓掘中霤而浴,毁灶以缀足,躐宗以行,惟是之学孔子哉!……记礼者兼举周道、殷道,而以学者行之深致其斟酌典礼之意,郑注于此似未曙然"②。在郭嵩焘看来,要学的不是具体的礼仪行为(掘中霤等做法都是违反常情的),而是这种行为背后"损益质文之中,因事以制宜,而自缮其性情之用"的礼意。

这就引起了郭嵩焘对礼的一个重要观点:礼贵礼意。在郭嵩焘的心目中,"夫三代典礼未易行之后世,而圣人固曰从周,为夫大体明备,垂法万世,放而皆准。苟知其意,则今日所行何一非周礼之遗哉?不知其意,则亦具文而已;于其宏纲大用,一切滞固不可通。是故礼者,人情物理之所不能违;知其不可违也,范围曲成,斯礼意也"③。

需要注意,"礼意"一词出自《庄子·大宗师》:

> 子桑户、孟子反、子琴张三人相与友……子桑户死,未葬。孔子闻之,使子贡往侍事焉。或编曲,或鼓琴,相和而歌曰:"嗟来桑户乎!嗟来桑户乎!而已反其真,而我犹为人猗!"子贡趋而进曰:"敢问临尸而歌,礼乎?"二人相视而笑曰:"是恶知礼意!"

临尸而歌本非礼,但对孟子反、子琴张来说,"礼意"早就超脱了具体仪文。

---

① 郭嵩焘:《郭嵩焘全集·日记》光绪五年十二月初四,第211页。详第七章第二节。
② 郭嵩焘:《郭嵩焘全集·礼记质疑》,第83—84页。
③ 同上书,第743页。

郭嵩焘借用此语，主张的也是"礼意"超越了具体形式和时空：苟知礼意，"今日所行何一非周礼之遗"。

这种说法对于希望从考证古制来复古的儒生来说，却不啻于一种打击。因为有形的典礼已经"未易行之后世"，能放而皆准的只有无形的"礼意"，那么即使搞清楚圣人制作的具体制度，三代之制也未必就可以行之后世。汉学的典范危机，使单纯复原"成法"的努力已经遭到了质疑，包括郭嵩焘在内的一些学者察觉到古今之别对复行三代之制的障碍，转而寻求那种能够超越这种障碍的"礼意"。

所谓的超越时空，却并非脱离时空而转向形而上的层面（如柏拉图的 idea）。郭嵩焘反而是要更具体地在时空中察觉出某种流衍变迁的统一性。礼意之"一"不是抽象形上的，而是蕴含而统摄具体仪文制度之"多"的"一"。古人常言"通古今之变"，郭嵩焘所追求的礼意，可以说就是那个统摄古今之"变"的"通"。

这一点可以用郭嵩焘对祧庙的讨论来说明。古人庙祭高、曾、祖、祢四世，远于四世则迁其主，毁其庙，迁主所别藏之庙曰"祧"。其制虽著于经传，但因毁庙之举嫌不仁，汉以来屡有争议，东汉以降乃无毁庙之议。对此郭嵩焘有议论曰：

> 祧庙之说，自汉匡衡、贡禹建此议于宗庙，诸儒纷纷辨论，至今未息，而不知其无当也。后世所谓古礼，皆周制也。夏、殷以前之礼，固不同矣。圣人屡言从周，稍有发明，汉儒因之以明礼，至今冠婚丧祭之礼，沿袭各殊，而周之遗制，犹时可窥见一二。鄙人尝取周制祧庙毁主之义思之，周自后稷始封于邰，历虞、夏、殷三世凡千余载，文、武因之以有天下。洎周公定礼乐，而后宗庙之制备，又传国八百余载。是自后稷始封，至周之末，盖千八百余年。后稷国于邰，以开周之基业，又历佐唐虞，有大功德，允为周之始祖。自后稷至文、武三十余世，周公固度宗庙之必不能容，缘情制礼，以后稷为始祖，而尊文、武为世室，所祭其亲，但高、曾、祖、祢四世而已。服始于高祖，而祭法即因之。群祖之祭，于禘合之。情之不容已而义以生，周公之不得已也。天子既以七庙为制，诸侯以下，以次递减，贵贱隆杀之仪，又所以制其宜而通其变。汉祖以匹夫得天下，无所奉以为始祖。西汉传世十二，通东汉计之得二十四世，后世历数之久远无逾此者。所祀之祖不过十余世，而有祧有毁，以吝祖宗之血食，其心固有所不安者矣。西汉去古未远，犹思复周世七庙之旧，而时毁时建，有同儿戏。其毁也，迫于诸儒持议之正；其复建也，虽以病天子之病，亦其心之不能安者也。东汉以后，遂无复毁庙之议。势之所趋，人心即因之以

定。圣人生于今日,亦必不能悉仿古礼而行之。而儒生操翰缀文,至今辨论纷纷,引古礼之正,欲劫后世以行之,无能见及此者,可叹也。①

周制毁庙而后世不毁,若志于复古而拘于形式者,必亟言毁庙为正。郭嵩焘却主张从今,原因就藏于其历史分析之中:由于周代谱系太长,若一一建庙,必不能容,所以才有毁庙之制,是周公"缘情制礼"之举;后世立国之时,谱系无如周之长者,故庙无须毁。然而,周公毁庙是"情之不容已而义以生",后世不毁庙也是为了心安,制度虽有不同,共同的却是人情,这也正是礼意所依循的"人情物理之所不能违"。

进一步言之,郭嵩焘不是无缘无故提到祧庙的,这个话题的缘起是和人谈起宗祠的作用,郭嵩焘认为"今之宗祠,犹古之祧庙":

> 予谓宗祠,收族者也,其制乃若古之祧庙。近人建祠多别书一主,非宜。古者大夫立庙,为世为大夫者言也。后世有宗子之法,犹尚可行。否则一祠立,则族人皆得入主,皆得致祭。欲立一划一之法,久远行之,未有能善者。故祖祢之主必祭于寝,而不可以重建于祠。曾祖以上,寝监不能容,则附祭于祠,以寝室时节荐享。宗祠之祭,岁或一举,或再举。亲疏隆杀,各适其宜。故曰:今之宗祠,犹古之祧庙。非以祠为祧庙也,势之所趋,不能不如是也。而以之收族,则宗祠所系甚巨。

对礼意的把握,一方面使郭嵩焘可以认为周代毁庙之制不能行于后代,不拘泥于礼之形式;另一方面源于祧庙之制的道又正是在古今异宜的变化中,由宗祠重新发挥了致用的可能。礼意只有在具体的时空中才能体现出来,并且具体表现时有祧庙和宗祠不同的制度形式之别,但礼意又超越了差别而统摄二者。嵩焘所说的"礼意",正是这种既寓于具体时空、形式,更又超越时空、形式差别的"道"。

抽象的理念(idea)或具体的形式,可以将某种存在固定下来。而郭嵩焘理解的礼意/道却是变动不居的,他说:"恒者,非可执以为恒者也。天道有常,而无一成之功化。圣人之道,日新以为功而无固守,观雷风之用而知天地所以为恒者,惟其变而不可穷也。"②既然道是在变动中得其恒常,那么,它从来不需拘泥于旧的仪文制度,而也可以从新的文化形式——包括异域文明——中得到体现。

---

① 本段及以下对祧庙和宗祠的讨论,参见郭嵩焘《郭嵩焘全集·日记》咸丰十一年二月廿九,第391—393页。
② 郭嵩焘:《郭嵩焘全集·周易内传笺》,第199页。

三 经世：今日一沿周季之敝

郭嵩焘治学是有经世关怀的。赋闲期间，他曾成一诗曰：

> 平时腊尽寒随尽，腊去寒生岂偶然。草树沈迷天隐雾，山川萧瑟雨催年。读书已憾今生晚，学道宁能故技捐。养气知言吾分在，敢云扫径托高眠。①

"草树沈迷""山川萧瑟"，郭嵩焘对这个号称"中兴"的世道仍怀忧虑。此时的读书学道，并不只是聊遣余年，而更是要从经史之中寻求理解时世"腊去寒生"的反常。

郭嵩焘的历史意识是他经世思想的关键所在。历史之于经世，能够发挥的作用主要有两种：一是从历史中可以寻求解答现实问题的思想资源，二是从历史中可以发现形成现实问题的历史原因。郭嵩焘对于这二者皆有关注。

毛公、郑玄以史说《诗》，于《雅》有所谓"变雅"之说，涉及厉王以降政教衰乱的周朝。郭嵩焘卸官后所作的《毛诗余义》专门关注这段历史。周厉王、幽王之间的宣王励精图治，内修政事，外攘夷狄，史称宣王中兴。在毛、郑的解释中，"变雅"刺怨相寻，于诵宣王之诗却多美作。郭嵩焘暗中反对其解释，而着力探究宣王未能臻于长治久安之故，他说：

> 《诗小序》以《小雅》尽废于宣王之世，故郑康成叙《诗》变雅，始于《六月》。宣王之勤兵，至矣。其修复文武法度，在共和行政十四年。即位之初，犹有中兴之望焉。王子晋之谏灵王，曰"自我先生厉、宣、幽、平而贪天祸，至于今未已"。终宣王之世，作戎车，战千亩，料民太原，一务于兵，而兵益不竞。而诗人铺张扬诩之词为多。至是而周德之滋衰也。②

郭嵩焘对宣王的武功别有一种敏感。他认为，宣王唯知务兵，反而掩盖了更加重要的问题。

郭嵩焘对比了称诵宣王的《鸿雁》和称诵周朝兴起的《绵》：

> 观于《绵》之百堵皆兴，而知盛衰兴废之机，若是其相远也。彼其无事而兴，趋功而忘其劳，君民相与欢欣鼓舞，以求禩世之安，其心若不知

---

① 郭嵩焘：《郭嵩焘全集·日记》同治七年正月初一，第 316 页。
② 郭嵩焘：《郭嵩焘全集·毛诗余义》，第 611—612 页。

有危亡之思焉,而震发扬诩,无自靡也。其词亦未偿及安居之乐焉。而宽裕昭融,无自瘵也。乃以是为基命之资,率百姓以与之更始。《鸿雁》之诗,曰:"虽则劬劳,其究安宅。"苟幸一日之休息,抑何揄乎!曰:"惟此愚人,谓我宣骄。"其骄气已动于中,而曰此吾之劬身以利国家也,抑何猥乎!宣王中兴之业之所以终臲也。①

宣王之中兴,并没有能够改变人心风俗,反而因其中兴,生百姓苟且宣骄之气。嵩焘之所以不认可宣王的事功,正是因为宣王对军功的关注超过了对人心风俗的矫正,而后者才应是国家治理的根本。

在郭嵩焘看来,人心之离散是周朝衰弱的根本原因。周之积弱"无他,民散故也","天下者,民之积也。积天下之民,以奉一君,而成乎积弱,非独民与君离怨而不相恤,民与民亦自为泮涣而不相亲也。故天下之势积重,而莫弱于散。周先王十五世勤恤而收之者,数传而一散不可复纪"。② 这种情况和郭嵩焘所处的时局,其实相似。

而郭嵩焘批评时局上下隔阂的问题,也出现在他对《诗》的理解中。《召旻》第六章曰:"池之竭也,不云自频。泉之竭矣,不云自中。"嵩焘释之曰:"引水而灌之池,故池之竭由流之外塞。掘井而名之泉,故泉之竭由源之内枯。频者,封疆之事,赋贡之所从入也。中者,朝廷之事,政教之所从出也。下情不上输,上惠不下逮,其于国也危哉!"③ 正如郭嵩焘忧虑于自己所处的时代上下之情不通一样,他从"变雅"中也看到了周末君民离散的征象。

郭嵩焘认为《诗》"于盛衰兴废得失之原,征之人事,准之世变,其词婉,其义深。夫子盖删而述之,以垂经世之大用"④。他对宣王中兴的批评,暗中指向的无疑是自己所处的"同治中兴"。从道光以来,许多人就将目光聚焦在国家的贫弱上,"汲汲以理财为说"。庚申之后,富强之说甚嚣尘上。郭嵩焘则认为"所患又非在贫也"⑤。从《毛诗余义》中我们能看到,他认为"盛衰兴废得失之原"系于人心风俗的端正,此方为中兴之急务。

"人心风俗"的意思很难翻译为现代语言,它表征于时人在言行举止中

---

① 郭嵩焘:《郭嵩焘全集·毛诗余义》,第614页。
② 同上书,第616页。
③ 郭嵩焘:《郭嵩焘全集·日记》同治五年六月廿三,第225页。按《郭嵩焘全集》所收《毛诗余义》,辑自郭嵩焘子焯莹整理的《郭氏佚书六种》。焯莹又辑自嵩焘"手自迻誊之别纸",他猜测其父原来是批注于《毛诗训故传》上,后来乃迻誊出来,而原书佚亡(《郭氏佚书六种·郭氏佚书叙目》,第1页)。实则有可能嵩焘草创于日记之中,后迻誊别纸。但誊录未尽,故有部分内容仅见于日记而不见于焯莹所辑之《毛诗余义》,如《召旻》此条是也。
④ 郭嵩焘:《郭嵩焘全集·毛诗余义》,第611页。
⑤ 郭嵩焘:《郭嵩焘全集·日记》咸丰十一年十月初一,第465页。

体现出来的精神面貌,却只能大致描摹,难以精确定义和量化。但《论语》里提到"道之以政,齐之以刑"导致的"民免而无耻"和"道之以德,齐之以礼"达到的"有耻且格",还是能体现出不同人心风俗间的区别。

人心风俗和统治者的政教是直接相关的,郭嵩焘就指出:

> 风俗之敝,人心之偷,岂曰君子教使然乎?转风俗之敝而返之醇,惩人心之偷而使之立,则存乎君子矣。非日取其敝者而补苴之,日取其偷者而振发之,迫小人以从我也。示之准则而奖之善良,渊然取具于一身者,君子之徽猷也。尸居人上而无徽猷之可纪焉,谓风俗之敝由教之使敝,人心之偷由教之使偷,即亦何辞以自解矣。①

统治者不但应该有事于人心风俗,而且所用的方法也不当是补苴振发,而是以身作则。实际上前者近似于道政齐刑,后者则更接近于道德齐礼。郭嵩焘的这种辨析,已经宛然可见粤抚卸任后从申韩法术转回礼学的变化。

总之,郭嵩焘在对《毛诗》的研究中,从周代历史里探求国家的"盛衰兴废得失之原"。他对宣王中兴一段历史的关注,微意是要以之为同治中兴的镜鉴。这可以说是发挥历史以古鉴今的功能。

但郭嵩焘对历史的关注不止于此,他尤其注意从历史中发现形成现实问题的原因。相比于前一种历史意识,这一种特别关注过去与现在的联系。郭嵩焘曰:

> 古今事局屡变,而因革损益必有所承,无能骤【骤】改乎其故。蒙尝论国家颁行定律,推而溯之汉唐以前,以考知三代之遗,犹可十得一二,正谓此也。②

这种"因革损益必有所承"的看法,是郭嵩焘的历史意识非常重要的构成部分。他相信现实问题可以、也需要从历史上去追溯其原因。咸丰末年在京时,郭嵩焘痛心于时人的主战议论是"守南宋之习说"③,就将问题的根源追溯到数百年前。这种历史意识甚至主导了著作《绥边征实》的意向,他自陈:

---

① 郭嵩焘:《郭嵩焘全集·日记》同治五年六月二十,第 222 页。王汎森先生曾指出,中国的政治权力和道德权力中有某种"可见"(seen)与"不可见"(unseen)的"传讯机制"(signaling system),"从外人的眼光看,它们有时'可见',有时'不可见',但对生活于其间的人而言,却都是看得见、可运作的。就像一个寄信者,他只需要在信封上写上地址、贴上邮票,他可以完全不了解邮局的运作,但信件最后总会到达某一国家某个人手上"(王汎森:《"儒家文化的不安定层"——对"地方的近代史"的若干思考》,《近代史研究》2016 年第 1 期,第 134 页)。郭嵩焘对统治者的政教与人心风俗间关系的理解,便类似这种"传讯机制"。

② 郭嵩焘:《郭嵩焘全集·尚书疑义》,第 572—573 页。

③ 郭嵩焘:《郭嵩焘全集·日记》咸丰十年正月二十,第 262 页。

"自南宋以来,控御夷狄之道,绝于天下者七百余年,老朽不才,直欲目空古人,非直当世之不足与议而已。"①他对华夷关系的历史反思,至于准备打破一个在他看来延续了七百年的传统观念。推求源流本末的历史意识,由于将现实问题的原因追溯到历史上,有可能对一些传统提出质疑。

人心之敝,风俗之偷,这样的现实问题同样被郭嵩焘放在历史的沿革中去理解。而在他看来,这甚至是三代以下的两千年大变。《礼记·表记》中讨论到三代的文质嬗变,以为殷尊而不亲,夏、周亲而不尊,而周之民之敝,"利而巧,文而不惭,贼而蔽"。郭嵩焘认为,秦之承周,使"今日一沿周季之敝":

> 秦承周敝,一示民以尊;二千余年,循其道而代益加甚,而后君民之势旷远不相属,但得其所谓尊者,而亲之义亡矣。五方风气,既无圣人之德教以济其穷,而诸豪杰之起,勃然以兴,澌然以灭,虽甚暴戾,而民俗之浸淫渐渍未深也。是以吴越尚夸诈,秦晋务强实,犹承春秋战国之遗,而夏殷末流习俗之敝,亦不复可得于后世。至今日,一沿周季之敝,于文以伪相承,而益之以狙诈,二千余年无能改易。此三代圣王之以民俗为急,而务驯而化之,所以为德之至也。②

之所以人心风俗的问题那么重要,因为它是秦以下两千年都没解决的问题。这种"君民之势旷远不相属"的看法直接引发了他后来对君主制度的怀疑:

> 王者导民情使无不达;秦汉以后之天下,一以法整齐之,民之情达与不达弗计也。王者顺民欲使无不遂;秦汉以后之天下,一以法禁遏之,民之欲遂与不遂弗问也。
>
> 自战国游士创为尊君卑臣之说,而君之势日尊。至秦乃竭天下之力以奉一人而不足,又为之刑赏劝惩以整齐天下之人心。历千余年而人心所同拱戴者,一君而已。③

其批评的立足点,正在于尊君卑臣之制造成了上下之情不通。

造成人心风俗之敝的除了君尊臣卑之外,另一个问题是三代学校制度不行、汉代选举制度兴起——又是一个延续两千年的问题。"三代礼乐学校之遗,荡废无存,盖已起自战国时,于是根本之教不行于朝廷,而一切苟且之政行焉。"④而汉武帝的广厉学官,更受到郭嵩焘的批评:

> 汉兴,广厉学官,以文学掌故为利禄之阶,则司马迁非之。而其时齐

---

① 郭嵩焘同治元年致龙汝霖书,《郭嵩焘全集·书信》,第88页。
② 郭嵩焘:《郭嵩焘全集·礼记质疑》,第645页。
③ 郭嵩焘:《郭嵩焘全集·日记》光绪五年六月廿三、光绪六年七月初八,第146—147、283页。
④ 郭嵩焘:《玉池老人自叙》,《郭嵩焘全集·文集》,第779页。

鲁诸儒,习孔氏之堂陈、车服、利器,考仪者习其容,治经者传其义,尚有以自得者。嗣是诸经并立于学,传习者少,师儒之道益衰。①

在郭嵩焘看来,人心风俗之留贻,"本于学校",而"三代政教之失其源,一切功利之见被于天下,而渐于士大夫",于是后世"文章盛而人心漓,科名富贵昌而风俗薄","所从来远矣"。②

汉武帝的广厉学官,标志着国家凭文学而非血缘等其他因素对人才进行选拔,其对后世的影响不容小视。郭嵩焘对它的深远影响,看法却是负面的,后来甚至认为"于是儒者之道以熄,三代圣王之留贻涣散遗亡,遂以永绝于天下。武帝之广厉学官,其祸更烈于始皇"③,比于焚书坑儒。

郭嵩焘批评的主旨在于国家忽视了教化的职能。利禄的强大吸引力,使得民之为学会以国家选举的标准为标准,"使天下之人奔走功令,以希进取,则亦学校之所由衰也"④。选拔反而对教化造成了扭曲。

郭嵩焘这种说法是有时代语境的。道咸以降已经有很多人呼吁改革教育制度,但多从科举下手。嵩焘的好友孙鼎臣即主张学习司马光十科取士,多分专科以求专才。郭嵩焘则认为"国家成就人才,培养而奖劝之者,固自有道,非区区日取一说以试士,遂足尽天下之才也",问题不在选拔上,而在培养教化上。更重要的是,"使夫为士者揣摩当世之务,多方以求弋获,其为害人心尤烈",过度专注于选拔的改革反而会使人才培养受到干扰,有害于人心风俗。⑤

郭嵩焘对历史源流本末的详察,使他能够从一个更大的视野中去看待现实的问题,进而提出不一样的解答方案。他对人心风俗的重视,源于儒生传统对国家政教的关注。但他从通下情、重教化出发指出的君主制度、选拔制度的问题,却接连对延续了两千年的传统提出了质疑。这种眼光对于他后来看到西方议院疏通民气、学校培养人才,具有重要的先导作用。在质疑传统的同时,看到了西方合乎三代之道的制度形式,由此形成西方有道而中国无道的印象,也就不奇怪了。

所谓的反传统不是把传统虚无化,恰是因为传统太密切地影响到了现在,所以才需要"反"。可以从传统与现实问题的关系上去理解反传统:传统原本既可以成为解决现实问题的思想资源,也可以是造成现实问题的原因;

---

① 郭嵩焘:《岳麓书院碑记》,《郭嵩焘全集·文集》,第646页。
② 郭嵩焘:《郭嵩焘全集·湘阴县图志》卷三十二,第1314页。
③ 郭嵩焘:《郭嵩焘全集·史记札记》,第290页。
④ 郭嵩焘:《郭嵩焘全集·湘阴县图志》例言,第9—10页。
⑤ 孙鼎臣:《论治三》郭嵩焘附识,《孙侍讲言论》,第14页。

反传统者更关注的不是传统可以作为思想资源的部分,而是其造成当前问题的部分,进而将后者当作传统的全部而忽视前者。就注重于传统对现实的负面影响这一点来说,郭嵩焘的历史意识中已经有了反传统的雏形。

第六章 洋务孤识

一 西洋立国,其本在朝廷政教

同治五年(1866)从粤抚卸任后,郭嵩焘回湘居家。八年之后,一个新的机会降临了。同治十三年六月末有谕旨,令其上京陛见。同获征召的还有杨岳斌、曾国荃、蒋益澧等人,都是当初平乱的功臣。"我亦白头征召出,明月沧海弄扁舟。"①接到谕旨之后,嵩焘就开始收拾行装,准备北行。

同治十三年三月,日本借台湾土著杀害琉球难民之事,进兵台湾;四五月间,迭攻台湾番社。清朝一面紧急与日本交涉,一面特派沈葆桢为钦差大臣,渡台办理相关事宜。六月征召郭嵩焘等人,正在中日关系剑拔弩张之时。

经过数月的准备,郭嵩焘于十月动身北上。正在启程前夕,传来台湾交涉完结消息,日本撤兵,中国偿兵费五十万。

对于总理衙门来说,这次中日交涉是一个不小的冲击。"以一小国之不驯,而备御已苦无策",何况尚有其他列强之窥伺,"倘遇一朝之猝发,而弭救更何所凭?"痛定思痛,总理衙门提出了筹备海防的练兵、简器、造船、筹饷、用人、持久六条建议,并请饬下南北洋大臣及滨海沿江督抚筹议②,形成同光之交一次海防大讨论。郭嵩焘回京后,朝廷授以福建按察使之职,而针对此次海防六条之议,郭嵩焘向总理衙门上呈了《筹议海防条陈》,其中就提出了"西洋立国有本有末,其本在朝廷政教"的著名观点。下文将对此进行专门探讨。

郭嵩焘这个看法被研究者认为超过了主张洋务者单纯对西方器械的仿效,是当时的中国人对西方十分"超前"与"先进"的认识。但有一基本问题

---

① 郭嵩焘:《胡理轩〈洞庭秋泛图〉》,《郭嵩焘全集·诗集》,第163页。
② 总理衙门同治十三年奏:《请敕议海防六事疏》,台湾银行经济研究室编:《道咸同光四朝奏议选辑》,台北:大通书局1995年版,第41页。

尚待澄清:郭嵩焘作出这个表述时,尚未出使西洋,未亲见西方之"朝廷",何从认识其"政教"?我们常认为近代中国人是随着对西方知识的增加而深化其认识,郭嵩焘这个在后人看来十分"正确"的判断,却并非以其亲历西方的经验为知识基础。这实在提醒我们,需要注意见闻经验之外其他改变中国人认知的思想因素。由此,我们需要重新回归海防六条之议的时代语境,从中体会郭嵩焘这个看法的独特性。

1. "师夷"与"务本"

大要而言,总理衙门的简器、造船两条皆从军器上立言,关注枪炮、舰船的置办问题,其中明确以"师夷"为指向。"明知效彼之长,已居于后,然使并无此器,更何所恃!""明知(造船)费用浩繁,及所制不及西人之精,局外亦颇有异议,甚且欲行停止……停止以后,更何从别求精进以资防御;而人之伺我正切,势又不能不办,是以定见坚持,未如所议。"筹饷一条围绕"以上各层",讨论的是练兵简器造船的经费何所从出。用人一条复围绕"以上各事",着重"简派知兵重望、实心办事、熟悉洋情之大员,为之统帅,责成经理,及遴派得力提镇将领为之分统"。至于持久一条,则是号召"局中、局外同心切筹,坚持定见"。① 六条建议相互关联,形成一个整体,其中总理衙门最为看重的是练兵、简器、造船、筹饷四条,用人一条其实只是作为四者的辅助(这一点和反馈者形成鲜明对比,详下文);至于持久一条,则表明了总理衙门之所以要将这样一份计划提请各督抚讨论,其根本用意在于寻求共识,希望在讨论中共同达成他们师夷长技以自强的"定见"。

奏上后,朝廷照其所请,饬下南北洋大臣及滨海沿江督抚筹议;复在参考了督抚的意见之后扩大了参与者的范围,令大学士、六部、九卿共同讨论,海防六条遂成朝野热议之事。

总理衙门的六条建议和各督抚的复奏内容,关涉到了诸如海防塞防之争、建海军、置办铁甲舰等诸多问题,既有研究多从这些具体内容上探讨。② 然而,这次海防大讨论有个特殊性常被忽略:它是一次命题作文。由于总理衙门既将主题集中在简器、造船等六个方面,又自己给出了一些具体的解释,它们变成了各督抚复奏时首先需要应对的意见。如果我们不止从字面的含

---

① 总理衙门同治十三年奏:《请敕议海防六事疏》,《道咸同光四朝奏议选》,第42—45页。
② 可参见吕实强《丁日昌与自强运动》,台北:"中研院"近代史研究所1987年版,第230—246页;李时岳、胡滨《从闭关到开放——晚清"洋务"热透视》,北京:人民出版社1988年版,第274—279页;姜鸣《龙旗飘扬的舰队:中国近代海军兴衰史》,上海:上海交通大学出版社1991年版,第64—76页;丁伟志、陈崧《中西体用之间》,第91—112页;王宏斌《晚清海防》,第80—107页。

义去理解各个复奏,而更体察其委婉而言的内容,比较督抚们私下言论与公开言论的异同,则会发现,督抚的复奏对海防六条其实有不小的偏离。

这种偏离,突出表现在对总理衙门本末次序的不认可。已有研究者指出,这次争论中,没有人敢公然反对总理衙门提出的六条,但以务本为理由提出质疑,却是大多数人的一致意见。① 一套以练兵、简器、造船、筹饷为主旨的治国方案,其实违背了儒生对治国之本的认知。

两江总督李宗羲的反对是相对易见的。他"伏查总理衙门原奏六条,以用人、持久两条为前四条之要领,由末溯本,用意至为远深",实际上已经故意扭曲了总理衙门对六条的主次设定,点出了简器、造船等是"末"。对于简器一条,他申明:"臣闻自古觇国势者,在人材之盛衰,而不在财用之赢绌;在政事之得失,而不在兵力之强弱;未闻以器械为重轻也。"至于造船一条,李宗羲曰:"据臣愚见,船炮不可不办,亦宜量力徐图,稍蓄财力,以练陆防之兵,以备有事之用。而仍汲汲以修政事,造人材为本。"②他再三致意的,仍是所谓的"修政事""造人材",而劝谏朝廷不当亟亟以兵、器为事。

浙江巡抚杨昌濬也有和李宗羲类似的表述方式。他一方面按照原奏六条开列陈明,并且也承认:"承饬议各条,洵为当务之急,而用人、筹饷二者尤为紧要,足食乃能足兵,有治人乃有治法。而持久之道,亦即寓乎其中矣。"但他随即下一转语:"抑臣更有请者。从来天下之安危,视乎民心之向背,外夷惟强,遇百姓齐心,即不敢显干众怒,故必整顿吏治,以固结民心,庶于自强之根本更有裨益。"③两用"更"字,孰轻孰重,显然可见。

江西巡抚刘坤一的态度则要圆滑一些。他在复奏中声明"今外洋之于中国,标证已急,诚如王大臣所奏,舍练兵、用人、制器、造船,以及筹饷,别无善策。我皇上与王大臣既有成算,既以各事分责疆臣,谁任练兵,谁任筹饷,谁任制器造船,不效则治其罪,孰敢逞臆说以摇国是乎?"④表面上非常支持朝廷之"国是"。但在私下的信函中他却说:"时议造船铸炮,未始不是良图;然中国之所以自强,恐不全在乎此。"⑤对于自己奏折中的说法,刘坤一暗中并不认同。

---

① 丁伟志、陈崧:《中西体用之间》,第102—103页。
② 两江总督李宗羲奏,宝鋆等编:《筹办夷务始末(同治朝)》同治十三年十一月辛亥,台北:文海出版社1971年版,第9215、9223—9226页。
③ 浙江巡抚杨昌濬奏,宝鋆等编:《筹办夷务始末(同治朝)》同治十三年十一月癸卯,第9162页。
④ 江西巡抚刘坤一奏,宝鋆等编:《筹办夷务始末(同治朝)》同治十三年十一月丙辰,第9266页。
⑤ 刘坤一光绪元年正月初十致杨昌濬书,《刘坤一遗集》(四),北京:中华书局1959年版,第1764页。

实际上，海防六条这样一整套措施的问题是容易看到的。有如湖南巡抚王文韶所说："若各省竞言海防，专恃此为备敌之计，而全力尽注于此，一战而胜，固可暂清洋面。倘有不利，则数载经营，悉归无用，而势力已殚，他无可恃。竭天下之财力精神，以决成败于俄顷之际，其机可谓至危。"总理衙门这一整套包括简器、造船在内的洋务措施，需要刚刚从动乱中走出来的清朝投入大量的人力与物力。但这样将整个国家的"财力精神"聚焦到海防上来，却是非常危险的。所以在总理衙门希望局中局外坚持定见的"持久"一条上，王文韶申说的却是"始事规模，不宜过宽，但期我力有余，自可随时恢扩"，如此来持久与自强。① 这实际上已和总理衙门的初衷有别。然而后来当讨论扩及六部九卿时，他们却与王氏一致，认为"为今之计，仍以王文韶所称'始事规模不宜过宽'之言为持久要著"②。

王文韶所说也正是同光时期清朝在引进洋务时所遇到的问题。在意识到只有引进和仿制洋船洋炮才能抗衡西方之后，清朝却陷入了一个两难的境地："不办则我国不能耦敌于他邦，既办则年有巨费之支，实历来所全未见者也。"③这给"国计空虚，人民凋敝，其势不能兴大役，动大众"④的清政府提出了一个艰巨的任务。而这样大的花销更是直接挑战了向来政治理念接近于"小政府"的儒生，人们常常害怕"今欲使中国之炮船足比西人，则轮船必以数百计，铁甲船必以数十计，大炮必以千计，次小之炮必以数千计，加以洋枪、杂器、火药、煤炭之费，将士薪粮之费，非数千万万金不可……今中国民穷财尽，必不能有此巨款，势必横征暴敛，多结民怨，或凿山开矿，广立利孔，以冀集事，窃恐事未成而乱已生矣"⑤。

对于督抚各种委婉的批评和反对，总理衙门其实也看在眼里。在总结各督抚的复奏时，总理衙门专门申辩道："若夫自强大本大原，在于用人行政，并非此举（按指筹备船炮）有成即置诸政于不问。"⑥由此申辩，恰见简器造船等项在中国人传统的认知中并非自强之本原。而总理衙门汲汲于此末务，甚

---

① 王文韶奏，《筹办夷务始末（同治朝）》同治十三年十一月庚戌，第 9208—9209、9207 页。
② 礼亲王世铎等光绪元年二月廿七奏，中国史学会主编：《中国近代史资料丛刊·洋务运动》（一），第 120 页。
③ 佚名：《论广募西人代开矿事》，《申报》光绪元年五月初二，上海：上海书店出版社 1982 年影印本，第 1 页。
④ 郭嵩焘光绪元年三月廿一：《条议海防事宜》，《郭嵩焘全集·奏稿》，第 776 页。
⑤ 强汝询：《海防议》，中国史学会主编：《中国近代史资料丛刊·洋务运动》（一），第 367 页。关于晚清以国家为重心的富强方案和儒生对民生的关注之间的矛盾，可参见杨国强《晚清的清流与名士》，收于《晚清的士人与世相》，第 176—183 页。
⑥ 总理衙门光绪元年正月廿九奏，中国史学会主编：《中国近代史资料丛刊·洋务运动》（一），第 105 页。

至通过朝廷向各督抚传达,其实是在推广一种挑战传统的治国思路。

也正因为其挑战了传统,以练兵、简器等为主义的自强之策不能得到许多人的认可。一些不是督抚而悉知此事的人,反对意见要激烈很多。方濬颐就批评海防六条"弃本务末,舍己从人,变乱成法,不明利害"。他作了一篇言辞激烈的《机器论》,就"本末"二字陈明曰:

> 彼之人无礼乐教化,无典章文物,而沾沾焉惟利是视,好勇斗狠,恃其心思技巧,以此为富强之计。而我内地奸民遂与之钩结煽惑,陈书当道,几几乎欲用夷变夏。夫岂知中国三千年以来,帝王代嬗,治乱循环,惟以德服人始能混一区宇,莫安黎庶,虽武乡侯之木牛流马,亦仅能行于蜀汉鼎足三分。而所谓天锡勇智,表正方邦者,要不在区区器械机巧之末也,曰有本在。本何在? 在民。①

朱采同样诉诸本末之说:

> 自强之要之本,人固不能尽知也。简器、造船、防陆、防海,末也;练兵、选将、丰财、和众,方为末中之本。修政事、革弊法,用才能,崇朴实,本也;正人心,移风俗,新主德,精爱立,方为本中之本。得末中之本者尚难勉支强敌,得本中之本者足以永奠苞桑。②

没有官守言责的限制,方、朱表现出和海防六条基本精神的异撰。对于朝野各种或委婉或直接的舍本逐末的批评,我们不能简单以"顽固""落后"囊括之。总理衙门原本焦点明确就在海防,而朝野讨论者却每每溢出这个范围,其间反映的是当时朝野一种普遍的焦虑。他们的本末之说看似滥调陈词,实际上反映了朝廷饬交众议的海防六条,在他们看来是一套本末倒置的方案。清朝当时问题众多,而练兵、简器诸条,却都没有说到当时人最关心、最希望朝廷作出改变的地方。

分歧之所以会产生,关系到一个重要的存在:西方。总理衙门明确以西方作为效仿对象,这一点也受到了许多士人的批评,有如刘锡鸿所说:"自强者,自立也,非谓当如外洋,日以兵为事,自示强悍也。赏罚严明,用人得当,以立天下之纲纪,则人才自奋,吏治自修,民生自遂,财赋自裕,兵力自强,外夷亦自慑服,何事纷纷他求。"③总理衙门从西方借鉴的、朝廷有意推广的,却是一种异乎儒生常道的治国方略。这种"纷纷他求"的做法,引起了许多人的抵制。

---

① 方濬颐:《答陈小航书》《机器论》,中国史学会主编:《中国近代史资料丛刊·洋务运动》(一),第459、454—455页。
② 朱采致许钤身书,中国史学会主编:《中国近代史资料丛刊·洋务运动》(一),第352页。
③ 刘锡鸿:《读郭廉使论时事书偶笔》,《刘光禄遗稿》,台北:文海出版社1988年版,第215页。

正因为有这样的分歧,当朝廷将讨论者的范围扩大到六部九卿时,更直接的反对意见就出现了。总理衙门号召效仿的,是一个长于机器的西方。这样的西方容易激起反对者双重的反感:其仍未超脱的"夷狄"身份,使反对者容易感受到"用夷变夏"的危险①;然而反对者同样担忧的,是汲汲于器械末艺所导致朝廷"失道"的危机。如王家璧所说:"我国家之自强,正在用人行政,毋庸虚耗中国以徇外洋,使无数帑金掷诸沧海,徒得备而不用之虚器,而失我悉索敝赋之实银也。且敌所畏者中国之民心,我所恃者亦在此民心。纵洋人之机器愈出愈奇,我不可效日本覆辙,为所愚弄盘剥,搜山竭泽,事事师法西人,以逐彼奇技淫巧之小慧,而失我尊君亲上之民心也。"②这个观点出自向被视为顽固保守的王家璧,却得到向被视为"洋务派"代表的左宗棠的同意,以为"泰西艺事之精,自昔已然,效其长以制之可耳。若并舍弃所学,妄自菲薄,惟怪欲闻,诚所未喻"③。可见这种逐"器"舍"道"、逐末舍本的做法,是当时许多人共同批评的。

当然,对总理衙门观点的偏离,不只可以偏向保守,也可以是向更激进的方向偏转。这尤以李鸿章为代表。李鸿章看到了西方"轮船电报之速,瞬息千里,军器机事之精,工力百倍",为"数千年来未有之强敌",是故"外患之乘,变幻如此,而我犹欲以成法制之,如医者疗疾,不问何症,概投之以古方,诚未见其效也"。为此,李鸿章作出若干激进的建议,特别是在"用人"一条上,他完全不依总理衙门挑选统帅将领的思路,转而提出自己著名的"另开洋务取进一格"的建议,"凡有海防省份,均宜设立洋学局",使此途"与正途出身无异"。④ 其意是要从改革登进之途来扭转士人对"器"的贱视态度,这比总理衙门的海防六条更加激烈。后者的回应是"尚非仓促所能举办"⑤。

---

① 通政使于凌辰光绪元年二月廿七奏,中国史学会主编:《中国近代史资料丛刊·洋务运动》(一),第121页。
② 大理寺少卿王家璧光绪元年二月廿七奏,中国史学会主编:《中国近代史资料丛刊·洋务运动》(一),第134页。
③ 左宗棠光绪元年致王家璧书,《左宗棠全集·书信二》,长沙:岳麓书社2009年版,第475页。左氏在另一处也曾批评道:"近时人心之蔽,每因此关未能勘破,遂尔见异思迁,夺其素志,浸欲崇般伾之社而废泽宫,精考工之言而废官礼,慎孰甚焉!今试以艺事言之,聚儒者于一堂,而课以金工、木工之事,固何十不能答一,盖以非所习也。与华之百工校且然,况泰西师匠乎!治天下自有匠,明匠事者自有其人,中不如西,学西可也,匠之事也,然奚必胥天下之人而匠之,又并治天下之匠而薄之哉!"(左宗棠光绪二年致陈士杰书,《左宗棠全集·书信三》,第108页)
④ 李鸿章奏,宝鋆等编:《筹办夷务始末(同治朝)》光绪元年十一月癸卯,第9117—9118、9149—9151页。
⑤ 总理衙门光绪元年四月廿六奏,中国史学会主编:《中国近代史资料丛刊·洋务运动》(一),第152页。

如此激烈的意见自然也引起了激烈的反对,通政使于凌辰就直接批评李说"用夷变夏"①。甚至经李鸿章提携的刘秉璋也对李氏有所劝谏,一则谏其不当拟"洋学局"之名,生人"用夷变夏"之疑;再则责其"于枝叶上刻画,未于根本上推勘"。夷夏之界、本末之别,是刘秉璋敏感的问题,实际上也是当时人普遍敏感的问题。②

郭嵩焘的《筹议海防条陈》,诞生于这种众声喧哗的背景中;而其西洋立国本于政教的观点,也是在这种语境中对夷夏、本末的问题作出的回应。

2. 西洋之国本于政教

总理衙门六条聚焦于海防,有鉴于此,郭嵩焘在条陈开头首先陈述的是筹防之策,指出筹防需要因地、因时、因人。在筹防三策之后,嵩焘进一步指出,当时处理中西关系,有四个重要的举措,一是急通官商之情,二是通筹公私之利,三是兼顾水陆之防,四是先明本末之序。最后,郭嵩焘强调所有的措施,都是积渐缓进而来,欲速则不达,需要长期的坚持。

和总理衙门汲汲于备防不同的是,在郭嵩焘看来,当时的中西关系非必通过军事的方式解决不可。"沿海各口环集数十国,而英、法、弥三国互为主盟,其利分而势散,必无敢公然发难者",更重要的是,"洋人之利在通商,无觊觎中国土地之心",所以尽管列强"蓄谋在求日进而有功",但"非积憾以求一泄,无肯构兵"者。这种窥伺中国却不悍然侵犯的情势,使得主动权其实掌握在中国自己的手中,只要"中国百年治安,英、俄各国亦必百年无事"。基于这种判断,郭嵩焘认为,"中国与洋人交涉,当先究知其国政、军政之得失,商情之利病,而后可以师其用兵制器之法","能通知洋人之情而后可以应变,能博考洋人之法而后可以审机。非但造船、制器专意西洋新法以治海防者之宜急求也"。③ 总之,当务之急别有所在,并不在筒器造船之上。

---

① 通政使于凌辰光绪元年二月廿七奏,中国史学会主编:《中国近代史资料丛刊·洋务运动》(一),第121页。

② 刘秉璋之说触怒了李鸿章,后者在回信中愤然指出:"兄却未见圣人留下几件好算数器艺来";"同一败,而有器究与无器稍异"。(李鸿章光绪元年正月初八致刘秉璋书,《李鸿章全集·信函三》,合肥:安徽教育出版社2008年版,第174—175页)言语带着意气,实已在挑战"道"高于"器"的传统理念了。李氏曾指出,西人视火器为"身心性命之学",中国需要让儒者也去学习匠人之事(总理衙门折后附李鸿章函,《筹办夷务始末[同治朝]》同治三年四月戊辰,第2491—2492页)。他凭借这种从西方得到的新认知,甚至直接号召士大夫当以器械"为身心性命之学"(李鸿章奏,《筹办夷务始末[同治朝]》同治九年十月庚申,第7228页)。这在当时是非常激进的。

③ 郭嵩焘光绪元年三月廿一:《条议海防事宜》,《郭嵩焘全集·奏稿》,第780—781页。

在郭嵩焘看来,那是一个亟须务本之时,他所说的"因时",正是缘此而发:

> 今海疆绥谧,民商乐业,可云无事矣。……时之应有常、有变,而功之施有本、有末。时处乎变,则从其变之数以治其末而匡救之,而本有不暇顾矣。时际平常,则审其常之理以探其本而厘正之,而末有不足言矣。天下之患,在吏治不修,纪纲废弛,民气郁塞,盗贼横行,岂为海上强敌莫之能支?一方告饥而已虞束手,一夫称乱而相顾哗然。窃以为方今之急,无时无地不宜自强,而行之必有其本,施之必有其方。本者何?正朝廷以正百官,大小之吏择人而任之,则本立矣。方者何?求富与强之所在而导民以从之,因民之利而为之制,斯利国之方也。①

郭嵩焘的这种判断,和其他海防六条的批评者并无太大区别。然而总理衙门的练兵、简器、造船的富强之方,却显然与这种务本之方相忤,最大的问题在于和民生拉开了距离。所以郭嵩焘强调要"求富与强之所在而导民以从之"。其继而提出急通官商之情、通筹公私之利的意见,都依循的是这种思路。对于总理衙门从军备立言的简器、造船之策,嵩焘偷偷地转移了焦点:"窃谓造船、制器当师洋人之所利以利民,其法在令沿海商人广开机器局"。他希望朝廷发挥商人的积极性,自造轮船,而政府设市舶司以统筹之,庶"恃官民上下通筹,合力为之"。这实际上就把总理衙门军事上的关注转移到了民事上。②

海防六条汲汲于练兵造船,郭嵩焘则专门指出了要"先明本末之序":历代"及衰且乱,则必纪纲法度先弛于上,然后贤人隐伏,民俗日偷,而边患乘之。故夫政教之及人本也,防边末也"③。海防是末,政教才是根本。

而就海防而言,"边防一事,又有其本末存焉"。通考六条,"练兵、制器、造船、理财,数者皆末也;至言其本,则用人而已矣"。然而如前所说,总理衙门的"用人"本是指如何在办理练兵诸事上妥善用人,郭嵩焘却把焦点放在了培养人才上:"求人才,尤以挽回积习为先。朝廷念念以培养人才为心,邪正公私较然不能掩,则士大夫之精神自振,而吏治之功效亦必月异而岁不同。

---

① 郭嵩焘光绪元年三月廿一:《条议海防事宜》,《郭嵩焘全集·奏稿》,第777—778页。
② 郭嵩焘光绪元年三月廿一:《条议海防事宜》,《郭嵩焘全集·奏稿》,第778—780页。王文韶的奏折对类似的看法表示赞成:"或谓欲推广轮船,莫如准商民自行制造,听其营运。行之既久,中国造船工匠,日多一日;驾船之水手,日精一日。习以为常,行所无事,将见尽西人之长技而有之。裨益大计,实非浅鲜。是亦因势利导之一说也。"(《筹办夷务始末[同治朝]》同治十三年十一月庚戌,第9201—9202页)王、郭向有往来,王所援引者甚至可能即为郭说。
③ 郭嵩焘光绪元年三月廿一:《条议海防事宜》,《郭嵩焘全集·奏稿》,第781—782页。

人民日就乂安,边疆自臻绥谧,必然之应也。"①郭嵩焘偷换了"用人"的概念,申说的其实是六条中未言的人才培养问题。而在这个问题面前,整个海防的筹议却"数者皆末也"。所谓的"先明本末之序",其实婉转地在批评这次海防筹议舍本逐末。就批评朝廷的这一点而言,郭嵩焘和其他许多人分享了共同的意见。

郭嵩焘得知这次海防讨论或许有赫德的影响,"其意盖欲以西洋之规模,施之中国,而以海防引其端"。西方可以是中国效仿的典范,郭嵩焘对此并无疑问,问题在于西方应该成为怎样的一种典范。他并不认可"以海防引其端"的看法,以为仅仅效仿器械,"造一铁甲船及各兵船,布置海口",是不可能"操中国之胜算,而杜海外之觊觎"的。所以郭嵩焘作出了那个非常大胆的议论:"西洋立国有本有末,其本在朝廷政教,其末在商贾、造船、制器,相辅以益其强,又末中之一节也。"②

在后人看来,这样的观点颇为激进或"先进",因为它几乎是第一次指出了西方富强不在于坚船利炮,而在于政教。但置诸当时的语境中,其观点却可以说是走了一条折中路线。一方面,相对那些还怀持着"用夷变夏"的疑虑的人,郭嵩焘和总理衙门一样,都已经认可了西方能够成为中国效仿的某种典范。而另一方面,相对于海防六条中透露出来的认为西方富强的秘密在于坚船利炮的观点,郭嵩焘却又和许多批评者一样,指出仅仅依靠器械并不能达成富强,富强之根本仍在于朝廷政教。当"师夷"者和"务本"者针锋相对时,郭嵩焘却指出了他们的意见其实可以调和,师夷可以务本,务本也可以师夷。

条陈中的议论反映了郭嵩焘的担忧:仿效器械会对朝廷政教造成干扰。所以在条陈的最后部分,他再次批评了造船简器的自强之方:"以中国之大,土田之广,因地之利,皆可使富也,用民之力,皆可使强也,即吾之所以自治也。舍富强之本图,而怀欲速之心以急责之海上,将谓造船、制器用其一旦之功,遂可转弱为强,其余皆可不问,恐无此理。"在他看来,自强不过如《礼运》所说的"大臣法,小臣廉,官职相序,君臣相正"而已,绝非别有异术。③

朝廷收到六部九卿的复奏后,饬交总理衙门会议,其中包括了反对意见比较激烈的于凌辰、王家璧两折。而总理衙门就在此时主动提交了郭嵩焘的

---

① 郭嵩焘光绪元年三月廿一:《条议海防事宜》,《郭嵩焘全集·奏稿》,第782页。将"用人"的焦点转移到培养人才上来,郭氏这种做法又与李鸿章相近。
② 郭嵩焘光绪元年三月廿一:《条议海防事宜》,《郭嵩焘全集·奏稿》,第783页。
③ 郭嵩焘光绪元年三月廿一:《条议海防事宜》,《郭嵩焘全集·奏稿》,第783—784页。刘锡鸿激赏此说,以为"论时事十分透彻,论治法十分精要","自强者,自立也","何事纷纷他求"。(刘锡鸿:《读郭廉使论时事书偶笔》,《刘光禄遗稿》,第215页)

条陈,指出其"语有可采",且认为郭嵩焘"中外情形,夙有体会,非比空言",可以说是将他援为同道。① 在将西方视为某种程度的典范这一点上,郭嵩焘和总理衙门是有相近之处的。

然而在对朝廷舍本逐末的批评上,郭嵩焘却并未与一般被视为"落后""顽固"者有太大的差别。中国人的传统思维,皆视"道"高于"器",而后人一般指称的"洋务运动"或"自强运动",却是中国历史上少有的朝廷将"器"放在那么重要地位的时期。清政府在由上而下地推广"以器械为重轻"的治国方略时,依循的是一种不兼容于中国人认知习惯的思路。批评者并非只是一味地排斥西方,而更是对仅靠器械就可以自强的想法充满了疑议。②

而郭嵩焘在这时提出的"西洋立国有本有末,其本在朝廷政教"的看法,却开启了一个新的方向,即对西方的认识不仅限于"器",而更关注接近于"道"的层面的西方"政教"。相对于一般的"用夷变夏"之论,郭嵩焘指出了西人并非无"道"之夷狄;但相对于要将大量人力财力施用于洋务上的朝廷,郭嵩焘观点的意义则在于指出了西人并非于圣人之道外别有"道",凭借坚船利炮之"器"、商贾之"利"未必即可富强。相对于主张把眼光转向西方的"师夷",以及把眼光回归传统的"务本",郭嵩焘对西方被后人视为"超时代"的认识,实际上是对这两种同时代流行观点的折中和扬弃。

"超时代"的说法相对忽视了郭嵩焘的观点和其同时代的对话关系,特别是其与所谓"顽固派"间的思想联系。郭嵩焘的上述观点不仅是对学习西方器物的"洋务派"观点的发展和超越,而同时也分享了那些被视为"顽固派"的观点。进而言之,在所谓的"洋务运动"时期,社会中其实存在一种希望朝廷从政教根本处下手治国的巨大声音,它和当时朝廷推动对西方器物的学习是不协和的。由于这种不协和,它被后人视为与"洋务派"对立的"顽固派"的观点,被排除在了器物—制度—文化的历史叙事脉络之外。但这样的声音其实同样在历史上发挥着重大的影响。比如"洋务运动"时期的"顽固派"和"维新变法"时期的"维新派",在对待西方的态度上诚然有别,但在反对朝廷"以器械为重轻"的治国方略上,在希望从更根本的政教人心处下手治国的理念上,却是相通的。由于这种共通性与是否向西方学习并不等同,故常被忽视。然而,如果尝试转变视角,或许有助于呈现之前被遮蔽的某种

---

① 总理衙门光绪元年三月廿一奏,中国史学会主编:《中国近代史资料丛刊·洋务运动》(一),第135—136页。
② 可参见李欣然《争于庙堂的"道器"与"中西"——同治五、六年间的天文算学馆之争》,《社会科学研究》,2015年第4期。

历史联系。①

而在视角转换之后,郭嵩焘西洋立国本于政教的观点就有其独特的历史意义。在向西方学习的方向上,郭嵩焘认识到了西方不仅器物值得师法,政教上也值得学习,从而将对西方的认识引入了中国人更加关注的"道"的层面;而在国家治理的问题上,他又摆脱了西方冲击带来的治国"以器械为重轻"的"异端"思路,力图回归从政教人心下手这样的"正道"。而这二者的交汇,却意味着向西方学习和儒生心目中的"正道"是可以并存的。后世"趋西"风潮的形成,恰是沿着郭嵩焘这个思想方向发展下去的结果。

二 马嘉理案:势不足,尤恃理

同光之交的这次出仕,郭嵩焘授官福建按察使。按察使不是一个独当方面的职位,其时任闽浙总督的李鹤年,人称疑忌诡变,难与共事,而郭嵩焘却与其相处愉快,共同处理了和丹麦大北公司的电线纠纷,还因此获其保奏。郭嵩焘后来意识到了自己"生平与人共事,动辄抵牾,而为属员,必蒙优注",他认为是因为"无争名见好揽权之心,人亦不甚忌之。共事则权势相敌,遇事据理言之,反见以为求胜也"。② 这种情况又与不久后他在马嘉理事件中的遭遇形成了鲜明对比。

郭嵩焘在京时曾与军机大臣相见,其时奕䜣就再三以精透洋务相推许。后来拜见已重病的文祥,二人又长谈达二时之久。③ 朝廷上层对郭嵩焘的洋务识见早有所知。他在福建按察使的职位上并未久驻,光绪元年(1875年)二月授职,七月即召令返京。而这次回京的契机,是当时事态紧张的马嘉理事件。

光绪元年正月,英国翻译官马嘉理在云南遭袭遇害。英国驻华公使威妥玛闻之震怒,要求中国认真查处。清政府谕令云南巡抚岑毓英调查情况,而毓英迁延拖沓,并未迅速反应。威妥玛十分不满,不断向总理衙门施压,乃至

---

① 正如康有为后来所说:"泰西立国之有本末,重学校,讲保民、养民、教民之道,议院以通下情,君不甚贵,民不甚贱,制器利用以前民,皆与吾经义相合,故其致强也有由。吾兵农学校皆不修,民生无保养教之之道,上下不通,贵贱隔绝者,皆与吾经义相反,故宜其弱也。"(康有为:《京师保国会第一次集会演说》[光绪廿四年],姜义华等编:《康有为全集》[4],中国人民大学出版社 2007 年版,第 58 页)在看到泰西立国有本末、"与吾经义相合"这点上,所谓的"顽固派"与"维新派"并不相同;但康有为说当时中国未从民生诸方面用力,"与吾经义相反",何尝不是"顽固派"一直在批评的。
② 郭嵩焘:《玉池老人自叙》,《郭嵩焘全集·文集》,第 769 页。
③ 郭嵩焘:《郭嵩焘全集·日记》光绪元年正月初九、正月十一,第 2、3 页。

威词恫吓:"若不满足条件,我将考虑结束与贵国的关系。""我将断绝两国关系并撤回驻京使团。""我不准备在这些要求上再费唇舌,如果在我所定的时限中未能将文件送达我,我将认为中国政府有意蔑视,我将因此而宣布我与总理衙门的关系正式破裂。"①

在和总理衙门交涉未果的情况下,威妥玛于二月底离京赴沪,使情势更加紧张。四月初,岑毓英的复折才到达北京,但声称马嘉理是死于野人之手。这样的答复恶化了原本已经紧绷的中英交涉。朝廷对岑毓英的处理手法十分不满,为此钦差湖广总督李瀚章赴滇会同岑毓英查办,"不可稍事耽延,尤不可稍涉含混。事关中外交涉,必须持平速办,折服其心,庶免横生枝节,以弭后患而固边防"。②

清政府深恐中英决裂,复令北洋大臣李鸿章与威妥玛交涉。威妥玛在总理衙门未遂其愿的情况下,也希望改换一条交涉渠道,于是在七月由沪返津,与李鸿章会面。在和李鸿章的交涉中,威妥玛提出了几条要求,其中包括改善外国使节的外交状况,要求岑毓英汇报滇案详细情形,将滇案相关谕旨、备忘录及派遣官员谕旨登诸京报,以及派遣高级官员赴英道歉。威妥玛再次指出,中国必须证明自己履行条约的决心,"不仅包括那些影响商业利益的条款,更包括那些使中国政府像列强彼此间相互对待那样对待列强的条款"。③

在威妥玛看来,迁延拖沓的岑毓英就是中国官员排斥与外国交往的典型,所以他也要求追究岑毓英的责任,认为:"云南抚台于马翻译等案,事前失防,临事失察,今查办四月余,诿之野人戕杀,明明有朦混情事。且实与我国所查口供见证迥殊,理应先发上谕将他议处。"④

鉴于威妥玛的压力,朝廷于七月二十八日给李瀚章、岑毓英下了一道措辞严厉的谕旨,一方面批评岑氏"乃时阅半年之久,未能确查具奏,实属不成事体!"另一方面要求李瀚章迅速到滇查办,"倘李瀚章等再任意迟延,或稍涉含糊,致彼有所借口,更生枝节,该督等岂能当此重咎耶?"⑤与此同时,对于威妥玛派员赴英的要求,朝廷命郭嵩焘解福建按察使之任,进京以侍郎候补,随即派为出使英国钦差大臣。这个任命或有李鸿章暗中推动,但和奕䜣、

---

① The Prince of Kung to Mr. Wade, April 14, 1875, *British Parliamentary Papers*, Irish University Press, 1971, Vol. 41, p. 588.
② 《清实录·德宗实录》卷十,光绪元年五月壬子,北京:中华书局1987年影印本,第196页。
③ Memorandum for the Information of his Excellency the Grand Secretary Li, August 11, 1875, *British Parliamentary Papers*, Vol. 41, p. 611. 又可参见李鸿章光绪七年七月初九致总署书,《李鸿章全集·信函三》,第282—283页。
④ 光绪元年七月初十李鸿章与威妥玛问答节略,《李鸿章全集·信函三》,第285页。
⑤ 《清实录·德宗实录》卷十四,光绪元年七月壬戌,第252页。

文祥对郭嵩焘"精透洋务"的推许也应是有关的。

马嘉理事件之所以演成如此严重的外交风波,和威妥玛个人的外交诉求密切相关。威妥玛曾告知英国外交大臣德尔比,此次马嘉理事件的基本要求有二,除了满足商业上的利益,就是要改善外交处境。① 他不仅希望处理好事件本身,更希望借此改变中国人对待西方的态度。他认为,"如果中国和各国政府的关系真的能像条约中规定的中外关系那样维持,如果中央政府不遗余力地谕示整个国家,无须以与列强交往为耻,与其排斥交往,不如增进往来",那么那些外交纠纷本可不必发生。如果"中国和大英帝国交往的立足点能够像英帝国和其他条约国家那样",那么"当和中国意见分歧时,列强不必像现在这样觉得除非用恐吓或是诉诸武力就无法获得丝毫的正义"。因此,"贵国现在不难理解为何在滇案上,我在交涉伊始将那些看似无关的事务摆在了那么突出的位置"。② 所以在交涉之中,威妥玛"于谕旨发钞一节,争之尤力,请将简派使臣及责问岑毓英等办理迟延各节,明降谕旨"③。

清朝却多少误判了威妥玛的要求,以为"英国无非借端要挟,固是常态","该使非必注意提京(按指后来威妥玛要求将岑毓英提京审讯),特借为需索之计"。④ 由于西人骛利在中国人心中已成刻板印象,清政府在改善外交处境问题上多是虚与委蛇,而认为威妥玛是声东击西,注意力实只在厘金等实际商业问题上。

岑毓英在事件调查上的模糊其辞,和总理衙门在交涉中的延搁缓滞,恰印证了威妥玛这些诉求的必要性。所以在和李鸿章的谈话中,威妥玛愤愤地说,"中国改变一切,要紧尤在用人,非先换总署几个人不可"⑤。而对岑毓英的议处益加成了二人争议的焦点问题。郭嵩焘十月底由闽赴津,正赶上了李、威的又一次会面。在会面中,李鸿章"主要目标显然是要为岑署总督讨到最好的条件,实际上,他是尽力想让岑完全脱离罪责",而威妥玛则"谓如执野人问抵,决不甘心,其意必欲归罪主人翁"。⑥

---

① Mr. Wade to the Earl of Derby, December 13, 1875, *British Parliamentary Papers*, Vol. 41, p. 684.
② Mr. Wade to the Prince of Kung, April 28, 1875, *British Parliamentary Papers*, Vol. 41, p. 590. 关于双方交涉过程,可参见王绳祖《马嘉里案和〈烟台条约〉》,收于《中英关系史论丛》,北京:人民出版社1981年版,第108—115页。
③ 《清实录·德宗实录》卷十五,光绪元年八月,第260页。
④ 李鸿章光绪二年七月十三致总理衙门书,《李鸿章全集·信函三》,第466页。
⑤ 李鸿章光绪元年七月初三与英国威使晤谈节略,《李鸿章全集·信函三》,第280页。
⑥ 前者见 Mr. Wade to Mr. Grosvener, December 14, 1875, *British Parliamentary Papers*, Vol. 41, p. 685. 后者见李鸿章光绪元年十一月初一致丁日昌书,《李鸿章全集·信函三》,第326页。

在旁听了这次会谈后,郭嵩焘由津进京,随即署任兵部左侍郎,并于总理衙门行走。这时的郭嵩焘随即密陈将岑毓英严议,文祥、李鸿藻阻之。① 然而郭嵩焘并没有按捺自己的意见,而是于饬命入署后的第三天,上奏参劾岑毓英。折末申明"若俟之入署供职之日,一切事件均应会商,未宜专折奏事,用敢于奉旨后……具折参奏",暗示了是在密陈意见被否定之后仍坚持己见,定要参劾岑氏。②

奏折主旨"特参酿成事端之抚臣,请旨先交部严议",郭嵩焘论岑毓英之罪曰:

> 云南抚臣岑毓英探知英官柏郎带有缅兵入境,檄饬腾越厅防备,腾越厅镇又檄饬南甸一带土兵练勇防备,辗转相承,浮言滋起,以致无故杀毙翻译官马嘉理一员,贸焉构难,全失该抚檄饬防备之本意。岑毓英意存掩护,又不查明肆杀情由,据实奏报,而一诿其罪于野人。

然而仅此也只能说是岑氏号令不明,驭下不严,还不能说是"酿成事端",所以更重要的是后面一段:

> 推原其故,皆缘岑毓英以肃清云南全省之功,自恃强武,并不一研考事理,深求善处之方。封疆大臣与国同休戚,尤非士大夫虚持议论者可比。责以酿成事端之咎,该抚复何辞以自解?

当时一般舆论,均是"揄扬彦卿(按岑毓英)者多"。刘坤一就认为云南之事并非一无可取:"自外人之鸱张也,莫不从风而靡。有一不顾利害祸福,敢以白刃相仇,欲为国家留此一块干净土,甘蹈卤莽者之所为,虽未合乎时宜,要胜于全身窃位之徒、湎沕无耻者多矣,有心世道者,自应曲为保全计也。"翁同龢也认为,"楼使君(按指岑毓英)亦再造洱苍者,未可以一言弃之。三代以下御蛮貊之法,不尚忠信,而尚气概,气定而雄,辞直而简,思过半矣"。③ 郭嵩焘的参劾实与这样的舆论针锋相对。

然而,这份奏疏的一个特别之处,在于郭嵩焘在开头阐述了一大段《周礼》的内容:

> 窃臣考《周礼》一书,百官之职,皆有事于宾旅,而大宗伯以宾礼亲

---

① 李鸿章光绪元年十一月廿一致丁日昌书,《李鸿章全集·信函三》,第330页。
② 本段以及以下引用该折内容,参见郭嵩焘光绪元年十一月初七奏《特参岑毓英不谙事理酿成戕杀英官请旨交部严议疏》,《郭嵩焘全集·奏稿》,第787—789页。
③ 李鸿章光绪二年闰五月致李瀚章书,《李鸿章全集·信函三》,第441页;刘坤一光绪元年七月三十致彭玉麟书,《刘坤一遗集》(四),第1785页;翁同龢光绪二年六月廿四致翁同爵书,《翁松禅家书》,《近代史资料》82期,北京:中国社会科学出版社1992年版,第35页。

> 邦国,列之军、嘉二礼之上。行人所司之飨食,掌客所供之薪牢,至优至渥。六官所掌诸典礼,无若是指详者。环人、行夫送迎宾客,一以礼将之。未尝不叹三代圣王享国长久,其源皆在于此。何也? 远方宾客,万里之情毕达,邦国之事宜、生民之疾苦,巨细自得以上闻。春秋列国以礼相接,文辞斐然,其立国或远在唐虞之前。秦汉以来,此礼日废,国祚之久长亦远不及三代。

这样的发端立言是有些奇怪的。奏折主旨本是特参大臣,却大谈宾礼,难道参劾大臣是所以为宾礼者乎? 折上之后,便有人说这个开头立言不伦。① 但以礼自处,实为郭嵩焘外交思想的关键。

而郭嵩焘关于《周礼》的阐释中最为特殊的是,对远方宾客以礼相接与否,不再是可以从容修文德以来之的事情,而变成了关系到国祚长短的关键问题。三代得此道而享国长久,秦汉以下不得此道而不及三代。在郭嵩焘看来,外国势力对中国的介入,已经到了可以影响中国生死存亡的程度了。

正因为以礼相接已经成了关系国家生死存亡的大问题,郭嵩焘在面对士大夫"蔽于见闻,不考古今之宜,不察理势之变,习为高论,过相诋毁"的情形时,才不得不急起而辩之。这也是郭嵩焘不顾当时舆论而参劾岑毓英的缘故,他是要以此"为恃虚骄之气、而不务沉心观理、考察详情、以贻累国家者戒"。

郭嵩焘在刚入总理衙门之际,就不顾其他总署大臣的阻止,径直上了这么一份奏折。上谕抄寄李瀚章核办,不巧的是,过几天李瀚章在云南的奏疏就到京,里面的情节却与岑毓英初奏大同小异,而与嵩焘相左。② 这使得郭嵩焘名声大损。刘坤一就说,郭嵩焘之参岑毓英,"内外均不以为然","未审何面目以归湖南? 更何以对天下后世? 真是咄咄怪事"。③ 而奏疏传到京城士人耳中,更是谣诼纷纷。当时郭嵩焘就听闻外间有联语相诮——不知是不是后世所熟知的"出乎其类,拔乎其萃,不容于尧舜之世;未能事人,焉能事鬼,何必去父母之邦"。对此,他也只能自言"付之度外,不足以撄吾心"了。④

上下抵牾,众谤所集,郭嵩焘在京师自然不会好过。此时的他官署侍郎,本是迄今为止最为显赫的官职,却因"泛泛悠悠之口"无以谅之而进退维谷,

---

① 郭嵩焘:《请将黔【滇】抚岑毓英交部议处疏》后自记,《郭嵩焘全集·奏稿》,第787页。
② 李鸿章光绪元年十一月廿一致丁日昌书,《李鸿章全集·信函三》,第330页。
③ 刘坤一光绪二年三月廿四致左宗棠书,《刘坤一遗集》(四),第1802页。
④ 联语见王闿运《湘绮楼日记》光绪二年三月初三,第460页;郭嵩焘闻有联语相诮,见《郭嵩焘全集·日记》光绪二年二月二十,第17页。

"势类触藩"。① 他在日记中解《困》卦曰:"困,刚掩也。得位而陷于阴中,遂为所掩,以成乎困。困于酒食,困于金车,困于朱绂,惟得位而后可言困。"② 这恰是他当时的处境。

境况如此尴尬,使郭嵩焘满怀郁闷。但性格倔强的他,内心中仍然横着一股不服输之气。有人寄了一套《庄子》给他,郭嵩焘在日记中写道:

> 冯展云前辈在福建以明刻《庄子》相遗,意以却使命为劝。近取读之,颇有会悟。庄生于人世是非之情,说得极微妙。彼此各有是非,从何正之?置之弗辨焉可矣。③

冯氏赠书劝退,所取盖为《养生主》安时而处顺之义;郭嵩焘却读得《齐物论》彼此各有是非之旨。彼此各有是非,则他人之是非不能定自己之是非,实仍自是其是也。谤满天下,郭嵩焘心中却未曾稍有屈服。

由于中英谈判迟迟未有结果,郭嵩焘出使英国的任务无法进行。而处境困窘如此,使郭嵩焘进退两难。光绪二年二月,又有左都御史景廉参劾郭嵩焘"一以顺悦夷心为事。如该侍郎前曾有欲将云南巡抚岑毓英交部严议之论,即其明验",其"平日议论,总以外国凡有所请、必须尽允、诸事方易办理为辞,启戎心而失政体,莫此为甚",请另简人出使。④ 郭嵩焘闻知此参,更加心灰意冷,乃于三月向奕䜣称言告退。

郭嵩焘致奕䜣的信,被李鸿章盛赞"于洋务得大解脱"⑤。在信中,郭嵩焘尽情表达了自己的意见。他先驳士大夫所坚执的攘夷之理曰:

> 国家办理洋务三十余年,士大夫议论争持至于今不息,所据为至德要道,曰攘夷狄而已矣。不知与我构难可攘,与我交接往来无得而攘也;远在边徼可攘,深入腹地,居处游历,漫无限制,无得而攘也;狙伺鼠伏,其变不测可攘,以通商为名,所守者条约,所托者信义,要在准理度势,杜其觊觎,防其要挟而已,无得而攘也。⑥

于理于势,两无可攘。而郭嵩焘进一步指出了"西洋之患与前史所载争战情形,又绝不同",认为:

---

① 曾国荃光绪二年闰五月致丁日昌书,《曾国荃全集》(三),第482页。
② 郭嵩焘:《郭嵩焘全集·日记》光绪二年二月初五,第12页。
③ 郭嵩焘:《郭嵩焘全集·日记》光绪二年二月初一,第10页。
④ 景廉光绪二年二月十七奏:《侍郎郭嵩焘不谙政体恐误大局折》,中国第一历史档案馆藏军机处"录副奏折",03-5105-047。
⑤ 李鸿章光绪二年三月十二致丁日昌书,《李鸿章全集·信函三》,第373页。
⑥ 本段及以下,参见郭嵩焘光绪二年三月致奕䜣书,《郭嵩焘全集·书信》,第259—263页。标点有调整。

> 自通商以来,十四口出入税则渐增至一千二百余万,皆洋人为司会计;沿海练兵、制器及学习语言文字,皆洋人为司训课。其于中国富强之计理当嫉忌也,而反为之经营;理当抵忤也,而反助之教练。盖其环伺中国,观衅而动,久蓄蚕食虎噬之心,而故为无诈无虞之状,中国强则辅而翼之,弱则狎而侮之。故今日与洋人交涉,其势有甚迫而不能缓,其机有甚危而不可安者。

郭嵩焘能将宾礼看成影响三代前后国祚长短不同的重要因素,其时代背景即在于此。正因与洋人交涉势迫而机危,所以才不能空恃议论,而需要深思熟度。针对自己备受攻击的参劾岑毓英之事,郭嵩焘再向奕䜣陈明其观点曰:

> 明知夷性贪婪,议处一岑毓英,未必遂厌其欲,但此事中国之曲在疆臣,办事粗疏,若既将疆臣议处,而彼犹妄肆要求,则其曲在彼,与之决裂,我既有辞,即召会各国共评,彼亦难逃公论。区区之心,实在于此,初非不足于岑毓英也。

对于郭嵩焘而言,处此纠纷,当以事情本身曲直为断。中国疆臣有过,则中国咎责之;西人要求之过于此者,亦不曲徇之。要在先尽其足于己者。尤为重要的是,这种"有诸己而后求诸人"(《大学》)的态度,本是儒生所熟识者,为何当时人在洋务的办理上常常乖舛不遵。对此,郭嵩焘认为:

> 今人之视洋务,惊忧骇愕,莫测所为,而其实只是一理。凡事一折衷以理,顺者应之,逆者拒之,须使心目中无有洋人之见存,而随之以为轻重,即所处裕如矣。

处在华夷中西成见巨大的时代,能见得此理者,盖极鲜有!原本唯一的那个"理",却由于中与西、华与夷的差别而被间隔,至于转认为"三代以下御蛮貊之法,不尚忠信"。中国人在处理洋务时,被这种成见所束缚,所以才"惊忧骇愕,莫测所为"。只要抛开这种成见,重新认定那个放之四海而皆准的理,其实完全可以对洋务"所处裕如"。而郭嵩焘能够不外怵于清议、又不自嫌于媚夷,其内心所执以埋锚定桩的基准,也正是这个中西相通的"理"。这是郭嵩焘和当时一般舆论的最大区别所在。

郭嵩焘所反对的士大夫,也有人敏感地意识到了中西对抗是当时清朝面临的最大危机。① 嵩焘也看到当时"京师士大夫每议总署之过秘,亦未尝不

---

① 有如向被视为极端保守的徐桐所说:"我皇上御极以来,削平发捻,底定中原,内外臣民,莫不延颈望治,独有夷人久居腹地,十余年来,维持和局,百计羁縻,中外以无事为福,而夷人固无日忘情中国也。"(徐桐奏,宝鋆等编:《筹办夷务始末[同治朝]》同治十一年六月十八,第 8374 页)

欲求知洋情也",只是他们"所求知者,诟毁洋人之词,非求知洋情者也"。①中西对抗的形势,华夷分别的成见,阻碍他们去观察中西之间相通的地方。

由不恤清议,到主动告退,郭嵩焘其间的心路,可以从他后来的话中得以理解:

> 妄意天下只是一理,京师略据所见陈之,阻遏百端,无能一达其说,而遂以是招天下之大诟。而处置洋务,颠倒歧误,终其所言无一不验者。是以谤毁遍天下,而吾心泰然,自谓考诸三王而不谬,俟诸百世圣人而不惑,于悠悠之毁誉何有哉。然其所以犯骂讥笑侮而不悔者,求有益国家也,非无端自取其声名而毁灭之以为快也,终无裨益,可以止矣。②

自四月起,郭嵩焘连连请假乞回籍,这多少令朝廷慌了手脚。当时出使英国之事,本来就少有人愿往,何况威妥玛还要求必须是大员。总理衙门许多人都前来挽留嵩焘,而谕旨也是只准其请假而不准回籍。

进入光绪二年以来,中英谈判尚胶着,一时难得结果。而就在郭嵩焘准备第二次续假之时,谈判出现了危机。五月,威妥玛再向总理衙门提出八条要求,除马嘉理事件本身之外,复有新开重庆、宜昌等通商口岸,及洋货纳关税后免征其他捐税的要求。总理衙门不允,威妥玛乃怫然出京。李鸿章在天津邀止威妥玛,会谈仍无成效,威妥玛遂南下上海。

这种一方反复以决裂相要挟、另一方百般挽留的状态,充分体现了谈判双方的实力对比。其时威妥玛已威胁将调印度兵船来华,总理衙门甚至奏请江、海预备筹防。③ 刀光剑影原本还隐约于樽俎之间,现在则竟有直接兵戎相见的危险了。

"英使威妥玛贸然出京,滇案未能议结,臣岂遽能置身事外,自应勉强支持,暂请销假。"当国家出现危机之际,一身的荣辱便有所不计了。原本亟告病求退的郭嵩焘,此时写就一稿,拟请销假,并陈办理洋务机宜。他后来在这份奏稿后自记曰:"使如嵩焘之请,以朝命径赴上海,就商办理,则其势更顺,而转旋之机更捷。"可见他销假的目的,是想主动请缨赴沪与威妥玛交涉,而这篇奏稿则是一份自荐书。④

---

① 郭嵩焘:《郭嵩焘全集·日记》光绪二年二月初一,第 10 页。
② 郭嵩焘光绪三年九月初六致朱克敬书,《郭嵩焘全集·书信》,第 339 页。此信《郭嵩焘全集》系于光绪四年,误。
③ 总理衙门光绪二年五月廿三奏:《中英交涉不能豫料请整顿江海防务折》,王彦威编:《清季外交史料》卷六,北京:书目文献出版社 1987 年版,第 16—17 页。
④ 本段及以下引用该稿内容,参见郭嵩焘光绪二年闰五月廿六草《拟销假论洋务折》,《郭嵩焘全集·奏稿》,第 791—796 页。

面对当时谈判即将破裂、朝廷已准备筹防的形势,郭嵩焘首先指出的,却是"今日之洋务,战、守、和三者俱无可言"。战无可言,一方面是"西洋各国远隔数万里,中国不能往攻明矣",而他更指出西人"不肯轻易用兵,其视通商各口皆其利薮,意尤护惜之"。是既不可战,亦不必战也。和不可言者,嵩焘又指出了西人之用心,"始终通商而已","(历代)凡和有三,曰定岁币之等差,曰议聘使之礼节,曰辨称号之崇卑。洋人通商二十余年,从未较论及此"。守无可言者,洋人"今且遍及内地,设立公使驻扎京师,曾无藩篱之隔",所以"守者经国之常略,而非目前防海之胜算也"。

郭嵩焘所言,有未尽为事实者(如言洋人不计较聘使之礼节、称号之崇卑),但其基本的意思却自明白:中国目前所面对的,是传统的战、和、守的方略都不足以抵御的西方。在和西方的势力较量中,中国已经落在下风。正是在这种情况下,嵩焘认为,今日办理洋务,一言以蔽之曰"讲求应付之方而已矣"。而应付之方,则不越理、势二者。他于是陈明:

> 势者,人与我共之者也。有彼所必争之势,有我所必争之势,权其轻重,时其缓急,先使事理了然于心。彼之所必争,不能不应者也;彼所必争,而亦我之所必争,又所万不能应者也。宜应者许之更无迟疑,不宜应者拒之亦更无屈挠,斯之谓势。理者,所以自处者也。自古中外交兵,先审曲直。势足而理固不能违,势不足而别无所恃,尤恃理以折之。

如果说在参劾岑毓英折中所阐释的《周礼》道理点出了以理(礼)处理中西关系的重要意义(因其关系到国祚长短),在致奕䜣的信中又指出了以理处理中西关系的理论可能(因理是中西相通的),那么,在这份奏稿中,郭嵩焘点出了以理处理中西关系是中国当前的唯一办法——在战、和、守俱无可言的情况下,现在其实已经是"势不足而别无所恃"了。这种"恃理以折之"的方案并非迂腐而远于事情,其实充分考虑到了现实的势力对比。在郭嵩焘看来,它几乎是"势不足而别无所恃"时唯一可能的办法。

基于这种判断,郭嵩焘给出了四条办理洋务机宜,包括建议军机大臣兼总理衙门衔名、朝廷考揽人才时以通知洋务为尤要、定将来选派使臣之制,以及将州县地方洋案一视同仁。凡此数条,基本精神在于:"能以诚信待人,人亦必以诚信应之;以猜疑待人,人亦即以猜疑应之,此理无或爽者。方今时势艰难,财力支绌,洋案多一反复,即国家多伤一分元气。维持国体,全在先事防维。"其所言者虽不在具体中英谈判之处置,但和威妥玛改变中国人排外心理的愿望是相通的。

然而,以郭嵩焘当时的名声,朝廷派他赴沪谈判的可能性不大。且这份奏稿许多地方仍与主流意见相左,特别是其四条建议中的第一条,易触当道忌讳。在友人刘锡鸿的极力劝谏下，奏稿最终没有上呈。①

威妥玛在向清朝展示强硬形象的同时，则希望英国政府给予其相应的支持。但当时巴尔干危机正在发酵，英国政府希望将精力集中在近东，乃电告威妥玛，令其从速了结云南问题。② 而清朝方面则极力避免谈判的最终破裂。在这种情况下，事情有了转机。双方于光绪二年六月商定在烟台会议，清政府委派李鸿章为谈判的全权大臣。

李鸿章得命后，就将赴烟台交涉事宜与总理衙门商议。郭嵩焘虽在假中，毕竟身兼总理衙门差使，理应与闻。然而总理衙门抄送给他的马嘉理事件始末文件中，却隐去了几个要紧照会，这让本已郁闷的郭嵩焘更觉受排挤。七月初，原本一直请假的郭嵩焘奏言"一切稿案照常核阅，而衙门积久未上，于事诚为不便"，请朝廷开去兵部侍郎署职和总理衙门差使，回籍就医。③

而郭嵩焘得到的上谕是开去兵部左侍郎署缺，原派出使大臣差使却仍着届期前往。正官没了，却还得出使，这也太欺负人了！对于当天实际主持军机处的同年沈桂芬，郭嵩焘由是恨其"相为侮弄，竟至于此"。④

从当时中英谈判形势来看，郭嵩焘此请稍嫌冲动。过了几天，奕䜣令人送观李鸿章烟台来书，云赫德言当速遣使臣至英国会议，则或不至兴师。在此大局面前，郭嵩焘尽管上受排挤，下蒙巨谤，却仍不能脱出此事，其处境"真属万难"。⑤

既不能免于出使，郭嵩焘乃于七月十五再请病假，以中英谈判或将旷日持久为由，请给三月病假。奏上留中，而命郭嵩焘于十九日进见。尽管人人皆知郭嵩焘请假的真实原因，但乞病而蒙召见，也是非常奇特的事情了。⑥

郭嵩焘准备好了面辞出使的言辞，于十九日至养心殿东暖阁面见两宫太后。慈禧提起威妥玛，说其很难说话。郭嵩焘仍是以其一贯意见回答道："据臣愚见，滇南正案必与一了。正案了，则凡所要挟皆可据理以折之。正案不了，即要挟多端，终久据此为口实，永无了期。"坚持主张以理自处。慈

---

① 参见奏稿后郭嵩焘自记，并见《郭嵩焘全集·日记》光绪二年闰五月廿六（第38页）。郭嵩焘后来依本稿之意，又上奏一疏，其中言及各条办理洋务事宜，多同于此稿，惟少军机大臣兼总理衙门衔名一条（郭嵩焘光绪二年十月十七奏：《办理洋务宜以理势情三者持平处理疏》，《郭嵩焘全集·奏稿》，第800—802页）。
② 王绳祖：《马嘉里案和〈烟台条约〉》，收于《中英关系史论丛》，第142页。
③ 郭嵩焘：《郭嵩焘全集·日记》光绪二年六月廿七，第42页；郭嵩焘光绪二年七月初五奏：《久病未瘥恳恩开署缺回籍安心调理疏》，《郭嵩焘全集·奏稿》，第797页。
④ 郭嵩焘：《郭嵩焘全集·日记》光绪二年七月初五，第43页。
⑤ 郭嵩焘：《郭嵩焘全集·日记》光绪二年七月十一，第44页。
⑥ 郭嵩焘光绪二年七月十五奏：《乞赏假回籍就医以期不误公事疏》，《郭嵩焘全集·奏稿》，第797—798页。《郭嵩焘全集·日记》光绪二年七月十六，第44页。

禧乃就威妥玛当时的要求说:"所要挟实在有不能答应者。"郭嵩焘则回答道:"要挟最大者,无过口岸。给与一口岸,便已跨越千数百里,而所得口岸租地,至小亦须十余里,都化为洋地矣。此重要挟为最大。"这则是郭嵩焘斟酌理、势中的"我所必争之势",所不能应允者也。①

言次,慈禧问起他的病情,说道:"此时万不可辞。国家艰难,须是一力任之。我原知汝平昔公忠体国,此事实亦无人任得。汝须为国家任此艰苦。"又回头对御前大臣伯彦讷谟祜说:"他于此实是明白,又肯任劳任怨,实亦寻他几个不出?"又说:"旁人说汝闲话,你不要管他。他们局外人,随便瞎说,全不顾事理。你看此时兵饷两绌,何能复开边衅?你只一味替国家办事,不要顾别人闲说,横直皇上总知道你的心事。"

太后都说到这份上了,郭嵩焘也非常明白自己不能再提乞病告退之事。其实他的求退,并非对出使本身有所抗拒,而是明明孤忠凤抱、事理明识,却得不到支持,反而需要面对纷至沓来的谤毁谣诼。太后一句"横直皇上总知道你的心事",当是直中他心中的柔软处。郭嵩焘叩头道:"承太后天谕,臣不敢不凛遵。"

李鸿章在烟台的谈判也渐渐有了眉目。中英双方于七月二十六日签订了《烟台条约》。条约分昭雪滇案、优待往来各节和通商事务三大部分,其中昭雪滇案部分的第六条说:"俟此案结时,奉有中国朝廷惋惜滇案玺书,应即由钦派出使大臣克期起程,前往英国。"②八月初二,本开去兵部左侍郎署任的郭嵩焘署礼部左侍郎。八月十五日,总理衙门奏出使人员经费清单。同日,刘锡鸿开刑部员外郎缺,加三品衔,充出使英国副使。经过一年的波折,出使之事,终于落实。

正当郭嵩焘料理行装,准备出洋时,却横生一插曲。秋间湖南乡试,士子聚于长沙,因讹言洋人将来湘开码头(似以中英谈判有开放岳州为口岸故),遂于闱时大闹。期间,诸生议毁郭嵩焘居宅,未行;而由于长沙上林寺为郭嵩焘创修,遂向上林寺滋闹,省中至须派兵弹压。郭嵩焘知悉湘中消息,"心绪恶劣,不堪名状"。本来十分郁闷,更增三分烦忧。"以老病之身,奔走七万里,自京师士大夫,下及乡里父老,相与痛诋之,使不复以人数。"③郭嵩焘顶着通国诟詈,怀着一腔愤懑,出使英国。

---

① 本段及下两段,参见郭嵩焘《郭嵩焘全集·日记》光绪二年七月十九,第45—46页。
② 朱寿朋编:《光绪朝东华录》光绪二年七月廿六,北京:中华书局1984年版,第253页。
③ 郭嵩焘:《郭嵩焘全集·日记》光绪二年九月十一,第55页;郭嵩焘光绪二年十月初五致沈葆桢书,《郭嵩焘全集·书信》,第266页。

第七章 观国觇风

一 《使西纪程》

海外异邦，是可以引人无限想象的地方。然而即使是天马行空的遐想，也往往有若干现实的印迹为根基，如风筝之系于线。对于为郭嵩焘送行的人而言，他们对异邦的想象，很大程度上基于他们在中国习见习闻的西人印象；他们对郭嵩焘出使的寄望，也就建立在这种想象之上。王闿运致书嵩焘曰：

> 海岛荒远，自禹墨至后，更无一经术文儒照耀其地。其国俗，学者专己我慢，沾沾自喜，有精果之心，而并力于富强之事，诚得通人开其蔽误，告以圣道，然后教之以入世之大法，与之论切己之先务，因其技巧，以课农桑，则炮无所施，船无所往，崇本抑末，商贾不行，老死不相往来，而天下太平，此诚不虚此一使。比之苏武牧羊、介子刺主，可谓狂狷无所裁者矣。夫好异喜新者，人之情也。利马窦之学，在中土则新，在彼国则旧；公之学，在中土则旧，在彼国则新。诚为之告以佳兵之不祥，务货之无益，火器能恐人而不能服人，马头利分争而不利混一，铁路日行万里，何如闭户之安；舟车日获万金，不过满腹而饱。彼土人士，心气已达，耆欲是同，其比之徐光启之见西儒，奚啻十倍倾仰而已。纵不及化，而后生有述。昔老聃之流沙，而胡皆为佛，即其效也。奉使称职，一时之利，因而传教，万世之福。云生昔赠吾诗，劝以为火莫为月。夫化墨为圣，进器于道，岂非火之用哉。①

这样的寄望为赵烈文所分享。他同样致书望嵩焘"率先圣道以昌其风，凡请求不倦教诲，笃敬则骜桀失其强，朴俭则恢诡失其异，使其震炫一世之长，退

---

① 王闿运光绪三年致郭嵩焘书，《湘绮楼笺启》，台北：文海出版社1968年版，第78—79页。

而无所据依,有不幡然改乎?"①

向来礼闻来学,未闻往教,"传教"的说法,其实不符合儒生一般的理念(王闿运已不得不用异端的老子化胡为比)。王、赵两人却共同表达出对传教的期望。这种期望的逻辑前提在于:西人的恃强傲异是其未闻圣道的后果。传教这种不一般的希望,其实是他们对业已感受到的西方威胁的回应。

王闿运对西方的印象,是"并力于富强之事",因而施船用炮,重商务货,又凭其利器争利于中国,以力相逼。种种迹象,皆与中国圣道有异,所以他才希望郭嵩焘"化墨为圣,进器于道"。在他看来,中国和西方是完全相异的"道"与"器"的区别。

而赵烈文的看法却有不同,他说:

> 夫吞刀吐火之幻,大秦不以之为国;刻镂鬼工之巧,身毒不以之建邦。彼其政行法立,约坚条明,必有卓然能于治道者存焉。《诗》不云乎:"采葑采菲,无以下体。"而隆其末以忽本根,亦毋忘诵《诗》三百之训,而失使于四方之义乎?②

赵烈文和王闿运一样看到了西方的"吞刀吐火之幻""刻镂鬼工之巧"。然而和闿运不同的是,他坚信西人之建邦立国,绝非来自西器的"幻"与"巧",而"必有卓然能于治道者存焉"。换言之,赵烈文相信,西方不应当是全然与中国异质的存在,在其"幻""巧"的表象之下,应当有和中国相通的"治道"存焉。

或许后人会更倾向于赵烈文的观点。但毕竟赵烈文和王闿运一样,都没有亲历西方,他的看法,其实也只是一种"想当然"的想象。我们与其评价二人孰是孰非,不如聚焦于二人共享的一种眼光:他们都在用一种道器二分的眼光看待中国和西方。而当用这种眼光看待西方时,西方是否有道,成了两人意见不一致的地方。

郭嵩焘的看法更加接近于赵烈文。他在没出国门之前就已经指出了西方立国和中国一样,"其本在朝廷政教";他又主张在和西方人交往之时,可以"凡事一折衷以理","使心目中无有洋人之见存"。当他还在国内时,他千方百计想要劝谏朝廷、针锋相对想要说服一般士大夫的,都是道、理可以贯通中西,无疆界类族之间隔。现在,当他前往异邦时,这样的想法仍然萦绕在他心头,甚至由于有机会在西方寻得印证而愈发强烈。

---

① 赵烈文:《能静居日记》第五册光绪二年十月初七,第3008—3010页。
② 同上。

同治五年斌椿出洋之时,清廷便令出洋官员记录沿途见闻,以资印证,①自此成为惯例。郭嵩焘到英国之后,便将乘船使英途中的见闻编为一册,寄送总理衙门,总理衙门遂将其出版,书名《使西纪程》。目前可见与《使西纪程》相关的内容有三个版本:郭嵩焘在日记中逐日所记载为最原初之版本(下文径称"日记");抵英之后,郭嵩焘复将旅途所记进行整理编订,另为一册,是为《使西纪程》之稿本(下文称"使西稿本",在湖南人民出版社1981年出版的《郭嵩焘日记》中附于光绪二年的日记之后②);然而稿本与后来总理衙门正式出版的《使西纪程》,仍有一些出入(下文称"使西刊本",王立诚编的《郭嵩焘等使西记六种》标注出了刊本与稿本的出入③),这些出入有可能是总理衙门在准备出版时所修订,但也不能排除其中有郭嵩焘在寄送回国之前再次修订的部分。下文对郭嵩焘写作《使西纪程》过程的考察,将涉及这三者异同的对比。

《使西纪程》始于光绪二年(1876)十月十七日郭嵩焘离开上海,至十二月初八抵伦敦为止。日记和使西稿本虽然有很多相同的内容,却是完全不同的两种著述。仔细对比二者,会发现使西稿本对日记有很大的改动,删去了一些比较私人的记录,又增加了许多日记所没有的议论(详后)。而在一些涉及批评他人的议论上,使西稿本也比日记有所收敛。可以说,日记更多的是逐日见闻感想的记载,基本上还可以看作私人的记述;而使西稿本却已是有意公开的著述了。

而研究者容易忽略的是,《使西纪程》虽是公开的著述,郭嵩焘在写作时预设的却是有限的公开。《使西纪程》在国内出版之后,引起士林大哗,乃至遭人弹劾,奉旨毁版。然而,郭嵩焘此书本是寄呈总理衙门者,并未预料到总理衙门会将其出版。它意味着郭嵩焘只预设《使西纪程》会在太后、皇帝和清朝部分上层官员间小范围地流通,其读者并不是一般的士大夫。这直接影响到我们对郭嵩焘写作姿态的理解。他写作的目的并不是为了和一般的舆论直接交锋,而是希望以自己的见闻议论说服朝廷上层。换言之,《使西纪程》之所以言辞激烈,部分是因为作者预设其只是一部仅供内部参考的著作;总理衙门将其公开出版,实际上已经超越了郭嵩焘的初心。

光绪二年十月十七日,郭嵩焘乘船离开了上海。船沿海岸线南行。二十日行次汕头,郭嵩焘在日记中记录了他和船主的一段对话:

> 见有大铁甲船尾追而至,船主云,水师提督赖得船也。我船升旗,来

---

① 斌椿:《乘槎笔记》,长沙:湖南人民出版社1981年版,第1页。
② 《郭嵩焘全集》也收录了,同样附于光绪二年日记之后。
③ 王立诚:《郭嵩焘等使西记六种》,北京:生活·读书·新知三联书店1998年版。

船见,亦升旗。我船随下旗。来船渐趋而近,两船并行,相距可十余丈。来船船人皆升桅,舟中乐作。我船复升旗,来船横掠船首而过,我船停轮侯之,遂扬帆驰去。因询船主:"升旗何也?"曰:"所以告也。""彼亦升船〔旗〕何也?"曰:"报也。犹曰钦差在船,已谨知矣。""下旗何也?"曰:"既告,则可以下矣。""彼船人升桅而立,何也?"曰:"示敬也,犹之列队也。升桅而后可以示远。乐所以作军。乐也,以为列队之节也。""掠船首而过,何也?"曰:"趋而迎也。停轮者,以示让也。"彬彬焉见礼之行焉。中国之不能及,远矣。①

这样的礼节连外国人也不多见,所以同船的马格里将其猜测为一次差之毫厘的碰撞事故②。可以看到,在叙述两人对话时,郭嵩焘却是模拟了汉代经说的口说问答体,船主的应答有了一种经师传道的严肃性,在对礼节的解释中透露出"道"的意味。郭嵩焘对语境的这种设定,自然推出了西人行礼彬彬的结论。最后还不忘加上一句"中国之不能及,远矣",表明他在观察西方时有着非常明确的参照系。

中国向以礼仪之邦自居,郭嵩焘末一句议论,显然是触时人忌讳的。在使西稿本中,最后一句被改为"足知彼土富强之基之非苟然也"③,不再等第中西。而这一改动同样意味深长。当时许多人认为:"机器之用大矣哉。外国以此致富强,中国以此慕外国之富强,而谈机器者遍中外矣。"④而郭嵩焘却指出了西方富强之基,并非中国向所贱视的机器,却是中国本即推崇的礼义,是中国圣贤本已申明的道理。

二十一日,船抵香港,港督往迎。据同行的马格里说,港督在谈及香港的学堂时,本来是说"可惜时间紧迫,不然将请大使参观学校",翻译凤仪却误译成港督要邀请郭嵩焘前往参观。而郭嵩焘马上表现出很大的兴趣。于是"凤仪先生布置了一个我们都始料未及的计划",郭嵩焘往观香港学堂。⑤

郭嵩焘在日记中描述了所见的学堂:"课中国五经四书及时文者三堂,课洋文者一堂,洋人子弟课五经四书者一堂。课五经四书者,中国教习也;课洋文者,西洋教习也。其课诗文,则名为小课,皆限有期日。"他感叹道:"规

---

① 郭嵩焘:《郭嵩焘全集·日记》光绪二年,第60—61页。又可参见张德彝《随使英俄记》,长沙:岳麓书社1986年版,第281页。
② Demetrius C. Boulger, *The Life of Sir Halliday Macartney*, K. C. M. G., New York: Cambridge University Press, 2010, p.268.
③ 郭嵩焘:《郭嵩焘全集·日记》光绪二年,第101页。
④ 张自牧:《蠡测卮言》,《小方壶舆地丛钞》第十一帙卷六十二,上海著易堂光绪十七年版,第503页。
⑤ Demetrius C. Boulger, *The Life of Sir Halliday Macartney*, p.269.

模固宏远矣。"①

而在使西稿本中，郭嵩焘的描述和议论更有扩展。他增加了一段对于教室的描绘曰："堂分十列而空其前，每列设长案，容坐十许人，以次向后，层累而高，其前则教习正坐相对。亦有教习中坐而左右各分五列者。要使耳目所及无一能遁饰。"对于诗文小课，他又进一步演绎道："谓之小课，犹曰此术艺之小者，五日一及之可也。"而原本感慨的规模宏远，更被他加重为："其规条整齐严肃，而所见宏远，犹得古人陶养人才之遗意。中国师儒之失教，有愧多矣，为之慨然。"②

学校为陶养人才之所，其重要性不言而喻。郭嵩焘肯定意识到了这一点，才对港督的"邀请"马上表现出浓厚的兴趣。而在参观后的感想中，他又得出中不如西的结论。所比较的还不是机械器用之类，而直接就是中国人最为重视的礼仪教学之事。在郭嵩焘看来，西方有道近古，甚至中国亦有所不及。这在当时同样是一个激进的观点。在使西刊本中，"中国师儒"以下十五字也被删去了。

第二天，总督来见，谈次及于香港的监狱，郭嵩焘和昨天一样，马上表现出了强烈的兴趣。③ 于是总督安排一行人往观监狱。监狱的情况再次让郭嵩焘感到震撼。"屋凡三层，罪犯重者在上层，下层一人一房，上层三人一房，禁锢者扃其门。每屋一区，或自为一行，或相对两行，皆设铁栅扃钥之"，"牢外设浴堂一，人日一就浴。中设礼拜堂一，七日礼拜，囚人环立听讲。病馆一，以处病者，一医士掌之。又收敛病故人犯堂一"。又监狱干净清洁，"不独无秽恶之气，并人气亦清淡，忘其为录囚处也"。④

从郭嵩焘的描述中可见，香港监狱最令他震撼的，是其从结构到制度的条理性。据马格里说，在回船时"两位大使对监狱的条理、清洁和布置赞不绝口。他们虽未对中西处置囚犯的方法作出对比，但孰优孰劣，不问可知"，而且他们盛赞"欧洲人谋划、执行的能力"，以为"不料短短二十年间，香港竟能造成如此华美！"⑤

以后见之明观之，理性化是现代性的核心特征。使节一行在香港监狱看

---

① 郭嵩焘：《郭嵩焘全集·日记》光绪二年，第 61 页。
② 同上书，第 101—102 页。
③ Demetrius C. Boulger, *The Life of Sir Halliday Macartney*, p. 271.
④ 郭嵩焘：《郭嵩焘全集·日记》光绪二年，第 62—63 页。
⑤ Demetrius C. Boulger, *The Life of Sir Halliday Macartney*, p. 274. 郭嵩焘使西稿本十月廿一亦曰："记咸丰癸亥由海道赴广东巡抚之任，所见香港房屋，仅及今三分之一。十数年间，街衢纵横，楼阁相望，遂成西洋一大都会。"（《郭嵩焘全集·日记》光绪二年，第 102 页）可相参证。

到了西方人现代化过程中展现出来的严密组织性、条理性。这使他们感到惊异,却并不厌恶与排斥。毕竟中国的"礼"中同样有对条理、秩序的强烈追求。这种条理性是中西共通的,所以使臣们能感受到其亲和性和强大的吸引力。

逗留香港时,有人想导郭嵩焘游花园。他谢绝了,理由是"当观览其实政,不当以游赏为娱"①。由此细节,可见这两天参观学校、监狱,都是有意为之。他有意选择观察的,都是在他心目中属于"实政"的范围。换句话说,郭嵩焘其实是带着某种意图和眼光在观察异域。西方并不是毫无阻碍地扑面而来,他的意图和眼光早已设下了重重的滤网。

二十三日,轮船由香港启航。郭嵩焘的行程是经过马格里精心设计的,在到达英国之前只停靠于六个英国的海外港口:香港、新加坡、锡兰、亚丁、马耳他和直布罗陀。② 二十八日,郭嵩焘一行抵达新加坡。

比起香港的繁华,新加坡状况远不如之。刘锡鸿就觉得"官此土者乐养庸福,诸事辄不经意。虽以英人之喜炫才力,亦不免颓废焉,岂非势使之然哉"③。对于这样的印象,郭嵩焘省略不言。但他在新加坡两日的日记中,除了记述其炮台和法院外,大量的篇幅却都在记录游览两个花园所见到的珍奇异兽。这或许也间接印证了新加坡乏善可陈。后来郭嵩焘修订自己的日记时,可能也觉得这两天述奇之笔太多,非《使西纪程》本义,才在稿本中特别加上两句:"前至香港,有导游花园者,谓当观览其实政,不当以游赏为娱。今无意中得此奇景,亦殊惬心。"④

使节一行继续前行,绕过马六甲,于十一月初六抵达锡兰。原为王国的锡兰,现已为英国所接管。郭嵩焘说:

> 狄习拉瓦(按为当地导游)指示一楼房曰:此故王宫也,近已鬻之商人。问王宫何为出鬻,曰:以贫故耳。何以与民居错杂?曰:英官管辖此地,其王无权,寄寓而已。问其王安在,曰:不知所往。西洋之开辟藩部,意在坐收其利。一切以智力经营,囊括席卷,而不必覆人之宗以灭其国,故无专以兵力取者,此实前古未有之局也。⑤

先前经过的新加坡、与锡兰隔海相望的印度,都是西方直接殖民统治的地方,但更能引起郭嵩焘共鸣的,恰是锡兰这样不必灭国而国实灭的情况,因为它

---

① 郭嵩焘:《郭嵩焘全集·日记》光绪二年,第106页。
② Demetrius C. Boulger, *The Life of Sir Halliday Macartney*, p.265.
③ 刘锡鸿:《英轺私记》,第54页。
④ 郭嵩焘:《郭嵩焘全集·日记》光绪二年,第106页。
⑤ 同上书,第110页。

和主权相对完整的"半殖民地"中国更加相似。相比于覆宗灭国的方式,西方这种"无专以兵力取"的殖民形式是"前古未有之局",中国人的历史经验中罕能体验到这种形式的外来威胁。所以只有得到像锡兰这样的参照时,才能意识到这种陌生的危机感。郭嵩焘感觉到了别样的西方威胁。

郭嵩焘等人在锡兰换船,西向横渡北印度洋。十一月十五日抵亚丁,遂由红海北上,准备通过苏伊士运河至地中海。在船上,马格里向郭嵩焘介绍了西洋各国设有商部大臣,有船政学馆。学既成,商部试之,得高等,乃令充当船主,其次分司各执事,皆有等第。郭嵩焘在日记中感慨道:"西洋以行商为制国之本,其经理商政,整齐严密,条理秩然。即在中国,往来内江,船主皆能举其职,而权亦重,优于内地官人远矣,宜其富强莫与京也。"而使西稿本中,末句"优于"以下改为"所以能致富强,非无本也"。这个改动和十月十七日的改动相同,既避忌讳,也再次表明《使西纪程》蕴含着郭嵩焘抉发西方富强本源的用意。①

中东为西方文明发源地之一。途经此地,郭嵩焘也耳闻目见了许多相关的历史和讯息。在十一月二十的日记中,郭嵩焘写道:

> 东汉班超遣掾甘英往通大秦,抵条支,临海欲渡安息西界,船人以海水广大止之。大秦即罗马国,今属意大里。安息,今波斯。条支,今阿剌伯也。所临之海当即今地中海(按今人一般认为是波斯湾)。是此地为亚细亚洲尽处。自西汉时安息、条支已通中国。文教之兴于西土,造端在此,殆有得于中土文物之遗欤?②

按《后汉书·西域传》言汉和帝时,条支、安息诸国至于海濒四万里外,皆重译贡献,乃有甘英出使之事。嵩焘此段,略有"西学源出中国"之意,其意以为安息、条支既有贡献之事,或亦有得中土文物之遗。在使西稿本中,郭嵩焘的说法更加明确:"安息、条支自西汉初已通中土,文教开辟最先。声息之所及,其机先动,而文物随之以启。"③把中国的"声息"视为启动两地文物之"机"。

这种解释的策略是尽力从历史上寻求中国与异文化的联系。但在使西稿本中,郭嵩焘又增加了一句:"厄日多(按即埃及)为西土文字之原,亦天地自然之机欤?"安息、条支有中国声息为先机,埃及则得天地自然之机。这是对异文化的缘起的两种不同解释。

---

① 郭嵩焘:《郭嵩焘全集·日记》光绪二年,第73、113页。
② 同上书,第80页。
③ 本段及下段,参见郭嵩焘《郭嵩焘全集·日记》光绪二年,第119页。

所说的埃及,来自他十一月二十三日的见闻。那天在苏伊士运河通行时,郭嵩焘看到了克莱奥帕特拉尖碑古迹图上埃及的象形文字。郭嵩焘意识到了相对于西方的拼音文字,中国和埃及在文字原理上却是相同的,因论曰:"乃知文字之始,不越象形、会意。麦西始制文字与中国正同。中国正文行而六书之意隐。西洋二十六字母立,知有谐声,而象形、会意之学亡矣。"①面对共同以象形、会意为规则的中国和埃及文字,郭嵩焘采取了另一种解释的策略,不是说"埃及得中土之遗意",而是说埃及与中国同得天地自然之机。

郭嵩焘在了解到西方各国旗式恰和中国古代旗制相似时曾指出:"西洋不必师古,而天地自然之文,无中外一也。"②不管是说西方"师古"、得中国遗意,还是认为是自然之文相同、同得天地之机,所共同处理的都是中国和异文化的关系问题,而且更共同看到了中外文化间共通的一面。中外文化本是异中有同、同中见异,而当中国鼓吹攘夷者还在坚持中西是华夷的差别时,当中国讨论富强者还执着于中西之间有道器的差别时,踏出国门的郭嵩焘,却能在亲历异域之际印证其原本即坚持的中西相通的看法。

郭嵩焘曾在新加坡和锡兰看到西文报纸,其中有讨论到马嘉理事件,"洋情、国势、事理,三者均有关系"。嵩焘嘱人翻译节录之,以为"即此可以推知洋务情形,而求得其办理之法",而在日记中,他就此顺便发了一通牢骚,认为"环顾京师,知者掩饰,不知者狂迷,竟无可以告语者。中国之无人久矣,此可为太息流涕者也"。③

在使西稿本中,牢骚被郭嵩焘略去了,却增加了一大段的议论。他首先说:

> 南宋以后边患日深,而言边事者阽急偏迫,至无以自容。程子大儒,论本朝五不可及,一曰至诚待夷狄,北宋以前规模广博,犹可想见。孟子固曰:以大事小者,乐天者也;以小事大者,畏天者也。而引汤事葛、文王事昆夷以为乐天。汉高祖一困平城而遣使和亲,唐太宗至屈尊突厥。开国英主,不以为讳。终唐之事,周旋回纥、吐蕃,隐忍含垢。王者保国安民,其道固应如此。以夷狄为大忌,以和为大辱,实自南宋始。然而宋、明两朝之季,其效亦可睹矣。

早在第二次鸦片战争时期,郭嵩焘就有作《绥边征实》之意,将取秦汉以来中外相制之宜而辨正得失。这段议论,或许可看作该书立意一个具体而微

---

① 郭嵩焘:《郭嵩焘全集·日记》光绪二年,第82页。
② 同上书,第119页。
③ 本段及以下三段,参见郭嵩焘《郭嵩焘全集·日记》光绪二年,第77、116页。

的浓缩。可以看到,郭嵩焘意识到当前"以夷狄为大忌,以和为大辱"的主流观点有着从南宋就开始的传统。要修正这一观点,就要突破其传统。所以他重新回到历史当中,寻求其他思想资源以相抗衡。

接着,郭嵩焘从历史转到了当下,指出当前之所以不能空言攘夷之故:

> 西洋立国二千年,政教修明,具有本末,与辽金崛起一时,倏盛倏衰,情形绝异。其至中国,惟务通商而已,而窟穴已深,逼处凭陵,智力兼胜,所以应付处理之方,岂能不一讲求,并不得以和论。无故悬一和字,以为劫持朝廷之资,侈口张目以自快其议论,至有谓宁可覆国亡家,不可言和者,京师已屡闻此言。召公之戒成王曰:祈天永命。祈天者,兢兢业业,克抑贬损,以安明保国为心。诚不意宋明诸儒议论流传为害之烈,一至斯也。

在闰五月郭嵩焘草拟而未上奏的《拟销假论洋务折》中,就说起了中国战守和俱不足恃,其中指出凡和有定岁币、议礼节、辨称号等三种,而洋人通商从未较论及此。这是他说"并不得以和论"的真义所在。然而,正是《使西纪程》的这一段议论引起了国内士大夫的激烈反对,何金寿后来弹劾郭嵩焘,即指此"并不得以和论"之辞,以为大清无此臣子。① 在答复这种弹劾时,郭嵩焘重申了这个观点:"闻其所据为罪状者,在指摘日记中'并不得以和论'一语。窃查西洋通商已历一千四百余年,与历代匈奴、鲜卑、突厥、契丹为害中国,情形绝异,始终不越通商之局。国家当一力讲求应接之术,战守和三者俱无足言,而仍以自求富强为之本。臣此言实屡见之论奏,不自日记始。"②

郭嵩焘的再三申说,其实意思基本相同,都是要指出今日的中西交接,和之前各代的中外交涉皆不相同,既有经验已不足以处理新的时势。和"夷狄"交接原被视为"大忌""大辱",却是新时势的要求。在他看来,传统的观念已需随形势而变化,绝不能演成无弹性的"宁可覆国亡家,不可言和"。

那么,使郭嵩焘转而认为可以与"夷狄"交接的依据何在?郭嵩焘说:

> 刘和伯言:谈洋务者只见得一面道理。吾谓道理须是面面俱到,凡只得一面者,皆私见也,不可谓之道理。所谓道理无他,以之处己,以之处人,行焉而宜,施焉而当,推而放之而心理得,举而措之而天下安。得

---

① 李鸿章光绪三年六月初二致李瀚章书,《李鸿章全集·信函三》,第73页。按《李鸿章全集》误系此书于光绪二年。
② 郭嵩焘光绪三年九月初六奏:《办理洋务横被构陷沥情上陈疏》,《郭嵩焘全集·奏稿》,第833页。

位者效其职,身任焉而不疑,不得位者明其理,心知焉而亦不敢恃。尊主庇民,大臣之责,胥天下而务气矜何为者?①

所秉持的仍是那个可以"处己"亦可以"处人"的"理"。这种人己相通的理,才是所以持平中西的根本。也正是依恃此理,郭嵩焘才能心安理得地在举世非之的情形下仍主张与洋人交接。

十一月二十一日,船行至苏伊士运河,遂由苏伊士入地中海。二十八日船达马耳他,稍作停留后便直取直布罗陀,出地中海,入大西洋。

计由上海出行始,郭嵩焘已行三万余里。见闻西方人二十年建设香港,由印度达南洋,凿地中海通红海,其经营寰球如此。震撼之余,他也为中国如何处此开辟奇局感到深切的担忧。他说:

> 西洋以智力相胜,垂二千年。麦西、罗马、麦加迭为盛衰,而建国如故。近年英、法、俄、美、德诸大国角立称雄,创为万国公法,以信义相先,尤重邦交之谊。致情尽礼,质有其文,视春秋列国殆远胜之。而俄罗斯尽北漠之地,由兴安岭出黑龙江,悉括其东北地以达松花江,与日本相接。英吉利起极西,通地中海以收印度诸部,尽有南洋之利,而建藩部香港,设重兵驻之。比地度力,足称二霸。而环中国逼处以相窥伺,高掌远跖,鹰扬虎视,以日廓其富强之基,而绝不一逞兵纵暴,以掠夺为心。其构兵中国,犹展转据理争辨,持重而后发。此岂中国高谈阔论,虚骄以自张大时哉? 使其为五胡之乱晋、辽金之构宋,则亦终为其啮噬而已。②

和第二次鸦片战争时的观点相似的是,郭嵩焘同样指出了此时中国面对西方"理势俱穷"的情形。西人有信义,重邦交,不逞兵纵暴、以掠夺为心,这些是他之前就看到的。但不同的是,前此他说的"势"不能敌,还只是中国漫长的海岸线难以抵御富有机动性的西方军队;如今履迹海外,他看到的却是各国角立称雄、而英俄两国环中国逼处以相窥伺的格局。郭嵩焘的眼界扩展了,而他看到的,却是中国在这个更大的视野中形势更加不利。今之势逾不可恃,而中国之虚骄不讲理犹昔,这是郭嵩焘忧虑至深的地方。他甚至认为,如果西人有意,则中国将如晋、宋,危亡而已。这种看法尤为耸人听闻,在使西刊本中,最后一句被删去了。

面对这种不利的局面,郭嵩焘认为,学习西方是十分迫切的一种选择:"西洋立国自有本末,诚得其道,则相辅以致富强,由此而保国千年可也。不得其道,其祸亦反是。"而目前中国士大夫所高谈的攘夷之论,不仅不得保国

---

① 郭嵩焘:《郭嵩焘全集·日记》光绪二年,第116页。
② 本段及以下两段,参见郭嵩焘《郭嵩焘全集·日记》光绪二年,第116页。

之要领,而且违背了华夷交往的常理、暗昧于中西形势之对比,他说:

> 班固《匈奴传赞》有曰:"来则惩而御之,去则备而守之,其慕义贡献则接之以礼让,羁縻不绝,使曲在彼。"(按刊本正之为"来则以礼接之,畔则以兵威之,而常使曲在彼。")未闻处夷狄必务以气陵之,使曲在我而后已者也。以强临弱,以全盛制边防,犹兢兢焉称情以处之,权量事势以慎行之,无敢或肆;又况逼处环伺,内据要害,所以挟持者尤大而其谋尤深者乎!

郭嵩焘的这种观点,是为同行的刘锡鸿所分享的。"刘云生自谓能处洋务,至是亦自证其所知之浅,而曰处今日之势,惟有倾诚以与各国相接,舍是无能自立者。"

有研究者由于后来两人之交恶,遂以为此句是郭嵩焘致不满于刘氏。① 其实不然。刘锡鸿在光绪元年时就曾认为"中国三面环海,夷船处处可到,飘来忽往去住无常","是我败固忧,胜弥足忧也",既然"彼国既非逼处,我力又复穷施",故当"以和为主,以守辅和,而戒与轻战"。② 其说与郭嵩焘颇有相似之处。而亲历长途航行,首次见识异域,刘锡鸿也和郭嵩焘一样意识到了英国全球性的海上实力。他经过直布罗陀时,描写英人之布置甚详,指出其"六年毕工,遂成奇险,为诸国所不敢睨视"。由此,锡鸿联想到了一路以来的见闻,在笔记中说道:"由此而东、而南,如摩儿大,如印度,如亚丁,如锡兰、槟屿、新坡、香港,如澳大利亚,沿海数万里,往来冲要,可以泊舟,可以成市者,英人皆篡取其口岸而布置之,独无所利于其内地,其营谋亦可想见。"③ 原来就意识到了中国力有穷施,此时复增以如此的见闻,刘锡鸿认识到了中国在西方主导下全球性霸权中处境更加不利,所以也明白"惟有倾诚以与各国相接"。他和郭嵩焘的思想理路,其实一致。由此亦可见马格里对航行路线的设计十分成功,两位钦使皆对英国人的海上霸权留下了深刻的印象。

船经直布罗陀而入大西洋,于是顺流北上,于十二月初八日抵达英国南安普顿。时已傍晚,乘火车入伦敦,所过之市镇,"灯烛辉煌,光明如昼,近伦敦处尤盛"。入伦敦,"街市灯如明星万点,车马滔滔,气成烟雾。阛阓之盛,宫室之美,殆无复加矣"。④ 伦敦给郭嵩焘的最初印象,可谓美不胜收。

《使西纪程》至于十二月初八抵达伦敦而止。郭嵩焘到英后,迅速将日

---

① Wong, p.140; Frodsham, p.73.
② 刘锡鸿:《读郭廉使论时事书偶笔》,《刘光禄遗稿》,第124—126页。
③ 刘锡鸿:《英轺私记》,第68页。
④ 郭嵩焘:《郭嵩焘全集·日记》光绪二年,第131页。

记修订并寄送回国。① 总理衙门却将其交付同文馆编辑出版。书出之后,"京国传观,无端大哗"②。光绪三年五月,翰林院侍讲学士何金寿上疏弹劾,责其立言失体,请将书毁禁③,朝廷虽诏令毁版,而流布已广,士林人言籍籍。李慈铭称此书一出,"凡有血气者,无不切齿",他自己也认为"嵩焘之为此言,诚不知是何肺肝!而为之刻板者又何心也!"④

尽管引起了种种非议,但不能说《使西纪程》全然没有达到郭嵩焘预想的效果。嵩焘预设的读者首先就是以总理衙门为代表的朝廷上层官员,希望在位者能够"身任焉而不疑"。而总理衙门毅然将该书出版,表明他们分享了郭嵩焘的主要观点。书中一再指出不能空言攘夷,高谈阔论,虚骄以自张大,这样的观点显然抵触当时的清议,而总理衙门却大体并未删去,率然登出。这样的表现,表明他们和郭嵩焘一样,有改变传统攘夷观点的用心。从这个角度上说,总理衙门"为之刻板",不啻对郭嵩焘的观点的肯定。

《使西纪程》中最招人訾议的,就是前文所引"南宋以后边患日深"和"西洋以智力相胜"两大段议论。何金寿即援其中"并不得以和论"语为罪证。李慈铭更摘抄这两段议论,以为《使西纪程》中"尤悖"者。慈铭激烈批评道:

> 嵩焘力诋议论之害,然士大夫之肯为此议论者,有几人哉?呜呼!余特录存其言,所以深著其罪,而时势之岌岌,亦可因之以见,其尚缓步低声,背公营私,以冀苟安于旦夕也,哀哉!⑤

在这两段议论中,郭嵩焘指明了西洋立国具有本末,与辽金倏盛倏衰绝

---

① 李鸿章光绪三年三月廿六致书郭嵩焘(《李鸿章全集·信函四》,第25页),说到"总署钞寄行海日记一本"。按信中复言及"补颁驻扎国书,另发文凭一节,总署未知如何议复,尚未得信",查郭嵩焘光绪三年正月初三奏请补颁驻扎国书及另发文凭,《使西纪程》似当寄于同时。
② 郭嵩焘致黄用侯书,《郭嵩焘集》,第120页。
③ 翁同龢光绪三年五月十五致书翁同爵曰:"郭公记程,言之娓娓,为台官所劾,原折业已淹矣。"(翁同龢:《翁松禅家书》,《近代史资料》82期,第50页)然则何氏奏当在五月。又可参见郭廷以《郭嵩焘先生年谱》,第666页。
④ 李慈铭《越缦堂日记·桃花圣解庵日记己集第二集》光绪三年六月十八,扬州:广陵书社2004年版,第7453—7456页。
⑤ 何金寿语见前;李慈铭《越缦堂日记·桃花圣解庵日记己集第二集》光绪三年六月十八,第7453—7456页。实际上,两段议论篇幅皆长,又本为日记所无,可见是郭嵩焘修订时用心所作。嵩焘多年后致书李鸿章说:"曾重伯告知薛叔芸(按薛福成)曾以嵩焘《使西纪程》入告,仰蒙圣人垂询,颇用为疑,此书略载海道情形,于洋务得失,无所发明,未知叔芸何取于是。徐思,书中论处置洋务事宜,略有二三段,多朝廷所未闻。叔芸用是以相启沃,于此益知叔芸有心人也。"(郭嵩焘光绪十五年十月初一致李鸿章书,《郭嵩焘全集·书信》,第460页)按《使西纪程》中集中阐述处置洋务事宜者,以此两段为最,所言当即指此。

异;而英俄二霸,环中国逼处,以相窥伺。随着眼光放射海外,他看到了西方全球性实力的对比下中国更加危急的形势。对于这种"时势之岌岌",李慈铭实际上是可以分享的。他不认可的,是需要因此新形势而抑制士人的议论。相反,李慈铭认为"肯为此议论者"还太少。他针对的是"缓步低声,背公营私"的士人,希望危急的时势成为震醒士人的外部压力,眼光是向内的;而对于郭嵩焘来说,他却强调士人的舆论本身会对外交的处理带来致命的危害,其眼光已灼然向外。郭嵩焘的观点,未被和李慈铭分享着类似观点的士人所接受,而他对士人清议的猛烈抨击,又恰恰取消了他们所关心的问题。由此带来双方观点的尖锐对立。

郭嵩焘的《使西纪程》除了发表在洋务处置上的观点外,另一个主题则是力抉西方富强的本源。和当时人认为西方人"其为学无所谓道也,器数名物而已。其为治无所谓德厚也,富强而已"①不同,郭嵩焘坚信西方之富强背后有道,且此道与中国圣人所以郅治之道并无二致。由于在眼光上具备了这种开放性,使郭嵩焘能够在旅途上注意到西方各种"富强之基"。而对于尚未意识到这一点的其他士人而言,郭嵩焘的描绘变得是"托道里所见,极意夸示"②。王闿运也觉得《使西纪程》"殆已中洋毒,无可采者"③。结合他不久前刚寄望郭嵩焘向西人传道的意见,他显然也没有和嵩焘共享西方有道的观念。

郭嵩焘力抉西方富强的本源和对西方主导的国际秩序的新认知,既是《使西纪程》的两大用意,也是亲历西方对他影响最大的两个方面。接下来两节,我们将要讨论这两个方面是如何使他生发西方有道、中国无道这样惊世骇俗的疑问的。

二 观察西方:拟西国于三代

当中国国内还习惯将西方视为夷狄时,使臣一行骤然登临当时西方现代化的中心——伦敦,所受到的冲击是不言而喻的。面对着纷繁复杂的西方,黎庶昌感到已经无法用语言去概括西方:

> 各国风气,大致无殊,凡事皆由上下议院商定,国主签押而行之,君

---

① 吴汝纶:《送曾袭侯入觐序》,《吴汝纶全集》(一),合肥:黄山书社2003年版,第25页。
② 李慈铭《越缦堂日记·桃花圣解庵日记己集第二集》光绪三年六月十八,第7453页。慈铭所说的是郭嵩焘"大率谓其法度严明,仁义兼至,富强未艾,寰海归心"。
③ 王闿运:《湘绮楼日记》光绪三年四月廿八,第569页。

民一体,颇与三代大同。然其国人显分朋党,此伸彼诎,绝似汉唐末流,而于政令要为无损。至与外人交涉,全视国势之强弱,以论事理之是非,外假公法与为维持,内怀狙诈以相贼害,又绝似乎春秋战国。今之遣使,纯是周郑交质故智,故其国既非苏张之舌所能说,亦非陈班之勇所可施计。彼所以夸示于我者,则街道也,宫室也,车马也,衣服也,土木也,游玩也,声色货利也,此犹有说以折之。至于轮船火车,电报信局,自来水火、电气等公司之设,实辟天地未有之奇,而裨益于民生日用甚巨,虽有圣智,亦莫之能违矣。其人嗜利无厌,发若鸷鸟猛兽,然居官无贪墨,好善乐施,往往学馆监牢,养老恤孤之属,率由富绅捐集,争相推广,略无倦容,亦不为子孙计划,俨然物与民胞。而风俗则又郑卫《桑间》《濮上》之余也。每礼拜日上下休息,举国嬉游,浩浩荡荡,实有一种王者气象,决狱无死刑,而人怀自励,几于道不拾遗。用兵服而后止,不残虐其百姓。蒙尝以为直是一部老、墨二子境界,老、墨知而言之,西人践而行之。鉴其治理,则又与《孟子》好勇好货好色诸篇意旨相合。吾真不得而名之矣。①

从三代到汉唐、由王者至老墨,黎庶昌动用了经史百家各种思想资源去形容西方,却仍然得出"真不得而名之"的结论。当用中国的思想资源来衡量西方时,西方却旁生斜溢,很难嵌入某种简单的范畴之中。

然而,同样因为西方是一个纷繁复杂的存在,要从中看出某些条理,也并非不可。关键就在于某种先在的认识眼光。郭嵩焘"西洋立国有本有末,其本在朝廷政教"的既有看法,框定了他对西方的一些认知方向。

在回应以总理衙门为代表主张学习西方器械船炮的观点时,郭嵩焘强调不应以"器"为国家政策之本;但他并非对西人的精艺利器视而不见。而到英国之后,他体认到了西"器"背后蕴含着的西"学"。维多利亚时代的英国人对科学技术的热情,深深地震撼了郭嵩焘。

那是一个科学成为时尚的时代。治科技史的吴以义先生曾对那个时代有一段形象的概述:

> 维多利亚时代的一个最突出的特点是科学成了文化的一个部分而深入到社会生活的各处。影响所及,游览的好去处是皇家动物园和大英博物馆;休闲则是去皇家科学院听科学家演讲,电化学和电磁学的开山大师戴维爵士和法拉第都是这种讲演最成功的主讲人,而赫胥黎的讲演则场面更加火爆;H. G. Wells 的科幻小说、Wilkie Collins 的《月亮宝石》

---

① 黎庶昌:《与莫芷升书》,《拙尊园丛稿》,第 406—408 页。

以及稍后柯南道尔的福尔摩斯正脍炙人口,这些小说现在读起来就像是一本本科学方法论的教科书。比大众文化范围稍小而层次较高的,是所谓的"沙龙"。沙龙一词原出自法文,意为客厅。案西俗,上流社会的主妇常在家中设茶点招待客人聚谈,参加者多为社会名流。当维多利亚时,科学既为时兴,科学家即成为这种聚会的上宾。风流所至,竟成习俗。在这种场合,谈话内容自然是与科学相关的主题,或某个领域的最新进展,或整个科学的总体前瞻。参与某一聚会的核心分子,尽管专业不尽一致,但气味相投,而且所谈也常能相互发明,于是就慢慢地形成了一种小团体,时常会晤,彼此介绍本行的发展和研究心得,日久渐成定例。①

对于英国上流人士而言,能够邀请首位中国驻英公使至其家中,自是非常荣耀。郭嵩焘频繁受邀参与交流。如光绪三年(1877)三月初七这天,"铿尔斯见寄所居屋图,约至其家观所造之千里镜。斯博得斯武得又荐谛拿尔娄,亦英国号称博学者,云其家天文仪器多可观。"这也使郭嵩焘切实感到了科学作为"学"的吸引力,他感叹道:"(得与)此间足学士大夫邀游,良亦可喜。所愧年老失学,诸事无所通晓,不能于此取益,有负多矣。"②

在作为外人的郭嵩焘看来,科学在英国的时髦形成了一种整个社会交相勉励为学的氛围。这样的氛围对于以学为重的士大夫来说,自然有非凡的感染力。郭嵩焘应邀至皇家学会聆听著名物理学家丁达尔的演讲,他感慨道:"此邦学问日新不已,实因勤求而乐施以告人,鼓舞振兴,使人不倦,可谓难矣。"③

郭嵩焘很容易就联想到英国的科学风尚和其震撼中国人的奇艺利器之间的关联。有一武官邀郭嵩焘至茶会,"云有利音者悟出一法,可以用太阳光传递书信,并约至其家试之",郭嵩焘乃意识到,"此邦术事愈出愈奇,而一以学问思力得之,人心固无不有也"。④ 从"术事"到"学问"是一个很关键的连接,因为这样一来,西方的"器"/"术"就不仅仅是"奇技淫巧",而据有了"学问"的合法地位。对西方科学技术的学习,也就不再是"舍本逐末",而是需要正面提倡的"学"。后来梁启超就提到:"自甲午以前,我国士大夫言西法者,以为西人之长,不过在船坚炮利、机器精奇,故学之者,不过炮械船舰而

---

① 吴以义:《海客述奇——中国人眼中的维多利亚科学》,上海:上海科学普及出版社2004年版,第68页。
② 郭嵩焘:《郭嵩焘全集·日记》光绪三年三月初七,第180页。
③ 郭嵩焘:《郭嵩焘全集·日记》光绪三年二月廿九,第171—172页。
④ 郭嵩焘:《郭嵩焘全集·日记》光绪三年四月初十,第201页。

已。此实我国致败之由也。乙未和议成后,士大夫渐知泰西之强,由于学术,颇有上书言之者。"①知道西方之强不仅在机器,而且在学术,这样的认知调适能够引起从"不过炮械船舰而已"到"颇有上书言之者"的态度转变。

郭嵩焘对西方科学技术的欣羡,又恰与西人的推广意识相契合。当时在英的"中国通"们创设工艺学校,有意将一些西方的仪器带到中国,而先约嵩焘往观。据《泰晤士报》的报道,那些仪器本身并无新颖之处,但是旨在"将欧洲的技术手段普及于保守的东方",它们"不是表面上实用性的,而是以一种吸引眼球的方式宣传西方的知识,意图在使中国人逐渐意识到外国进来的也有不是邪恶的东西",其推广意味极浓。《泰晤士报》说,郭嵩焘等人在参观过程中"表现出明显的欣赏与理解"(admiration and comprehension)。郭嵩焘当日日记中就对仪器有详细记述,提到所见虽多"戏具",但"其中皆具有学问,可以推知其由"。可证《泰晤士报》所言非虚。② 正是其中所具之"学问",使其超越了一般的"戏具",而具有了值得欣赏与理解的价值。

骤然接触到如此多的科学知识,一方面让郭嵩焘感慨于西人的"无奇不探,无微不显",但另一方面也使他感到"诸事无所通晓"的困惑。郭嵩焘在日记中经常感慨"吾于此等学问全不能知","生平于此种学问,苦格格不能入"。③ 这是外行人在面对一个庞大的新知识系统时不得其门而入的苦闷。而严复和他的一段对话却使他豁然开朗。

作为在英求学的留学生,严复对西学有更直接系统的学习,但他同样面对西学之博大精深,"苦穷年莫能殚其业"。但在向郭嵩焘介绍西方科学时,他指出了"格物致知之学,寻常日用皆寓至理,深求其故,而知其用之无穷,其微妙处不可端倪,而其理实共喻也"。即使是若何微妙神奇的西学,其"理"之所寓皆在寻常日用之中,而且纵使微妙不可端倪,最终仍是可以共喻的。郭嵩焘说自己"极赏"严复言,可见他道出了嵩焘对西学的基本设想:理是超越中西而共通的。④

郭嵩焘一直有意探求西方富强之原,现在则目睹了西人对于科学的热情。他很容易地就将"学"和西人的富强互相联系,而谓:

---

① 梁启超:《戊戌政变记》,《饮冰室合集·专集一》,第27页。
② *The Times*, Thursday, Apr 12, 1877; pg. 5; Issue 28914; col F. (The Times Digital Archive [1785-1985],泰晤士报电子版[Gale])郭嵩焘:《郭嵩焘全集·日记》光绪三年二月廿八,第170—171页。
③ 郭嵩焘:《郭嵩焘全集·日记》光绪四年九月廿九、光绪三年三月十四、光绪四年八月十三,第635、185、597页。
④ 郭嵩焘:《郭嵩焘全集·日记》光绪四年四月廿九,第494—495页。

> 欧洲各国日趋于富强,推求其源,皆学问考核之功也。①

而西人学问考核之功并非无因而至。对英国从下到上在推动学问上所扮演的角色,郭嵩焘深有感触。在一个地理学会的会议上,主讲者为著名的非洲探险家斯丹利,他历陈追缵利文斯顿深入非洲内陆的经过,备述艰险。郭嵩焘感动之余,意识到西人能这样前仆后继,不应只是一二人的个人行为,"英人好奇务实,不避艰苦,亦其风俗人心奖藉以成之也"②。这就将西方人的求索精神引到人心风俗的层面上去了。

这不仅是在下的士民自发的行动,而更得到了国家的支持。有人遍历各洋,查考海道水流,及各海底浅石虫鱼,凡历三年乃竣事,而国家"以兵船资其行"。待其研究考求,勒为一书,国家复"以二万五千磅资其用度,合中国七万五千金"。嵩焘由此得出结论:"此亦足见英人勤求学问之本矣。"③

而一位海洋生物学家更告知嵩焘,国家考求海中生质,岁费金磅七千,约以十年为期。以其究心虫鱼之学为专门也,所得生物,必以谘之,因为刊行所著书。这让嵩焘感到不解:"海中生物无关国家大计,考求何为?"④西方政府对学术的支持力度,甚至已经超过了郭嵩焘的理解程度。

那位学者告诉郭嵩焘:"是有大用。凡生物皆有宜,由水土之气所化也。得其生物之性,亦可辨知其水土之用。"所谓的"大用"并不是直接的,往往长期而委曲。但儒生其实很习惯于用一种更加长远的眼光来看待"用"的问题,何况所讨论的本就是不可求速效的教化之事。所以当郭嵩焘参观伦敦的画院,听说英国每年花费近二百万镑在同样无关国家大计的艺术上时,他也能够意识到,"西洋专以教养人才为急务,安得不日盛【脱"一"字】日?"⑤

在出国之前郭嵩焘就相信西方的富强实来自朝廷政教。而现在的亲身见闻,验证了他的看法:西人富强,源于学问考核;而勤求学问,本于国家之支持教养。

而英国教养人才之法最直接刺激到郭嵩焘的,莫过于其学校之制。光绪三年十月下旬,郭嵩焘应著名汉学家理雅各之请,往游牛津、剑桥大学。他听闻英国学校之制分为学士、硕士、博士三阶(他把它们对译为秀才、举人、翰林),更重要的是了解到其学制与中国不同之处。学士诸文凭,"虚为之名而已,并不一关白国家",学而优者给奖励银,博士生得留校为教授。于是"所

---

① 郭嵩焘:《郭嵩焘全集·日记》光绪三年十月廿九,第341页。
② 郭嵩焘:《郭嵩焘全集·日记》光绪四年正月初七,第394—396页。
③ 郭嵩焘:《郭嵩焘全集·日记》光绪三年十月三十,第342页。
④ 本段及下段,参见郭嵩焘《郭嵩焘全集·日记》光绪五年正月廿一,第19页。
⑤ 郭嵩焘:《郭嵩焘全集·日记》光绪三年三月廿六,第192页。

学与仕进判分为二。而仕进者各就其才质所长,入国家所立学馆,如兵法、律法之属,积资任能,终其身以所学自效。此实中国三代学校遗制,汉魏以后士大夫知此义若鲜矣"。①

将英国的大学与三代的学校制度相提并论,这在当时无疑是一种惊世骇俗的说法。但郭嵩焘此论颇成体系。首先,他认为三代学校之制与汉魏之后的不同,截分点在于汉武帝的广厉学官:

> 周官成均教国子之法,统于大司乐,所陈之物象,所肆之仪法,由本朝上推至历代,旁及四夷,校其升降隆杀,其于礼乐二者,明其体而达其用,穷其源而析其流,尽古今之变而备人事之宜。此其大经矣。……汉武帝广厉学官,著为功令,一以利诱进之,于是三代学校之制荡焉无存。②

武帝的"广厉学官"本是儒术在汉以降得以独尊的关键一步,而在郭嵩焘这里,却成了败坏儒道的罪魁祸首。用他同时的另一个说法:"武帝之广厉学官,其祸更烈于始皇。""武帝崇儒,而儒者之道乃以绝于天下,悲夫!"③

这种与传统截然相反的看法,却和西方的见闻联系在了一起,因为郭嵩焘在这段话后紧接着就说:

> 至泰西而见三代学校之制犹有一二存者,大抵规模整肃,讨论精详,而一皆致之实用,不为虚文。

郭嵩焘对中国秦汉以下传统的反思和对西方有三代之意的看法,被并置在了一起。中国三代以下道已不行,西方却有三代之遗意。

那么泰西和三代学校之制相通之处在什么地方呢?这就要看郭嵩焘对三代学校制度是如何理解的:

> 三代学校之制,七岁而入小岁【学】、十五入大学,至二十成丁;任为士者,修士之业,任为农工商者,修农工商之业。四民各有所归,而学亦终不废。……四民虽各有业,而德民【成】名立,则亦委国而任之。汉世去古未远,其规模尚存,如朱买臣之负薪,染鸿之赁舂,兒宽游太学,遂为诸生都养,皆处之泰然。公孙宏举贤良文学,不中第,遂归,牧豕海上。式卜【卜式】亦归牧羊,无所嫌也。至唐尚文学,而士始贵,绝远农工商之上。至明发明性理之学,以贤圣自任,而士愈贵。然而士愈贵,而为士

---

① 郭嵩焘:《郭嵩焘全集·日记》光绪三年十月廿五,第336—337页。
② 本段及下段,参见郭嵩焘光绪四年十一月致沈葆桢书,《郭嵩焘全集·书信》,第351页。
③ 郭嵩焘:《郭嵩焘全集·史记札记》,第291页。

者愈多。而人心风俗亦遂愈趋愈下,其终尽天下为游食无业之人,而使四民者皆失其业。是以圣贤生于今日,必务重四民之业,尽天下之人纳之四民之中。①

郭嵩焘既批评现在的士未能履行其培人心、厚风俗的职任,复訾议其成为游食无业之人。在他的设想中,一方面"四民虽各有业,而德民【成】名立,则亦委国而任之",任官不必尽为士;另一方面,"公孙宏举贤良文学,不中第,遂归,牧豕海上。式卜【卜式】亦归牧羊",不得仕者复散入于四民。他对三代学制的关注,直接关系到的是士在四民社会中的重新定位问题。

张载《正蒙》说"气"是"散入无形,适得吾体",郭嵩焘对士的理解,可以说是"散入四民,适得士体"。然而,如果"散"得不好,那作为一个社会阶层的士就有可能烟消云散。郭嵩焘要解构一个"绝远农工商之上"的士阶层。他在《论士》这篇文章中,认为后世"其所谓士,正《周官》所谓闲民也。士愈多,人才愈乏,风俗愈偷。故夫士者,国之蠹也。然且不能自养,而资人以养,于国家奚赖焉!"②在传统的认知中,学而优则仕,士之所"业"本就是要为"治人"做准备。孟子反对"贤者与民并耕而食,饔飧而治"的看法,而认为君子小人当明确"治于人者食人,治人者食于人"的分工(《孟子·滕文公》)。郭嵩焘则不但批评现在的士没有履行"治人"的职任,更訾议其"食于人"的蠹行,这不啻是作为士之一员的郭嵩焘自我否定了士的存在价值。

而郭嵩焘的这种意见,很可能是受到了没有士阶层的西方社会的影响。西方和三代学校制度相通之处,正在于为学者有以自养。在英国时,郭嵩焘和西人赡斯提到了"西法学、仕两途相倚,不患无以自立,此较中国为胜"。赡斯言:"文武两途员缺有定制,而求仕进者日增。学成而待用,亦苦阶级之不易攀跻,闲废为多。惟律学为人民料理词讼,可以自食其力。其仕进有阶,其从容燕处亦足资以为生。"嵩焘乃谓:"西洋律学、医学皆可以求仕,学成亦可以治生,故托业者多。"③这里说的"自立"和上面说的"自养",有高度的相关性。关键在于西洋律学医学之类,即使不仕,犹有所"托业",可为人民所用;而在嵩焘看来,当时中国的士之所学,仅为功名富贵,完全不能称之为"自立",实际上等于闲民了。

中国国家和士阶层的特殊关系,相当程度上维护了这一阶层在历史上不"散"(长期存在)。"学而优则仕"是士阶层存在的基本形态,从汉武帝广厉学官开始,这种特殊关系主要是通过导入仕进的方式维系的——现任的官

---

① 本段及下段,参见郭嵩焘《郭嵩焘全集·日记》光绪八年九月初一,第517页。
② 郭嵩焘:《论士》,《郭嵩焘全集·文集》,第279页。
③ 郭嵩焘:《郭嵩焘全集·日记》光绪四年五月十一,第519页。

员,离任、候补或致仕的官员,以及拥有功名的士子,构成了士阶层的主体。然而郭嵩焘却开始批判士的"学"与国家的"仕"的特殊关系。对于士,他希望能够回归到学的层面,不汲汲以仕进为标的;对于国家,他希望不专注在士中择才,而可推广至四民。这实际上同时从双方解构了士和国家的特殊关系,是相当激进的想法。①

而之所以会形成这么激进的想法,清朝当时仕途的冗杂是一大原因,但郭嵩焘在英国的见闻,是将其观点推向激进的关键因素。英国没有那样一个士阶层的存在,却展现出了充分的活力,社会中有浓厚的向学氛围,而为学者兼有既可求仕又可治生的能力。这使郭嵩焘开始反思士阶层对于国家的存在意义。

在郭嵩焘看来,"人才、国势关系本原大计,莫急于学"②,这是中西共通之道,也是西洋富强的根本秘诀。而原本对中国的士大夫就颇有意见的郭嵩焘,在亲见西方学校之制后,更触发他对历史上士的原委进行重新梳理,甚至得出了否定士自身的结论。他在当公使当得极度郁闷而亟思卸任回国时,曾跟李鸿章说:

> 窃以为中国之要务,莫急于整理学校,不能遽仿西洋之崇尚实学,而人心风俗之源必基于此。……老病余生,尚思于乡里间立一小学,用课家人子弟。③

这也是他晚年回国之后积极在做的事情。

让我们把目光从"教"转移到"政"上。英国政体和中国的显著差别,从一开始也没有逃离郭嵩焘的视野。英国的民主制度也给郭嵩焘造成了非常大的影响,其结果,是他对中国数千年的君主制度产生了怀疑。

虽为君主制国家,但英国人引以为傲的是自己的议会民主制度。郭嵩焘一行于光绪二年十二月初抵达英国,一周后即为议院开会之期,《泰晤士报》便有一篇评论,以无比自豪的口气表达了对中国使团的希望:

> 我们不确定中国大使团对星期三的宫廷典礼以及昨天政界的热闹盛况感想如何。世界上的宫廷本质上都是一样的,所以对于一位东方观察者而言,或许不能表现出什么西方社会的特性来。但明天中国大使将要看到的女王亲自主持的议会开幕式,应该会对东方专制国家的高级官

---

① 郭嵩焘处理的问题涉及士作为一个社会阶层所受到的世俗权力的限制,以及士对自身文化理想的期许,这二者之间所存在的冲突。对这个问题在明末清初的展现,可参见商伟《礼与十八世纪的文化转折》,严蓓雯译,北京:生活·读书·新知三联书店2012年版。
② 郭嵩焘光绪四年十一月致沈葆桢书,《郭嵩焘全集·书信》,第351页。
③ 郭嵩焘光绪四年二月致李鸿章,《郭嵩焘全集·书信》,第316—317页。

员有更大的触动。在这里的政府,虽然主权源于臣民的热爱,而直接权力之施行却甚少;在这里,内侍和他们的把戏无所措其手足;在这里,贵族之所以强大,是因为他们知道什么时候应该服从民意;在这里,官员阶级是人民的仆从而非主人。这样的一个政府,将会是一个聪明睿知的东方人很好的研究对象。要求中国来客们以一个"世界公民"的角度来观察英国政制和社会生活,这是不公平的。但我们可以希望郭大使看到的能不只限于女王的仪仗队、皇家马车,或者在威斯敏斯特大堂中的贵族。英国的特性、英国的政制的力量、弹性和元气,即使是老到的政治观察家,也未必能够马上看出。但即使一个迟钝的人,也能够从昨天的种种典礼中察觉出端倪。①

这一点,使臣们也确实马上就能意识到。参赞黎庶昌就说:"到此月余,往观会堂者一,往与公朝者二,默察该国君臣之间,礼貌未尝不尊,分际未尝不严。特其国政之权操自会堂,凡遇大事,必内外部与众辩论,众意所可,而后施行。故虽有君主之名,而实则民政之国也。"②

虽然西方各国以议院商定国事的风气大致无殊,但实际上在践行此制度时,各国的差别还是不小的。郭嵩焘就知悉,刚从帝国变成共和国的法国,其国内"民党、君党狺狺相争","人心之浮动,又甚于中国之求富贵利达者",嵩焘忧之,以为"危道"。③

议会制度伴生的党派政治,原本容易引起中国人对"党争"的警惕。然而,郭嵩焘开始接触的,却是政治最为稳定、议会制度最为成熟的英国。英国的两党政治相对有序,"两党之势既定,议论同异,相持不下",但如果"当国者议论行事足以相服,则亦转而从之"。所以嵩焘能体会到两党竞争的好处:"军国大事一归议院,随声附和,并为一谈,则弊滋多,故自二百年前即设为朝党、野党,使各以所见相持争胜,而因剂之以平。"④

至于另一大国德国,又别是一番景象。其时以铁腕治国的德相俾斯麦方"立法严禁私会,并及新报及议绅之诋毁朝政者,欲于两议院专派三十人稽查,有诋及朝政即捕系之。德人大哗,谓如此不如竟废议绅"。郭嵩焘由此评论道:

> 西洋之设议院,实创自英国。各国以次仿行之,而德国为最后。其

---

① *The Times*, Friday, Feb 09, 1877; pg. 10; Issue 28861; col E.
② 黎庶昌光绪三年二月致李勉林书,《西洋杂志》,长沙:湖南人民出版社1981年版,第180页。
③ 郭嵩焘:《郭嵩焘全集·日记》光绪四年七月廿一,第577页。
④ 郭嵩焘:《郭嵩焘全集·日记》光绪三年十二月十四,第372页。

间有利亦有病。民气过昌则主权日替,德国谋收主谋【权】,毕斯玛克遂欲以一人之力,遮遏一国人之势使不得相抗。操之过急,则将溃而四决以成乎乱,操之缓则终无济也。蒙意德主于此当急下罪己之诏,勤问民疾苦而宣布之,俾知君民所以相维系之意,以冀相与感化,维持于不敝。纵不能遽如英国之阔大,一切包罗孕育之,要亦须有以固结民心,涵濡导化,未宜更激之使动。毕斯玛克于此,倘亦所谓不学无术者哉?①

从这段评论中我们能知道,郭嵩焘对于西方议会制度基本是肯定的。他批评俾斯麦不学无术,而希望德主宣布其"君民所以相维系之意"。在他看来,议会制度的优点正在于维系君民一体的作用上。

在郭嵩焘看来,议院具有的大用,体现在了超越一时一事具体措置之处。他说:

> 西洋君德,视中国三代令主,无有能庶几者;即伊、周之相业,亦未有闻焉。而国政一公之臣民,其君不以为私。其择官治事,亦有阶级资格,而所用必皆贤能,一与其臣民共之,朝廷之爱憎无所施。臣民一有不惬,即不得安其位。自始设立议政院,即分同、异二党,使各竭其志意,推究辨驳,以定是非,而秉政者亦于其间迭起以争胜。于是两党相持之局,一成而不可易,问难酬答,直输其情,无有隐避,积之久而亦习为风俗。……朝廷又一公其政于臣民,直言极论,无所忌讳。庶人上书,皆与酬答。其风俗之成,酝酿固已深矣。世安有无政治教化而能成风俗者哉?西洋一隅为天地之精英所聚,良有由然也。②

这是非常高的评价。议院甚至部分替代了令主贤相的作用,而起到了陶成风俗的效果。按照中国人传统的思维,令主贤相是良政的根本,人存政举,人亡政息,而西洋的见闻却为郭嵩焘提供了另一种可能性。令主贤相能够达到某种政治教化的作用,英国现在的议院制度同样能够达到。这为他提供了一种中国人此前较少设想的治国方案。

郭嵩焘对英国的制度有一个独特的观察:

> 推原其立国本末,所以持久而国势益张者,则在巴力门议政院有维持国是之义;设买阿尔(按市长 mayor)治民,有顺从民愿之情。二者相持,是以君与民交相维系,迭盛迭衰,而立国千余年终以不敝,人才学问相承以起,而皆有以自效,此其立国之本也。而巴力门君民争政,互相残

---

① 郭嵩焘:《郭嵩焘全集·日记》光绪四年十二月二十,第703—704页。
② 郭嵩焘:《郭嵩焘全集·日记》光绪三年十二月十八,第376—377页。

杀,数百年久而后定,买阿尔独相安无事,亦可知为君者之欲易逞而难戢,而小民之情难拂而易安也。中国秦汉以来二千余年适得其反。能辨此者鲜矣。①

郭嵩焘说秦汉以来的中国与此相反,所以我们要引用他论秦汉以来的情况,作为对比:

> 孟子言政曰:民为贵,社稷次之,君为轻。天生民而立之君,所以为民也。三代圣人所汲汲者,安民以安天下而已。自战国游士创为尊君卑臣之说,而君之势日尊。至秦乃竭天下之力以奉一人而不足,又为之刑赏劝惩以整齐天下之人心。历千余年而人心所同拱戴者,一君而已。②

两相对比,即可看出中英相反之处何在。英国之议院与君争政,中国则竭天下之力以奉一人;英国之市长顺从民愿,中国则为之刑赏劝惩以整齐天下之人心。

君欲难戢,民情易安,英国政制很好地处置了这一点。而郭嵩焘对秦汉以下政治的理解,与此正相反。他在英国闲暇之时阅读《史记》,并留下了《史记札记》之作。秦汉以来不戢君欲,在《史记札记》中体现在他对刘邦的批评上:

> 高帝以匹夫有天下,一变三代相承立国之局,其心惴惴焉,惟惧人之效其所为而思所以诛戮之,而遂以开后世有天下者猜忌功臣之风,于是圣人以道经营天下,奠定生民之盛轨,不复可见于世,由高帝以天下自私而不闻道,贻祸若斯之烈也。

秦汉以来不顺民情,则体现在他对申韩法术的批评上:

> 申韩为害之烈,在一以法术绳治天下,而使臣民之情无以自达。③

后来他更说:

> 王者导民情使无不达;秦汉以后之天下,一以法整齐之,民之情达与不达弗计也。王者顺民欲使无不遂;秦汉以后之天下,一以法禁遏之,民之欲遂与不遂弗问也。④

君欲本难戢,中国不戢之,反而竭天下之力奉之;民情本易安,中国不顺之,反

---

① 郭嵩焘:《郭嵩焘全集·日记》光绪三年十一月十八,第357页。
② 郭嵩焘:《郭嵩焘全集·日记》光绪六年七月初八,第283页。
③ 郭嵩焘:《郭嵩焘全集·史记札记》,第153、171页。
④ 郭嵩焘:《郭嵩焘全集·日记》光绪五年六月廿三,第146—147页。

而以刑赏整齐之。这些批评,正印证了"中国秦汉以来二千余年适得其反"一语。

正因为看到西方在政教上的优点,郭嵩焘认为西方有三代之意,与人申说之。回国后他和王闿运等人讨论"夷务","言政事好立法度,望人遵守,以夷国能行其法为不可及。且以为英吉利有程朱之意,能追三代之治。铺陈久之",闿运闻而不信。薛福成说"昔郭嵩焘每叹羡西洋国政民风之美,至为清议之士所牴排,余亦稍讶其言之过当。……此次来游欧洲,由巴黎至伦敦,始信侍郎之说。"而据谭嗣同所说:"郭筠仙侍郎归自泰西,拟西国于唐虞三代之盛,几为士论所不容。薛叔耘副都初亦疑其扬之太过,后身使四国,始叹斯言不诬。"①

如果从具体仪文度数来考校西方和三代,则二者很难说是一致的。正如郭嵩焘在论及财政制度时所说:

> 三代制用之经,量入以为出,西洋则量出以为入。而后知其君民上下,并心一力,以求制治保邦之义。所以立国数千年而日臻强盛者,此也。②

"制治保邦"典出《尚书·周官》,周成王称古之圣王"制治于未乱,保邦于未危"。西洋量出为入之制与三代的量入为出,在制度形式上截然相反;但其防患未然的精神,却深得古圣之意。这种不重具体仪文而重精神的态度,正是郭嵩焘释礼所注重的"礼意",它超越了具体的仪文形式,也就超越了具体的时空。郭嵩焘能拟西方于三代,正是因为礼意超越古今和中外的两重界限,使三代与西方相通。

而正如王闿运闻而不信,薛福成讶其过当,以及一般清议的牴排,这样的观点一开始并未为同时人接受。但谭嗣同和转变后的薛福成,却分享了郭嵩焘的这种观点,又可见他的这种观点逐渐影响了后来者。时代思潮从王闿运到谭嗣同的转变,郭嵩焘正处于其间的转捩处。

郭嵩焘的同时人眼中的西方,"其为学无所谓道也,器数名物而已。其为治无所谓德厚也,富强而已"③,是和中国不同的夷狄。嵩焘看到了西方有三代之意,实际上在为西方正名,力图看到中西相通之处。所以他借论西方传教士而批评中国疾声攘夷的士大夫曰:"教师化异己而使之同,中国士大

---

① 王闿运:《湘绮楼日记》光绪六年二月初二,第881页;薛福成:《薛福成日记》光绪十六年三月十三,第538页;谭嗣同:《报贝元征》,《谭嗣同全集》,第228页。
② 郭嵩焘:《郭嵩焘全集·日记》光绪四年三月初三,第446页。标点有调整。
③ 吴汝纶:《送曾袭侯入觐序》,《吴汝纶全集》(一),第25页。

夫议论则拒求同于己者而激之使异,其本源已自殊绝,宜其足以病国也。"①嵩焘屡屡大声疾呼,其志在力矫中国士大夫"拒求同于己"的做法,而意欲"化异己而使之同"。

郭嵩焘求同的做法,是反复将西方和三代进行比较;而与此同时,三代以下的中国却受到了他激烈的批评。武帝崇儒而祸烈于始皇,秦汉以下竭天下以奉一人,为刑赏以整齐天下,郭嵩焘将秦汉以下的中国历史视为一个整体而否定之。我们知道,宋代的儒生也曾出现薄视汉唐而直回三代的愿望,但那时,现实的希望仍掌握在儒生所在的中国;而对于郭嵩焘来说,却在中国之外出现了更加接近三代的西方。观念上的西方开始超过了中国。

在对三代以下的反思中,郭嵩焘对道的焦虑不是来自道的失败,而是来自道未被践行;在中西对抗的认知上,郭嵩焘又反对道被中西间隔的看法,而看到西方有道。拟西方于三代的看法,恰将二者并置到了一起,其结果是互相弥补了各自的区别和断裂。通过借助三代,西方化解了和中国的隔阂,获得了作为思想资源的正当性;三代借助西方,又化解了理想和现实的裂痕,以学习西方为途径,在现实中回归理想的三代重新变得可能。正是郭嵩焘对中国带有反传统意味的反思,和其中西相通的眼光,共同将西方树立为新的典范。

西方的正面形象被树立起来了,秦汉以下的历史也已被否定。但赖以支持中国整个传统的,还有三代。而若再往前走一步,将三代也否定掉,则整个传统的典范权威都将被西方替代。郭嵩焘踏出过这危险的一步。在光绪四年五月二十的日记中,他比较了西方和三代的"教":

> 天降下民,作之君,作之师。三代圣人所以不可及,兼君、师任之。周之衰,而后孔、孟兴焉,师道与君道固并立也。自六国争雄,以讫于秦,而君道废。自汉武帝广厉学官,而师道亦废。……西洋创始由于教士,至今尤分主朝权,不足为师道也,而较之中国固差胜矣。

这个意思与另一处论述相应:

> 传曰:天降下民,作之君,作之师。三代以前为君者,皆兼师道而为之。名曰天子,继天以统理下民者也。西方榛蒙始辟,无君师之统,而为民信从者,民辄归之。……自来行教者被祸之惨无若耶稣,而西方服其教,千八百余年君人效其职,百姓亦以遂其生。其精深博大,于中国圣人之教曾不逮其毫厘,而流弊固亦少焉。②

---

① 郭嵩焘:《郭嵩焘全集·日记》光绪五年二月十二,第41页。
② 郭嵩焘:《郭嵩焘全集·日记》光绪五年正月三十,第26—27页。

西教较之中国固差胜,其反面是三代君兼为师之统,流弊多于西教。

郭嵩焘又比较了西方和中国圣人的"政",指出"西洋治民以法",而中国则是"圣人之治民以德,德有盛衰,天下随之以治乱",二者相较:

> 圣人以其一身为天下任劳,而西洋以公之臣庶。一身之圣德不能常也,文、武、成、康四圣,相承不及百年,而臣庶之推衍无穷,愈久而人文愈盛。颇疑三代圣人之公天下,于此犹有歉者。①

在"公天下"这一点上,比起西洋,三代圣人"犹有歉焉"。这意味着郭嵩焘在将西方树为像三代那样的典范的同时,还怀疑这个新典范有可能与三代的旧典范在政、教上存在差异,甚至优胜之。

在郭嵩焘的文字中,相比于对西方和三代相通一面的反复指认,他对二者差异一面的比较是偶见的。但这种偶然也不容小视。因为他将西方与三代并置的做法,实有开启以西方反传统的思路的危险。严复曾认为西方之所以富强、公理日申,其端在于刑狱之公,这得到了同样认为西方"治民以法"而"公天下"的郭嵩焘的赞同:

> 刑狱者,中西至不可同之一事也。犹忆不佞初游欧时,尝入法廷,观其听狱,归邸数日,如有所失。尝语湘阴郭先生,谓英国与诸欧之所以富强、公理日申,其端在此一事。先生深以为然,见谓卓识。夫中国刑狱之平,至于虞廷之皋陶极矣。然皆以贵治贱,故仁可以为民父母,而暴亦可为豺狼。若夫公听平观,其被刑也,如其法而正,民终不可以是为天直,以责其上,使虽欲不如是而不能也。是故天下虽极治,其刑罚终不能以必中,而侥幸之人,或可与法相遁。此上下之所以交失,而民德之所以终古不蒸也。夫民德不蒸,虽有尧舜之为君,其治亦苟且而已。何则?一治之余,犹可以乱也。②

比起只是"疑"三代圣人"犹有歉焉"的郭嵩焘,严复更加决绝地指出在刑狱一事上"中西至不可同"。而正是这种中西差别的强烈意识,将西方与三代的比较推向了以西方反三代传统的激进路子上。或许可以说,郭嵩焘之所以没有如严复那么激进,一个关键的因素在于其中西相通的思路。由于坚信西方与三代仍以相通一面为基础,郭嵩焘对两种典范的并置与比较,更多彰显的是其共通之处。然而对于更敏感于中西有别的严复而言,则这种并置与比较,很可能导致西方的新典范取代了三代的旧典范,而传统遂在西方的冲击下被推翻。

---

① 本段及下段,参见郭嵩焘《郭嵩焘全集·日记》光绪四年五月二十,第523—524页。
② 严复:《〈法意〉按语》,《严复集》(4),第969页。

郭嵩焘这种激进的观点，或许更多是从中国本身的思想理路出发。然而，西方在现代化过程中便伴随着对传统的反叛。很难评估郭嵩焘多大程度上受到西方反传统的影响，但或许不是完全没有。因为他在日记中记下了西方现代思想兴起的关键人物笛卡尔的反传统思路：

> 眉叔（按马建忠）言：西洋征实学问，起于法人嘎尔代希恩（笛卡尔）。其言以为古人所言无可信者，当自信吾目之所及见，然后信之；当自信吾手足所涉历扪摩，然后信之。既自信吾目矣，乃于目所不及见，以理推测之，使与所见同；既自信吾手足矣，乃于手足所未循习者，以理推测之，使与所循习同。于是英人纽敦（牛顿）因其言以悟动学，意大里人嘎里赖（伽利略）因其言以悟天文日统地不动而地自动，德人来意伯希克（莱布尼茨？）又有性理之学。此数人者，皆西洋学问之前导者也。①

郭嵩焘在变动时代中所体会到的，是对各种成见的重新考量，从历史沿革中重新审视各种关系个人和时代的问题，继而将许多现实中的弊端归因到历史沿革中所产生的问题上去。这种思维模式，却和西方理性主义的思潮有相通之处，都主张应用个人的能力，重估一切既有意见。而基于个人裁断的重估，很容易就导引到对传统的质疑和批判上去。从这个角度来看，尽管应对的是不同的问题，郭嵩焘的思想和西方的反传统思潮多少有相通之处。

三　观察西方：有道攻无道？

上一节引用了郭嵩焘对中西政教的比较，他是为了详细说明一个耸人听闻的观点：

> 三代以前，皆以中国之有道制夷狄之无道。秦汉而后，专以强弱相制，中国强则兼并夷狄，夷狄强则侵陵中国，相与为无道而已。自西洋通商三十余年，乃似以其有道攻中国之无道，故可危矣。②

原本中国自居华夏，贱视西方为夷狄，这样的心理优势在郭嵩焘这里已被全然调转。

《史记·秦本纪》记戎人由余之言曰：

> 夫自上圣黄帝作为礼乐法度，身以先之，仅以小治。及其后世，日以

---

① 郭嵩焘：《郭嵩焘全集·日记》光绪四年七月二十，第577页。
② 郭嵩焘：《郭嵩焘全集·日记》光绪四年五月二十，第523页。

> 骄淫，阻法度之威，以责督于下。下罢极则以仁义怨望于上。上下交争怨而相篡弑，至于灭宗，皆以此类也。夫戎夷不然。上含淳德以遇其下，下怀忠信以事其上，一国之政犹一身之治，不知所以治，此真圣人之治也！

这种视中国无道而夷狄有道的看法，得到了郭嵩焘的共鸣：

> 史公当武帝时，法令烦苛，心有所郁结，而借由余以发之。要之自汉以来，夷狄侵陵中国，其势常胜，中国常不足以自给，其原实由于此，莫能易其说也。①

现在是西洋以其有道，攻中国之无道。所以对于文明优劣的判断，郭嵩焘弃置了中国人一般的夷夏之别的标准，转而接受了西方关于"文明"的标准：

> 西洋言政教修明之国曰色维来意斯得（按 civilized），欧洲诸国皆名之。其余中国及土耳其及波斯曰哈甫色维来意斯得（half-civilized）。哈甫者，译言得半也，意谓一半有教化，一半无之。其名阿非利加诸回国曰巴尔比里安（barbarian），犹中国夷狄之称也，西洋谓之无教化。三代以前，独中国有教化耳，故有要服、荒服之名，一皆远之于中国而名曰夷狄。自汉以来，中国教化日益微灭，而政教风俗，欧洲各国乃独擅其胜，其视中国，亦犹三代盛时之视夷狄也。中国士大夫知此义者尚无其人，伤哉！②

他彻底接受了这种在中国还鲜有人知晓的西方标准。在政教风俗的比较中，中国和西方的地位颠倒了。

标准的调转，一个原因在于中西政、教的对比，中不如西。但还有另一个原因，是郭嵩焘对西方主导下的国际秩序有一种新的认识。在比较三代和西方之政时，他还说道：

> 圣人之治民以德。德有盛衰，天下随之以治乱。德者，专于己者也，故其责天下常宽。西洋治民以法。法者，人己兼治者也，故推其法以绳之诸国，其责望常迫。其法日修，即中国之受患亦日棘，殆将有穷于自立之势矣。③

而在比较二者之教时，他又指出：

---

① 郭嵩焘：《郭嵩焘全集·史记札记》，第25页。
② 郭嵩焘：《郭嵩焘全集·日记》光绪四年二月初二，第419—420页。
③ 本段及下段，参见郭嵩焘《郭嵩焘全集·日记》光绪四年五月二十，第524页。

> 中国圣人之教道,足于己而无责于人。即尼山诲人不倦,不过曰"往者不追,来者不拒"而已。佛氏之法,则舍身以度济天下,下及鸟兽,皆所不遗。西洋基督之教,佛氏之遗也。……圣贤不欲以兼爱乱人道之本,其道专于自守。而佛氏之流遗,至西洋而后畅其绪,其教且遍于天下,此又孔、孟之圣所不能测之今日者也。

西洋之政,常常欲"推其法以绳之诸国";西洋之教,也主"度济天下","遍于天下"。皆与中国政、教的专己自守不同。郭嵩焘敏锐地意识到,西方文明在政和教中,都具有了某种主动的进取精神乃至侵略性,而中华文明恰与相反。在说西洋以其有道攻中国之无道时,其实另一个关键词就是"攻"。西方对中国的优胜,不仅包括国家自身政教上的有道无道之别,更包括了处理国家间关系("攻")的有道无道之别。正是由于"攻"之亦有道,西方之于中国才不同于秦汉以下"中国强则兼并夷狄,夷狄强则侵陵中国"的"相与为无道"。

在使西旅途中,郭嵩焘就已感知到了西方全球性的统治。而在英国亲见其政教之优,风俗之美,也使郭嵩焘意识到:"西洋君民上下并力一心,以求进取,非中国所能及也,计惟有以礼自处之一法。"① 正如之前郭嵩焘已经意识到的"势不足而别无所恃,尤恃理以折之",现在亲见西洋君民一心,则以礼自处之法,益成几乎是唯一可能的选择。

由于郭嵩焘信奉以政教修明与否判断文明的标准,那么以政教修明之国攻击政教颓废之国,就具有了以有道伐无道的正义性。他这个观点,或许受到英人阿尔该尔的影响。在英国议院讨论土耳其的"东方问题"时,阿尔该尔就认为:

> 土国无政事,无教化,无能自立,其势必日趋削弱,终归俄人役属耳。……往册所载,国家有道,得以兼并无道之国。自古皆然。如英人兼并印度,人多言其过。吾意不然。印度无道,英人以道御之,而土地民人被其泽者多矣。此亦天地自然之理也。土国无政事,无教化,浊吏污俗,为害人民,无可久存之道。

所以英国不必"保全一无道之土国"。②

郭嵩焘对此没有评论,但他同样认为有道伐无道是"天地自然之理"。他把这个道理用到中国自己身上来。在述说历史上匈奴、蒙古为患中国时,

---

① 郭嵩焘光绪三年十二月初八致总署,《郭嵩焘全集·书信》,第304—305页。
② 郭嵩焘:《郭嵩焘全集·日记》光绪三年十二月十六,第373—374页。此承罗志田老师提示。

他说:"匈奴灭而蒙古兴,蒙古衰而欧洲各国日新月盛以昌于中土。秦汉以后之中国,失其道久矣。天固旁皇审顾,求所以奠定之。苟得其道,则固天心之所属也。"①他所理解的国际秩序是一个道德性的"天下",苟得其道,则"天心"属焉。

也正由于西洋有道而中国无道,赵烈文和王闿运希望中国传教到西方,郭嵩焘反而担心中国之敝风污染西人:

> 金、辽二史,并言其俗习骑射,简省文书,朝令夕行;自入居中土,渐习华靡,以衣冠文字相涂饰,是以风俗日偷,国势日以衰弱。三代所谓用夏变夷者,秦、汉以后,一与中国为缘而遂不复能自振,何也?礼义之教日衰,人心风俗偷敝滋甚,一沾染其风而必无能自立也。西洋开辟各土,并能以整齐之法,革其顽悍之俗,而吾正恐中土之风传入西洋,浸淫渐积,必非西人之幸也。中西之交通,损益之数,利病之分,尚未知天时人事之果何所极也。②

郭嵩焘心目中的道是遍及天下、超越中西之分的。因而以此为标准衡断中西交通之利病时,他并没有偏袒中国。这种激烈否定中国的观点,其实出于他对道超越于中西的深信不疑。

政治修明与否界定了国家自身是不是有道,然而各国处理国家间关系时是有道还是无道,同样重要。这是郭嵩焘判断有道伐无道的另一个标准。关于英国对南非苏禄人叛乱的镇压,他认为:

> 傅兰雅言:"英人到处营立步【埠】头通商,亦为船舶来往大洋停泊之计。每一滋事,辄广地数百里。用兵愈剧,则辟地愈多。苏禄地本羁縻,嗣是英人又将收取而经理之矣。"《书》曰:"兼弱攻昧,启乱侮亡。"无乱亡之征无由致侮,而非昧不足以召攻。强者糜烂,弱者兼之,此人事自然之理,无古今中外一也。③

"兼弱攻昧,启乱侮亡",典出《仲虺之诰》。仲虺以此说明汤之灭夏为顺天应人,原本含有浓重的道德意味④。苏禄之人先事劫掠,复叛英人,最终可能的结果是由羁縻之地变为英人直接统治。英国与苏禄固然有强弱之分,而真正启乱召攻的,却是苏禄人故为无道之事。强弱由各国自身政治修明与否界

---

① 郭嵩焘:《郭嵩焘全集·日记》光绪五年二月廿六,第64页。
② 郭嵩焘:《郭嵩焘全集·日记》光绪五年二月廿二,第60页。
③ 郭嵩焘:《郭嵩焘全集·日记》光绪五年二月初七,第35页。
④ 春秋时隋武子引此以譬楚之讨郑,"怒其贰而哀其卑,叛而伐之",犹在指出楚"德、刑、政、事、典、礼不易,不可敌也"亦着重于楚国征伐的正义性(《左传·宣十二年》)。

定,但昧、乱、亡之征,都形容的是不善处理国家间关系的情况。在嵩焘看来,苏禄之亡是因为其民在处理国家间关系时无道。

这种观点是郭嵩焘"以理自处"观念的自然延伸。相比于那种从纯粹势力较量的角度来理解国际关系的眼光,郭嵩焘提出要兼顾理、势的外交观念,充分体现了他对国际关系的认知:一方面,国际关系是势与力的较量;但另一方面,国际关系中仍然存在着理与礼。

对于中国在和西方交往时不能以理自处,郭嵩焘已多有批评。而他现在看到了强大的西方在处理国际关系时,却也不是一味恃强用力。他曾听英人演讲,主张"英国占据赛布拉斯(按塞浦路斯)一岛,尤为违先条约,不能于此利人土地以自私也。大抵皆责备英国之辞"。嵩焘乃感叹:"西洋之自张公道,无所忌避如此。"①

又如,关于当时英国废止奴隶贸易之事,郭嵩焘记录道:

> 其与达和米国(在阿非利加之西)定立章程六条,则一船主色里珥斯与达和米国王议定者也。大率保护英商、禁止其国贩买黑奴出口各事。又与埃及国定立禁止贩买黑奴章程七条,准英国兵船在埃及各海口巡查,其船人交埃及处办,而所贩黑奴听从英国位置。又处置旧有黑奴章程,则责成埃及自行清理,所有黑奴及其子孙一以平民视之,听从自营生理,并送其所生之子女入学读书。西洋大国以爱民之心,推类以及异国无告之民,设法以维持之,其仁厚诚不易几也。其勃然以兴,又何疑哉!②

西方在处理国际关系时公道与仁爱如是。而旁听各国关于苏伊士运河中立问题的讨论会商,郭嵩焘又看到了西方国际关系中规矩秩序的一面:

> 中论保护新开河,屠威斯宣布,言当比校局外之国,即有兵争,不得侵及苏尔士河。有名来纽者言:"局外之地四字未妥。凡立和条,有局外等字者,谓与兵事无相交涉也,即遇兵争,其国不过问,亦不准交兵之国侵及其地。苏尔士河则兵争之船,兵船商船,皆听来去,不得阻止。所重在保护此河而已,干人事无与也。故当言保护,不当云局外。"又有名喀吕南者(系法国有名律师)言:"此等正须细酌,又须与寻常和约相符,无格外新奇之字。"于是总办另派与会人数再如考证,以求尽善。其议论之公平,规模之整肃,使人为之神远。……惜中土列国时无此景象,虽

---

① 郭嵩焘:《郭嵩焘全集·日记》光绪四年九月十五,第618页。
② 郭嵩焘:《郭嵩焘全集·日记》光绪三年十二月廿七,第385—386页。

使三代至今存可也。①

而更切近的,当时中国国内的丁戊奇荒传至英国人耳中,得到了他们的鼎力救助。这更让郭嵩焘感觉到,英国人"方谋急起布惠施济,以收中国之人心",而相比之下,中国人"一以虚骄之气当之,通官民上下相与为愤愤,虽有圣者,亦无如之何也已矣"。②

总之,在郭嵩焘看来,"不服中国礼乐政教而以寇抄为事,谓之夷狄"。无道之夷狄,既是内政上"礼乐政教"的无道,也是外交上"以寇抄为事"的无道,兼具内外两面。而这种判断标准,绝不是当时一般人所认识的"尽地球纵横九万里皆为夷狄,独中土一隅,不问其政教风俗何若,可以陵驾而出其上也"。③ 华夷之别,并不以中西的空间差异为差异,如果西方有道,中国无道,则中国可能转为野蛮,而西方进为文明。

尤为重要的是,在郭嵩焘那里,内政和外交上的有道并不是分隔的。正如"西洋治民以法……推其法以绳之诸国"的"推"字所提示,外交有道是内政修明的自然延伸,"未有能自理其民而不能理洋务者也"。④ 这一点和后人有相当的不同,后人认知到了西方在国家治理上有道的同时,又感知到的却是一种物竞天择、适者生存的无道的国际关系格局,内、外之间存在着紧张(详后)。郭嵩焘则尚未感知到这种紧张。

郭嵩焘西方有道的观点,有其历史背景。在国际关系史上,1870年代以降,随着法国战败,德国迅速崛起,当时世界第一强国英国逐渐感觉到其威胁,欧洲大国间关系开始紧张,乃至出现两大阵营,最终酿就20世纪初叶的第一次世界大战。而伴随此过程的,是西方列强加速对世界的瓜分,包括中国在内的欧洲以外的国家越来越强地感受到了西方的威胁。世界局势在这段时期日益紧张,国家间政治也越来越体现出势力较量的色彩。而郭嵩焘的出使时期(1876—1879),国际形势还没有后来那么紧张。郭嵩焘主要居住的英国,更是正享受着维多利亚时代的繁荣富强。嵩焘能够从见闻中提炼出一个大体仍然道德的国际秩序,和这样的时代背景是不无关系的。

可以比较一下郭嵩焘和1889—1893年出使美国的崔国因对国际格局的观点。崔国因身居远离当时国际竞争中心的美国,对国际关系的感知反而要比嵩焘悲观许多。他说:

> 因闻孟子之言曰:取之而民悦,则取之;取之而民不悦,则勿取。仁

---

① 郭嵩焘:《郭嵩焘全集·日记》光绪四年八月初八,第593页。
② 郭嵩焘:《郭嵩焘全集·日记》光绪四年三月二十,第464页。
③ 郭嵩焘光绪五年四月致姚体备书,《郭嵩焘全集·书信》,第369页。
④ 同上书,第367页。

之至,义之尽也。然考之今日,琉球之民,不悦日本;缅甸之民,不悦英人;越南之民,不悦法人。水益深矣,火益热矣。未闻运也,未闻动天下之兵也。圣贤之言,固可以自勉,而不可以责人也。①

在看到英国报纸报道西方各国之兵数后,崔国因说:

> 阅此而知近日时局,讲武修备,实有不得不然者矣。左氏所谓思启封疆,以利社稷者,此俄人之用心也;申公巫臣所谓勇夫重闭者,此德奥义法各国之心也。量力较权,知己知彼。人强于我,则防之;人弱于我,则并之。识时务者,如斯而已。事大不足恃也,昔之南宋可征矣,今之浩罕、机洼、茂甫、波兰、芬兰、琉球、越南、缅甸可睹矣。字小更不可得也,今之俄罗斯、英、法等国,其所吞并不可胜数矣。②

在观察到如此形势的情况下,崔国因认为:

> 古之觇国者,觇民情;今之觇国者,觇武备。此可以知风气所趋矣。③

这和以政教修明与否觇国的郭嵩焘大不相同。

崔国因又认为:

> 法人之于中国傲然自大,其于欧洲颓然自废,始以为不可解也。顾尝见龌龊者之情形矣:其于逊己者,百端陵之,不论理也;其于胜己者,百端让之,亦不论理也。地球各国局面大抵如斯,法又甚焉。④

郭嵩焘能够坚持以理自处,是因为相信西人也能论理。而国因所见,则已是一个"不论理"的地球局面。嵩焘从西洋归国不到二十年,时迁世异,已换新颜。后来人一方面沿承郭嵩焘的看法,看到了西方富强源于政教有道;但另一方面,国际关系中势力较量的色彩越来越浓重,使得适者生存的天演理念迅速被中国人所接受。

四 使绝国与将相并重

郭嵩焘并不是以一个普通的中国观察家的身份来到英国的,他首先是中国第一位驻外公使。

---

① 崔国因:《出使美日秘日记》光绪十六年闰二月十一,合肥:黄山书社1988年版,第94页。
② 崔国因:《出使美日秘日记》光绪十六年十二月廿五,第218—219页。
③ 崔国因:《出使美日秘日记》光绪十八年三月初八,第414页。
④ 崔国因:《出使美日秘日记》光绪十七年十二月十七,第386页。

郭嵩焘曾借汉武帝时的诏令，批评宋以下人不与外人交接的误区，谓"汉诏以使绝国与将、相并重，茌宋至今七八百年，直以不与外人相接为幸，以驯至今日之大乱"①，而使绝国与将、相并重，也成了郭嵩焘对使节重要性的认知。他多次提到：

> 汉诏以使绝国与将、相并重。周旋远人得失之机，不独国家利病系之，荣辱亦莫甚焉。此尤士大夫所宜究心者。
>
> 西洋之法……惟任将及出使各国，必国人公推以重其选。窃观汉诏求使绝国与将、相并重，西洋犹存其意。是二者皆据理势之要，持安危之机，所宜慎选而专用之者也。②

使绝国之所以可与将、相并重，是因为它关系到了国家的利病安危。

然而，在马嘉理事件交涉期间，郭嵩焘未上奏的《拟销假论洋务疏》又提到了"驻扎西洋公使，万非今日急务"。他指出，只有如美国、秘鲁等有华工之地有设使之必要，"此外各国全无凭借，而恃数万里外之使臣，因事与之辩争，事理稍有虚饰，困辱立见。即有能者，亦徒以有用之才，虚弃之无用之地"。③

意见相反的原因不难觅得。郭嵩焘疏中说："臣以为考求洋务，中外诸臣必宜留意，而出使则尽人可以差遣。……朝廷以息事安人为心，奉命出使，谁敢不尽力。"当时中英商定郭嵩焘的出使是为马嘉理事件道歉，这样"以息事安人为心"的出使，和他心目中"据理势之要，持安危之机"的使臣相去太远。抵英之后，郭嵩焘随即觐见英女王，递交惋惜马嘉理事件之国书。此后"交涉事少，时日甚觉宽闲"④。郭嵩焘认为"尽人可以差遣"，或许确实如此。

一方面，郭嵩焘从时势剧变中体察到使臣可与将、相并重的重要性；另一方面，当他一旦身膺此任时，却处于一个难以有为的具体境况。理念和现实存在着落差。而实心任事的郭嵩焘，明显不甘"虚弃之无用之地"。他曾言："使臣之责，在宣布国家之意，通之与国；亦审察与国之情，达之朝廷。"⑤在"交涉事少"的状态下，他更注重审察与国之情，多所建白，以致军机处、总理

---

① 郭嵩焘同治九年七月廿八致曾国藩书，曾国藩等：《湘阴曾氏文献》，台北：学生书局1965年版，第6626—6629页。
② 郭嵩焘：《郭嵩焘全集·日记》同治六年七月初二，第279—280页；郭嵩焘光绪元年三月：《条陈海防事宜》，《郭嵩焘全集·奏稿》，第781页。
③ 本段及下段，见郭嵩焘光绪二年闰五月廿六草《拟销假论洋务折》，《郭嵩焘全集·奏稿》，第795页。
④ 黎庶昌光绪三年二月致李勉林观察书，《西洋杂志》，第181页。
⑤ 郭嵩焘光绪三年九月初六奏：《办理洋务横被构陷折》，《郭嵩焘全集·奏稿》，第832页。标点有调整。

衙门皆嫌其条陈过多。① 而其条陈却往往直指治国之本原。

郭嵩焘驻欧期间最重要的建白有二:"窃独以为,天下之要务莫急于禁止鸦片烟,而先以开修铁路为推行西法之本。"②前者体现在他上奏朝廷的前后两篇禁鸦片疏上,后者则更奇妙地反映在他关于喀什噶尔的奏折中。

郭嵩焘之请禁烟,有自己特殊的关怀。在光绪三年四月上奏的请禁鸦片第一疏中,郭氏提出了一种禁烟的新思路。他首先指出,迄今为止中国的禁烟之令,弊在过严而不可行:"自道光时定立鸦片烟罪名,设法严禁,官吏奉行不能如法,但借以为差役讹诈之资,始终未惩办一人。所定罪名,亦苦太重,遂至相与玩视。"③有鉴于此,他认为:

> 禁止鸦片烟不在繁为禁令,在先养士大夫之廉耻,而其要尤在官之稽查督察,使不能有所宽假。……伏乞皇上坚以持之,宽以期之,以三年之期,责成各省学政整顿学校,责成各省督抚整顿属官,而于栽种罂粟,又须由督抚责成州县,劝谕绅民,整顿所属地方,渐摩劝化,更需以二十年之期,尽民人而变革之,求实效而不为虚语,务力行而不责近功。其道无他,在疏通民气而已矣。

"道之以政,齐之以刑,民免而无耻;道之以德,齐之以礼,有耻且格。"(《论语·为政》)和之前用严刑重典禁止不同,郭嵩焘提出应该从劝导之术上下手,其基础在于他对士民的"廉耻之心"有比较乐观的估计,相信政府可用教化而非防禁让士民拒绝鸦片。

郭嵩焘这种乐观的观点,有西方的影响。在奏折中,他说:

> 窃见西洋各国,官民一心,急使远戍而不以为苦,烦征厚敛而不以为苛。所以然者,为无不通之情故也。中国民情常苦隔阂,利病好恶之私,州县能体及者鲜矣。累积而至督抚,则益旷远不相及。……臣以为禁止鸦片烟,当使教化转移之意多,防禁操切之术少。使天下臣民喻知此意,自有不敢不禁,不忍不禁者。④

可以说,正是在西方看到的上下"无不通之情",使郭嵩焘相信不必严刑峻法,"疏通民气"之举就可以切实有效。

然而,疏通民气可措施于许多地方,为什么郭嵩焘会认为"天下之要务

---

① 李鸿章光绪三年十一月初四致郭嵩焘书,《李鸿章全集·信函四》,第163页。
② 郭嵩焘光绪三年七月初十致总署,《郭嵩焘全集·书信》,第289页。
③ 本段及下段,参见郭嵩焘光绪三年二月初八奏《请禁止鸦片第一疏》,《郭嵩焘全集·奏稿》,第808—810页。
④ 郭嵩焘光绪三年二月初八奏:《请禁止鸦片第一疏》,《郭嵩焘全集·奏稿》,第810页。

莫急于禁止鸦片烟"？

直接的原因也是英国人的影响。1874年（同治十三年），部分从前曾在中国的英商和传教士在伦敦创设禁烟会，号召英国政府废止对华鸦片贸易。① 郭嵩焘到伦敦之后，于1877年3月应邀与会。会上，绅士如Mark Stewart"遗憾地承认鸦片贸易和第一次对华战争间确实存在令人不快的联系"，沙夫茨伯里伯爵（the Earl of Shaftesbury）也说到了"鸦片流毒中国，英人皆扪心自愧。四十年来，屡请议院严禁"。② 禁烟会绅共同表达了对鸦片的厌恶和废止的愿望。郭嵩焘应允将他们的意见传达给中国政府，乃有禁鸦片第一疏之作。

禁烟会给了郭嵩焘不小的冲击。他和李鸿章说：

> 中国人心有万不可解者。西洋为害之烈，莫甚于鸦片烟，英国士绅亦自耻其以害人者，为拘衅中国之具也，力谋所以禁绝之。中国士大夫甘心陷溺，恬不为悔，数十年国家之耻，耗竭财力，毒害生民，无一人引为疚心。③

英国绅士以外国人的身份，指出了中国士大夫"甘心陷溺"而没有看到的问题。经由他们的启发，郭嵩焘看到了某种"虽士大夫罕有能明言"的联系：

> 鸦片烟为害之烈，人皆知之，而推原祸始，则虽士大夫罕有能明言者。用此以激发天下之人心，而作新其志气，使人心风俗焕然改观，乃可以生其奋发有为之气，而天地之气机随之以转。鸦片烟一日不禁，凡事一无可为，此当然之理也。④

那种联系，就是鸦片烟和人心风俗的关系。

什么是"推原祸始"呢？郭嵩焘在另一处阐述道：

> 原鸦片烟之禁实自雍正始，其始供药品而已。赖政教修明，官吏奉法，民间无敢吸食者。至道光中，其风始炽。嵩焘少时尚未闻此，于时物力丰厚，家给人足，百姓守法惟谨。迨后鸦片烟之害兴，而世风日变，水旱盗贼相承以起。即今日洋祸之烈，实始自禁鸦片烟。而金田贼首，亦因海防散勇啸聚山谷，驯至大乱。是此鸦片烟不独戕贼民生，耗竭财力，实亦为导乱之原。

---

① 《论英民欲禁鸦片贩卖中国事》，《申报》同治十三年十一月廿二，第1页。
② The Times, Tuesday, Mar 20, 1877; pg. 5; Issue 28894; col F; 张德彝：《随使英俄记》，第357页。
③ 郭嵩焘光绪三年三月致李鸿章书，《郭嵩焘全集·书信》，第275页。
④ 郭嵩焘光绪三年七月初十致总署，《郭嵩焘全集·书信》，第289页。

> 查鸦片烟之盛行，在道光中叶以后，风俗人心，因之日趋于浇薄，水旱盗贼，相承而起，贻患至今。是鸦片烟之为害，不独耗竭财力，戕贼民命，实为国家治乱之机一大关键。①

他甚至将道光以降的一切衰乱都归咎于鸦片。这个结论或嫌简单武断，但很能说明郭嵩焘为何会把禁鸦片放到那么重要的位置上。在他看来，鸦片之害不仅在于"戕贼民生，耗竭财力"，而更在于它败坏了整个人心风俗，导致了天下大乱。禁烟之所以为天下莫急之要务，职由于此。

国家治乱，源于人心风俗，郭嵩焘的这个信念坚定不移。西方的影响，首先在于启发他发现了新问题，也即鸦片流行和人心风俗败坏之间的关系，进而促使他将禁烟视为天下莫急之要务。另外，西方"官民一心"的见闻，又增强了嵩焘对教化劝导之术的信心，并希望"使民人自为禁制"，让国家发挥人民自身的积极性。然而，从人心风俗下手，以教化劝导为方法，禁烟的方案所反映的，实际上就是儒生一直坚持的礼治。

从郭嵩焘自身思想的发展来看，这种"教化转移之意多，防禁操切之术少"的方法，也延续了他在广东巡抚任上体察到的"至于刑戮亦不能施，仍须以礼义治之"的认识。嵩焘在西洋得到的经验与此不但没有冲突，反而是在印证礼治的重要性。甚至应该说，仁者见仁，智者见智，郭嵩焘则是礼者见礼。他之所以能够从黎庶昌所说纷繁"不得而名"的西方看到其富强本于政教风俗，这种眼光本身就来自他对礼治的坚信。他所借鉴西方的，不是若何新奇未闻的道理，反而是十分传统的接近于"礼治"的治国之道。

但郭嵩焘的这种禁烟方案并未得到国内士大夫的理解。他们怀疑如果人心风俗颓败如是，教化劝导岂能奏效？有如李鸿章所说："筠仙谓由督抚责成各县乡士绅自行权界，使人人鼓舞感动。此在三代以上时或尚办到，今世之士习民情，非几句空话所能感动。筠仙曾为粤抚，与乡绅当自量力，乃竟忘之，殊不可解。"也正是这种怀疑，更容易导至治乱用重典的想法，有如好友罗汝怀对郭嵩焘的批评那样："原折之官吏士子之限以三年，民人变革之期二十年，莫非恐行之操切，而滋生事端，必致咎建言之不善。而不思处分既待三年，此三年中作何办理？恐不独旧染之逍遥自在，而新染且如螽斯之子孙众多矣。"乃议缩时限为三月。又论曰："奏中不及黎庶，岂禁不下庶人欤？若然，则农工商贾皂隶厮役转可为鸦片烟之逋逃薮矣。然黎庶无所钤辖，亦

---

① 郭嵩焘光绪三年三月致李鸿章书，《郭嵩焘全集·书信》，第275页。郭嵩焘光绪三年六月初十奏：《请禁鸦片烟第二疏》，《郭嵩焘全集·奏稿》，第821页。

颇难于处分。"比起嵩焘用劝导之术，他反而主张用割唇之肉刑。① 实际上，严令重典正是一直以来谈论禁烟者首先想起的方法。

郭嵩焘将禁烟与挽回人心风俗的联系，想得比同时人更加根本（乃至将鸦片视为人心败坏之"祸始"）；他对教化劝导的方法，又有着同时人难以理解的信心。其观点不能为同时人所共享，也是自然之事。然而，禁烟本非其职，而他却反复上陈办法，其忧国之实心，彰彰可明。出使绝国的郭嵩焘并未以使职自限，而仍在从根本上思考治国之方。

如果说禁鸦片烟还是革除旧弊的话，那么倡行铁路就是引入新政了。西方之行火车，在当时也不外几十年的历史，然而发展速度极快。英国工程师第温驯（Sir Macdonald Stephenson）一直对广袤的中国大地十分感兴趣，早在同治年间就曾来华劝办铁路②。当郭嵩焘抵达伦敦之后，第温驯即力劝中国为铁路，嵩焘颇为动心。③

郭嵩焘对铁路向来没有意见，更何况到英国之后，他自己"实见火轮车之便利，三四百里往返仅及半日"，而像第温驯这样的人又"以中国宜修造火轮车相就劝勉，且谓英国富强实基于此"。④ 然而，当时一般人所认为铁路的益处，或是"运兵神速，畛域无分，粮饷煤械，不虞缺乏"；或是漕粮运输"有铁路则举重若轻，霎时千里，风雨无阻"；或是"通货物、销矿产、利行旅、便工役、速邮递，利之所兴，难以枚举"。⑤ 言利者多矣，而立足点皆在于铁路有裨于国富兵强。郭嵩焘所见铁路之益处，固与一般人不同。他致李鸿章信中说：

> 中国幅员逾万里，邮传远者数十日乃达，声气常苦隔绝。二者（按指铁路与电报）行万里犹庭户也，骤有水旱盗贼，朝发夕闻，则无虑有奸民窃发称乱者，此一利也。中国官民之势悬隔太甚，又益相与掩蔽朝廷耳目，以便其私，是以民气常郁结不得上达。二者行，富民皆得自效以供国家之用，即群怀踊跃之心，而道路所经，如人身血脉自然流通，政治美恶无能自掩，则无虑有贪吏遏抑民气为奸利者，此又一利也。三代盛时，不过曰吏效其职、民输其情而已，其道固无以加此也。⑥

---

① 李鸿章光绪三年八月廿四致周家楣书，《李鸿章全集·信函四》，第130页；罗汝怀：《书使洋大臣奏禁鸦片折后》，《绿漪草堂文集》卷十八，《续修四库全书》1531·集部·别集类，第33页。
② 可参见郭廷以《郭嵩焘先生年谱》，第608页。
③ 郭嵩焘：《郭嵩焘全集·日记》光绪三年二月初二、二月廿四，第150、168—169页。
④ 郭嵩焘光绪三年三月致李鸿章书，《郭嵩焘全集·书信》，第271页。
⑤ 海军衙门军机处光绪十五年正月十四会奏，《李鸿章全集·信函六》附件，第496页。
⑥ 郭嵩焘光绪三年三月致李鸿章书，《郭嵩焘全集·书信》，第274页。

可以看到,甚至连铁路,郭嵩焘关注的都是其疏通民气之利(在他看来,这才是西方富强的根本秘密),而和从利军便商出发的富强之计有所不同。

然而,铁路如何推行,是一个大的问题。李鸿章接到郭嵩焘此信后,复函曰:

> 曾记是年(按同治十三年)冬底赴京,叩谒梓宫,谒晤恭邸,极陈铁路利益,请先试造清江至京,以便南北转输。邸意亦以为然,谓无人敢主持。复请其乘间为两宫言之,渠谓两宫亦不能定此大计。从此遂决口不谈矣。①

在当时人心排斥铁路、反对声音巨大的情形下,如何推行西法,是一个关键的问题,但郭嵩焘却自有主张。因为他看到了西方创始铁路之时,也存在类似的问题:

> 其始亦相与疑阻,即以初抵伦敦苏士阿摩登海口言之,往来车运,用马三万余匹,虑妨其生计也。迨车路开通,用马乃至六七万匹,盖以道途便利,贸易日繁,火轮车止出一道,相距数十里以下来就火车者,用马逾多也。②

嵩焘相信只要能够开行,人们自然会看到它的便利。关键是如何以较少为人反对的方式创始,因势利便,转变于无形。他正是趁着中英喀什噶尔交涉的时机,提出建设铁路的建议。

同治年间,清朝内乱之际无暇兼顾关外,新疆纷乱,中亚浩罕国将领阿古柏趁势进入,占据喀什噶尔,自立为王。与此同时,俄国亦趁清朝势弱,抢占了伊犁,而形成对阿古柏政权的威胁。俄国南向的意图又为统治印度的英国所警惕,因而英国极力拉拢阿古柏,冀其成为英俄之间的缓冲。同光年间,随着左宗棠西征,阿古柏面临着清朝军事上的强大压力。郭嵩焘抵英后不久,威妥玛便与其讨论过喀什噶尔的问题。光绪三年,阿古柏使者赴英求助,而英国则有意调停其与中国的关系。

阿古柏使者抵英求助后,威妥玛乃约嵩焘谈喀什噶尔事,希望与中国议和。郭嵩焘在与其谈判后,向清朝上奏《英外相调处喀什噶尔情形折》。这份奏折所有的意见,都以预计左宗棠不能迅速收复新疆为前提。因担心劳师经年,嵩焘建议羁縻阿古柏,借其力量抚绥新疆,抗衡俄国。③

---

① 李鸿章光绪三年六月初一致郭嵩焘书,《李鸿章全集·信函四》,第75页。标点有调整。
② 郭嵩焘光绪三年三月致李鸿章书,《郭嵩焘全集·书信》,第271页。
③ 本段及以下数段,参见郭嵩焘光绪三年六月初奏《英外相调处喀什噶尔情形折》,《郭嵩焘全集·奏稿》,第814—817页。

而郭嵩焘正是在善后事宜的意见中,提出了建设电报与铁路的提议。他指出"臣闻关外地土饶沃,甚于内地。英人亦以该处通商之利,力护喀什噶尔。中国收取其地百有余年,未甚一加顾惜",正可趁此消弭兵端之时,"即以举行电报及火轮车为善后之策,招募内地商民及回民之富者,令其捐资制造,而官为之经理。居积转运,有所凭恃。贫民逐利,易以谋生。富者自护其利源,必不肯轻易从乱。各城声息毕达,如在咫尺。商贾百货,到处流通"。

然而,这只是郭嵩焘更大计划中的一步。他说,"西洋电报及机轮舟车之利,皆创自英国,各国并仿行之",日本、土耳其皆力学西法。对此"中国士大夫未易骤晓",然而"关外各城,地旷人稀,足资规画",一旦"十数年后,关外各城尽成都会,即可渐次推行其法于内地"。换句话说,关外建设电报铁路,可以说是作为试点,根本上是为了喻譬那些"未易骤晓"的士大夫。他希望的自然不只是通铁路电报于关外,而是希望朝廷以此举措改变人们对仿行西法的疑阻态度,在他看来,"政教明则士大夫之议论自息,亦在朝廷断行之而已"①。

客观地说,郭嵩焘的建议未免有些想入非非。关外之地旷,铺设铁路所需巨大工程,非可轻易解决;关外之人稀,即使费力建成铁路,所收之实利很可能也不经济。② 然而,这益可见他真正念兹在兹的,不在筹划关外善后,而在推动内地创始。作为使臣,郭嵩焘与英国进行了交涉,并将交涉意见通报国内;但他显然希望抓住一切时机,推动中国进行改变。

而就在这份奏折写就之时,传来了阿古柏的死讯,整个局面彻底改变。郭嵩焘虽然仍将此折上奏,然而时机已过,这份建议也未得下文。或许是从李鸿章那里听说了"两宫亦不能定此大计",郭嵩焘在此之后没有再进言铁路之事。

禁烟和铁路,其实皆非郭嵩焘职责所在,而因其关涉到国家的根本,所以他不惮上奏,建白条陈,其自任国家之安危如此。至于使臣本务,嵩焘当时和英国交涉较多的除了喀什噶尔,还有镇江趸船事件。

同治十二年(1873),英国太古洋行"加底斯"(Cadiz)号趸船停泊于镇江,以一浮桥与英租界连接。是年夏天,停泊处河堤出现崩坏。中国海关责

---

① 郭嵩焘光绪三年三月致李鸿章书,《郭嵩焘全集·书信》,第275页。
② 光绪十四年讨论兴办铁路时,翁同龢、孙家鼐也有和郭嵩焘类似的看法,主张"铁路宜于边地不宜于腹地",李鸿章就明确予以驳斥曰:"所贵铁路者,贵其由腹之边耳,若将铁路设于边地,其腹地之兵与饷仍望尘莫及。且铁路设于腹地,有事则运兵,无事则贸迁,经费方能措办。若设于荒凉寂寞之区,专待运兵之用,造路之费几何? 养路之费几何?"(《复总署 议驳京僚谏阻铁路各奏》光绪十四年十二月廿八,《李鸿章全集·信函六》,第476页)

令该船移位,遭到拒绝;中国政府照会英国领事,又转禀英国驻华公使,饬令移泊,皆未照饬。事情延宕两年,郭嵩焘抵英后,乃接总理衙门公文,嘱其以此事咨会英国外交部。①

当时已从中国回到英国的威妥玛,成为郭嵩焘最主要的谈判对手。起初趸船停泊时,原经镇江海关批准,发给准单。但当海关饬令趸船移位遭拒绝后,海关收回了准单。这成了威妥玛最主要的借口,以中国此举为违反领事裁判权。② 而在中国方面,特别是对于海关总税务司赫德及其在英国的下属金登干而言,批准停泊和调整泊位毫无疑问应是中国主权。③ 因此双方最大的争议便在于,中国方面"应行管辖地方及江河道路,原属自有之权利",而英国方面则"因条约载及洋商财产,词讼由领事官经理,遂并中国管辖之江河道路概置不论,而一准洋商财产论之"。④

主权的概念对赫德、金登干是理所当然,对我们后人更是不言自明,但郭嵩焘并非天然地熟悉这个来自西方的概念。相反,英国对洋商财产具有的领事裁判权,却是明载于条约中的。所以,对于领事裁判权,郭嵩焘十分注重;而对于赫、金着重的主权,郭嵩焘能将其作为一个人心共同之理来理解,却未能那么理直气壮地将其作为法理上的依据。当金登干告知郭嵩焘中国政府可以坚持认为"他们拥有对他们自己领水的控制权。这种控制权,在外国人到来之前,他们一直行使,以后订立的条约也没有迫使他们放弃",郭嵩焘认为把这个原则明确地写在文件上有好处。而对于金登干而言,其实"即使不作表白,'原则'问题也已在我们所提出的要求中不言而喻"。⑤ 郭嵩焘对主权的观念并没有像金登干那么"不言而喻"。

其实当时按照西方的法律,各国修理船坞码头时,可知会船只挪移,延期有罚;船只不遵命令者,可尽将船割索碎链,代为移泊。⑥ 但这些基于主权法理上的规定,同样由于领事裁判权的存在而不能施之中国。郭嵩焘以此与威

---

① 王宏斌编:《赫德爵士传》,北京:文化艺术出版社2012年版,第128页;郭嵩焘光绪三年四月廿五致德尔贝书,《郭嵩焘全集·书信》,第278页;《郭嵩焘全集·日记》光绪三年正月廿八、四月廿六,第147、213页。
② 陈霞飞编:《中国海关密档:赫德、金登干函电汇编》(1)第365号信,1877年7月13日,中华书局1990年版,第565页;郭嵩焘:《郭嵩焘全集·日记》光绪三年十月初十,第325页。
③ 陈霞飞编:《中国海关密档:赫德、金登干函电汇编》(1)第338号信,1877年4月11日,第528页。
④ 郭嵩焘光绪三年十月初致德尔贝,《郭嵩焘全集·书信》,第295页。
⑤ 陈霞飞编:《中国海关密档:赫德、金登干函电汇编》(1)第385号信,1877年8月3日,第570—571页。
⑥ 郭嵩焘光绪三年七月初一奏:《各口通商应请纂成通商则例疏》,《郭嵩焘全集·奏稿》,第825页。

妥玛相辩,乃被告以"中国与西商交涉事宜,惟能按照条约办理,不得援引西洋律法"①。

郭嵩焘向来相信中西可以以理相处,这种理无论"以之处己,以之处人"皆通。领事裁判权的存在,显然违背了他的这种观点。于是,郭嵩焘处在了这样的境况中:1. 赫德同治七年为中国制定了《中国引水总章》,对船只停泊有相关规定。② 但这是中国的法律,无法使用。2. 西方法律有相关规定,但又不得援引。3. 中西签订的通商条约只载大端事理,未具体涉及如何处理泊船之类的交涉细节。4. 赫德和我们今人所熟悉的主权理论,郭嵩焘也能理解,但它和领事裁判权冲突了,双方各执一词,无法定夺。在中西法律存在如此多隔阂的情况下,郭嵩焘如何找到双方都能信服的沟通基础?

首先,在现阶段不可能废除领事裁判权的前提下,郭嵩焘向朝廷上奏,请将各口通商事宜纂成通商则例。他所针对的,就是中西"仅恃通商条约为交接之准,而条约定自洋人,专详通商事例,于诸口情状皆所未详,每遇中外人民交涉事件,轻重缓急,无可依循"③。则例切要的,就是中西法律相通之处。嵩焘特别举例,理藩院办理蒙古各盟案件,以圈禁代流徙,以罚赎代笞杖,这与西方立法大者拘系、小者罚赎实相通。如果当初通商一开始就示明此例,通商各口民商一听地方官管束,也就不会由于领事裁判权而繁生许多枝节了。所以郭嵩焘主张在条约未详之处,中国应该参核各国所定通商律法,纂辑成书。书成颁发各省,颁送各国驻京公使,俾洋案有所据依。郭嵩焘认为,则例如果大违各国律法,恐怕也难以行远,所以仍当以中西共通之处为立法依据;然而中国如果不首先立法,一旦生事,被列强援引了本不平等的条约,则连原本中西可以达成共识之处也转为滞碍。这可以说是在承认中西法律不平等的藩篱中尽可能寻求中西共通平等之处。

纂辑则例毕竟是补救将来之举。郭嵩焘第二个努力在做的,是就具体镇江趸船一案找到双方可以沟通的地方。他的想法是,既然法律上找不到共识,那么就应当从事实本身去找。这一点和赫德理所当然地认为应该主张中国的主权,大不相同。

当时赫德聘请了英国的律师和工程师考核整个案件。对于赫德而言,最关键的是关于主权的问题:"1. 订约以前中国是否有权指定船只的停泊位

---

① 郭嵩焘光绪三年十月初致德尔贝,《郭嵩焘全集·书信》,第295页。
② 可参见王铁崖编《中外旧约章汇编》,北京:生活·读书·新知三联书店1957年版,第284页。
③ 本段及下段,参见郭嵩焘光绪三年七月初一奏《各口通商应请纂成通商则例疏》,《郭嵩焘全集·奏稿》,第823—825页。

置? 2. 在条约里中国是否放弃了这种权利? 3. 在趸船案件中,中国按照条约行事时是否(不仅仅依据她的权利行事,而且)有节制?"①

然而,在郭嵩焘的理解中,最能说服英国外交部的,应该是事实本身,具体说就是趸船如何损害了中国的河堤。法律上纵然存在诸多隔阂,但江岸遭受损毁,总是双方都能看到的,所以郭嵩焘认为应以此为双方谈判之基础(对于赫德而言,这是"听凭威妥玛把他引到枝节问题上去,是很愚蠢的",并且有可能"有损于中国的主权"②)。当郭嵩焘接到沈葆桢的信,说沿江堤岸已遭越来越严重的损毁,他在一天之内两次向金登干指出必须把这一点告诉英国外交部。而金登干最终说服他的方式,是告诉他应该听取一下工程师在工程学上的意见——同样是一个事实上的原因!但是,金登干的注意点和嵩焘是不一样的,他特别提醒郭嵩焘:他可以根据工程师的见解向英国外交部陈述他的理由,但同时也得告知对方,"移泊的命令,无须提出理由,趸船本来就应该遵守"。③

赫德仍然在提醒金登干:"不要让郭陷入有关事实的争论中去。"④但郭嵩焘显然对事实十分关注。在一次和威妥玛的争论中,威妥玛又以领事裁判权为言,郭嵩焘马上反问:"关系江岸,安得不移?"这是郭嵩焘交涉的最关键处。在他看来,如果事实上损害了江岸,则移开船只才是制止损害最直接的方法,这一点应该是双方能达成共识的。但威妥玛和赫德一样,其实关心的也是中国能否行使主权的问题,他反问道:"吴淞江湾泊船只,道台下令移出,将皆移泊海外乎?"威妥玛的意思是此事当由英国领事判断,中国主权,不得行使。两人显然不在一个频道上。⑤

最后决定事件走向的,似乎是英国律师和工程师的报告。它们对中国方面更加有利。案件提交英国司法部门,最终也得出对中国有利的判决。光绪五年,英国方面通知太古洋行将趸船移至海关新指定的泊位上,事件以中国方胜利完结。⑥

---

① 陈霞飞编:《中国海关密档:赫德、金登干函电汇编》(1)第380号信,1877年9月18日,第595—596页。
② 陈霞飞编:《中国海关密档:赫德、金登干函电汇编》(1)第375号信,1877年8月30日,第584页。
③ 陈霞飞编:《中国海关密档:赫德、金登干函电汇编》(1)第379号信,1877年9月14日,第593—594页。
④ 陈霞飞编:《中国海关密档:赫德、金登干函电汇编》(1)第393号信,1877年11月2日,第625页。
⑤ 郭嵩焘:《郭嵩焘全集·日记》光绪三年十月初十,第325页。
⑥ 陈霞飞编:《中国海关密档:赫德、金登干函电汇编》(2)第616号信,1879年9月17日,第236页。

然而,在等待判决期间,外交交涉并未停止,而赫德还是一再提醒金登干:

> 关于事实问题,即是否造成了损害,一定不要让郭去和德比勋爵争论。不论造成损害与否,趸船必须移开。
> 你来电告知的"工程师意见书",使我感到意外的高兴。但是,不要让郭停留在这上面。我们为之奋斗要争取得到承认的是:中国的基本权利受到尊重。码头和它受到的损害,那是"微不足道的"。①

金登干也同声相应:

> 郭可以说(按指金希望郭如此说),他一向有意不去注意哪些以工程学观点论述的任何问题,认为这样的论述似乎是和这个案件中涉及的原则考虑不相干,而这个案件的主要问题是涉及中国作为一个独立国家的主权问题……可是,鉴于在英国当局的意见和中国当局的信念之间存在着这样一个分歧点,他想为了满足自己而去弄清楚最著名的英国工程师们有见识的、不带偏见的观点。②

当然,对于郭嵩焘而言,事实的确定和主权的声明可以并行不悖。赫德和金登干的意见只能使中国方更加有利。但他关注的焦点更在事实问题上。在他看来,"关系江岸,安得不移?"这样的事实本就足以作为共享的观念基础。

对于后人而言,主权观念已是常识,所以我们很容易就接受了赫德的意见,而忽略了在郭嵩焘那里,主权观念实际上尚在形成之中。对郭嵩焘而言,遵守中西已定的条约,尊重既定的、尽管是不平等的领事裁判权,才是最基本的"以理自处";中国具有对自身领水的主权,反而只能说是一个人心相同之理,却(由于领事裁判权)无法被他视为具有法律说服力的根据。

在双方能够共享的通商条约对镇江趸船事件没有明确的规定(威妥玛认为有,但郭嵩焘不同意其解释)时,在中国和西方各自的法律都无法作为沟通资源的情况下,郭嵩焘选择从两个方面新建这种沟通通道。一是纂辑通商则例,寻求中西在法律上的相通之处;二是诉诸"关系江岸"的事实,希望获得一个双方都能承认的共同基础。而这两种努力都源于他的一个信念,那就是中西之间虽有种种差别,但在基本的人情事理上是共通的。

---

① 陈霞飞编:《中国海关密档:赫德、金登干函电汇编》(1)第 391 号信,1877 年 10 月 25 日,第 618—619 页;第 403 号信,1877 年 11 月 30 日,第 644 页。

② 陈霞飞编:《中国海关密档:赫德、金登干函电汇编》(1)第 401 号信,1877 年 11 月 23 日,第 639—640 页。

五　与刘锡鸿龃龉：同室操戈

晚年郭嵩焘自言"迂拙频遭反噬来"①，所说的反噬包括两件事，一件是粤抚期内和左宗棠反目，另一件则是出使海外时与副使刘锡鸿闹翻。

在一些研究中，刘锡鸿被当作极端的保守派来看待，被认为和郭嵩焘思想观念绝异。而郭、刘的不和，也被当作"先进"和"保守"之争，甚至因此认为郭、刘在出使之前就已经不和。殊不知，如果两人一开始就思想悬殊、关系紧张，郭嵩焘岂能将刘锡鸿引为同道，主动奏请带其出使？如果刘锡鸿是那么"保守""落后"，又岂会在人人视出使为畏途之时，毅然随行？

而刘锡鸿也并非如一些研究者所言，是庸庸碌碌之辈。② 郭嵩焘在二人交恶之后，一则言锡鸿"平日稍习史事"，再则言其"论说纵横似有学识"，三则言其"有任事之力，议论识解亦稍异人，文笔又复优长"。③ 郭嵩焘于学识文章皆自视甚高，他在两人反目之后仍能作如此言，足知原来于锡鸿之学问见识，甚为推许。

郭嵩焘和刘锡鸿的交往，始于郭任广东巡抚时期。同光之交嵩焘复起入京，锡鸿恰在京任官，于是二人又有交往。嵩焘上筹议海防条陈时，便曾请刘锡鸿先读其文。光绪二年郭嵩焘草折准备自荐赴沪与威妥玛交涉时，更是刘锡鸿极力劝阻，至于"愤切以争"；然而郭嵩焘却言其"于洋务颇有见地"，其所以争，"盖所见原自高人一等"。④

关于一些重要问题的观点，刘锡鸿都和郭嵩焘十分相似。当时许多人对待西人都"以其为洋人也，而异视之"，或"惊畏之"，或"以愤气迎之"，刘锡鸿则和郭嵩焘一样相信"夫洋人固犹是人，可以情理喻者也"，"能视之如中国寻常人，平心定气，以与相接，则无坚不破矣"。郭嵩焘认为西洋立国，机器船炮只是末事，其本在朝廷政教，刘锡鸿也认为"今之言自强者，辄云仿用西法。然西洋与英国之自强，即是以养民为先务"。⑤ 嵩焘在被清议斥为"不容

---

① 郭嵩焘：《戏书小像》，《郭嵩焘全集·诗集》，第 211 页。
② 关于刘锡鸿的生平，可参见张宇权《思想与时代的落差——晚清外交官刘锡鸿研究》，天津：天津古籍出版社 2004 年版。
③ 郭嵩焘光绪四年正月十三致总理衙门书，光绪四年致黎兆棠书，光绪三年七月初十致总理衙门书，《郭嵩焘全集·书信》，第 308、321、290 页。
④ 郭嵩焘：《郭嵩焘全集·日记》光绪二年闰五月廿六，第 38 页。
⑤ 刘锡鸿：《读郭廉使论时事书偶笔》《录辛未杂著二十二条寄答丁雨生中丞见询》，《刘光禄遗稿》，第 169—170、269—270 页。

于尧舜之世"时,身边却有刘锡鸿这样的朋友,难免会有一种患难知己、惺惺相惜的感觉,甚至认为"两心相印碎,再索解人不得"①。正值郭嵩焘与原定作为副使的许钤身不和,他乃转请以刘锡鸿作为出使英国副使。

从这些观点来看,刘锡鸿既不"顽固",也不"落后"。而这些观点在他到达西方后,也进一步得到印证。比如,使节的跟役在伦敦为醉汉欺凌,当地市长辄从重处罚醉汉,习见西人在中国"逞强"的刘锡鸿,于是看到了其"上下同心,以礼自处,顾全国事如此"。至于英国之政教,锡鸿更是极言其"无闲官,无游民,无上下隔阂之情,无残暴不仁之政,无虚文相应之事";人人有学有业,因而"里无闲民,门无偷盗。入其市则百货如山,千夫汗雨;行其野则美材环荫,牧养成群","西洋兵力之强由富足基之。然其富非倖获也"。② 这样的观感和郭嵩焘并无差别。

更值得和郭嵩焘比较的,是刘锡鸿关于铁路的观点。两人对于铁路,意见完全相反。郭嵩焘视铁路为"推行西法之本",刘锡鸿却认为"市道不足以治天下,技巧不足以臻上理",毋庸学习此种西洋新器。后来回国之后,他还曾上《仿造西洋火车无利多害折》,申明曰:"西洋之政如教艺课工、矜孤济贫、禁匪捕盗、恤刑狱、严军令、伤官守、达民情等类,与我中国致治之道多有暗合者,何以悉屏置弗道,而惟火车、铁路是务哉?"③在外三年的刘锡鸿,自然知道火车"常数昼夜而万里可达。技之奇巧,逾乎缩地矣"④。他对火车的反对,并不是对西方的排斥(已明言西洋之政与中国致治之道多有暗合),而是认为要学习西方,关键在其政教,而不在这些火车铁路的"技巧"。

刘、郭两人关于引进铁路与否,意见截然相反;然而他们论证各自意见的理由,实则依据的是相近的逻辑。郭嵩焘注重铁路的,不在一般的利军便商之用,却在其疏通民气之效。刘锡鸿没有看到这种效用,但他同样希望不斤斤致力于器械之仿效。沟口雄三曾据此指出,刘锡鸿具有一种"普遍主义"(universalism)的视野,"世界文明不论东方还是西方,以道为本、以器为末是理所当然的本质"⑤。在这一点上,郭嵩焘和刘锡鸿是相同的。

刘锡鸿在反对铁路的意见里突出了中西一些根本的差别所具有的影响。

---

① 郭嵩焘:《郭嵩焘全集·日记》光绪二年闰五月廿九,第38页。
② 刘锡鸿:《英轺私记》,第65、109页;刘锡鸿光绪四年四月初十奏,《驻德使馆档案钞》,台北:学生书局1966年版,第50—51页。
③ 刘锡鸿:《英轺私记》,第49页;光绪七年奏:《仿造西洋火车无利多害折》,《刘光禄遗稿》,第106页。
④ 刘锡鸿:《英轺私记》,第62—63页。
⑤ 沟口雄三:《一个反"洋务"派的记录》,收于《作为方法的中国》,孙军悦译,北京:生活·读书·新知三联书店2011年版,第261页。

对于这种差别,刘锡鸿有着郭嵩焘所没有的敏感。他认为:

> 中国游客之多,富商大贾之众,懋迁获利之厚,皆不如欧洲。火车开造铁路,工费不赀,非厚取脚价,不足以偿本息。然华俗尚俭,往来贩运,类多日用朴素之需,估利实属无几。今粗货百担,运赴千里,动须千数百金。行程虽捷,谁甘割膏血以相饲者?故各省十数豪商而外,寻常贩客,必不搭载火车。我圣朝绥奠群黎,同安乐土,农工百艺,莫肯轻去其乡。丰裕之家,间有约伴游观者,亦第驰迹近乡,流瞬城市,即足以豁闻见。非若洋人远志,一动行滕,辄越数万里,然后可洗颛蒙。……是故火车之不能行于中国,犹清静之治不能行于欧洲,道未可强同也。①

在刘锡鸿看来,以道为本,以器为末,是中西相同的。但并非中西因此就全然同道,双方仍然存在鲜明的文化差别,以致铁路之引进将如南橘北枳,不能有效。所谓的"道未可强同",正是意识到了中西间的差别不可骤然泯除。沟口雄三也进一步指出,刘锡鸿的普遍主义,"不但不是中华的普遍主义,也不是欧洲的普遍主义,而是在承认了东西双方的独自性的基础上的人类的普遍主义"②。换言之,在刘锡鸿那里,中西之间虽有共通性,但中西的差异并非因此就无足轻重,或者因此可以泯灭;相反,差异仍然需要得到尊重与维持。这和郭嵩焘是有差别的。

郭、刘两人观点不同的另一个地方,在于对西方科学技术的理解上。郭嵩焘到英国之后,见得其"术事"背后皆有"学"在,于是不敢轻视。刘锡鸿则不同,他在连日参观西人的电学、热学等实验后,却仍然认为"彼之实学,皆杂技之小者。其用可制一器,而量有所限者也"③。

若其议论只是如此,则亦无甚稀奇。但刘锡鸿着重指出了英人因为有此实学,"其于中国圣人之教,则以为空谈无用"。接下来,他花了很长的篇幅,着力辩驳圣人之教并非"空谈无用"。

为了辩驳这个问题,刘锡鸿从根本处开始梳理中国的圣人之教。他力申"圣人之教,仁义而已","仁义之道,矢之于口,则为嘉言;践之于身,则为懿行;而其大用,则维持夫君臣、父子、兄弟、夫妇、朋友之五伦"。又"圣人虑人之违其教也,佐之以兵刑。兵刑者,不得已然后用之……故兵刑亦仁义也"。最后,他征诸历代之史,认为"中国自秦、汉以迄元、明,修其教则治,沦其教则乱"。

---

① 刘锡鸿:《英轺私记》,第62—63页。
② 沟口雄三:《一个反"洋务"派的记录》,收于《作为方法的中国》,第273页。
③ 本段及以下数段,参见刘锡鸿《英轺私记》,第128—130页。

在长篇论述中国圣人之教后,刘锡鸿终于将话锋转向了西方,指出"今西洋之俗,以济贫拯难为美举,是即仁之一端;以仗义守信力要图,是即义之一端。诚因其所明推之……不因好胜而奋争心,不恣贪欲而动杀机,生灵之祸,即于是乎息"。这才是西人应做的,而不是"一意讲求杂技,使趋利之舟车、杀人之火器,争多竞巧,以为富强,遽谓为有用之实学"。这样,锡鸿反驳了"无用"之说,而以为"彼之以为无用者,殆无用之大用也夫!"

实际上,如果西学只是"杂技",就无需刘锡鸿如此大费周章地予以辩驳了。他从仁、义、五伦开始梳理圣人之教,已经回归到了非常基础的层面。而需要从大本大源处来重新梳理,表明他已经感觉到了西学有可能给圣人之教带来根本的冲击。从这个角度来看,他嘴上虽说西学只是"杂技之小者",但其心里已经警觉到了兹事体大。一般鄙夷西方科技为"奇技淫巧"者,或许没有刘锡鸿这么大的危机感。

就对西学的危机意识而言,郭嵩焘的危机感甚至不如他所反对的鄙夷"西器"者,更不必说刘锡鸿。嵩焘能因西方科技"其中皆具有学问"而欣羡叹赏,这在刘锡鸿处,则是全然混淆了"奇技"和"仁义"。刘锡鸿的梳理,实际在有意拉开圣人之教和"英人所谓实学"的距离。

而尤其有意思的是,刘锡鸿还从"实学"的问题引申到了"富强"上去:

> 外洋以富为富,中国以不贪得为富。外洋以强为强,中国以不好胜为强。此其理非可骤语而明。究其禁奇技以防乱萌,揭仁义以立治本,道固万世而不可易。

锡鸿和郭嵩焘一样意识到了西方的科学技术和其富强有密切的关系。但这样一来,不啻在以仁义立治本的圣人之道之外,又有了第二条由奇技致富强的道路。他极力要否认第二条道路具有正当性。

总之,刘锡鸿并不单纯以夷狄视西方,不认为西人精于器而不知道、惟逞强而不讲理。他对西方的认识,在深度和广度上都要超过同时的许多中国人。但与此同时,他感受到的西方文明的威胁,也要超过同时人。他的保守性,不在于对西方的无知和盲目排斥,反而因为他充分警觉到了西方可能带来的冲击,所以极力想要维护中西间的差别界限。这一点和认为道超越于中西的郭嵩焘截然有别。

刘锡鸿对中西差别的敏感,异常强烈。他正是缘此提出了自己的外交原则:

> 日本国政令改用西法,并仿其衣冠礼俗,西人皆鄙之,谓摹仿求合,太自失其本来也。"扬武"船带兵官蔡国祥言:宴会洋人,应自用中国器

具。彼免冠,我应拱手答之。若舍我而效彼,且反为笑。容闳华官洋服,马格理以为羞。中国之士,有事于邦交者,当鉴此。①

《礼记》有所谓"使从俗",可以说是关于使臣外交原则的古训了,刘锡鸿理应深知。但他在此不惜违反经义,显然缘于对"舍我而效彼"的深切警惕。

刘锡鸿似乎也是如此行事的。比如他会不顾西方人的习惯,在正式拜会中坚持用大红帖子②。而《清稗类钞》中一则甚为有趣:

> 刘锡鸿使法时,往往敝衣跋鞋,衣带飘舞,徒步外出。常立于最高桥梁之上,周望四处。其随员谏之,刘怒曰:"予欲使外邦人瞻仰天朝人物耳。"③

所言讽刺之意实多,且不知何据。然而它却形象地展现了锡鸿在"外邦"时对"天朝"风度的反常坚持。这种敝衣跋鞋招摇过市的可笑举动,背后是对中西文明差别的极度敏感。

刘锡鸿的这种敏感,导致了他和郭嵩焘的许多冲突,在他看来,郭嵩焘"于洋务迁就卑恭,大失使臣之礼"④。后来他参劾郭嵩焘,就一一列举了郭各种礼节上的不宜:

> 外洋相见之礼,以尊卑为等杀,而郭嵩焘之见同舟兵丁亦必起而垂手站立,其在伦敦,虽微末商伙,亦必与握手以为恭。上年五月,在亚美理驾之巴西国王夫妇皆游于英,相遇于跳舞会,洋人皆止起立,郭嵩焘独趋至阶前,若站班然,国王仅一顾盼询问为谁,郭嵩焘又朝参其妇于正座。此妇仅端坐一点头而已。过示卑恭以求悦,不复顾念国体,其罪六也。
>
> 伦敦为各国会集之地,衣冠举动各从其俗,英人绝不强以相同。乃洋人多持伞,郭嵩焘则急索伞,洋人不持扇,郭嵩焘则急于去扇;洋人听唱皆捧戏单,郭嵩焘不识洋字,亦捧戏单;洋人闻可喜之词皆以指击案,郭嵩焘不谙洋语,亦效击案;甚至中国茗饮本为洋人所最好,郭嵩焘且改用银盘银罐盛糖酪以奉客。摹形效色,务欲穷工,不以忘本为耻。上年七月初九日与臣同观于喀墩炮台,被服洋衣,顾盼自得,其罪七也。
>
> 初抵伦敦,郭嵩焘即锐意学声洋语,苦于不能,乃令其小妾效之,以

---

① 刘锡鸿:《英轺私记》,第63页。
② 丁韪良:《花甲记忆:一位美国传教士眼中的晚清帝国》,沈弘等译,桂林:广西师范大学出版社2004年版,第258—259页。
③ 徐珂编:《清稗类钞》(13)服饰类·刘锡鸿敝衣跋鞋,第6184页。
④ 郭嵩焘:《郭嵩焘全集·日记》光绪三年十月十四,第327页。

四出应酬,并令入戏园,首先请客以开往来之端。中国闺教如此森严,不知郭嵩焘何所图利,乃汲汲然驱之以败坏。其罪八也。①

可见刘锡鸿对中西差别的敏感。郭嵩焘说锡鸿"奉使以后,日与嵩焘争礼数"②,盖指此等事情。

更要命的是,刘锡鸿还自命有制约郭嵩焘之职,这也是两人关系紧张的开端。原来郭嵩焘之使英是为马嘉理事件道歉,在英国一方,并不认作公使。因此到英之后作为常驻公使,需要清朝颁给驻扎文凭。而当时国际通行的驻外公使,各国皆主一人,因此刘锡鸿副使的身份尤不被承认。锡鸿为此赌气备折,在刚到英国之际就自请撤回。他在奏折中说:"西洋通例……驻扎公使则各国均只一人,并无副使名目。此次设立公使,系援外洋外国公法,创为此举,原无章可循,似亦可以从众。"③副使的身份关系到了刘锡鸿所敏感的中外体制之别,他和郭嵩焘为此也有了一番争吵。④ 但实际上,刘锡鸿私下关切还是"国朝遣使,皆正、副并行,所以相维制也。外洋于副使则谓之帮办,听驱遣于正使。自出都后,体制从外洋,凡行洋人文件皆单衔,事事无从与商榷"⑤。换言之,刘锡鸿之所以力争此副使之身份,正因其自命有维制正使之职,而不甘"听驱遣"也。最后朝廷乃改派锡鸿为驻德公使,但在任命之旨抵英以前,他的身份仍是副使。

而这位副使,遂与正使日益龃龉。认定副使纠纷发生在二人初至英国之时,随后即有禁烟会的争执。光绪三年(1877)二月禁烟会的会议上,郭嵩焘作为中国公使应邀发言。他的发言大意"必先由中国能自禁吸食,然后能同英国设法会禁贩卖"⑥。这篇发言由马格里翻译后登于《泰晤士报》。然而报纸所载却与此意大相径庭,而数言禁烟非仅关乎中国,不但有赖英国之协助,更需各国共襄之。⑦ 后来郭嵩焘从禁烟会及《泰晤士报》上重新得见马格里的翻译答词,"以所译非其意,深病马君",复自起草函达禁烟会绅,"大意言烟之为害甚大,但中国不先禁绝,不敢以请诸贵国云云"。⑧

而马格里那么翻译并非无因,那恰主要是刘锡鸿的意见。在此前准备参会时,刘锡鸿曾指出,鸦片源于英国"纵贩卖以播毒",禁烟之事"是在英人

---

① 刘锡鸿光绪四年二月奏,转引自熊月之《论郭嵩焘与刘锡鸿的纷争》,第77—78页。
② 郭嵩焘光绪四年正月十三致总理衙门书,《郭嵩焘全集·书信》,第308页。
③ 刘锡鸿光绪三年正月初三奏:《辞驻英副使折》,《清季外交史料》卷九,第24页。
④ 郭嵩焘:《郭嵩焘全集·日记》光绪二年十二月廿六,第99页。
⑤ 刘锡鸿:《英轺私记》,第89页。
⑥ 《申报》光绪三年五月廿二,第1页。
⑦ *The Times*, Tuesday, Mar 20, 1877; pg. 5; Issue 28894; col F.
⑧ 刘锡鸿:《英轺私记》,第115页。

耳,英果欲禁之,无不绝者"。刘锡鸿说郭嵩焘听而"深韪"之,令他与马格里照译为翻译稿。① 所以这份翻译稿是刘锡鸿和马格里共同完成的,揆诸《泰晤士报》所登之翻译稿,确实更接近于锡鸿之意见。当嵩焘从《泰晤士报》看到报道后,和刘锡鸿讨论,还"颇相与争辩",吵了一架。② 刘锡鸿所谓的"深韪",与前后事情不符,两人或许有沟通上的误会。

这次争执虽或有沟通不畅的原因,但根本源于二人在对待禁烟之事的态度有别。"有诸己而后求诸人"(《大学》)本是儒生待人接物的基本道理,郭嵩焘"必先由中国能自禁吸食"的主张,也是从这种反思的立场出发的。刘锡鸿更敏感的,却是英国的"纵贩卖以播毒",对郭嵩焘反求诸己的看法,他并不赞同。

关于镇江趸船事件,刘锡鸿也觉得郭嵩焘在和威妥玛的交涉中过于软弱,而认为应该更加强硬,直至外部辩争,"取效威妥玛之施于总署,以图一报"③。据郭嵩焘说,刘锡鸿在外交上常持这种态度,"动与洋人相持,以自明使臣之气骨"。对此,嵩焘感到非常不合适,因"所谓气骨者,以理求胜,无所屈挠",而锡鸿却是"自处于无理,使外人失望"。④ 两人外交风格颇有差别。

两人关系逐渐恶化,刘锡鸿改派驻德公使之后,更是渐行渐远。光绪三年六月廿六为刘锡鸿生日,郭嵩焘本约为庆生,他却以斋食推辞。过不了多久,便有下属向郭嵩焘告密,言刘锡鸿"编造日记",十日一寄沈桂芬、毛昶熙。郭嵩焘听闻此事,乃"怦然有动于心,以同行两月有余,并未闻有日记,徒以蓄意倾轧,于此中巧加诬蔑,而借之以献殷勤。初但知其乖戾之气不可近,绝不意其险毒至于如此"⑤。两人关系之紧张,已经到了一个极点。

七月初九日的甲敦炮台之游,成为压垮骆驼的最后一根稻草。使团当时原本计划周游英国,初九日到达了英国南部的甲敦炮台。因天气寒冷,郭嵩焘一日忍冻,陪游的英国提督乃取所携之褐氅,披于其身。此事引起刘锡鸿极度的反感,认为郭嵩焘堂堂中华公使,怎可着异族之服(或许容闳"华官洋服"之耻一直萦绕在他的心头),遂引起两人的激烈争吵。⑥ 其情形如何,具体不详,但郭嵩焘当天日记里提到了"同行者马格里、博浪,皆为勉强周旋刘

---

① 刘锡鸿:《英轺私记》,第 108 页。
② 郭嵩焘:《郭嵩焘全集·日记》光绪三年二月十二,第 157 页。
③ 郭嵩焘:《郭嵩焘全集·日记》光绪三年十二月十一,第 371 页。
④ 郭嵩焘:《玉池老人自叙》,《郭嵩焘全集·文集》,第 773 页。
⑤ 郭嵩焘:《郭嵩焘全集·日记》光绪三年六月廿六、七月初六,第 252、258 页。
⑥ 《驻美使馆档案》,陈兰彬任,光绪四年十一月初六郭嵩焘来咨,附粘片,转引自《郭嵩焘先生年谱》,第 675 页。

君之计,而终日受其陵铄,竟莫测其用心也"①,场面相信是颇为难堪的。

刘锡鸿如此上纲上线,郭嵩焘首先选择了退让。"金登干本为占斯约赴百珥名登,因避刘云生之暴戾,一以让之,改就阿得里及赫尔里斯转致希斯之约,改赴斯多克",分道扬镳。郭嵩焘甚至因二人之交恶,"稍一动气,又至竟夕不能成寐"。最后,他取消了后面的周游行程,提前回伦敦。②

等刘锡鸿也回到伦敦后,两人再次爆发了激烈的争吵。当时总理衙门汇到英、德使节的薪水,而郭嵩焘却仍按刘锡鸿未为正使时的办法,单衔回咨。③ 这显然触到了刚摆脱副使尴尬身份的刘锡鸿的雷区。争吵逐渐升级,乃有刘锡鸿历数郭嵩焘三大罪之事:"一、游甲敦炮台,披洋人衣,即令冻死,亦不当披。一、见巴西国王,擅自起立,堂堂天朝,何至为小国主致敬。一、柏金宫殿听音乐,屡取阅音乐单,仿效洋人所为。"④

其时郭嵩焘已知《使西纪程》为何金寿参劾毁版之事。现在刘锡鸿訾其"蔑视国家制度,而取效洋人,是为无君",马上使他把两件事联系到了一起,"初闻骇愕,继乃知其与何金寿遥相应和,以图倾轧"⑤。于是嵩焘于光绪三年八月出奏特参刘锡鸿,请撤回其驻德公使之命。九月又奏陈刘锡鸿与何金寿"勾通构陷"自己。待十月刘锡鸿离英赴德之后,第三次参奏其滥支经费。⑥ 其私意猜疑,罗列琐屑,已失体面。而刘锡鸿得知此参,也以牙还牙,于光绪四年二月参奏郭嵩焘十罪,其中如言郭嵩焘和威妥玛"闭门密语,不知何所商谋"者,更是深文周纳,凶狠异常。⑦

郭嵩焘在国内则受何金寿参劾,在国外则与刘锡鸿反目,这让他对于使事意兴索然。他一面参奏刘锡鸿,一面疏请求退。而两位驻欧使节势如水火,也给朝廷增加了许多麻烦。最后于光绪四年七月,朝廷下令以曾纪泽代郭嵩焘为驻英、法公使,李凤苞代刘锡鸿为驻德公使。

客观地说,刘锡鸿作为副使,为郭嵩焘所提携,而不念私情,屡与抵牾,真

---

① 郭嵩焘:《郭嵩焘全集·日记》光绪三年七月初九,第 260 页。
② 郭嵩焘:《郭嵩焘全集·日记》光绪三年七月十五至十九,第 262、266、267 页。
③ 郭嵩焘:《郭嵩焘全集·日记》光绪三年七月廿八,第 271 页。咨文见郭嵩焘光绪三年七月初十致总理衙门书,《郭嵩焘全集·书信》,第 291 页。
④ 《驻美使馆档案》,陈兰彬任,光绪四年十一月初六郭嵩焘来咨,附粘片,转引自《郭嵩焘先生年谱》,第 675 页。
⑤ 郭嵩焘光绪三年九月初三致沈葆桢书,《郭嵩焘全集·书信》,第 293 页。
⑥ 郭嵩焘光绪三年八月初六奏:《特参出使德国之刘锡鸿任性妄为请撤回疏》并二附片;九月初六奏:《办理洋务横被构陷沥情上陈疏》;十月奏:《出使各国大臣万不宜添设副使并参出使德国大臣刘锡鸿滥支经费片》,《郭嵩焘全集·奏稿》,第 829—831、833—834、834—836 页。
⑦ 刘锡鸿光绪四年二月奏,转引自熊月之《论郭嵩焘与刘锡鸿的纷争》,第 77—78 页。

如王闿运所说,其人"不近人情,而以为率真"①。但郭嵩焘率尔参劾,首先将此事传到国内,且至再至三,所参又多猜疑琐细之事,也未免为之太甚。至于刘锡鸿十罪参奏郭嵩焘,则不仅不顾旧日情谊,且有置诸死地之心。最令郭嵩焘寒心的,莫过于十罪的最后一款:"以运使而署巡抚,以臬使而擢侍郎,国家所以待郭嵩焘者,可谓逾格,乃犹心怀怏怏,动辄怨望。"②寻常参劾郭嵩焘者,很难作出这样恶毒攻击,而只有曾经知久交深之人,才能如此直中要害。嵩焘后来见到十大罪之疏,也以此条为最甚,"是不独毁吾之功名,直尽其生平志事与其为人,极力摧蔑之,横被之君父之前,关其口而夺之气,使无以自明"。他在卸任之后,"因是决然不敢赴京"。③

当时不乏人以郭、刘所争为"乡曲小儿"之斗嘴。④ 但如果深入双方争执之中,则两人均视此事甚重。对于刘锡鸿而言,使臣之为邦交,切忌"舍我而效彼",而郭嵩焘却"于洋务迁就卑恭,大失使臣之礼";作为副使的自己,又有"维制"正使之职。身处西洋的刘锡鸿对于如何维持中华的尊严有着非同一般的敏感,以至于连"使从俗"的基本原则也有所不顾。正因如此,对于郭嵩焘的种种"失礼"行为,他的眼睛里揉不得沙子。

至于郭嵩焘参劾刘锡鸿,则更是有所托而发。在和下属的一次谈话中,下属安慰他不必与锡鸿计较。他乃力明所以必要一争之故:

> 彼亦直率其性耳,而不知关系大局,无若刘云生为害之烈者。盖自南宋以来,士大夫以议论争胜,中外之势相持,辄穷于所以自处,无论曲直、强弱、胜负、存亡,但一不主战,则天下共罪之。七八百年,尽士大夫之心相率趋于愚妄,而莫知其所以然,则亦南宋诸儒议论繁多之过也。西洋之局,非复金、元之旧矣,而相与祖述南宋诸儒之议论以劫持朝廷,流极败坏,至于今日而犹不悟,鄙心实独憾之,不惜犯一时之大忌,侃侃焉谋举国计边防之大要正告之天下,外以服强邻之心,内以尊朝廷而安百姓,而举国无知者,乃至被京师一时之诟毁,使此心无所控诉。刘云生皆亲见之,亦饫闻鄙人之议论,于洋务亦若粗有知晓。……至反戈相攻,不遗余力。然则鄙心终无以自明,而刘云生屈身数万里与洋人周旋,而其议论亦如此,亦终无复望有能省悟者矣。鄙人乃以是郁郁成病。彦嘉徒以刘云生谬妄不足较,用相慰勉,岂有当于鄙人之心哉!⑤

---

① 王闿运:《湘绮楼日记》同治十年五月十一,第214页。
② 转引自熊月之《论郭嵩焘与刘锡鸿的纷争》,第78页。
③ 郭嵩焘:《玉池老人自叙》,《郭嵩焘全集·文集》,第775—776页。
④ 沈葆桢光绪五年致吴仲翔书,《沈文肃公牍》,第675页。
⑤ 郭嵩焘:《郭嵩焘全集·日记》光绪三年十一月二十,第359—360页。

对于郭嵩焘而言,中西之间的区别隔阂是亟须泯除的。他不惜身犯众议,大声疾呼,正是要改变士大夫对夏夷中西的异视偏见。他以为亲历西方、亲见西人的有礼有道,就可以消除偏见;孰知原本以为颇能同心同德的刘锡鸿,却反而仍在坚持那种偏见。如此,则"亦终无复望有能省悟者矣"。对他来说,刘锡鸿的反噬既使自身遭受诋毁,其实更掐灭了他对中国的希望。

实际上,刘锡鸿和郭嵩焘一般批评的那些士大夫,已经有很大的区别。刘锡鸿和郭嵩焘一样,相信以道为本、以器为末的道理,无论中西都是通用的。对道本器末的执信,使刘锡鸿能够和郭嵩焘一样,从中国人认为更根本的地方去了解西方。但力的作用是相互的,对西方了解越深入,却也使他从更根本的地方感受到了西方的威胁。他对中西的差异比郭嵩焘更加敏感,所以他不能像嵩焘那么释然地肯定西方,而是嗅到了其中和圣人之教相冲突之处。为此,他感到对圣人之教重新梳理的必要。这种重新梳理,既是他更深入地感受到西方威胁的证据,也是他应对威胁的手段。由这条路走下去,是一种道出于二的景象。

而郭嵩焘的圣人之道是超越中西的。也就是说,相比起刘锡鸿,郭嵩焘的道和中国的关系要更加疏离,所以他能够接受一种西方有道、中国无道的景象。对郭嵩焘来说,将道视为中国独有的看法,是将原本超越中西的道加上了不应有的限制;无论是一般的士大夫还是刘锡鸿,他们对西方的轻视就是对道的扭曲。要把扭曲的扳正回来,就需要反其道而行之,所以他不惜大声呼吁人们把目光转向西方。只有先改变人们对西方的贱视,才能重新找回那个超越中西的道。

第八章　怀忧老臣

一　不可不谈洋务

在海外生活了两年多之后,郭嵩焘于光绪五年(1879)回到了中国,此时的他已是年过花甲的老翁了。朝廷旨意,是令郭嵩焘回国后赴京待命,而刘锡鸿的参劾让郭嵩焘极为寒心,以至于不应朝廷之旨,而径直告病回乡。自此他终老于湖南。

晚年郭嵩焘自称"学问半通官半显,一生怀抱几曾开"①。官职已经"半显"(两个"半"字自皆是谦语),而怀抱仍然未开。既然怀抱未开,退居江湖的郭嵩焘尚未甘心捐弃世事。他所特别关注者,仍在洋务。友人戒其不谈洋务,郭嵩焘应之曰:

> 传曰:铸鼎象物,使民知神奸,以能使魑魅魍魉莫能逢之。夫惟其知之也,以先知觉后知,以先觉觉后觉,予于此亦有所不敢辞,于区区世俗之毁誉奚校哉!②

为何友人言之谆谆,郭嵩焘竟似听之藐藐?原因在于其对西方异乎同时人的危机感:

> ……不可不谈洋务。所以谈者,欲使人稍知其节要,以保国有余。苟坐听其昏顽而已,不动兵则坐削,一旦用兵,必折而为印度。此何等关系,而可不言乎?世俗之说,但谓不知言之人不可与言。此为无关系言之,苟有关系,忍坐视乎?

友人劝诫不谈洋务的"世俗之说",郭嵩焘其实了解。问题在于,洋务一处理

---

① 郭嵩焘:《戏书小像》,《郭嵩焘全集·诗集》,第211页。
② 本段及下段,参见郭嵩焘《郭嵩焘全集·日记》光绪五年四月初二,第106—107页。

不当,则有成为印度之危险,其和国家存亡有关系如此,郭嵩焘才不忍于不谈。这种充满危机的时代感,是郭嵩焘周围的友人都不能分享的。李榕劝其"少休,勿树一世之的。非不服公大勇,要未可废智",而郭嵩焘复书仍言:"士大夫不讲求彼中富强之计,倾心服善,而徒虚张此等士气,有何足贵。"谏者与听者,全如方枘圆凿,不相对路。李榕叹道:

> 此真说不清楚也!①

李榕对郭嵩焘是"说不清楚",实际上,满怀危机感的郭嵩焘对李榕更是"说不清楚"。年过花甲、伏处乡间的老翁,之所以还"不可不谈洋务",原因亦在于这种对同时人"说不清楚"的危机意识。

郭嵩焘卸任之际,正值中俄交涉伊犁之事。光绪五年,崇厚作为大使赴俄谈判,却签订了对中国颇为不利的《伊犁条约》。十二月,消息传回国内,朝廷对此极为不满,着严处崇厚,并将条约交六部九卿、翰詹科道会议。于是清议大哗,士人连章上奏,多请翻条约、斩崇厚。而俄国则谓若翻异条约即为不顾邦交,以动武相威胁。一时中俄关系岌岌可危。

其时"清流"涌动。司经局洗马张之洞上奏"要盟不可屈从,御侮宜筹早计",其中大言"此时猛将谋臣,尚可一战,若再阅数年,左宗棠虽在而已衰,李鸿章未衰而将老,精锐渐尽,欲战不能"。此折在士林中颇为传诵,之洞亦因此折而奉旨随时到总理衙门谘商②,可谓异数。

当张之洞折传到湖南郭嵩焘耳中时,主战的论调让他满怀忧虑。其时有旨在籍大员亦可陈奏,于是郭嵩焘写作一折寄给李鸿章代递。此折之关键,在于申言"廷臣主战只是一隅之见",他说:

> 国家用兵三十年,财殚民穷,情见势绌,较道光、咸丰时,气象又当远逊。俄人蚕食诸回部,拓土开疆,环中国万余里,水陆均须设防,力实有所不及。即使俄人侵扰边界,犹当据理折之,不足与交兵角胜,何况以伊犁一城,遣使与之定议,准驳应由朝廷,纵彼以兵力要挟,亦可准度事势之宜,从容辩证,何为贸然耀兵力以构衅端,取快廷臣之议论?

所以他说,"国家办理洋务,当以了事为义,不当以生衅构兵为名"。③

这样的看法和郭嵩焘"一旦用兵,必折而为印度"的观点,有着直接的关系。比起张之洞,郭嵩焘对西方有着更深的危机感,他深切意识到面对西方

---

① 李榕光绪五年五月初一致郭嵩焘书、同年致曾纪泽书,《李申夫全集》,第263、274页。
② 张之洞:《要盟不可屈从宜早筹御侮折》,王彦威编:《清季外交史料》卷十八,第338页;《抱冰堂弟子记》,《张之洞全集》(12),石家庄:河北人民出版社1998年版,第10612页。
③ 郭嵩焘光绪六年四月廿三奏:《论俄事疏》,《郭嵩焘全集·奏稿》,第853页。

时,中国手上的选择并没有想象中的那么多,而选择错误所付出的代价有可能比想象的更大。所以张之洞认为"尚可一战",在他看来绝对行不通。

这样的意见显然与当时清议抵触,但郭嵩焘明白"为时愈久,议论愈烦,则益难于处理。是以不敢避诟讥而终甘缄默",不惜上折一辩。他这份奏折专请李鸿章代为递呈,其意就在于"稍求以身任天下之诟讥,使合淝(按李鸿章)得有所藉手以行其志"。① 他和曾国荃说:

> 蹇蹇老臣,常有取于张江陵之言,愿身化为稿荐,任人溲溺其上,终教人凭以安寝而已。②

其不恤清议、苦怀孤忠如此。

中俄谈判未定之时,或谓军情紧急,或谓已略定议,消息参差。郭嵩焘忧甚。好友朱克敬以诗劝慰:

> 飓风吹浪浪滔天,簸跌江湖大小船。渔父不知溪水涨,芦花深处独酣眠。

郭嵩焘不喜此诗"有外视天下之意",而谓"方今天下一家,治乱同之,岂视【容?】外视",乃和曰:

> 挐舟出海浪翻天,满载痴顽共一船。无计收帆风更急,那容一枕独安眠!③

虽然身居江湖之远,但在郭嵩焘的眼中,自己并非"芦花深处"的渔父,而早已与"痴顽""共一船",其视天下为己任之意,老而弥坚。更重要的是,虽然同样意识到波浪滔天,朱克敬的江湖还可以有堪独酣眠的"芦花深处",郭嵩焘见到的却已是毫无退路的大海("天下一家,治乱同之")。两人的时代感已不相同。

后来郭嵩焘听说曾纪泽与俄人谈判成功、重定条约时,不禁感叹:"苟不至于战,无论日后利病何如,固实天下之幸也。"这不是他人老志衰,畏夷如虎,而是在他看来,此事是中国人自己"无故兴此波浪,以使国家承其累",如今避免了对待西方时错上加错,允为庆幸。④

中俄交涉既定,中法纷争又起。光绪八年(1882),法国攻占越南河内,引起清朝极大关注。上奏者如张佩纶、陈宝琛,请选派大将在滇粤筹防。随

---

① 郭嵩焘:《郭嵩焘全集·日记》光绪六年三月十八,第250页。
② 郭嵩焘光绪六年致曾国荃书,《郭嵩焘全集·书信》,第383页。
③ 郭嵩焘:《郭嵩焘全集·日记》光绪六年八月十六、十七,第296页。
④ 郭嵩焘:《郭嵩焘全集·日记》光绪七年正月初七,第344页。

着中法纠纷日深,张之洞复持主战论调,指出:

> 万一屡战不胜,多索兵费若干万,亦不过多扣一年洋税三四成而已。即他国亦欲均沾,不过以合众通商一策了之,于我无甚出入也。若战而胜,则越地可保,兵费可免,国势可强。

是故"必战并无不测之虞,罢兵则必受要挟之累"。①

其时郭嵩焘已与左宗棠恢复交往。光绪八年七月,嵩焘请左宗棠代进《论法事疏》,"奏为法兰西滋事安南,宜求其症结所在,循理处置,不宜遽构兵端"。他指出法国谋越南是"心忮英人通商腾越,蓄意争胜",对此,朝廷要做的是"定计于事先":

> 设官置防,使足以资控御,庶不至如沿海情形,令西人操通商之权,屈中国以从之。其或定计不与通商,亦当熟筹因应之宜,深审理势之归,有所据以制其胜,期收折冲樽俎之功。西洋各国因事辩争,有相持数年而始定者,即不得已而用兵,亦反复筹商,迟久始决。从未闻贸然发议称兵,一相尝试。

是故"就安南事势言之,当有救援弹压之师,不当有防堵之师,明知非利害所系故也"。②

其实张之洞的"必战并无不测之虞"和郭嵩焘的"明知非利害所系",表述的是相同的形势判断——并非危急存亡之秋。然而,趁此进退裕如之际,张之洞沿承主战者一贯比势量力的逻辑,认为可以依靠战场的胜负来改变中西对抗的状况。而郭嵩焘则反对这种想法。

在郭嵩焘看来,西方的威胁,并不在于逞强挟力,所以"与洋人周旋,可以理喻而不可以力诎":

> 西洋行事,其发谋常在数年数十年之前,而后乘衅以求逞;犹不遽言兵也,挟其所争之势,曲折比附以为名,常使其气足以自伸,以求必得所欲,是以先事有豫筹之略,临变有必审之几。以彼之强,每一用兵,迟回审顾,久而后发,则知其志之犹有所慑,而名足与相维也,故可以理喻也。③

西方的威胁,其实在于通商互市的潜移利权,是故"可以情遣而尤不可以坐

---

① 张之洞光绪九年十一月初一奏:《越事关系大局请断自宸衷片》,《张之洞全集》(一),第193页。
② 郭嵩焘光绪八年七月十八奏:《论法事疏》,《郭嵩焘全集·奏稿》,第855—856页。
③ 本段及下段,参见郭嵩焘光绪十年致李鸿章书,《郭嵩焘全集·书信》,第415—418页。

置不理":

> 究其意之所极,贾市为利而已。其阴谋广虑,囊括四海,而其造端必以通商。迎其机而利导之,即祸有所止,而所得之奇巧转而为我用,故可以情遣矣。

由于可以理喻、可以情遣,郭嵩焘看到的中西关系图景并不以力量对抗为唯一主题,而是其中蕴含着"道":

> 夷狄之民与吾民同也,趋利避害同,喜谀恶直同,舍逆取顺同,求达其志而不乐阻遏其气同。贤者以理折衷,可以利之顺之,亦未尝不可直言之,因而阻遏之。取足于理,强者亦可使退听。……是故洋务者,治国平天下之一端也,其所以为用各异,而其用同。能教化整齐其民,以控御夷狄,固沛然有余矣。

儒生有一种"推"的逻辑,它由近及远地将世间事务联合为一个整体——如《孟子·梁惠王》所说:"老吾老,以及人之老;幼吾幼,以及人之幼。……古之人所以大过人者无他焉,善推其所为而已矣。"在郭嵩焘看来,教化整齐其民之理,推而即可用以控御夷狄,正如他在另一处所说:"未有能自理其民而不能理洋务者也。"[1]治夷是治民之道的推广,皆需要以理处理。

郭嵩焘和同时人一样感知到了西方的威胁,但当他人认为威胁源于"彼族性同犬羊,贪狼无厌"[2]时,郭嵩焘却意识到了问题出在中国自己处置失道:

> 洋务与他事不同,正惟举天下人不知,又方以为忌讳,相顾而不敢言,而其入处中国,盘结已深,固必无能拒而远之。日日与之相处,而日怀猜防之心;人人受其欺侮,而人存菲薄之见。即令其安然听受,而己不可以终日,又况其用心之坚,久而不化,用力之强,洞而必穿,其往迹凿凿可见,其未来之患且有累积而日深者乎!所以酿成三十年之大变,惟无一人知之故也。[3]

海外的经历使郭嵩焘看到了西方像统治锡兰那样不必灭国而国实灭,像统治苏禄那样每一滋事则从中取利。当以此参照反观中国时,西方"诚无意于中国土地,而因利乘便,或更激而成之,以恣其毒"[4]。中国人传统的观念

---

[1] 郭嵩焘光绪五年四月致姚体备书,《郭嵩焘全集·书信》,第367页。
[2] 彭玉麟光绪七年二月廿七奏:《力阻铁路请造小轮船片》,《彭玉麟集》(一),长沙:岳麓书社2008年版,第258页。
[3] 郭嵩焘:《郭嵩焘全集·日记》光绪五年四月初二,第106—107页。
[4] 郭嵩焘光绪九年致李鸿章书,《郭嵩焘全集·书信》,第405页。

已不足以处理这一问题,所以郭嵩焘大声疾呼:

> 西洋之入中国,诚为天地一大变,其气机甚远。得其道而顺用之,亦足为中国之利。而五十年来办理洋务,日趋歧左,正坐一二贤者高视阔论,专习南宋以后嚣张之习。由北宋以前上推至汉唐,规模事迹不暇讨论,无论三代。是以其局愈促,其势亦愈穷……三代圣人抚绥中外,宽之以情,隆之以礼,其言具在,而在今日尤为安危利病之大几。……洋人耽耽环视,其应也尤捷,其动而有违也遂亦无可补救。以言乎远则相距数万里,以言乎近则咫尺也。君子于此知敬慎焉。①

正因为郭嵩焘先意识到了中西交涉关乎道,所以他痛斥攘夷主战的主流舆论,认为"议论纷烦,其源皆由于无学","悲哉,士大夫之无学也"。② 他感叹士人之蒙昧如此,天将厌之:

> 凡事之来,众人昧于几先,而君子以为忧。极之天下之人,靡靡焉群趋以为名,而君子泰然无与于其心,古也谓之通识,今也谓之违众。国家理乱兴衰,天也,而受成于人。人心之所趋,天莫之易也,故曰人定胜天。③

士人不知其道,国家将承其害。

在郭嵩焘看来,西洋之患缘于中国处理洋务不得其道,所以他"十余年来干冒众人议论,以求处置西人之方,诚知二十年后必有承其累者,及早为之,或可豫消其萌而杀其势"。在他的感知中,"西洋之患深且远,不在目前"。他之所以剀切与人言洋务,就是希望"庶几渐次有能知其义者,犹足及时自立,以不致为人役耳"。④

郭嵩焘的同时人大多视中西对抗为比势量力,力强者胜,力弱者败。如果从这样的视角出发,即使角力失败,亦无关乎文明竞争——"夫以角力盈绌者,于文野亦何关?"⑤郭嵩焘则首先意识到了中西关系不只是国家间的力量对抗,更关乎有道无道。国家竞争是文明竞争的结果,有道者胜,无道者

---

① 郭嵩焘光绪九年致李元度书,《郭嵩焘全集·书信》,第 408 页。标点有调整。
② 郭嵩焘:《郭嵩焘全集·日记》光绪五年三月廿九,第 85 页;郭嵩焘光绪六年八月初一致曾国荃书,《郭嵩焘全集·书信》,第 384 页。
③ 此语直接的语境是"值法兰西败约,朝廷责海防益急。……公(按曾国荃)曰:'凡战有数。其动也为机,其发也为情。审其情之所终极,以察其几之动,则得应敌之术。'"(郭嵩焘光绪九年:《曾沅甫宫保六十寿序》,《郭嵩焘全集·文集》,第 421—422 页)
④ 郭嵩焘光绪九年致李鸿章书、光绪十年闰五月初五致陈宝箴书,《郭嵩焘全集·书信》,第 405、410 页;郭嵩焘:《郭嵩焘全集·日记》光绪五年闰三月廿三,第 103 页。
⑤ 鲁迅:《坟·文化偏至论》,《鲁迅全集》(一),第 46 页。

败,他对中西对抗非同一般的危机感,由此其来。可以说郭嵩焘开启了从"道"的角度看待中西对抗的新思路,这也使得他难以被同时人理解。在致曾国荃的信中,郭嵩焘大谈中西交涉之"几":

> 周子之言几,微矣,曰动而未形,有无之间,几也。在事之初,有审几之明;及事变之歧出,又有赴几之智。一得其几,而万险胥平,一失其几,丛脞百出,咫尺皆荆棘也,天下万事尽然。西洋相逼日深,不容稍有虚假,是以为祸尤烈。①

郭嵩焘看到了中西交涉之几"为祸尤烈",因此不惜声名,大声疾呼,冀为他人共享。但所谓的"几"既然尚在"动而未形、有无之间",就很难为他人所分享。"当国者如醉卧覆舟之中,身已死而魂不悟;忧时者如马行画图之上,势欲往而形不前。"②耿直真诚的郭嵩焘苦口婆心地"谈洋务",唯恐人不知之,其效果却只是:

> 此真说不清楚也!

二　闻富强之说而益滋惧

郭嵩焘个人的时代感和他晚年所处的时代节点是有错位的。梁启超曾指出,"马江败后,识者渐知西法之不能尽拒,谈洋务者亦不以为深耻"③,中法战争是部分中国人改变对西方态度的一个分界点。以建立海军衙门为标志,诸如舰船、铁路等的引进,都有了长足的进展。像张之洞这样亲与其事的"清流",更是舍"忠信笃敬"而言"大舰巨炮"。④ 然而,这种思路虽然改变了对西法的接受姿态,却仍沿承着"形而上者中国也,以道胜;形而下者西人也,以器胜"的逻辑,也就仍未看到西方之有道。郭嵩焘看到的有道攻无道,并未为同时人所分享。

同时人更多感受到的是以力制力的必要性,所以胜负给他们的冲击,是提升了以增强国力为目的的富强方案的吸引力:"西夷挟其坚船利炮驿骚海上,而我不能制其死命者,徒以器械不及其坚利耳。然则欲求制胜之道,自非师其所长,去我所短不可。"⑤在郭嵩焘看来,这种对西法的片面效仿充满了

---

① 郭嵩焘光绪六年八月初一致曾国荃书,《郭嵩焘全集·书信》,第385页。
② 郭嵩焘:《郭嵩焘全集·日记》光绪五年闰三月廿七,第104—105页。
③ 梁启超:《戊戌政变记》,《饮冰室合集·专集1》,第21页。
④ 辜鸿铭:《张文襄幕府纪闻·权》,黄兴涛等译:《辜鸿铭文集》(上),第427页。
⑤ 彭玉麟光绪十一年七月初七奏:《海防善后事宜折》,《彭玉麟集》(一),第421页。

危险。因为它没有看到西方富强有其根本在:

> 泰西富强之业,资之民商,而其治国之经,务用其机巧,通致数万里,货物遍及南洋诸岛屿。权衡出入之数,期使其国所出之产销路多而及远。其人民趋事兴工,日增富实,无有穷困不自存者。国家用其全力护持之,岁计其所需,以为取民之制。大兵大役,皆百姓任之,而取裁于议政院。其国家与人民交相维系,并心一力,以利为程,所以为富强者,民商厚积其势,以拱卫国家。①

所以郭嵩焘说,"见为富强之效者,末也",其本在于"纪纲法度,人心风俗","无其本而言富强,只益其侵耗而已"。而中国当前恰是舍本逐末:

> 官民之气,隔阂太甚,言富强者视以为国家之本计,与百姓无涉,百姓又各怀挟私意,觑其利而侵冒之,其持议论者,又各讼言其不利而阻挠之。

富强"与百姓无涉"的说法,指出了"洋务运动"的根本症结。为了应对西方,中国人逐渐认真考虑以仿制机器为手段、以富国强兵为目的的治国新方案。这种方案以国家为重心,却与民生相去有间。② 对以民为邦本的儒生来说,这意味着失道:

> 国于天地,必有与立,亦岂有百姓穷困,而国家自求富强之理?今言富强者,一视为国家本计,与百姓无与,抑不知西洋之富,专在民,不在国家也。③

郭嵩焘批评说,那些"言富强"者和"诋斥西人"者"所以为言不同,而蔽同也",都是"眩于一日之闻见,随之以转移"。④ 对于以国家为重心的富强方案,一些保守者在抵制西法的同时尚捍卫着民为邦本的基本理念。而随着"知西法之不能尽拒"的人越来越多,富强的重要性却渐有超越民生之势。这使郭嵩焘"旁皇四顾,闻富强之说而益滋惧",他说:

> 记陆务观述青城山上官道人年九十,见人辄笑而不言。一日见之丈人观道院,忽自言养生之术曰:为国家致太和,与长生不老,皆非常人所能,且当守国使不乱,以待奇才之出;卫生使不夭,以须异人之至。不乱不夭皆不待异术,惟谨而已。放翁大喜,从而叩之,又复自承喑不能言

---

① 本段及下段,见郭嵩焘光绪十六年致李鸿章书,《郭嵩焘全集·书信》,第 472 页。
② 可参见杨国强《晚清的清流与名士》,收于《晚清的士人与世相》,第 176—183 页。
③ 郭嵩焘光绪十六年致某人书,《郭嵩焘全集·书信》,第 477—478 页。
④ 郭嵩焘光绪十三年三月二十致瞿鸿禨书,《郭嵩焘全集·书信》,第 439 页。

矣。彼其所见高出南宋诸君子之上,庶几知本者,宜其不乐有言也。富强者,秦汉以来所称太平之盛轨也。勤求吏治,抚恤人民,实为太平之基。惟此之为,谨而后能守国使不乱。以耀兵为强,以朘削为富,鄙心终有疑焉。疑此之为其于所谓富强者有济与否,未可知也。①

忽视民本,"以耀兵为强,以朘削为富",是郭嵩焘对当时各种洋务措施最根本的批评。取法这种违背儒生基本理念的"异术",正将清朝引向失道启乱的危险。他反复引用苏东坡的话申明:"国家所以存亡,在道德之浅深,而不在乎强弱;历数所以长短,在风俗之厚薄,而不系乎富与贫。"②西方之富强本于政教人心,不与此理冲突;而中国人由于不见这一点,在对西方的片面仿效中反而去道益远。

也正是这样的思路,使得晚年筑铁路之议再兴的时候,原本出使时还亟言"开修铁路为推行西法之本"的郭嵩焘,却看似保守地转而反对此事。王先谦称其:

> 近世人言西学,务师外人所长为富强计。而拘墟之徒以为当一扫刮绝。持论互为是非。先生于泰西利用之道,推究本末,其有利无弊者,必思仿而行之。至势所难为,或时有未可,不肯徇众志为苟同。如近与合肥相国,力言铁路不可行于中国是也。③

郭嵩焘为此专门作有《铁路议》《铁路后议》两文。他非不知铁路之事,"虽使尧舜生于今日,必急取泰西之法推而行之,不能一日缓",但中国之所以"势所难为""时有未可",是因为中国未经整饬根本的人心风俗,就汲汲于言利,如此不足以修成铁路:

> 为是者有本有末,知其本而后可以论事之当否,知其末而后可以计利之盈绌。本者何?人心风俗而已矣;末者何?通工商之业,立富强之基,凡皆以为利也。人心厚、风俗纯,则本治;公私两得其利,则末治。
>
> 凡利之所在,国家与民共之,而又相与忘之,斯所以为大公也。民与民争则扰,上与民相匿则溃。扰者,势有不能行;溃者,情有所不能交达也。……尽国家之利,囊括以举之,委输以縻之,相与以修铁路,为名而已。百姓无奔走效事之忱,官民无乐利与同之愿。正恐铁路之兴,非可旦夕期也。

---

① 郭嵩焘光绪十一年十月初六致瞿鸿禨书,《郭嵩焘全集·书信》,第427页。
② 郭嵩焘:《郭嵩焘全集·日记》光绪六年二月廿三、九月初一,第240—241、300页。
③ 王先谦:《郭筠仙先生西法画像序赞》,《王先谦诗文集》,第301页。所言郭嵩焘与李鸿章之言,参见郭氏光绪十五年致李鸿章书,《郭嵩焘全集·书信》,第457—460页。

> 泰西立国之势与百姓共之。国家有所举废,百姓皆与其议;百姓有所为利害,国家皆与赞其成而防其患。汽轮车之起,皆百姓之自为利也……其国家与其人民交相比倚,合而同之。民有利则归之国家,国家有利则任之人民。……今殚国家之利兴修铁路,所治不过一路,所经营不过一二千里,而计所核销之数,视所用数常相百也。是其意将以为利也,而但见其费,未睹其利。又一切行以官法,有所费则国家承之,得利则归中饱;积久,无所为利焉而费滋烦,于是乎心倦而气益馁。泰西通一国之利以为利,日推日广;行之久,遂以为富强之基。中国竭府库之储以为利,利未兴而害先见焉,将并所已有之成功而弃之。①

结果是铁路之事,国家富强之举,却与百姓无涉。这也是郭嵩焘为何不赞成急筑铁路的原因。

要从人心风俗下手,郭嵩焘晚年极力主持的是湖南思贤讲舍的设立。"君子在官则忧朝廷,居乡则忧学校,或以挽回人心风俗之万一。"②有清一代之书院,专以科举时文为事,郭嵩焘设此讲舍,"总须异乎今世之为书院学馆,而后为不负此举也"③。其时有联语曰:

> 熊署正为试帖八首,庞中丞作时文十篇,一样用心无用地。
> 郭侍郎创讲舍廿间,朱学使效圣经千卷,两人为首有为时。④

湖南学政朱逌然致力于修复岳麓书院的校经堂,郭嵩焘颇引为同道。二人兴学之意,皆在与以应试干禄为程的书院拉开距离。

对将汉武帝广厉学官视同焚书坑儒的郭嵩焘来说,新书院不以科举为程,正是希望挽回人心风俗,革除旧弊。这种想法接榫了他在西方的见闻,如其所言:

> 西洋政教、制造,无一不出于学。中国收召虚浮不根之子弟,习为诗文无实之言,高者顽犷,下者倾邪,悉取天下之人才败坏灭裂之,而学校遂至不堪闻问。稍使知有实学,以挽回一世之人心,允为当今之急务矣。⑤

挽回人心风俗,方可臻于富强。

然而,由于人心风俗的矫正不能急速见效,更由于中国的人心风俗败坏是秦汉以来的积弊,它必然是一个长期的过程。郭嵩焘说:

---

① 郭嵩焘:《铁路议》《铁路后议》,《郭嵩焘全集·文集》,第 690—693 页。
② 郭嵩焘光绪七年七月初十致陈士杰书,《郭嵩焘全集·书信》,第 391 页。
③ 郭嵩焘:《郭嵩焘全集·日记》光绪五年七月初二,第 150 页。
④ 郭嵩焘:《郭嵩焘全集·日记》光绪十一年三月初一,第 89 页。
⑤ 郭嵩焘:《郭嵩焘全集·日记》光绪五年三月初八,第 72 页。

> 尝论泰西勤求武事,万难及其百一。然有贤者起,竭三十年之力为之,亦可望有成效。制造之精,竭五十年之力为之,亦庶几什一望见其涯略。若此者,其源皆在学校。学校之起,必百年而后有成。用其百年之力以涤荡旧染;又用其百年之力,尽一世之人才而磨硙之;又用其百年之力,培养渐积以使之成。以今日人心风俗言之,必有圣人接踵而起,垂三百年而始有振兴之望。为自秦汉以来四【二】千年流极败坏之久,累积之深,非是不能有成也。①

郭嵩焘的逻辑是,既然作为末事的武事、制造要媲美西人,已属不易(至少需要三五十年),则更加根本的学校之振兴,势必更难(三百年方有望振兴)。但后者才是富强之本源。

由于富强必须从更难的本源处下手,它自然不可能一蹴而就。郭嵩焘说:

> 富强者,秦汉以来郅治之盛轨,优游驯致,数百年幸而及之。未有人心风俗流极败坏,而可与言富强者也。②

儒生往往关注长远之效,也因此贻人"迂远而阔于事情"(《史记·孟子荀卿列传》)之讥,儒术之中其实有一种缓进的性格。对于《礼运》"安之以乐,而不达于顺,犹食而弗肥也"一句,郭嵩焘释曰:

> 蓄大顺之理达于天下,必涵濡之久、积累之深以驯致之。文武受命、周公制礼作乐,迨至成康之世,致刑措者四十余年,此所谓圣人之时也。占获而食,人力之所及也;食而肥,充积自然,非人力之所及也。③

郭嵩焘所谓的富强当优游驯致,幸而及之,源本于此④。

郭嵩焘认为西方富强源于政教人心的看法,甲午之后逐渐为中国人所分享,但这种优游驯致的心态则为人遗忘。这和日本的示范作用密切相关。从学习的内容而言,"日先考求西之政学而后其商与兵,中则汲汲于枪炮战舰",通过这种对比,中国人意识到了西方的"政学"比"枪炮战舰"更值得模仿;更重要的是,从见效的速度而言,"夫中西交涉逾三稔,视日本之维新略前后耳"⑤,原本蕞尔小国的日本用了和中国大约相同的时间,就转弱为强,

---

① 本段以及以下数段,参见郭嵩焘《郭嵩焘全集·日记》光绪六年二月十三,第236—237页。
② 郭嵩焘光绪十三年三月二十致瞿鸿禨书,《郭嵩焘全集·书信》,第439页。
③ 郭嵩焘:《郭嵩焘全集·礼记质疑》,第273页。
④ 郭嵩焘光绪元年上洋务条陈,便以《礼运》此经申明不可"舍富强之本图,而怀欲速之心以急责之海上"。(《条议海防事宜》,《郭嵩焘全集·奏稿》,第784页)
⑤ 陈虬:《箴时》,《陈虬集》,杭州:浙江人民出版社1992年版,第265页。

这让中国人觉得学习西方的政学可以比学习船炮更快见效。康有为就和光绪帝说"泰西讲求三百年而治,日本施行三十年而强。吾中国国土之大、人民之众,变法三年,可以自立"①。郭嵩焘认为需要"优游驯致"的观点,因此无法马上为后来人理解。陈三立就说:

> 往者三立从湘阴郭芸仙侍郎游,侍郎以为中国倖行新政,尚非其人、非其时,辄引青城道人所称"为国求太平,与养生求不死,皆非常人所能。且当守国使不乱,以待奇才之出;卫生使不夭,以须异人之至"。郑重低徊,以寄其意。侍郎,世所目为通中外之略者也,其所守如此。时少年盛气,颇忽而不察。今而知老成瞻言百里,验若蓍蔡,为不可易。②

陈三立说这话时已经眼见清朝崩溃,所以明悉种种新政之失。但在少年之时,他也"颇忽而不察",实际上一开始也不能理解郭嵩焘"不待异术"的缓进方式。揆诸历史发展,康有为上光绪帝书,以为变法"三月而政体略举,期年而规模有成"③。这与其说是大言炎炎,不如说是反映了戊戌前后的中国人对变法则能见效的急切心情。而清季的废科举和立宪等根本性变革的施行年限,更是在朝野的焦急心态中不断缩短。④ 他们和郭嵩焘缓进的态度同样背道而驰。

郭嵩焘的孤独,不但在于他对西方威胁"深且远"的文明竞争意识与同时代人拉开了距离,还在于他这种"不待异术"的缓进和下一代人也拉开了距离。郭嵩焘视今日之弊为秦汉以下积习的眼光,为后来激烈的革新者所继承——如谭嗣同所说的"二千年来之政,秦政也,皆大盗也;二千年来之学,荀学也,皆乡愿也"⑤。然而,如果积弊是如此久且远,则革故维新岂能短时间就见效?甲午战争的失败使士人意识到日本式全盘仿习西法竟可迅速有效,风气为之一变。郭嵩焘则尚在此风气之前。

---

① 康有为:《我史》光绪廿四年四月廿八,《康有为全集》(5),第93页。
② 陈三立:《庸盦尚书奏议序》(1913年),《散原精舍文集》,上海:上海古籍出版社2003年版,第885—886页。此承罗志田老师提示。
③ 康有为:《上清帝第五书》,《康有为全集》(4),第6页。
④ 参见罗志田《革命的形成:清季十年的转折(上)》,《近代史研究》2012年第3期,第13—14页。
⑤ 谭嗣同:《仁学》,《谭嗣同全集》,第337页。

结　论

一　富强本于政教

儒生之道本是外及天下而内探身心，然而郭嵩焘针对中西时所说的"道"，焦点则会聚于"国"之上。中、西之有道或无道，关键在于国之政教是否修明。这种眼光自有其时代背景。道咸以降的清朝值国家多事之际，而近代中西的对抗，首先又恰是国家间的竞争，这使得"国"成为当时儒生关注的焦点。而经历内乱、亲临外邦的郭嵩焘，对"国"的问题正是深有体会。

道咸以降的中国，在治国之策的选择上面临着不小的问题。在反思清朝衰乱之由时，许多儒生都将矛头指向承平太久酿成的纲纪废弛。在这个时候，儒术"仁"的宽大循缓一面变得不切时宜，而需要类似法家那种整齐裁断的刚决。曾国藩有希望"齐民能以管商之严整"的理念；汪士铎则有"败孔子之道者，宋儒也；辅孔子之道者，申韩孙吴也"的激进想法；最为偏激的，甚至有人认为"周之积衰，由周公之好文为之也。商君之法，无异三代。屏商君不道，乃曰我欲为三代，此妄尔！"①至于实践，咸丰年间咸丰帝和肃顺等人在中央施用重典，极刑上于大学士；曾国藩在湖南严刑峻法，民间呼为"曾剃头"，皆为具体的表现。

道咸以降法家思想资源被重新想起，反映的是中国历史上的一个老问题。由于一统之世的土广民众，秦汉以下中国的国家建制，在君主之下有着相当大的官僚系统。这样一套溯源自秦朝的官僚系统，其源头汇入了相当多的法家理念。而儒家政治思想则是聚焦于君主（即使所谓的"民本"，发言立场也在于劝谏君王），其基本理念是如果把君主教育、规范、辅助得当，则如

---

① 曾国藩：《曾国藩全集·日记》咸丰十一年八月十六，第653页；汪士铎：《汪悔翁乙丙日记》，第74页。吴汝纶述贺铁君语：《贺苏生先生七十寿序》，吴汝纶：《吴汝纶全集》（一），第99页。

草上之风,人民闻之而化。如果要实现儒生所期待的上行下效的效果,现实是需要以官僚系统的顺畅运转为条件。但对于儒生来说,那也只是次优的选择。儒生孜孜追求的,其实是最大程度的缩短君和民之间的距离——能够达到草上之风的最佳制度结构,应该是君民零距离,不需要任何中介。所以对于整套官僚体制,儒生往往并非将其视为必需(这一点尤其反映在历代对《周礼》的争议上)。这其实是发源于封建时代的儒家思想和秦汉以下郡县制国家的原初紧张。

历代季世之衰乱,官僚系统的运转不灵往往都是重要的原因。道光时期的清朝再次在这方面出现问题,并且是在君主无失德的情况下,"君明臣不良,官贪民不安","以恭俭仁慈之圣人,卒以致天下之乱"。① 当官僚制度出现问题时,其实存在两种方案。一种从中间的官僚系统下手,加强对其整饬力度,减少运行损耗,使其恢复运转顺畅。咸丰帝、肃顺等在上者以严为尚的方案,其基本理念都是要解决官僚系统的运转问题。

然而同时存在另一种从两头下手的方案,旨在加强君民之间的沟通,亦即儒生常言的"通上下之情"。这一种方案其实更接近于儒生的理念。清代原本被君权抑制较为庸缓的士风,在道咸以降渐有回升,"上下隔绝"成为被频繁提起的弊端,而种种开言路、求民隐、通民气的呼声,背后也常蕴含着缩短君民距离的期望。

通上下之情的期望,直接影响到中国人对西方政治制度的审视眼光。由于关注的是缩短君民之间的距离,通上下情的方案既可以由下着手,扩大民情上达的渠道,却也可以从上着手,推动君主加强对下的控制。如果专制的君主加大的是自身对官僚系统的操控力度(而不过分将这种操控深入到民间),而民主的制度使人民(主要是代民立言的士人)的声音得以上达,则一种君民共主的开明专制,恰是儒生最理想的政治图像。这样一幅图景,依循的是和西方民主政治思想不同的思路,只要"主权在君"的大前提不被质疑,则看似矛盾的专制和民主实可兼容。近代中国人一开始之所以会欣赏和提倡借鉴西方的民主制度,正因为他们要解决的其实是通上下之情的问题,主权在谁本不是焦点所在。②

从中间下手还是从两头下手,这两种方案既不是不能兼容,但也并非全无摩擦。针对咸丰朝以来矫宽用严的手段,郭嵩焘观点的特点在于跳出了宽

---

① 李汝昭:《镜山野史》,中国史学会主编:《中国近代史资料丛刊·太平天国》(三),上海:上海人民出版社1957年版,第3页;

② 有如张之洞所说:"考外洋民权之说所由来,其意不过曰国有议院,民间可以发公论、达众情而已,但欲民申其情,非欲民揽其权。"(《劝学篇》,《张之洞全集》[12],第9722页)

严二分的眼光,而强调应该从根本上矫正对整个官僚系统的依赖。君主不管用严法宽法,其实仍是法治,也就仍不能越过庞大的官僚系统。而君主欲"为之刑赏劝惩以整齐天下之人心"①,更是类似申韩之法术,而离儒生心目中君民一体的理想治道相去绝远。也正是在这种关怀下,亲临西方的郭嵩焘,却看到了英国"君与民交相维系"的不同格局,议院制度可以使君主得闻民意,而君民不复如中国之悬绝。这样一个政治图景,使郭嵩焘感到了西方政治有道,其富强过于中国,源来有自。

儒生理想的治道不是君主以官僚系统操控驾驭人民,他们自有自己的方案,那就是和政刑相对的教化。理想中的三代圣王是君兼为师,国家具有教化的职责。儒家经典中的三代学校制度,更被当作国家教化的范本(尽管它在历史上究竟多大程度被实践是可疑的)。然而,正如传统国家对人民经济生活往往是民生自阜,上取赋税焉,并不为民代谋;对于人民教化的问题,秦汉以下更常实行的,也是民自为学,上选贤能焉,并不过多干预。其背后的逻辑是"十室之内,必有忠义",天下不患无才,所以关键是选举之法。但实际上,国家对于人才的姿态,已经从教化培养转向了甄别选举。不管是汉代尚有的乡举里选,还是唐宋以降逐渐精致的科举制度,基本上依循的也是选拔而非教化的理念。

按照这种理念的初意,人才选拔制度本身并不负担教化的职责。但利禄的强大吸引力,却使得民之为学会以国家选举的标准为标准。国家功令的这种引导作用可以是正面的导入正学(如北宋废诗赋改经义、元代以朱熹之学为考试标准);但以利禄为劝,也引起了一些人的批评。汉时司马迁曾因汉武帝广厉学官"废书而叹",明末顾炎武也曾称"八股盛而六经微,十八房兴而廿一史废",国家的人才选拔机制不可避免地会影响民间的为学倾向。教化和选拔之间存在的这种矛盾,也成为传统中国的一个一直存在的问题。这种情况在清代(乃至今天)仍然显著,乾隆时期曾诏天下立书院以励学,然而所建之书院却仍多以制艺为程。随着道咸以降国家衰乱,当时人的另一个重要反思,就是认为清朝在人才培养和使用上出了问题,所学非所用,所用非所学。于是,"我劝天公重抖擞,不拘一格降人才"②,各种变革的呼吁也越来越成声势。

郭嵩焘观点的特色在于,在大多数人聚焦于科举本身的改革时,他却意识到了从选拔下手无法解决人才的问题。孙鼎臣专科取才的方案,过度专注于选拔的改革,反而有可能"使夫为士者揣摩当世之务,多方以求弋获,其为

---

① 郭嵩焘:《郭嵩焘全集·日记》光绪六年七月初八,第283页。
② 龚自珍:《己亥杂诗》,《龚自珍全集》,第521页。

害人心尤烈"①。人才培养会受到选拔的干扰。

在郭嵩焘看来,是选拔("仕")和教化("学")之间的关系出了问题。汉武帝崇尚儒术,广厉学官,本是儒学在汉以下得以光大的一件大事,而郭嵩焘的反思,却将矛头直接指向了这件事情,将其与焚书坑儒相提并论。在郭嵩焘看来,广厉学官"但悬学校之名,导之仕进而已,无所谓学也"②,国家放弃了教化的功能,而只斤斤于选拔导引的作用。

郭嵩焘理想中的三代之治,国家应该负担起教化的职责,而汉武帝以下的中国却放弃了它。正在这个时候,他在英国却看到了其"所学与仕进判分为二"的情形,这让他感到"西法学、仕两途相倚,不患无以自立,此较中国为胜";而英国对学校教育的关注,更让他感到"此实中国三代学校遗制,汉魏以后士大夫知此义若鲜矣"。③ 他在教化上又一次看到了西方之有道,进而认为西方的富强与此有关:"西洋专以教养人才为急务,安得不日盛【脱'一'字】日?"④

郭嵩焘能够在西方看到解决中国政、教上的问题的思想资源,这有赖于他具备了那种道贯中西的眼光。然而,之所以反复将西方政教之有道与富强联系在一起,又是因为富强恰是那个时代中西对抗的关键问题。西方富强本于政教的观点,是对时代问题的回应。

近代中国思想中的关键词"富强",原本即为用以形容管商法术的基本理念。⑤ 道咸以降一种思想转变趋势,是对富国强兵的理念开始婉转接受。从嘉道时期包世臣认为"未有既贫且弱,而可言王道者也。故谓富强非王道之一事者,陋儒也",到咸丰年间汪士铎批评"士大夫崇宋人之空谈,讳富强之至计",到同光年间有人"论宋儒耻言富国强兵之误"⑥,这样的思想风势,更大程度是中国自身形势发展所致,先于西方的到来。而西方式的富强能够在近代逐渐为儒生所重视和接受,却部分有赖于这种思潮为儒术打开了某种开放性。(当然,由于西方的到来,"机器之用大矣哉。外国以此致富强,中国以此慕外国之富强,而谈机器者遍中外矣"。近代西方震慑人心的坚船利炮,为富强注入了一种前所未有的含义,"谈机器"成为讲究富强者需要认真

---

① 孙鼎臣:《论治三》郭嵩焘附识,《孙侍讲刍论》,第14页。
② 郭嵩焘致黄运藩书,《郭嵩焘全集·书信》,第484页。
③ 郭嵩焘:《郭嵩焘全集·日记》光绪三年十月廿五、光绪四年五月十一,第336—337、519页。
④ 郭嵩焘:《郭嵩焘全集·日记》光绪三年三月廿六,第192页。
⑤ 时人也常以法家之说形容西方之富强,以为"夷人所恃以立国者,商韩之术耳"(朱克敬:《挹秀山房丛书·瞑言内编》,第4页)。
⑥ 包世臣:《再与杨季子书》,《安吴四种·艺舟双楫》,台北:文海出版社1968年版,第643页;汪士铎:《汪悔翁乙丙日记》,第75页;佚名:《论宋儒耻言富国强兵之误》,《申报》光绪二年四月初二,第1页。

处理的问题。)

但当儒术被打开以接纳其他思想资源的同时,"正统"与"异端"的界线变得模糊,由此也带来了儒生对"道"的敏感。在经历咸同间的大动乱之后,人民需要休养生息,但需要大量国力支持的富强之策,却与此抵牾。对于执信"民为邦本"的儒生而言,以牺牲民生追求富强的国家有"失道"的危险。西方式的富强被"师夷长技"者认为是"制夷"的有效手段,但这种与圣道未必协和的方案是否有助于解决清朝自身的衰弱问题,引起诸多怀疑。当时人经常质疑洋务措施是"舍本逐末",也是因为朝廷在儒生认为是治国"本"源之处用力不足。

甲午之前的中国人多认为西人"其为学无所谓道也,器数名物而已。其为治无所谓德厚也,富强而已"①。对西方怀持这样的印象,自然不会预计到能从西方看到政、教上中国可资利用的思想资源。郭嵩焘看到的西方,却在政、教上都有合乎三代之道的地方。这样的观点,正是他与同时人最大的差别,也是他最为后来者所分享的地方。甲午之后越来越多的人和文廷式那样,开始意识到了"各国之富强,其根本固别有在也。使有枪炮舟车,而用之者非其人,行之者无其法,其能持久不弊哉?其所以通上下之情者,在立议院;其所以作天下之才者,在兴学校"②。西方议院、学校制度在甲午以降被士人热烈讨论,他们的基本关怀与郭嵩焘其实有一脉相承之处。

上下之情不通、人才不兴,是道咸以降士人对时局的普遍批评;西方的富强,也在道咸以降逐渐被士人所看到。而将这二者连接到一起的思想关节,在于需要认识到"西洋立国有本有末,其本在朝廷政教"。正是伴随着郭嵩焘这样的观点被越来越多的人所接受,西方从"夷狄"的形象彻底摇身一变,成为在"道"的层面上可以被中国人模仿的对象。而一旦意识到了西方有道,西方对中国的威胁也就不再是"蛮夷猾夏",而可能是郭嵩焘所说的"以其有道攻中国之无道"。中国人对自己的文化优越感开始动摇了,就像谭嗣同所说的那样:

> 今中国之人心风俗政治法度,无一可比数于夷狄,何尝有一毫所谓夏者。即求并列于夷狄犹不可得,遑言变夏耶?③

---

① 吴汝纶:《送曾袭侯入觐序》,吴汝纶:《吴汝纶全集》(一),第25页。
② 文廷式:《读海国图志书后》,《文廷式集》(上),第132页。
③ 谭嗣同光绪二十年七月:《报贝元征》,《谭嗣同全集》,第225页。

二　从道贯中西到道出于二

由于中西对抗的主体是国家，失败先是只在国家而不在文明，"道"一开始不会受到威胁。但又由于致用是"道"的应有之义且在道咸以降越来越被强调①，中国国家的失败也可能导致中国文明的失败。

郭嵩焘比同时人更早意识到中西对抗不只是国家间力量强弱的对抗，而且是国家间有道无道的竞争。随着时势的变化，其深远的忧思开始为后人所分享。但后人一方面继承了以文明竞争看待中西对抗的视角，"甲申之役，法败而中胜，则中国进于文明；甲午之役，中溃而日兴，则中国沦于半教"②；另一方面，却又调转了郭嵩焘的逻辑，变成了胜者有道，败者无道，"胜负所判，即文野之由分"③。从力强者胜到有道者胜，郭嵩焘和同时人有不同的视角；但从有道者胜到胜者有道，后来者又未全然分享其看法。郭嵩焘在近代思想史上可以说是一个特殊的过渡式人物。

这种特殊性源于郭嵩焘对西方的独特认识。他先意识到可以以理处理中西交涉，然后再看到西方富强背后有道在。④ 郭嵩焘心目中有道的西方包含两个方面，一是在国内政教风俗上的有道，二是在处理外交上的有道；这二者是二而一的（"未有能自理其民而不能理洋务者也"）。但后人看到西方的有道，却是经过甲午战争日本的冲击。日本的胜利论证了从政教上模仿西方的有效性，使后人分享了郭嵩焘从政教上认识西方有道的观点；但甲午之后的中国陷入列强瓜分的亡国危机之中（其背景则是世纪之交日益紧张的世界格局），又使得后人无法像郭嵩焘那么乐观地看待西方外交上的有道。国家政教的有道和国际秩序的无道发生了撕裂，有如杨度所说：

> 今日有文明国而无文明世界。今世各国对于内皆文明，对于外则皆野蛮；对于内惟理是言，对于外惟力是视。故自其国而言之，则文明之国

---

① 参见王汎森《汪悔翁与〈乙丙日记〉》，收于《中国近代思想与学术的系谱》，第72—73页。
② 叶德辉：《郋园书札·答人书》，《叶德辉集》（一），北京：学苑出版社2007年版，第324页。
③ 鲁迅：《坟·文化偏至论》，《鲁迅全集》（一），第46页。
④ 他自言出使之前"有谓嵩焘能知洋务者，其时于泰西政教风俗所以致富强，茫无所知，所持独理而已"（《罪言存略小引》，《郭嵩焘全集·文集》，第298页），交涉之理和富强之道有认知上的先后之分。

也;自世界而言之,则野蛮之世界也。①

甲午之后的中国人更适应于悲观地以适者生存的天演观念来认知国际关系,而郭嵩焘则尚未如此。

塑成郭嵩焘思想过渡性质的关键环节在于,对他来说,道不是中国专有,而是普适中西的,故可超越中西间的对抗;而在恶化的国际环境使中西关系更加对立之后,士人对道的认知却受到国家间竞争越来越大的影响。康有为等人一面相信西方政教合于孔子之道,另一面又强调孔教有待于保,着实感受到了道的普适性与中西对抗这二者间的紧张。而张之洞在应对保教之说时提出的"保教必先保国",更是将国家间竞争的成败和道的成败相挂钩,"假使果如西人瓜分之妄说,圣道虽高虽美,彼安用之?"②这不啻说国亡则道不存。对道的这种危机感,郭嵩焘尚未体会到。

或许可以说,郭嵩焘开启了一种以"道"(或文明)去丈量中西对抗的新方式,但在他看来,"道"出于一,是超越中西的,所以中西之间的"有道攻无道",是在同一普世文明中的互相竞争。郭嵩焘看到了中西竞争关乎文明,后来者接受了这种看法,但后人却常认为"道出于二",中西竞争是两种不同文明的度长絜大。这又使得郭嵩焘的文明竞争观是一种特殊的、过渡性的观念,并未被后世全然接受。

从力量对抗到道的竞争,郭嵩焘开启了一个新的问题。在认为西方有"器"无"道"的时候,"道"尚无关乎中西之分;但如果西方可以有"道",随之而来的便是一个新的难题:在中西之间,道是异还是同?李鸿章说:

> 俗人谈西学,惊为河汉,不知其精微独到处,往往合乎经训及周秦诸子所著书。郭筠仙有言,以为中国所未有,则人骇之;以为古人所已有,则固无可疑也。③

郭嵩焘既意识到了中西的差别,又努力申说中西同理,以图弥缝这种差别。这种做法在同光之间逐渐盛行(包括更具体化的西学源出中国说)。康有为、梁启超、谭嗣同等人努力证成的"不中不西,即中即西"④之说,更是试图说明西方的新学新知与中国的古圣之道同条共贯。这样的说法,都和"形而

---

① 杨度:《金铁主义论》,刘晴波编:《杨度集》,第218页,转引自黄克武、段炼《"过渡时代"的脉动:晚清思想发展之轨迹》,王建朗、黄克武编:《两岸新编中国近代史》(晚清卷),北京:社会科学文献出版社2016年版,第910页。
② 张之洞:《劝学篇·同心》,《张之洞全集》(12),第9708页。
③ 李鸿章光绪十五年八月初八致吴汝纶书,《李鸿章全集·信函六》,第595页。
④ 梁启超:《清代学术概论》,《饮冰室合集·专集34》,第71页。

上者中国也,以道胜;形而下者西人也,以器胜"①拉开了距离。

甲午戊戌时期逐渐演成的新旧之争,焦点就在中西同异的问题上。张之洞号称调和新旧的中体西用之说,主要针对的有三家说法,一是对西法"概屏之"的"自塞"者;二是"概取经典所言而傅会之,以为此皆中学所已有"的"自欺"者;第三种"溺于西法者,甚或取中西之学而糅杂之,以为中、西无别,如谓《春秋》即是公法,孔教合于耶稣"的"自扰"者,更明显针对的就是康有为、梁启超之流。② 三者和张之洞合成四家,讨论的都是中西异同对道的影响。

以当时的思想风潮来说,张之洞针对第三种的意味最浓。③ 由其对手方"中、西无别"的观点反观张之洞的中体西用之说,可见此说侧重点实在以体用二分突出中西有别。其实,如果不是为了强调中、西对立,中体西用之说本自不通。用严复的话说,"体用者,即一物而言之也","未闻以牛为体,以马为用者也"。④ 之洞不惜将原本应即一物而言的体、用判为两橛,恰是为了在不得不引入西学之际借此强调中、西仍然有别。张之洞之说,以"中学为内学,西学为外学,中学治身心,西学应世事",中西之别已经在体和用上切割开了"学"。⑤

尽管如此,张之洞的"学"毕竟还在名义上是统摄体和用的"一"。严复恰恰沿着之洞区分中西的道路走得更远:

> 中西学之为异也,如其种人之面目然,不可强谓似也。故中学有中学之体用,西学有西学之体用,分之则并立,合之则两亡。⑥

严复的说法充分体现了那种道出于二的景象,中学西学乃至不可强合。但如果和上述四家进行比较,严复最接近的反而就是他所批评的张之洞。他弃置了"学"名义上的统摄,将中西两相判分,视如牛马不相及。

在看到西方有道之后,"道"本质是"一"还是"二",成了问题。康、梁、谭的"不中不西、即中即西"仍执"一";至于张之洞,则中、西对立已经造成了

---

① 王韬:《与周弢甫征君》,《弢园尺牍》,第 156 页。
② 张之洞:《劝学篇·会通》,《张之洞全集》(12),第 9766—9767 页。
③ 参见辜鸿铭《中国牛津运动故事》,黄兴涛等译:《辜鸿铭文集》(上),第 318—320 页。
④ 严复:《与〈外交报〉主人书》,《严复集》(3),北京:中华书局 1986 年版,第 558—559 页。
⑤ 张之洞:《劝学篇·会通》,《张之洞全集》(12),第 9767 页。另外《游学》篇以留学西洋不如东洋,颇值得注意。其中列举的原因除省路费、易考察外,另外两个原因是"东文近于中文,易通晓","凡西学不切要者,东人已删节而酌改之。中东情势风俗相近,易仿行"。(张之洞:《劝学篇·游学》,《张之洞全集》[12],第 9738 页)实际上,日本作为中西之间的中介,只有当中西的差别昭著时,才更凸显其重要性——否则何必此中介,直接学"西"可矣。《劝学篇》既以体用二分突出中西有别,又认为留学西洋不如东洋,这二者之间或许有着值得深思的联系。
⑥ 严复:《与〈外交报〉主人书》,《严复集》(3),第 558—559 页。

"学"在体、用上的分裂,但虽有体用之分,"学"在名义上还是统摄体和用的"一";直到严复中西各有体用之说,中学与西学才分道扬镳。

自此以降,道出于二的思维逐渐占据上风,"自三代至于近世,道出于一而已。泰西通商以后,西学西政之书输入中国,于是修身齐家治国平天下之道乃出于二"①。这种思维和郭嵩焘的观点拉开了距离,有如于式枚所说:

> 当光绪初年,故侍郎郭嵩焘尝言,西法人所骇怪,知为中国所固有,则无可惊疑。今则不然,告以尧、舜、禹、汤、文、武、周、孔之道,汉、唐、宋、明贤君哲相之治,则皆以为不足法,或竟不知有其人。近日南中刊布立宪颂词,至有四千年史扫空之语。惟告以英、德、法、美之制度,拿破仑、华盛顿所创造,卢梭、边沁、孟德斯鸠之论说,而日本之所模仿,伊藤、青木诸人访求而后得者也,则心悦诚服,以为当行。前后二十余年,风气之殊如此。②

于氏所说的"风气之殊",不仅在于对西法由"骇怪"到"心悦诚服"的态度判然两异;更在于郭嵩焘将中西视为相通的看法,和后人将中西之治视为根本不同,二者截然相别。

民国时期伍启元曾指出:"思想界的发展,全以西方资本主义文化的精神为中心。换句话说,学术思想是以迎拒西方资本主义制度和它底文化精神为核心。"③如果认为思想文化本质是"一"而不是"二",己之所有与人之所有本就是同一种东西,则亦无所谓"迎"还是"拒"了。迎拒态度不同,但视中西之道为二已是思想界的主流思路。这种中西相对、道出于二的情形,是中学在近代逐渐败退的重要原因。有如罗志田老师所说:"若道出于一,则中西之别很容易从认知层面转换为新旧之分,故趋新从新虽在实质上也是一种取代型的,但这取代毕竟是隐晦的,还可以自视为一种本身的提升;若道出于二,则从新不啻尊西,意味着在意识层面也不得不弃中,那就可能是一种正式的'降服'。"④

而一切的问题,都要从发现西方有道开始。

"道"是"一"还是"二",关系到近代中西文明竞争的问题。郭嵩焘除了开启这个问题之外,又提供了一种可以走向反传统的解答思路。郭嵩焘可以

---

① 王国维:《论政学疏稿》(1924 年),《王国维全集》,浙江教育出版社、广东教育出版社 2009 年版,第 212 页。转引自罗志田《近代中国"道"的转化》,《近代史研究》2014 年第 6 期,第 5 页。
② 出使德国考察宪政大臣于式枚光绪三十三年十月廿四奏:《立宪不可躁进不必预定年限折》,故宫博物院明清档案部编:《清末筹备立宪档案史料》,北京:中华书局 1979 年版,第 306 页。标点有调整。
③ 伍启元:《中国新文化运动概观》,上海:现代书局 1934 年版,第 25 页
④ 罗志田:《近代中国"道"的转化》,《近代史研究》2014 年第 6 期,第 17 页。

说是第一个将对传统的批判和对西方的正视结合在一起的人,由此开启了一种否定中国而将西方树为全面典范的思维方式。

儒生对道的理解是现世的①,三代理想就是一个代表。三代是某种不同于现实且超越现实的理想;但它又是具有现实性的历史,且其历史十分具体,指称的就是春秋战国之前或秦汉之前的那个时期。理想和历史同一于三代,所以儒生批判现实时往往会将根源上溯到周秦之间对三代之道的违背。由于三代同时具有理想和历史这两种性质,"道"在三代以上和三代以下呈现出一种辩证的关系:它既是延续(历史的传承),无论三代以上或以下,莫不有"道"的流衍;但又是断裂(理想与现实的分界),有道的三代是理想的黄金时代,三代之下不复有之。②

而当西方到来之后,"道"又与空间产生了紧张。一方面中国人自居有道的华夏,而视西方为无道的夷狄;另一方面"道"又不当为中西的差别所割裂,而应该是弥散六合的。当人们对三代以下的现实感到不满,而希望回到三代,同时又对中西的间隔感到不满,希望理解西方时,时间和空间上的这两种紧张彼此牵合在了一起。

郭嵩焘对现实从政教根本上的反思,都采取了回溯历史的方法,三代以下的历史传统一定程度上变成了当前问题的病源;与此同时,他又相信西方可以从"道"的层面上去理解,进而看到西方符合三代之道的地方。三代之道在古今和中西间于是承担了不同的功能:在古今之间,"道"作为至上无谬者,扮演着借古讽今的批判角色;在中西之间,"道"作为至大无外者,却扮演着统摄中西的弥缝角色。前者意味着"道"与"今"之异,后者却意味着"道"与"西"之同。而郭嵩焘把二者并置到了一起,其结果却是"道"和"西"相亲而与"中"相疏,最终从理念上奠定了"西"相对于"中"的优势地位(西方以其有道攻中国之无道)。随之而来的,现实中可以通过效仿西方来实现三代理想,"礼失求诸野"具有了合理性。如果进一步将三代掀翻,则整个传统也将最终倾覆,而西方遂将取而代之。

---

① 可参见黄进兴《论儒教的俗世性格:从李绂的〈原教〉谈起》,收于《从理学到伦理学》。
② 阿斯曼指出神话同时具有两种作用,一种"将当下置于历史的视线下,这样的历史使当下显得充满意义、符合神的旨意、绝对必要和不可改变",另一种则"从对现实不满的经验出发,并在回忆中唤起一个过去,而这个过去通常带有某些英雄时代的特征。从这些叙事中映射到当下的,是完全不同的一种光芒:被凸显出来的是那些缺席的、消释的、丢失的、被排挤到边缘的东西,让人意识到'从前'和'现在'之间的断裂"。中国的"三代"类似于阿斯曼所说的这种"神话",兼具赋予当下以意义及批判现实两种作用。但更具提示意义的是阿斯曼特别指出,这两种作用"都不是针对神话本身,而更多是针对在当下"。(扬·阿斯曼:《文化记忆:早期高级文化中的文字、回忆和政治身份》,金寿福等译,北京:北京大学出版社2015年版,第75—76页)

参考文献

史料：

包世臣：《安吴四种》，台北：文海出版社，1968。

宝鋆等编：《筹办夷务始末（同治朝）》，台北：文海出版社，1971。

卞宝第等编：《湖南通志》，《续修四库全书661·史部·地理类》，上海：上海古籍出版社，2003。

斌椿：《乘槎笔记》，长沙：湖南人民出版社，1981。

陈澧：《东塾读书记（外一种）》，香港：三联书店（香港）公司，1998。

陈虬：《陈虬集》，杭州：浙江人民出版社，1992。

陈三立：《散原精舍文集》，上海：上海古籍出版社，2003。

陈霞飞编：《中国海关密档：赫德、金登干函电汇编》，北京：中华书局，1990。

崔国因：《出使美日秘日记》，合肥：黄山书社，1988。

丁日昌：《丁中丞政书》，台北：文海出版社，1980。

丁韪良：《花甲记忆：一位美国传教士眼中的晚清帝国》，沈弘等译，桂林：广西师范大学出版社，2004。

方宗诚：《柏堂遗书·柏堂集次编》，光绪六年，无出版地。

冯友兰：《新事论》，《三松堂全集（4）》，郑州：河南人民出版社，2001。

葛士濬辑：《皇朝经世文续编》，台北：文海出版社，1972。

龚自珍：《龚自珍全集》，上海：上海人民出版社，1975。

故宫博物院明清档案部编：《清末筹备立宪档案史料》，北京：中华书局，1979。

郭柏荫：《嚅嚅言》，《四库未收书辑刊》07辑11册，北京：北京出版社，2000。

郭嵩焘：《云卧山庄尺牍》，台北：文海出版社，1867。

郭崑焘、郭嵩焘：《郭崑焘集·郭嵩焘集》，长沙：岳麓书社，2011。

郭嵩焘：《郭氏佚书六种》，光绪二十四年春二月养知书屋校刊。

郭嵩焘：《郭嵩焘全集》，长沙：岳麓书社，2012。

郭嵩焘：《郭嵩焘日记》，长沙：湖南人民出版社，1981。

郭嵩焘：《伦敦与巴黎日记》，长沙：岳麓书社，1984。

何桂珍：《何文贞公遗书》，台北：文海出版社，1974。

何如璋：《何如璋集》，天津：天津人民出版社，2010。

贺长龄辑:《皇朝经世文编》,台北:文海出版社,1972。
湖南图书馆编:《湖南图书馆藏近现代名人手札》,长沙:岳麓书社,2010。
胡林翼:《胡林翼集》,长沙:岳麓书社,2008。
黄兴涛编:《辜鸿铭文集》,海口:海南出版社,1996。
黄濬:《花随人圣庵摭忆》,上海:上海古籍出版社,1983。
黄遵宪:《黄遵宪全集》,北京:中华书局,2005。
贾桢等编:《筹办夷务始末(咸丰朝)》,台北:文海出版社,1970。
江藩:《汉学师承记(外二种)》,香港:三联书店(香港)公司,1998。
江忠源:《江忠烈公遗集》,台北:文海出版社,1983。
蒋琦龄:《空清水碧斋诗文集》,南宁:广西人民出版社,2001。
凯瑟琳·布鲁纳等编:《赫德与中国早期现代化:赫德日记:1863—1866》,陈绛译.北京:中国海关出版社,2005。
康有为:《康有为全集》,北京:中国人民大学出版社,2007。
黎庶昌:《西洋杂志》,长沙:湖南人民出版社,1981。
黎庶昌:《拙尊园丛稿》,台北:文海出版社,1967。
李慈铭:《越缦堂日记》,扬州:广陵书社,2004。
李鸿章:《李鸿章全集》,合肥:安徽教育出版社,2008。
李榕:《李申夫全集》,台北:文海出版社,1970。
梁启超:《饮冰室合集》,北京:中华书局,1988。
林昌彝:《海天琴思录》,上海:上海古籍出版社,1988。
林昌彝:《林昌彝诗文集》,上海:上海古籍出版社,1989。
林福祥:《守南昌广饶记》,《近代史资料》第30期,北京:中华书局,1963。
林则徐:《林则徐全集》,福州:海峡文艺出版社,2002。
刘坤一:《刘坤一遗集》,北京:中华书局,1959。
刘坤一:《刘忠诚公遗集·文集》,台北:文海出版社,1968。
刘蓉:《养晦堂文·诗集》,台北:文海出版社,1969。
刘锡鸿:《刘光禄遗稿》,台北:文海出版社,1988。
刘锡鸿等:《驻德使馆档案钞》,台北:学生书局,1966。
刘锡鸿:《英轺私记》,张德彝:《随使英俄记》,长沙:岳麓书社,1986。
鲁迅:《坟》,《鲁迅全集(一)》,北京:人民文学出版社,2005。
罗汝怀:《绿漪草堂文集》,《续修四库全书1531·集部·别集类》,上海:上海古籍出版社,2003。
罗泽南:《罗泽南集》,长沙:岳麓书社,2010。
马建忠:《适可斋记言记行》,台北:文海出版社,1968。
毛鸿宾:《毛尚书奏稿》,台北:文海出版社,1971。
莫友芝:《莫友芝日记》,南京:凤凰出版社,2014。
欧阳兆熊、金安清:《水窗春呓》,北京:中华书局,1997。

彭玉麟:《彭玉麟集》,长沙:岳麓书社,2008。

皮明庥等编:《出自敌对营垒的太平天谷资料——曾国藩幕僚鄂城王家璧文稿辑录》,武汉:湖北人民出版社,1986。

《清实录·文宗实录》,北京:中华书局,1986年影印本。

《清实录·穆宗实录》,北京:中华书局,1987年影印本。

《清实录·德宗实录》,北京:中华书局,1987年影印本。

《申报》,上海:上海书店出版社,1982年影印本。

沈葆桢:《沈文肃公牍》,福州:福建人民出版社,2008。

沈兆霖:《沈文忠公集》,台北:文海出版社,1970。

十三经注疏整理委员会整理:《礼记正义》,北京:北京大学出版社,2000。

孙鼎臣:《苍莨初集》,咸丰九年善化孙氏。

孙鼎臣:《孙侍讲刍论》,咸丰十年武昌节署。

台湾银行经济研究室编:《道咸同光四朝奏议选辑》,台北:大通书局,1995。

谭嗣同:《谭嗣同全集》,北京:中华书局,1981。

汪士铎:《汪悔翁乙丙日记》,台北:文海出版社,1967。

王柏心:《枢言》,《铁香室丛刊初集四种》,无出版信息。

王柏心:《百柱堂全集》,《续修四库全书1527·集部·别集类》,上海:上海古籍出版社,2003。

王定安:《湘军记》,长沙:岳麓书社,1988。

王夫之:《船山全书》,长沙:岳麓书社,1991。

王闿运:《湘绮楼笺启》,台北:文海出版社,1968。

王闿运:《湘绮楼日记》,长沙:岳麓书社,1997。

王韬:《弢园尺牍》,台北:文海出版社,1983。

王铁崖编:《中外旧约章汇编》,北京:生活·读书·新知三联书店,1957。

王先谦:《王先谦诗文集》,长沙:岳麓书社,2008。

王彦威编:《清季外交史料》,北京:书目文献出版社,1987。

文廷式:《文廷式集》,北京:中华书局,1993。

翁同龢:《翁松禅家书》,《近代史资料》第82期,北京:中国社会科学出版社,1992。

翁心存:《翁心存日记》,北京:中华书局,2011。

吴敏树:《柈湖文集》,长沙:思贤讲舍,光绪癸巳年。

吴汝纶:《吴汝纶全集》,合肥:黄山书社,2003。

吴廷栋:《拙修集》,同治十年六安求我斋刊。

吴云:《两罍轩尺牍》,台北:文海出版社,1968。

伍启元:《中国新文化运动概观》,上海:现代书局,1934。

徐珂编:《清稗类钞》,北京:中华书局,1986。

许纪霖、田建业编:《杜亚泉文存》,上海:上海教育出版社,2003。

薛福成:《薛福成日记》,长春:吉林文史出版社,2004。

薛福成:《庸庵文编》,台北:文海出版社,1973。
严复:《严复集》,北京:中华书局,1986。
叶德辉:《叶德辉集》,北京:学苑出版社,2007。
袁枚:《随园诗话》,北京:人民文学出版社,1982。
曾国藩:《曾国藩全集》,长沙:岳麓书社,1995。
曾国藩等:《湘阴曾氏文献》,台北:学生书局,1965。
曾国荃:《曾国荃全集》,长沙:岳麓书社,2006。
张集馨:《道咸宦海闻见录》,北京:中华书局,1981。
张文虎:《张文虎日记》,上海:上海书店出版社,2009。
张之洞:《张之洞全集》,石家庄:河北人民出版社,1998。
张自牧:《蠡测卮言》,《小方壶舆地丛钞》,第十一帙卷六十二,上海著易堂光绪十七年。
章学诚著,叶瑛校注:《文史通义校注》,北京:中华书局,1985。
赵烈文:《能静居日记》,台北:学生书局,1964。
中国第一历史档案馆编:《咸丰同治两朝上谕档》,桂林:广西师范大学出版社,1998。
中国第一历史档案馆藏:《军机处"录副奏折"》。
中国史学会主编》,中国近代史资料丛刊·第二次鸦片战争》,上海:上海人民出版社,1978。
中国史学会主编:《中国近代史资料丛刊·太平天国》,上海:上海人民出版社,1957。
中国史学会主编:《中国近代史资料丛刊·洋务运动》,上海:上海人民出版社,1961。
"中研院"近代史研究所编:《四国新档:英国档》,台北:"中研院"近代史研究所,1966。
朱次琦:《朱九江先生集》,台北:文海出版社,1967。
朱克敬:《儒林琐记·雨窗消意录》,长沙:岳麓书社1983年版。
朱克敬:《挹秀山房丛书》,光绪甲午朱氏重刊。
朱寿朋编:《光绪朝东华录》,北京:中华书局,1984。
左宗棠:《左宗棠全集》,长沙:岳麓书社,2009。

British Parliamentary Papers, Irish University Press, 1971.
The Times Digital Archive (1785-1985),《泰晤士报》电子版(Gale).

著述:

沧海:《郭嵩焘先生》,雄风,1946-5。
陈玫琪:《礼记质疑驳议郑注孔疏之研究——以礼制为例》,(台湾)铭传大学应用中国文学系硕士在职专班硕士论文,2007。
丁佳音:《郭嵩焘诗歌的文化诗学研究》,华东师范大学硕士论文,2008。
丁伟志、陈崧:《中西体用之间——晚清中西文化观述论》,北京:中国社会科学出版社,1995。
段志强:《顾祠——顾炎武与晚清士人政治人格的重塑》,上海:复旦大学出版社,2015。

范继忠:《孤独前驱:郭嵩焘别传》,北京:人民文学出版社,2002。
费正清:《伟大的中国革命(1800—1985)》,刘尊棋译,北京:世界知识出版社,2000。
葛兆光:《中国思想史》,上海:复旦大学出版社,2001。
沟口雄三:《作为方法的中国》,孙军悦译,北京:生活·读书·新知三联书店,2011。
郭廷以:《郭嵩焘先生年谱》,台北:"中研院"近代史研究所,1971。
郭伟川编:《周公摄政称王与周初史事论集》,北京:北京图书馆出版社,1998。
黄进兴:《李绂与清代陆王学派》,郝素玲等译,南京:江苏教育出版社,2010。
黄进兴:《从理学到伦理学:清末民初道德意识的转化》,北京:中华书局,2014。
姜鸣:《龙旗飘扬的舰队:中国近代海军兴衰史》,上海:上海交通大学出版社,1991。
姜涛:《关于太平天国的反满问题》,《清史研究》2011年1月。
蒋廷黻:《中国近代史》,上海:上海古籍出版社,1999。
马春庆:《郭嵩焘思想评价》,《文史哲》1987年4月。
雷中行:《明清的西学中源论争议》,台北:兰台出版社,2009。
李时岳、胡滨:《从闭关到开放——晚清"洋务"热透视》,北京:人民出版社,1988。
李文杰:《晚清总理衙门的章京考试——兼论科举制度下外交官的选任》,《近代史研究》2011年2月。
李欣然:《争于庙堂的"道器"与"中西":同治五、六年间的天文算学馆争》,《社会科学研究》2015年4月。
李欣然:《主客之形:一种看待中西对抗的持续视角——兼论近代"制夷"思路的转变》,《学术月刊》2017年6月。
李欣然:《经世关怀下的晚清学术危机——何如璋〈管子析疑〉的思想史意义》,《社会科学研究》2017年6月。
林毓生:《中国传统的创造性转化》,北京:生活·读书·新知三联书店,1994。
柳春蕊:《晚清古文研究:以陈用光、梅曾亮、曾国藩、吴汝纶四大古文圈子为中心》,南昌:百花洲文艺出版社,2007。
柳定生:《郭嵩焘传》,国立浙江大学史地学系编辑:《史地杂志》创刊号,国立浙江大学史地系,1937。
陆宝千:《清代思想史》,上海:华东师范大学出版社,2009。
陆宝千:《刘蓉年谱》,台北:"中研院"近代史研究所,1978。
罗荣渠编:《从"西化"到现代化:五四以来有关中国的文化趋向和发展道路论争文选》,北京:北京大学出版社,1990。
罗玉东:《中国厘金史》,上海:商务印书馆,1936。
罗志田:《权势转移——近代中国的思想、社会与学术》,武汉:湖北人民出版社,1999。
罗志田:《"天朝"怎样开始"崩溃"——鸦片战争的现代诠释》,《近代史研究》1999年3月。
罗志田:《乱世潜流:民族主义与民国政治》,上海:上海古籍出版社,2001。
罗志田:《裂变中的传承:20世纪前期的中国文化与学术》,北京:中华书局,2003。

罗志田:《帝国主义在中国文化视野下条约体系的演进》,《中国社会科学》2004年5月。

罗志田:《革命的形成:清季十年的转折(上)》,《近代史研究》2012年3月。

罗志田:《近代中国"道"的转化》,《近代史研究》2014年6月。

罗兹曼编:《中国的现代化》,上海:上海人民出版社,1989。

吕实强:《丁日昌与自强运动》,台北:"中研院"近代史研究所,1987;

茅海建:《天朝的崩溃:鸦片战争再研究》,北京:生活·读书·新知三联书店,1995。

茅海建:《近代的尺度:两次鸦片战争军事与外交》,上海:上海三联书店,1998。

孟泽:《洋务先知——郭嵩焘》,南京:凤凰出版社,2009。

彭泽益:《郭嵩焘之出使欧西及其贡献》,包遵彭等编:《中国近代史论丛第一辑第七册——维新与保守》,台北:正中书局,1977。

钱基博、李肖聃:《近百年湖南学风·湘学略》,长沙:岳麓书社,1985。

钱穆:《中国近三百年学术史》,北京:商务印书馆,1997。

钱实甫编:《清代职官年表》,北京:中华书局,1980。

商伟:《礼与十八世纪的文化转折》,严蓓雯译,北京:生活·读书·新知三联书店,2012。

邵华:《郭嵩焘史学思想研究》,湘潭大学历史硕士论文,2006。

汪荣祖:《走向世界的挫折——郭嵩焘与道咸同光时代》,长沙:岳麓书社,2000。

王汎森:《古史辨运动的兴起——一个思想史的分析》,台北:允辰文化实业股份有限公司,1987。

王汎森:《中国近代思想与学术的系谱》,长春:吉林出版集团,2011。

王汎森:《权力的毛细管作用:清代的思想、学术与心态》(修订版),北京:北京大学出版社,2015。

王汎森:《"儒家文化的不安定层"——对"地方的近代史"的若干思考》,《近代史研究》2016年1月。

王宏斌:《清代前期海防:思想与制度》,北京:社会科学文献出版社,2002。

王宏斌编:《赫德爵士传》,北京:文化艺术出版社,2012。

王建朗、黄克武编:《两岸新编中国近代史(晚清卷)》,北京:社会科学文献出版社,2016。

王绳祖:《中英关系史论丛》,北京:人民出版社,1981。

王思思:《论郭嵩焘的道器观》,湘潭大学硕士论文,2013。

王晓天等编:《郭嵩焘与近代中国对外开放》,长沙:岳麓书社,2000。

王兴国:《郭嵩焘评传》,南京:南京大学出版社,2000。

王兴国:《郭嵩焘研究提要》,长沙:湖南大学出版社,2009。

吴保森:《郭嵩焘三质疑研究》,华东师范大学硕士论文,2010。

吴以义:《海客述奇——中国人眼中的维多利亚科学》,上海:上海科学普及出版社,2004。

吴义雄:《洋务运动的批判者——郭嵩焘》,《学术研究》1990年2月。

相蓝欣:《义和团战争的起源》,上海:华东师范大学出版社,2003。
萧公权:《近代中国与新世界:康有为变法与大同思想研究》,汪荣祖译,南京:江苏人民出版社,1997。
萧一山:《清代通史》,北京:中华书局,1986。
熊月之:《论郭嵩焘》,《近代史研究》1981年4月。
熊月之:《郭嵩焘出使述略》,《求索》1983年4月。
熊月之:《论郭嵩焘与刘锡鸿的纷争》,《华东师范大学学报》1983年6月。
熊月之:《西学东渐与晚清社会》,上海:上海人民出版社,1994。
徐立望:《郭嵩焘的晚年思想》,《学术研究》2003年8月。
严寿澂:《近代中国学术思想抉隐》,上海:上海人民出版社,2008。
扬·阿斯曼:《文化记忆:早期高级文化中的文字、回忆和政治身份》,金寿福等译,北京:北京大学出版社,2015。
杨国强:《晚清的清流与名士》,北京:生活·新知·读书三联书店,2008。
杨念群:《儒学地域化的近代形态:三大知识群体互动的比较研究》,北京:生活·读书·新知三联书店,1997。
杨念群:《何处是"江南":清朝正统观的确立与士林精神世界的变异》,北京:生活·读书·新知三联书店,2010。
易定军:《试论郭嵩焘诗学主张的理学实学特征》,华南师范大学文艺学硕士论文,2005。
余英时:《文史传统与文化重建》,北京:生活·新知·读书三联书店,2004。
曾永玲:《中国清代第一位驻外大使——郭嵩焘大传》,沈阳:辽宁人民出版社,1989。
张静:《郭嵩焘思想文化研究》,天津:南开大学出版社,2001。
张朋园:《湖南现代化的早期进展》,长沙:岳麓书社,2003。
张寿安:《以礼代理:凌廷堪与清中叶儒学思想之转变》,石家庄:河北教育出版社,2001。
张星烺:《欧化东渐史》,北京:中华书局,2000。
张宇权:《思想与时代的落差——晚清外交官刘锡鸿研究》,天津:天津古籍出版社,2004。
钟叔河:《论郭嵩焘》,《历史研究》1984年1月。
周忠:《礼记质疑研究》,南京师范大学古典文献学硕士论文,2008。
佐藤慎一:《近代中国的知识分子与文明》,刘岳兵译,南京:江苏人民出版社,2008。
Boulger, Demetrius C., *The Life of Sir Halliday Macartney, K. C. M. G.*, New York: Cambridge University Press, 2010.
Frodsham, J. D., *The First Chinese Embassy to the West: the Journals of Kuo Sung-T'ao, Liu His-Hung and Chang Te-Yi*, Oxford: Clarendon Press, 1974.
Wong, Owen. H. H., *A New Profile in Sino-Western Diplomacy: the First Chinese Minister to Great Britain*, Kowloon: Chung Hwa Book Co. Ltd., 1987.

后 记

本书以我的博士论文为基础。为什么选择郭嵩焘作为我博士阶段研究的对象，这是一个既易解释又易引起误解的问题。我本科和硕士的专业都是国际关系，那么从求学经历看，在博士阶段接续研究一个近代外交上的重要人物，似乎顺理成章。然而，相信读者能从正文中看出，本书关心的问题不只在于外交史，而是要思考中西对峙这样一种思维方式，是怎样在近代中国逐渐形成的，此外是否还存在其他方式。外交是这一主题的重要维度之一，但只是它的一个子问题。

所以难解释的或许是我对中西关系问题的关注，这有着漫长的一段心路。现在想来，它似乎从属于自己由"外"向"内"的思想转轨过程。既然我在本书对郭嵩焘的性格与精神特质进行了分析，以其人之道还治其人之身，在这篇后记中，或许可以回溯我自己形成这一关注的精神史过程，希望有助于读者更好地了解这本书。

向"外"探寻或许始自我的高中时期，就读于寄宿制的学校拉开了和家、和母亲的距离，青春期的失怙少年也进入了激进的形塑自我的心理建设阶段。这是我的叛逆期，受到韩寒《三重门》的影响，以及对鲁迅的浅薄误读，在思想上重逻辑外推而轻记忆内诵，见识上则以为中国无思想可言，从文学到哲学，阅读重点都在西方。这种向外探寻的倾向，随着考上北大后和家乡更加遥远的隔离感，随着身处"帝都"这一精彩的"外部世界"，有增无减地延续着我的偏见。这是年轻的自己所经历的一个否定式的阶段。

在燕园的四年，北京从一个陌生的大都市，变成我心理上的第二故乡。国际关系专业是一个交叉学科，老师们非常强调吸收不同领域的成果，甚至超过了专业"本身"的知识。这种充分广阔的求知空间一开始助长着我向外探寻的眼光。而当时我最感兴趣的不是历史，却是哲学，发愤要从柏拉图到笛卡尔到哈贝马斯一路读下来，以求得对西方思想的"深刻"理解。这是我最为愉快的求知时期，当时尤其着迷于笛卡尔以来西方哲学认识论的转向。现在想来，或许是"我思，故我在"一句，从字面上就对我的精神世界形成了撞击。

然而,转折悄然发生于大三大四之间。毕业开始纳入议事日程,我有可能即将失去校园从高中以来给予我的安全感,要以真正独立的个体身份进入社会。对未来的焦虑,就像天边涌来的乌云。并非偶然的是,我许多思考的方向此时发生了微妙的变化。在探索西方思想的路上,我对《圣经》和基督教史越来越感兴趣,意识到宗教对西方思想的重要性,乃至认为宗教和哲学是西方思想的两条腿,缺一不可,此前自己只注重哲学,太过片面。其实,这个兴趣偏移背后有着精神层面的原因:一个开始为独立踏入社会而焦虑的年轻人,在思想上的搜寻不知不觉地注意到了"天父"(Father)的重要性。从整体上说,这一念头的影响是消减性的,消减了数年来西方思想在精神上对我的慰藉力。我开始寻求西方哲学之外的精神补剂。

而对于"认识你自己"这一经典的命题,我被海德格尔《存在与时间》的开篇所触动——他强调"使用"和"看"的差别,"使用"者并不触目,而常常只有在缺失时才显现其存在;而我过去关注的,其实一直是"看"。这种触动则助推了我方向上的转变,从向外追寻,转回来顾视手边的存在。我对中国的思想资源越来越感兴趣,大四保研成功之后,我把大部分精力放在了阅读传统经典上,甚至努力去背诵四书。作为一名国际关系专业的学生,我那不成功的本科论文也变成了研究科举制在近代的废除。这个转变让我中断了对西方宗教不求甚解的探寻,因为我从中国思想中找到了觉得是更好的选择。

请宽恕我铺陈的冗长,但这一减一增的两种变化,最终在萨义德《东方主义》的触媒下,形成了我对近代中西关系,乃至对于整个中国近代史的关注。对于读过福柯的我而言,萨义德对话语的遮蔽和话语背后权力关系的揭发,在思想上我并不陌生。但在精神上,他为我指示了一条救赎的途径:我把自己对中国传统思想资源的长期忽视,归咎于近代以来西方话语霸权的作用,而现在我要对此进行反思。"归咎"用得重了,但某种程度上说也不重,因为少年的我其实也曾位于百多年来激进反传统思路的某一个末梢支派上。我对一百多年前历史的关怀,就这样看似奇妙地和自己青年的精神史关联到了一起。

这次向"内"的转变,可以说是一次精神上的否定之否定,但它不像上一次那么决绝,正如我选择关心的不是和西方更加疏离的古代史,而是想了解近代中国为何越来越深地和西方发生羁绊。和这种不彻底性交相映衬的是我的人生选择,我终究没有离开校园;甚至我现在工作的地点,人生新阶段的起点,也离当初的燕园只有几百米之遥。年龄上的成长,应该是使得这次转向变得温和的重要原因吧,这是否就是一个人思想逐渐成熟的表现?

以上，便是本书主题和作者精神世界相互关联的梗概。这是一段较为纯粹的个体历史，我淡化了对其时代背景的描述。但实际上，它所处的是一个急速变化的时代，这二十年左右的时间里，以"9·11"为转捩点的世界局势的变化，以2008年奥运会为里程碑的中国趋向的变化，特别是以智能手机、移动支付为标志的科技对人基本生活方式的革命性转变，或许都是划时代的大事。放到更长的时间尺度里，这些变化的意义或许更加显著。而它们在2020年全球新冠疫情的聚拢下，正激烈地互相推荡，不知将把人类裹卷至怎样的未来。中西关系在这种时代变迁中发生着急剧的变化，我对这个问题的关心，从思想史的角度来看，发踪于此。这个问题的渊源，至少可以上溯到鸦片战争以来的那个变局时代；而本书就此问题和郭嵩焘进行的"访谈"，或许可为读者展现一百多年前一个今天仍不乏参考价值的回答。如果读者能从本书看到一些不同于前人的面相的话，那是因为我们现实的参照系正在发生前所未有的变化。

最后要说的是，本书的出版，离当初博士论文的完成已有五年。在这五年里，我的生活也发生了许多变化。但当初的致谢，仍然值得附在全书的最后。如果说这十几年的思想成长让我领悟到什么的话，那就是身边的人和事最值得顾存。

我的高中母校是汕头金山中学，它和市区隔海相望，是一所寄宿制学校，汕头人以子弟能就读于此为荣。母亲也是如此，尽管只有周末能回家一趟，而我又是独子，她还是坚持让我报考金中。所以从我高中开始，母亲就习惯了我在校寄宿的生活，直到大学，直到现在，十四余年。她守寡十六年，未再婚。

考上北大对我意义非常，但当时家中生活颇不宽裕。母亲到街道办理我的户口迁移时，街道的人知道了我的事情，并向上反映。街道杨胜平书记帮我联系到了企业家丁建明先生。从此，我的学费和生活费，都得到了丁叔叔的资助，从本科，到硕士，到博士，十一年了。我们非亲非故。

我和妻子陈云仪初中同校，高中同班，但真正走到一起，是在五年前。我没有房子，没有车子，没有收入，偶尔还有心情低落时的脾气。这些她早就知道，而并没有使她迟疑。记得给她写过一首诗，扣着她的"云"字有一句：霞意一片晚，来栖野涧边。

当我还是国际关系专业硕士研究生时，旁听了罗志田老师的课，并在一次课后向他表达了自己希望跟从他学习的想法。那是五年之前了。先生对学生真诚而直接，即之也温，听其言也厉。我给他发邮件，时觉惴惴，其实明知不必如此。曾不止一次自我解嘲，如果当年和父亲相处能多几年，或许现在处理这样的关系会比较有经验。

算命先生常说某某人"有贵人相助"，我相信自己遇到的贵人要比一般人多。

李欣然

2015 年 6 月 2 日

2020 年 8 月 31 日